职业教育“双高计划”建设项目系列教材
新时代新理念职业教育教材·机车车辆类

铁道车辆动态检测技术

主　编　黄　超　孙　涛
副主编　何丽娟　刘志运　齐笑笑
　　　　李华柏　李秀玲　王　哲
主　审　马　力

北京交通大学出版社
·北京·

内 容 简 介

本书根据高职院校铁道车辆专业培养目标，结合国家铁路职工培训要求和职业教育育人要求，突出职业教育特色，围绕“为党育人，为国育才”的教育初心使命进行编写。

全书共设 17 个项目，分传感器技术、无损检测技术、车辆动态检测技术三部分组织内容。传感器技术部分介绍检测技术的基本概念、电阻传感器、热电偶传感器、电感传感器、电容传感器、压电传感器、霍尔传感器、光电传感器、超声波传感器的工作原理和应用；无损检测技术部分介绍电磁探伤、超声波探伤原理及其在铁道车辆检测中的应用；车辆动态检测技术部分介绍 5T 系统、红外线轴温探测系统、车辆滚动轴承早期故障轨边声学诊断系统、货车运行故障动态图像检测系统、车辆运行品质动态监测系统、客车及动车组动态监测系统的功能、原理、设备维修、运用管理等，并对未来进行了展望。

本书内容全面，实践丰富，适合用作职业教育铁道车辆技术相关专业学生的教材。

图书在版编目（CIP）数据

铁道车辆动态检测技术 / 黄超，孙涛主编 . —北京：北京交通大学出版社，2023. 11
ISBN 978 - 7 - 5121 - 4989 - 2

Ⅰ. ①铁⋯ Ⅱ. ①黄⋯ ②孙⋯ Ⅲ. ①铁路车辆-动态测定 Ⅳ. ①U27

中国国家版本馆 CIP 数据核字（2023）第 099595 号

铁道车辆动态检测技术
TIEDAO CHELIANG DONGTAI JIANCE JISHU

策划编辑：张　亮　陈跃琴
责任编辑：解　坤
出版发行：北京交通大学出版社　电话：010-51686414　http：//www. bjtup. com. cn
地　　址：北京市海淀区高梁桥斜街 44 号　　邮编：100044
印 刷 者：北京时代华都印刷有限公司
经　　销：全国新华书店
开　　本：185 mm×260 mm　　印张：17. 5　　字数：440 千字
版 印 次：2023 年 11 月第 1 版　　2023 年 11 月第 1 次印刷
印　　数：1 ~ 2 000 册　　定价：49. 80 元

本书如有质量问题，请向北京交通大学出版社质监组反映。对您的意见和批评，我们表示欢迎和感谢。
投诉电话：010 - 51686043，51686008；传真：010 - 62225406；E-mail：press@ bjtu. edu. cn。

前言

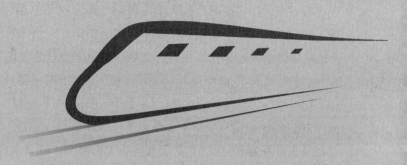

随着我国铁路事业的蓬勃发展，铁路运输安全压力也日益增长，因此保障铁路行车安全势在必行。

本书根据《职业教育专业简介》（2022 年修订）中铁道车辆技术专业（高职专科）的职业面向、培养目标定位、主要专业能力要求，顺应国家铁路职工培训要求来展开编写，全书共由传感器技术、无损检测技术、车辆动态检测技术三部分内容构成。

（1）传感器技术部分介绍常用传感器的工作原理和应用，其中重点介绍车辆无损检测技术和铁道车辆动态检测技术用到的传感器。

（2）无损检测技术，顾名思义就是在工件无损伤的条件下，检查工件宏观缺陷或测量工件特征的各种技术方法的统称。无损检测的意义在于保障零件、组件的安全使用，节约材料，在零件无损的条件下检测零件、部件、组件、设备、材料和大型工程项目，使之安全有效地生产和工作。无损检测技术在铁路运输部门发挥着重要的作用，用以对重要的钢制零部件进行定期检查，以发现使用中所产生的疲劳裂纹等缺陷，防止设备在继续使用中发生灾害性事故。无损检测方法以电磁探伤和超声波探伤应用最为广泛，书中无损检测技术部分主要介绍这两种常见探伤方式及其在铁道车辆无损检测中的应用。

（3）车辆动态检测技术部分重点介绍铁路车辆运行安全监控体系中的 5T 系统，主要包括红外线轴温探测系统（THDS）、车辆运行品质动态监测系统（TPDS）、车辆滚动轴承早期故障轨边声学诊断系统（TADS）、货车运行故障动态图像检测系统（TFDS）、客车运行状态安全监测系统（TCDS）等。随着我国高速铁路动车组的发展，铁路车辆运行安全监控体系中还扩充出动车组运行故障动态图像检测系统（TEDS），本书对此系统也进行了介绍。因此车辆动态检测技术部分重点阐述 5T 系统的功能、原理、设备维修、运用管理等内容。

本书由武汉铁路职业技术学院黄超、孙涛担任主编，由武汉铁路职业技术学院何丽娟、齐笑笑、王哲及湖南铁道职业技术学院李华柏、广州铁路职业技术学院刘志运、昆明铁道职业技术学院李秀玲担任副主编，由昆明铁道职业技术学院马力教授担任主审。全书具体分工如下：黄超编写项目 1 ～项目 3 和项目 17，孙涛编写项目 10，齐笑笑编写项目 14 和项目 6，李华柏编写项目 12，刘志运编写项目 5、项目 13 和项目 15，李秀玲编写项目 11，王哲编写项目 16，何丽娟编写项目 4 和项目 7 ～项目 9。本书在编写过程中得到了中国铁路武汉局集团有限公司有关车辆段 5T 专职人员的大力协助，编者在此表示衷心的感谢。

限于作者水平所限，加之时间仓促，书中难免有疏漏和不妥之处，敬请广大读者批评指正。

作　者

2023 年 8 月

目录

第 1 部分　传感器技术

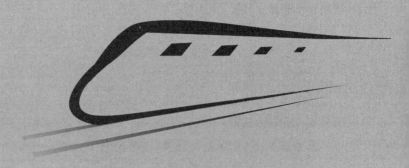

第 2 部分　无损检测技术

第 3 部分　车辆动态检测技术

第1部分

传感器技术

人类生产力的发展促进了测量技术的进步：商品交换必须有统一的度、量、衡；天文、地理也离不开测量；17 世纪工业革命对测量提出了更高的要求，如蒸汽机必须配备压力表、温度表、流量表、水位表等仪表。

现代社会要求测量必须达到更高的准确度、更小的误差、更快的速度、更高的可靠性，测量的方法也日新月异，本章主要介绍测量的基本概念、测量方法、误差分类，以及传感器的基本特性等内容，是检测与转换技术的理论基础。

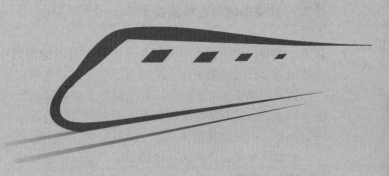

项目1 检测技术的基本概念

【知识描述】

本项目主要介绍测量的基本概念、测量方法、误差分类，以及传感器的基本特性等内容，是检测与转换技术的理论基础。

【学习目标】

◉ 知识目标

(1) 掌握检测技术的基本概念以及误差分析；

(2) 掌握传感器的基本特性以及分类；

(3) 掌握测量误差的数据分析。

◉ 技能目标

具备误差分析处理的能力。

◉ 素质目标

培养学生严谨分析问题的态度。

任务1.1 测量的基本概念及方法

1. 测量的一般概念

测量是借助专门的技术和仪表设备，采用一定的方法，取得某一客观事物定量数据资料的实践过程。

所谓“定量”，就是使用一定准确度等级的测量仪器、仪表，比较准确地测得被测量的数值。例如，用电子天平测量大气尘降，可以精确到0.1 mg；又如，用磁敏电阻可以测出地球磁场万分之一的变化，从而可以用于探矿或判定海底沉船的位置。

测量过程实质上是一个比较的过程，即将被测量与一个同性质的、作为测量单位的标准量进行比较，从而确定被测量是标准量的若干倍或几分之几的比较过程。用天平测量物体的质量就是一个典型的例子。

测量结果可以表现为一定的数字，也可以表现为一条曲线，或者显示成某种图形等，测量结果包含数值（大小和符号）以及单位。

2. 测量方法分类

对于测量方法，从不同的角度出发，有不同的分类标准。根据被测量是否随时间变化，可分为静态测量和动态测量。例如，用激光干涉仪对建筑物的缓慢沉降做长期监测就属于静态测量；又如，用光导纤维陀螺仪测量火箭的飞行速度、方向就属于动态测量。

根据测量的手段不同，可分为直接测量和间接测量。用标定的仪表直接读取被测量的测量结果，称为直接测量。例如，用磁电式仪表测量电流、电压；用离子敏 MOS 场效应晶体管测量 pH 值和甜度等。间接测量的过程比较复杂，首先要对几个与被测量有确定函数关系的量进行直接测量，将测量值代入函数关系式 $y=f(x_1,x_2,x_3,\cdots)$，经过计算求得被测量。例如，为了求出某一匀质金属球的密度，可先用电子秤称出球的质量（m），再用长度传感器测出球的直径（D），然后通过公式 $\rho=m/\left(\frac{1}{6}\pi D^3\right)$，求得球的密度 ρ。

根据测量结果的显示方式，可分为模拟式测量和数字式测量。目前绝大多数测量均采用数字式测量。

根据测量时是否与被测对象接触，可分为接触式测量和非接触式测量。例如，用多普勒超声测速仪测量汽车超速与否就属于非接触式测量。非接触式测量不影响被测对象的运行工况，是目前发展的趋势。

另外，为了监视生产过程，或在生产流水线上监测产品质量的测量称为在线测量，反之，则称为离线测量。例如，现代自动化机床均采用边加工、边测量的方式，就属于在线测量，它能保证产品质量的一致性。离线测量虽然能测出产品的合格与否，但无法实时监控产品质量。

■ 任务 1.2　测量误差及分类

测量的目的是希望通过测量求取被测量的真值。在一定条件下，任何一个被测量的大小都有一个客观存在的实际值，称为真值。真值是一个可以接近却难以达到的理想概念。测量的目的就是要力图得到被测量的真值，但由于受测量方法、测量仪器、测量条件以及观测者测量水平等多种因素的限制，只能获得该物理量的近似值。

真值有理论真值、约定真值、相对真值之分。例如，平面三角形的三个内角之和为180°，这种真值称为理论真值。又如，国际科学与技术数据委员会 1986 年推荐的阿伏伽德

罗常数为 $6.022\times10^{23}\ mol^{-1}$；在标准条件下，水的三相点为 273.16 K，金的凝固点是 1 064.18 ℃等，这类真值称为约定真值。相对真值是个相对概念，当准确度高 2 级以上的仪表的误差与准确度低的仪表的误差相比，当前者的误差是后者的 1/3 以下时，则高 1 级仪表的测量值可以认为是相对真值。相对真值在误差测量中的应用最为广泛。

测量值与真值之间的差值称为测量误差。测量误差可按其不同特征进行分类。

1. 测量误差的表示方法

1）绝对误差

一个被测量值 A_x 与真值 A_0 之间总是存在着一个差值，这种差值称为绝对误差（absolute error），用 Δ 表示，即

$$\Delta = A_x - A_0 \tag{1-1}$$

2）相对误差

绝对误差不足以反映测量值偏离真值程度的大小，所以引入了相对误差（relative error）。相对误差用百分比的形式来表示，它表示绝对误差所占约定真值的百分比，一般多取正值。相对误差可分为示值相对误差和引用相对误差等。

（1）示值（标称）相对误差。示值相对误差 γ_x 是用绝对误差 Δ 与被测量 A_x 的百分比来表示的，即

$$\gamma_x = \frac{\Delta}{A_x}\times100\% \tag{1-2}$$

（2）引用相对误差。有时也称满度相对误差。引用误差 γ_m 是用测量仪表的绝对误差 Δ 与仪器满度值 A_m 的百分比来表示的，即

$$\gamma_m = \frac{\Delta}{A_m}\times100\% \tag{1-3}$$

对测量下限不为零的仪表而言，在式（1-3）中，用量程($A_{max}-A_{min}$)来代替分母中的 A_m 。

式（1-3）中，当 Δ 取仪表的最大绝对误差值时，引用误差常被用来确定仪表的准确度等级（accuracy class）S，即

$$S = \left|\frac{\Delta_m}{A_m}\right|\times100$$

根据给出的准确度等级 S 及量程范围，也可以推算出该仪表可能出现的最大绝对误差 Δ_m。准确度等级 S 规定取一系列标准值。我国的工业模拟仪表有下列常用的 7 种等级：0.1、0.2、0.5、1.0、1.5、2.5、5.0。这些准确度等级分别表示对应仪表的引用误差不应超过的百分比，从仪表面板上的标志可以判断出仪表的等级。仪表的准确度等级和基本误差如表 1-1 所示。准确度等级的数值越小，仪表越昂贵。

表 1-1 仪表的准确度等级和基本误差

准确度等级	0.1	0.5	1.0	1.5	2.5	5.0
基本误差	±0.1%	±0.5%	±1.0%	±1.5%	±2.5%	±5.0%

仪表的准确度在工程中也称为“精度”（accuracy），准确度等级习惯上称为精度等级。根据仪表的准确度等级可以确定测量的最大引用误差和最大绝对误差。例如，在正常情况下，用0.5级、量程为100 ℃的温度表来测量温度时，可能产生的最大绝对误差为

$$\Delta_m = \pm 0.5\% \times 100℃ = \pm 0.5\ ℃$$

【例1-1】 某压力表准确度等级为2.5级，量程为0～1.5 MPa，求：

① 可能出现的最大满度相对误差 γ_x。

② 可能出现的最大绝对误差为多少千帕？

③ 当测量结果显示为0.70 MPa时，可能出现的最大示值相对误差为多少千帕？

解：

（1）可能出现的最大满度相对误差可以从准确度等级直接得到，即 $\gamma_m = \pm 2.5\%$。

（2）$\Delta_m = \gamma_m A_m = \pm 2.5\% \times 1.5\ \text{MPa} = \pm 0.0375\ \text{MPa} = \pm 37.5\ \text{kPa}$

（3）$\gamma_x = \dfrac{\Delta_m}{A_x} \times 100\% = \dfrac{\pm 0.0375}{0.70} \times 100\% \approx \pm 5.36\%$

【例1-2】 现有准确度等级为0.5级的0～300 ℃的和准确度等级为1.0级的0～100 ℃的两个温度计，要测量80 ℃的温度，试问采用哪一个温度计好？

解： 经计算，用0.5级表以及1.0级表测量时，可能出现的最大示值相对误差分别为±1.88%和±1.25%。计算结果表明，用1.0级表比用0.5级表的示值相对误差的绝对值反而小，所以更合适。

提示： 由上例可知，在选用仪表时，应兼顾准确度等级和量程，通常希望示值落在仪表满度值的2/3左右。

2. 测量误差的分类

误差产生的原因和类型很多，其表现形式也多种多样，针对造成误差的不同原因，也有不同的解决办法，下面对此做一些简介。

按误差性质分类，测量误差有以下几种。

（1）粗大误差。明显偏离真值的误差称为粗大误差（gross error），也叫过失误差。粗大误差主要是由于测量人员的粗心大意及电子测量仪器受到突然而强大的干扰所引起的。如测错、读错、记错、外界过电压尖峰干扰等造成的误差。就数值大小而言，粗大误差明显超过正常条件下的误差。当发现粗大误差时，应予以剔除。

（2）系统误差。在重复性条件下，对同一被测量进行无限多次重复测量，所得结果的平均值与被测量的真值之差，称为系统误差（systematic error），即

$$\text{系统误差} = \text{无限次测量的平均值} - \text{真值} \tag{1-4}$$

引起系统误差的因素为系统效应。例如，环境温度及湿度波动、电源电压下降、电子元件老化、机械零件变形移位、仪表零点漂移等。又如，用零点未调整好的天平称量物体，称

量结果会偏高或偏低。

系统误差具有规律性，因此可以通过实验的方法或引入修正值的方法计算修正，也可以重新调整测量仪表的有关部件使系统误差尽量减小。

由于系统误差及产生的原因不能完全知晓，因此通过修正和调整只能有限程度地对系统误差进行补偿，修正后的系统误差会比修正前的小，但不可能为零。

（3）随机误差。测量结果与在重复条件下，对同一被测量进行无限多次测量所得结果的平均值之差称为随机误差（random error）。由于实际上只能进行有限次测量，因而只能得出这一测量结果中随机误差的估计值。随机误差大多是由影响量的随机变化引起的，这种变化带来的影响称为随机效应，它导致重复观测中的分散性。测量列中的每一个测量结果的随机误差是不相同的。随着重复次数的增加，出现的随机误差的总和趋向于零，即随机误差可以认为是测量误差中期望为零的误差分量。

随机误差有时也采用如下的表达：在同一条件下，多次测量同一被测量，有时会发现测量值时大时小，误差的绝对值及正、负以不可预见的方式变化，该误差称为随机误差。随机误差反映了测量值离散性的大小。引起随机误差的因素称为随机效应。随机误差是测量过程中许多独立的、微小的、偶然的因素引起的综合结果。

在存在有随机误差的测量结果中，虽然单个测量值误差的出现是随机的，既不能用实验的方法消除，也不能修正，但是就误差的整体而言，服从一定的统计规律。因此可以通过增加测量次数，利用概率论的一些理论和统计学的一些方法，掌握看似毫无规律的随机误差的分布特性，并进行测量结果的数据统计处理。多数随机误差都服从正态分布规律。

任务 1.3　传感器及其基本特性

1. 传感器的定义及组成

广义地说，传感器是一种以测量为目的，以一定的准确度，把被测量转换为与之有确定关系的、便于处理的另一种可用信号的测量装置。传感器的输出信号多为易于处理的电量，如电压、电流、频率等。

传感器由敏感元件、传感元件及测量转换电路三部分组成，如图 1-1 所示。

图 1-1　传感器组成框图

图中的敏感元件是在传感器中直接感受被测量的元件，即被测量通过传感器的敏感元件转换成与被测量有确定关系、更易于转换的非电量。这一非电量通过传感元件后就被转换成电参量。测量转换电路的作用是将传感元件输出的电参量转换成易于处理的电量。应该指出，不是所有的传感器都有敏感元件、传感元件之分，有些传感器是将两者合二为一了。

电位器式压力传感器如图 1-2 所示。当被测压力 P 增大时，弹簧管撑直，通过齿条带动齿轮转动，从而带动电位器的电刷产生角位移。电位器电阻的变化量反映了被测压力 P 值的变化。在这个传感器中，弹簧管为敏感元件，它将压力转换成角位移 α。电位器为传感元件，它将角位移转换为电参量——电阻的变化 ΔR。当电位器的两端加上电源后，电位器就组成分压比电路，它的输出量是与压力成一定关系的电压。在这个例子中，电位器又属于分压比式测量转换电路。

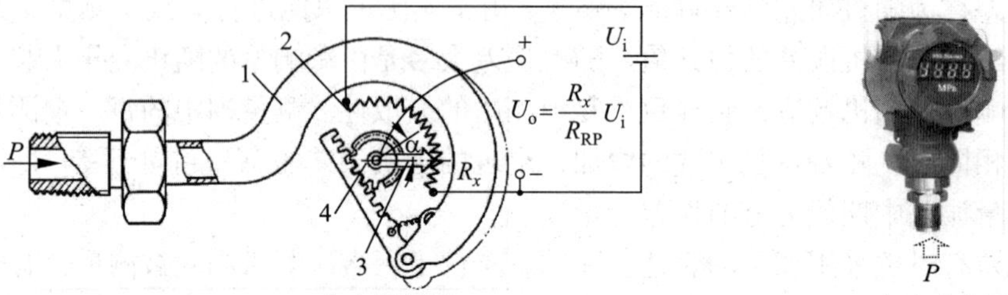

（a）原理图　　（b）实物图

1—弹簧管（敏感元件）；2—电位器（传感元件、测量转换电路）；3—电刷；4—传动机构（齿轮-齿条）；
R_x —灵敏度调节电位器的电阻值；R_{RP} —被测电阻值；U_i —电源电压；U_o —输出电压。

图 1-2　电位器式压力传感器

结合上述工作原理，可将图 1-2 框中的内容具体化，画出电位器式压力传感器原理框图，如图 1-3 所示。

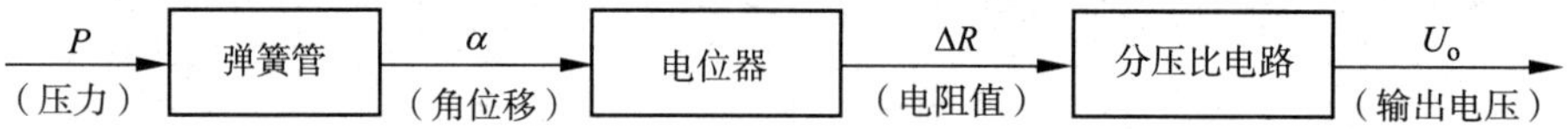

图 1-3　电位器式压力传感器原理框图

2. 传感器的分类

传感器的种类繁多，分类不尽相同。常用的分类方法有：

（1）按被测量分类，可分为位移、力、力矩、转速、振动、加速度、温度、压力、流量、流速等传感器。

（2）按测量原理分类，可分为电阻、电容、电感、光栅、热电偶、超声波、激光、红外、光导纤维等传感器。

3. 传感器的基本特性

传感器的特性一般指输入输出特性。它有静态、动态之分。传感器动态特性的研究方法与控制理论中介绍的相似，故不再重复。下面仅介绍其静态特性的一些指标。

1）灵敏度

灵敏度（sensitivity）是指传感器在稳态下输出变化值与输入变化值之比，用 K 表示，即

$$K=\frac{dy}{dx}\approx\frac{\Delta y}{\Delta x} \tag{1-5}$$

式中：y ——输出量；

x ——输入量。

对线性传感器而言，灵敏度为一常数；对非线性传感器而言，灵敏度随输入量的变化而变化。从输出曲线看，曲线越陡，灵敏度越高。

2）分辨力

分辨力（resolution）是指传感器能检出被测信号的最小变化量。分辨力用符号 Δ 表示。当被测量的变化小于分辨力时，传感器对输入量的变化无任何反应。对数字仪表而言，如果没有其他附加说明，一般可以认为该表的最后一位所表示的数值就是它的分辨力。一般情况下，不能把仪表的分辨力当作仪表的最大绝对误差。

仪表或传感器中，还经常用到“分辨率”的概念。将分辨力除以仪表的满量程就是仪表的分辨率，分辨率常以百分比或几分之一表示，是量纲为 1 的数。

3）线性度

人们总是希望传感器的输入与输出的关系成正比，即线性关系，这样可使显示仪表的刻度均匀，在整个测量范围内具有相同的灵敏度。但大多数传感器的输入输出特性总是具有不同程度的非线性，可以用下列多项式代数方程表示

$$y = a_0 + a_1x + a_2x^2 + a_3x^3 + \cdots + a_n^n \tag{1-6}$$

上式中，y 为输出量，x 为输入量，a_0 为零点输出，a_1 为理论灵敏度，$a_2,a_3,\cdots,a_n$ 为非线性项系数。各项系数决定了传感器的线性度（linearity）的大小。如果 $a_2 = a_3 = \cdots = a_n = 0$，则该系统为线性系统，理想的传感器输入与输出的关系特性为 $y = a_0 + a_1x$。特性曲线上任何点的斜率都相等，传感器的灵敏度 $K = a_1$。

线性度又称非线性误差，是指传感器实际特性曲线与拟合直线（有时也称理论直线）之间的最大偏差与传感器满量程范围内的输出之百分比，它可用下式表示，且多取其正值

$$\gamma_L = \frac{\Delta_{L\max}}{y_{\max} - y_{\min}} \times 100\% \tag{1-7}$$

式中：$\Delta_{L\max}$ ——最大非线性偏差；

$y_{\max} - y_{\min}$ ——输出范围。

拟合直线的方法有很多种，对不同的拟合直线，得到的非线性误差也不同。

图 1-4 中，将传感器输出起始点与满量程点连接起来的直线作为拟合直线，这条直线也称为端基理论直线，按上述方法得出的线性度称为端基线性度。设计者和使用者总是希望非线性误差越小越好，也即希望仪表的静态特性接近于直线，这是因为线性仪表的刻度是均匀的，容易标定，不容易引起读数误差。

但是大多数传感器的输出多为非线性的，直接用一次函数拟合的结果将产生较大的误差，目前多采用计算机进行曲线拟合。例如，可用 MATLAB 求得近似函数关系式 $y = f(x)$，使其通过或近似通过传感器所给出的有限序列的资料点 (x_i, y_i)，用多项式函数通过最小二乘法求得传感器的拟合目标函数和近似数学模型。

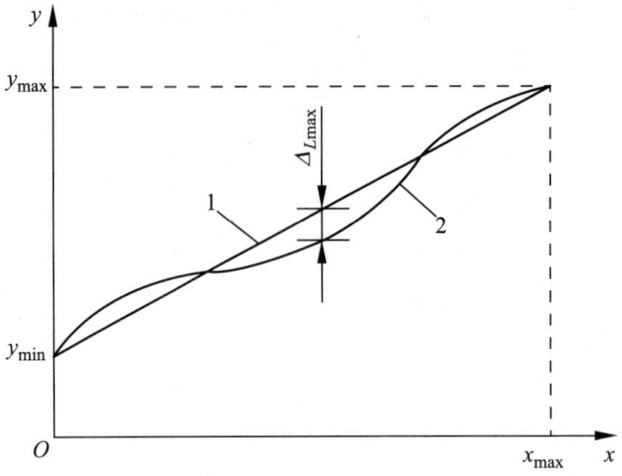

1—拟合直线（$y=Kx+b$）；2—实际特性线。

图 1-4　端基线性度示意图

4）迟滞误差

迟滞误差（hysteresis error）又称为回差或变差，是指传感器正向特性和反向特性的不一致程度，可用下式表示

$$\gamma_h = \frac{\Delta_{H\max}}{y_{\max} - y_{\min}} \times 100\% \tag{1-8}$$

式中：$\Delta_{H\max}$ ——最大迟滞偏差；

$y_{\max} - y_{\min}$ ——量程范围。

迟滞误差主要是由传感器敏感元件材料的物理性质和机械零部件的缺陷所造成的，例如弹性敏感元件的弹性滞后、运动部件摩擦、传动机构的间隙、紧固件松动等。

5）稳定性

稳定性（regulation）包含稳定度（stability）和环境影响量（influence quantity）两个方面。

（1）稳定度。

稳定度指的是仪表在所有条件都恒定不变的情况下，在规定的时间内能维持其示值不变的能力。稳定度一般以仪表的示值变化量和时间的长短之比来表示。例如，某仪表输出电压值在 8 h 内的最大变化量为 1.2 mV，则表示该仪表的稳定性为 1.2 mV/（8 h）。

（2）环境影响量。

环境影响量仅指由外界环境变化而引起的示值变化量。示值的变化由两个因素构成，一是零漂，二是灵敏度漂移。零漂是用于描述仪表（已调零）在受外界环境影响后，输出不再等于零，而有一定的漂移，这个漂移即为零漂。

在某些情况下，在传感器测量前可以发现零漂，可以通过重新调零来克服。但是在不间断的测量过程中，零漂是附加在仪表输出读数上的，因此是较难发现的。带微处理器的智能化仪表可以定时地将输入信号暂时切断，并将输入端短路，测出此时的零漂，并存放在存储器中。在恢复正常测量后，将测量值减去零漂值，达到重新调零的目的。

造成环境影响量的因素有温度、湿度、气压、电源电压、电源频率等。在这些因素中，

温度变化对仪表的影响最难克服，必须予以特别的重视。温度稳定性又称为温度漂移，简称温漂，是指传感器在外界温度下输出量发生的变化。温度稳定性误差用温度每变化1 ℃引起的绝对误差或相对误差表示，又称为温度误差系数。

测量温漂时，先将传感器置于额定的温度中（如20 ℃），将其输出调至零点或某一特定点，使温度上升或下降一定的度数（如5 ℃或10 ℃），再读传感器的输出值，前后两次输出值之差除以所变化的温度数值，即为温度误差系数。

6）电磁兼容性

所谓电磁兼容（electromagnetic compatibility，EMC）是指电子设备在规定的电磁干扰环境中能按照原设计要求而正常工作的能力，而且也不向处于同一环境中的其他设备释放超过允许范围的电磁干扰。

随着科学技术、生产力的发展，高频、宽带、大功率的电器设备几乎遍布地球的所有角落，随之而来的电磁干扰也越来越严重地影响检测系统的正常工作，轻则引起测量数据上下跳动；重则造成检测系统内部逻辑混乱、系统瘫痪，甚至烧毁电子线路。因此抗电磁干扰技术就显得越来越重要。自20世纪70年代以来，越来越强调电子设备、传感器、测控系统的电磁兼容性。

对传感器和检测系统来说，主要考虑在恶劣的电磁干扰环境中，系统必须能正常工作，并能取得准确度等级范围内的正确测量结果。

7）可靠性

可靠性（reliability）是反映传感器和检测系统在规定的条件下、在规定的时间内是否耐用的一种综合性的质量指标。常用的可靠性指标有以下几种：

（1）故障平均间隔时间（MTBF）：是指两次故障间隔的时间。

（2）平均修复时间（MTTR）：是指排除故障所花费的平均时间。

（3）故障率或失效率（failure rate）：其变化大体上可分成以下3个阶段：

① 早期失效期。这期间，开始阶段故障率很高，失效的可能性很大，但随着使用时间的增加而迅速降低。故障原因主要是设计或制造上有缺陷，所以应尽量在使用前期予以暴露，并消除之。有时为了加速渡过这一危险期，在检测系统通电的情况下，将之放置于高温环境—低温环境—高温环境……，反复循环，这称为“老化”试验。老化之后的系统在现场使用时，故障率大为降低。

② 偶然失效期。这期间的故障率较低，是构成检测系统使用寿命的主要部分。

③ 衰老失效期。这期间的故障率随时间的增加而迅速增大，设备经常损坏，需要不断维修。原因是元器件老化，随时都有可能损坏。因此有的使用部门规定系统超过使用寿命时，即使还未发生故障也应及时退役，以免影响整个系统的可靠性，造成更大的损失。

练习题

1. 在一定条件下，任何一个被测量的大小都有一个客观存在的实际值，称为（　　）。

A. 理论值　　B. 测量值　　C. 真值

2. 测量是借助专门的技术和仪表设备，采用一定的方法，取得某一客观事物定量数据资料的（　　）过程。

A. 实践　　B. 研究　　C. 理论

3. 测量值与（　　）值之间的差值称为测量误差。

A. 理论值　　B. 真　　C. 假

4. 以下不属于传感器的组成部分的是（　　）。

A. 敏感元件　　B. 传感元件　　C. 测量原件

5. 传感器在稳态下输出变化值与输入变化值之比称为（　　）。

A. 灵敏度　　B. 线性度　　C. 迟滞误差

项目2 电阻传感器

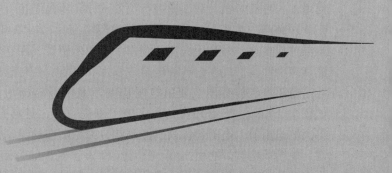

电阻传感器种类繁多，应用的领域也十分广泛。它们的基本原理都是将各种被测非电量的变化转换成电阻的变化量，然后通过对电阻变化量的测量，达到非电量电测的目的。本项目中重点学习的电阻传感器有电阻应变片、测温热电阻等。

【知识描述】

利用电阻传感器可以测量应变、力、荷重、加速度、压力、力矩、温度等。

【学习目标】

◉ 知识目标

(1) 掌握电阻传感器的工作原理；

(2) 掌握电阻传感器的测量转换电路；

(3) 掌握电阻传感器的应用。

◉ 技能目标

具备分析电阻传感器工作原理的能力。

◉ 素质目标

培养学生严谨分析问题的态度。

■ 任务2.1 电阻应变传感器

早在1856年，人们在轮船上往大海里铺设海底电缆时就发现，电缆的电阻值由于拉伸而增加，继而对铜丝和铁丝进行拉伸试验，得出结论：金属丝的电阻与其应变呈某种函数关系。1936 年，人们制出了纸基丝式电阻应变片；1952 年制出了箔式应变片；1957 年制出了半导体应变片，并利用应变片制作了各种传感器，用它们可测量力、应力、应变、荷重和加速度等物理量。现在，各种电阻应变片和电阻应变传感器的品种规格已达数万种之多。

电阻应变传感器主要由电阻应变片及测量转换电路等组成。电阻应变片结构示意图如图 2-1 所示，它是用直径为 0.01～0.05 mm，且具有高电阻率的电阻丝制成的。为了获得高的电阻值，电阻丝排列成栅网状，并粘贴在绝缘基片上，线栅上面粘贴有保护用的覆盖层，电阻丝两端焊有引出线。图中 l 称为应变片的标距或工作基长，b 称为应变片基宽。bl 为应变片的有效使用面积。应变片规格一般是用有效使用面积以及电阻值来表示的。当试件受力变形后，应变片上的电阻丝也随之变形，从而使应变片电阻值发生变化，通过测量转换电路最终转换成电压或电流的变化。应变片具有体积小、价格便宜、准确度高、频率响应好等优点，被广泛应用于应变、应力、力、重量、扭矩等非电量测量中。

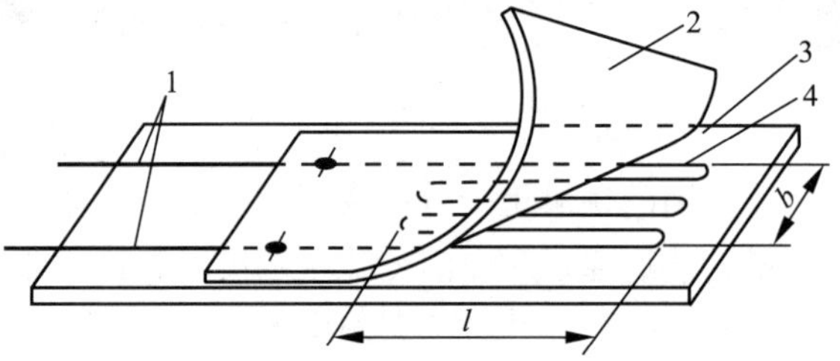

1—引出线；2—覆盖层；3—基底；4—电阻丝。

图 2-1　电阻丝应变片结构示意图

1. 应变片工作原理

导体或半导体材料在外界力的作用下，会产生机械变形，其电阻值也将随着发生变化，这种现象称为应变效应。下面以金属丝应变片为例分析这种效应。

设有一长度为 l 、截面积为 A 、半径为 r 、电阻率为 ρ 的金属单丝，它的电阻值 R 可表示为

$$R=\rho\frac{l}{A}=\rho\frac{l}{\pi r^2} \tag{2-1}$$

当沿金属丝的长度方向施加均匀拉力（或压力）时，式（2-1）中的 ρ、r、l 都将发生变化，金属丝的拉伸变形如图 2-2 所示。

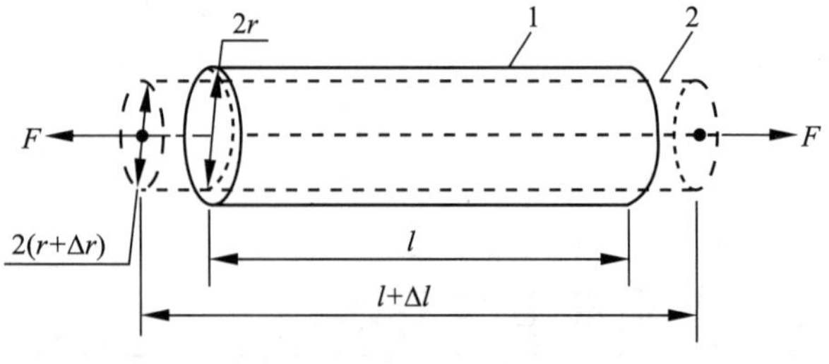

1—拉伸前；2—拉伸后。

图 2-2　金属丝的拉伸变形

对式（2-1）两边取对数，并求全微分可得

$$\ln R = \ln \rho \frac{l}{\pi r^2} = \ln \rho + \ln l - 2\ln r - \ln \pi$$

$$\frac{\mathrm{d}R}{R} = \frac{\mathrm{d}l}{l} - 2\frac{\mathrm{d}r}{r} + \frac{\mathrm{d}\rho}{\rho}$$

或

$$\frac{\Delta R}{R} = \frac{\Delta l}{l} - 2\frac{\Delta r}{r} + \frac{\Delta \rho}{\rho} \tag{2-2}$$

材料力学中，$\Delta l/l = \varepsilon_x$，称为电阻丝的纵向应变，也称轴向应变；$\Delta r/r = \varepsilon_y$（负值），称为电阻丝的横向应变，也称径向应变。$\varepsilon_x$ 与 ε_y 的关系可表示为 $\varepsilon_y = -\mu\varepsilon_x$，式中的 μ 为电阻丝材料的泊松比，钢的泊松比约为0.3。应变 ε 是量纲为1的数。ε 通常很小，常用 10^{-6} 表示。例如，当 ε 为0.000 001时，在工程中常表示为 1×10^{-6} 或1 μm/m。在应变测量中，也常将1 μm/m称为一个微应变（1με）。

将 ε_x、ε_y、μ 代入式（2-2）可得

$$\frac{\Delta R}{R} = \left(1 + 2\mu + \frac{\Delta\rho/\rho}{\varepsilon_x}\right)\varepsilon_x = K\varepsilon_x \tag{2-3}$$

式中：K——金属单丝的灵敏度。

对金属材料而言，$\frac{\Delta\rho/\rho}{\varepsilon_x}$ 较小，K 主要由纵向应变 ε_x 决定。金属材料受力之后所产生的纵向应变最好不要大于 1×10^{-3}（1 000 με），否则有可能超过材料的极限强度而产生非线性误差或导致断裂。

半导体材料的 $\frac{\Delta\rho/\rho}{\varepsilon_x}$ 比金属材料的（$1+2\mu$）大几十倍。对半导体而言，$K \approx \frac{\Delta\rho/\rho}{\varepsilon_x}$，表示材料的电阻率 ρ 随拉应变（或压应变）所引起的变化。单晶硅材料在受到应力作用后，电阻率发生明显变化，这种现象被称为压阻效应。$\frac{\Delta\rho/\rho}{\varepsilon_x}$ 除了与所受到的应力 σ 成正比外，还易受到温度、光照、杂质浓度等影响，使用时应予以补偿。

实验证明，金属电阻应变片或半导体应变片的电阻相对变化量 $\Delta R/R$ 与材料力学中的纵向应变 ε_x 的关系在很大范围内是线性的，即

$$\frac{\Delta R}{R} = K\varepsilon_x \tag{2-4}$$

式中：K——电阻应变片的灵敏度，略大于 K_0。

对于不同的金属材料，K 略微不同，一般为2左右。

由材料力学可知，$\varepsilon_x = F/(AE)$，所以 $\Delta R/R$ 又可表示为

$$\frac{\Delta R}{R} = K\frac{F}{AE} \tag{2-5}$$

如果应变片的灵敏度 K 和试件的横截面积 A 以及弹性模量 E 均为已知，则只要设法测出 $\Delta R/R$ 的数值，即可获知试件受力 F 的大小。

2. 应变片的类型、结构与粘贴

1）应变片的类型与结构

应变片可分为金属应变片及半导体应变片两大类。前者可分成金属丝式、金属箔式、金属薄膜式等。图 2-3 为几种不同类型的电阻应变片。

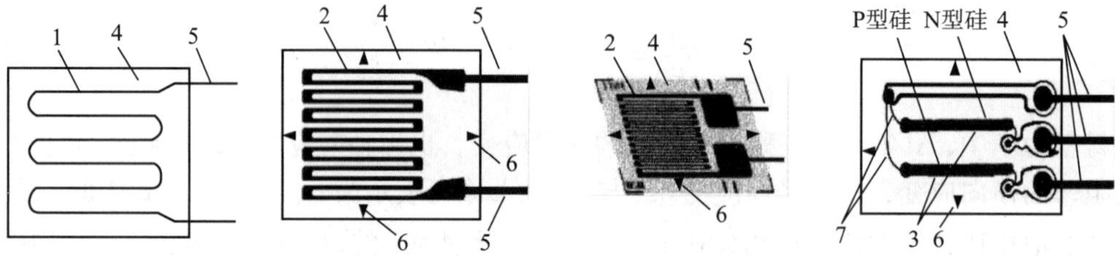

（a）金属丝式应变片　（b）金属箔式应变片　（c）金属薄膜式应变片　（d）半导体应变片

1—电阻丝；2—金属箔；3—半导体；4—基片；5—引脚；6—定位标记；7—金丝。

图 2-3　几种不同类型的电阻应变片

由于金属丝式应变片蠕变较大，金属丝易脱胶，因而有逐渐被箔式应变片所取代的趋势。但金属丝式应变片价格便宜，多用于要求不高的应变、应力的大批量、一次性试验。

（1）金属丝式应变片。

金属丝式应变片由直径为 0.02～0.05 mm 的锰白铜铜丝或者镍铬丝绕成栅状，夹在两层绝缘薄片（基底）中制成，用镀锡铜线与应变片的丝栅连接，作为应变片引线。

（2）金属箔式应变片。

金属箔通过光刻、腐蚀等工艺制成箔栅。箔的材料多为电阻率高、热稳定性好的铜镍合金（锰白铜）。箔的厚度一般为几微米，箔栅的尺寸、形状可以根据使用者的需要制作，图 2-3(b) 就是其中的一种。由于金属箔式应变片与基片的接触面积比金属丝式应变片大得多，所以散热条件较好，可允许流过较大的电流，而且在长时间测量过程中的蠕变也较小。箔式应变片的一致性较好，适合于大批量生产，目前广泛用于各种应变式传感器的制造中。

在制造工艺上，还可以对金属箔式应变片进行适当的热处理，使它的线胀系数、电阻温度系数以及被粘贴的试件的线胀系数三者相互抵消，从而将温度影响减小到最小的程度。

目前，利用这种方法已可使应变式传感器成品在整个使用温度范围内的温漂小于万分之几。

（3）金属薄膜式应变片。

金属薄膜式应变片的敏感栅是用蒸镀法或溅射法沉积的金属合金薄膜制成的。在薄的绝缘基片上蒸镀上金属材料薄膜，最后加保护层形成，其厚度一般在 0.1 μm 以下。也可以直接蒸镀在弹性元件的绝缘层表面，不易产生蠕变。

（4）半导体应变片。

半导体应变片是将杂质扩散到一个高电阻 N 型硅基底上，形成一层极薄的导电层，然后用超声波或热压焊法焊接引线制成的。它的主要优点是灵敏度高，主要缺点是灵敏度的一致性差、温漂大、电阻与应变之间的非线性误差大。在使用时，需采用温度补偿及非线性补偿措施。

表 2-1 列出了应变片的主要技术指标，仅供参考。表 2-1 中，PZ 型为纸基丝式应变片，PJ 型为胶基丝式应变片，BA、BB、BX 型为箔式应变片，PBD 型为半导体应变片。

表 2-1　应变片的主要技术指标

参数名称	电阻值/Ω	灵敏度	电阻温度系数/K^{-1}	极限工作温度/℃	最大工作电流/mA
PZ-120 型	120	1.9～2.1	20×10^{-6}	-10～40	20
PJ-120 型	120	1.9～2.1	20×10^{-6}	-10～40	20
BX-200 型	200	1.9～2.2	—	-30～60	25
BA-120 型	120	1.9～2.2	—	-30～200	25
BB-350 型	350	1.9～2.2	—	-30～170	25
PBD-1K 型	1 000（1±10%）	140（1±5%）	<0.4%	<40	15
PBD-120 型	120（1±10%）	120（1±5%）	<0.2%	<40	20

2）应变片的粘贴

应变片的粘贴质量直接影响应变测量的准确度。为了保证一定的黏合强度，必须将试件表面处理干净，打光面积为应变片面积的 3～5 倍。然后在试件表面和应变片的底面各涂一层薄而均匀的胶水。贴片后，在应变片上盖上一张聚乙烯塑料薄膜并加压，将多余的胶水和气泡排出。固化、检查合格后即可焊接引出线。引出导线要用柔软、不易老化的胶合物适当地加以固定，以防止导线摆动时折断应变片的引出线。然后在应变片上涂一层柔软的防护层，以防止大气对应变片的侵蚀，保证应变片长期工作的稳定性。

3. 应变片测量转换电路

金属应变片的电阻变化范围通常小于 0.1%。如果直接用欧姆表测量其电阻值，由于“本底”很大，被测量的变化却很小，将产生很大的误差，所以多使用不平衡电桥来测量这一微小的变化量，将 $\Delta R/R$ 转换为输出电压 U。

1）桥式测量转换电路的输出电压

桥式测量转换电路如图 2-4 所示。电桥的一对对角线结点 a、c 接入桥路激励电源电压 U_i，另一对对角线结点 b、d 为输出电压 U_o。

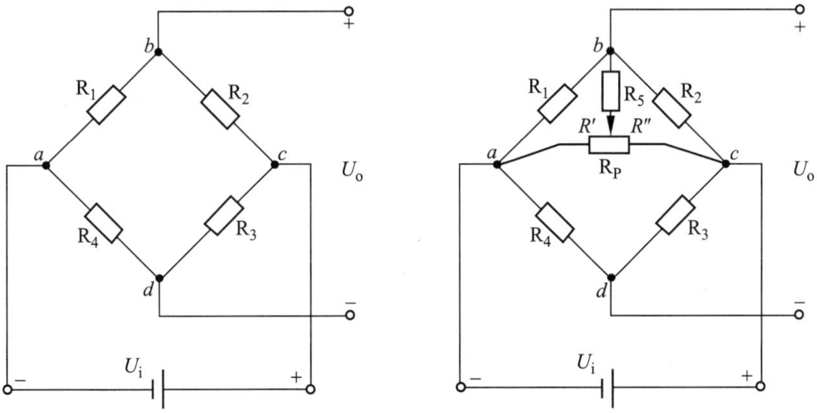

（a）基本应变桥路　（b）桥路的调零电路

图 2-4　桥式测量转换电路

设电桥的输入电压为 U_i，输出的电压为 U_o，当电桥输出端的负载电阻为无限大时，以桥路激励电源的负极为参考点，则有

$$U_o = U_{ba} - U_{da} = U_i\left(\frac{R_1}{R_1 + R_2} - \frac{R_4}{R_3 + R_4}\right) = U_i\frac{R_1R_3 - R_2R_4}{(R_1 + R_2)(R_3 + R_4)} \tag{2-6}$$

为了使电桥在测量前的输出电压为零，应该选择 4 个桥臂电阻，使 $R_1R_3 = R_2R_4$ 或 $R_1/R_2 = R_4/R_3$，这就是电桥平衡的条件。

当每个桥臂电阻变化值 $\Delta R_i \ll R_i$（$i=1,2,3,4$）时，可省略 ΔR 的高次项，电桥的开路输出电压可用下式近似表示

$$U_o \approx \frac{U_i}{4}\left(\frac{\Delta R_1}{R_1} - \frac{\Delta R_2}{R_2} + \frac{\Delta R_3}{R_3} - \frac{\Delta R_4}{R_4}\right) \tag{2-7}$$

由于 $\Delta R_i/R_i = K_i\varepsilon_i$，当各桥臂应变片的灵敏度 K 都相同时，有 $K_1=K_2=K_3=K_4$，则有

$$U_o \approx \frac{U_i}{4}K(\varepsilon_1 - \varepsilon_2 + \varepsilon_3 - \varepsilon_4) \tag{2-8}$$

根据不同的要求，应变电桥有以下 3 种不同的工作方式：

（1）*单臂半桥工作方式*：R_1 为应变片，R_2、R_3、R_4 为固定电阻，$\Delta R_2 \sim \Delta R_4$ 均为零。输出电压 $U_o \approx \frac{U_i}{4}\left(\frac{\Delta R_1}{R}\right) = \frac{U_i}{4}K\varepsilon_1$。

（2）*双臂半桥工作方式*：R_1、R_2 为应变片，R_3、R_4 为固定电阻，$\Delta R_3 = \Delta R_4 = 0$。输出电压 $U_o \approx \frac{U_i}{4}\left(\frac{\Delta R_1}{R_1} - \frac{\Delta R_2}{R_2}\right) = \frac{U_i}{4}K(\varepsilon_1 - \varepsilon_2)$。

（3）*全桥工作方式*：即电桥的 4 个桥臂都为应变片。输出电压即为式（2-7）和式（2-8）。

上面讨论的3 种工作方式中的 ε_1、ε_2、ε_3、ε_4 可以是试件的拉应变，也可以是试件的压应变，取决于应变片的粘贴方向及受力方向。若是拉应变，ε 应以正值代入；若是压应变，ε 应以负值代入。而且 ε_1 的受力方向必须与 ε_2、ε_4 相反，与 ε_3 的受力方向相同，否则式（2-7）的正负项可能相互抵消，输出电压变小。

如果设法使试件受力后，应变片 $R_1 \sim R_4$ 产生的电阻增量（或感受到的应变 $\varepsilon_1 \sim \varepsilon_4$）正负号相间，就可以使输出电压 U_o 成倍地增大。上述 3 种工作方式中，全桥四臂工作方式的灵敏度最高，双臂半桥次之，单臂半桥灵敏度最低。

2）桥式测量转换电路的温度补偿

实际应用中，除了应变 ε 能导致应变片电阻变化外，温度升高也会导致应变片电阻变大，它将给测量带来误差，因此有必要对桥路进行温度补偿。

采用双臂半桥或全桥工作方式的好处是能实现温度自补偿功能。设温度引起的电阻值变化为 Δ_t，由于 4 个应变电阻感受到的温度相同，所以 $\Delta R_{1t} = \Delta R_{2t} = \Delta R_{3t} = \Delta R_{4t}$ 则有

$$U_o \approx \frac{U_i}{4}\left(\frac{\Delta R_{1t}}{R_1} - \frac{\Delta R_{2t}}{R_2} + \frac{\Delta R_{3t}}{R_3} - \frac{\Delta R_{4t}}{R_4}\right) = 0 \tag{2-9}$$

从以上分析可知，只要组成全桥的 4 个应变片感受到的温度相同，就能够克服温漂。

同理，在半桥电路中，R_3、R_4 为精密固定电阻，所以 $\Delta R_{3t} = \Delta R_{4t} = 0$。若组成全桥的两

个应变片感受到的温度相同，则 $\Delta R_{1t} = \Delta R_{2t}$，也能实现温度自补偿。

3）桥式测量转换电路的调零

实际使用中，R_1、R_2、R_3、R_4 不可能严格成比例关系，所以即使在未受力时，桥路的输出也不一定能严格为零，因此必须设置调零电路，如图 2-4(b) 所示。调节 $\mathrm{R_P}$，最终可以使 R_1 与（$R' + R_5$）、R_2 与（$R''+R_5$）的并联结果之比等于 R_4/R_3，电桥趋于平衡，U_o 就可被预调到零位，这一过程称为调零。图中的 $\mathrm{R_P}$ 是用于减小调节范围的限流电阻。

4. 应变效应的应用

1）应变式测力传感器

图 2-5 为应变式测力传感器的几种形式。图中的悬臂梁是一端固定、一端自由的弹性敏感元件。悬臂梁的灵敏度比较高，可用于小量程的电子秤。当力 F 以如图 2-5(c) 所示的方向作用于悬臂梁的末端时，悬臂梁中部的上表面产生拉应变，下表面产生压应变，上下表面的应变大小相等、符号相反，测量电桥的输出较大。

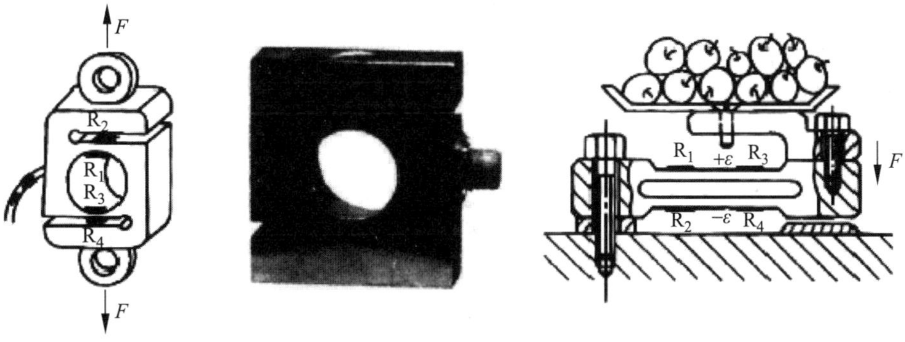

（a）环式拉压传感器原理　（b）环式拉压传感器外形　（c）悬臂梁式电子秤原理

图 2-5　应变式测力传感器的几种形式

2）应变式荷重传感器

测力和荷重（称重）传感器很大一部分是采用应变式荷重传感器，应变式荷重传感器如图 2-6 所示。

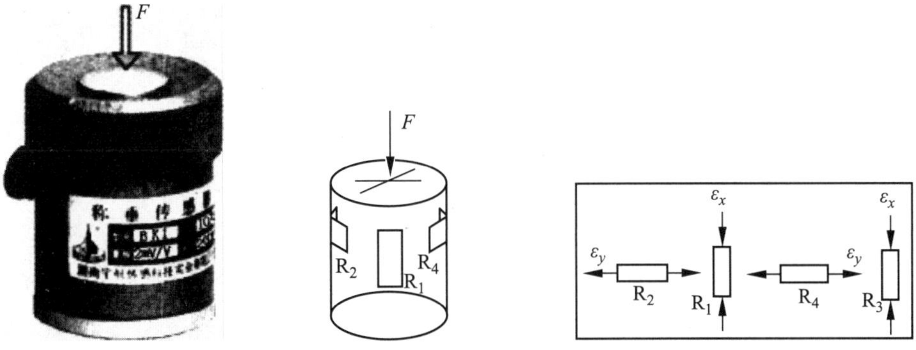

（a）外形图　（b）承重等截面圆柱　（c）应变片在等截面圆柱展开图上的位置

图 2-6　应变式荷重传感器

应变片粘贴在钢制圆柱（称为等截面轴，可以是实心圆柱，也可以是空心薄壁圆筒）的表面。在力的作用下，等截面轴产生应变。R_1、R_3 感受到的应变与等截面轴的纵向应变相同，为压应变。而 R_2、R_4 沿圆周方向粘贴，根据材料力学可知，当等截面轴受压时，沿 R_2、R_4 的周长方向变长，应变片受拉，即等截面轴的纵向应变与其横向应变符号相反。R_1、R_2、R_3、R_4 以正负相间的数值代入式（2-7）或式（2-8）中，可获得较大的输出电压。

等截面轴的特点是加工方便，但灵敏度（在相同力作用下产生的应变）比悬臂梁低，适用于载荷较大的场合。空心轴在同样的截面积下，轴的直径可加大，可提高轴的抗弯能力。

荷重传感器的输出电压 U_o 正比于荷重 F。实际运用中，生产厂商一般会给出荷重传感器的灵敏度 K_F。设荷重传感器的满量程为 F_m，桥路激励电压为 U_i，满量程时的输出电压为 U_{om}，则 K_F 被定义为

$$K_F = \frac{U_{om}}{U_i} \tag{2-10}$$

桥路所加的激励源电压 U_i 越高，满量程输出电压 U_{om} 也越高，U_i 通常为 12 V 左右。

由于 U_o 往往是 mV 数量级，而 U_i 往往是 V 级（10 V 左右），所以荷重传感器的灵敏度以 mV/V 为单位。在额定荷重范围内，输出电压与被测荷重 F 成正比，所以有

$$\frac{U_o}{U_{om}} = \frac{F}{F_m} \tag{2-11}$$

将式（2-10）代入式（2-11）可得到在被测荷重为 F 时的输出电压 U_o 为

$$U_o = \frac{F}{F_m}U_{om} = \frac{K_F U_i}{F_m}F \tag{2-12}$$

3）压阻式压力传感器

压阻式压力传感器体积小、结构简单、灵敏度高，将其倒置于液体底部时，可用于测量液体的液位。这种形式的液位计称为投入式液位计。投入式液位计的外形及其使用示意图如图 2-7 所示。

（a）外形

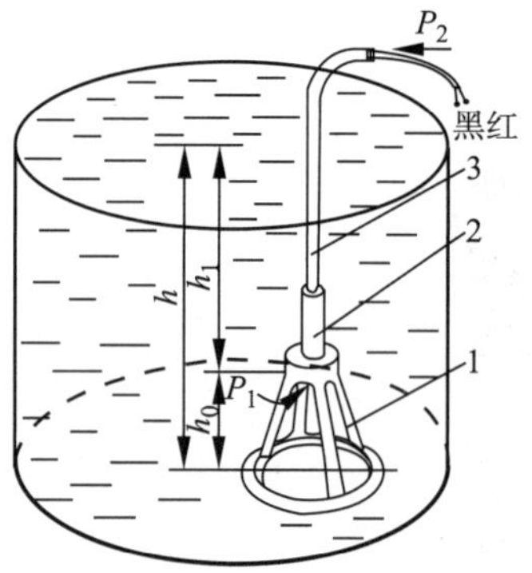

1—支架；2—传感器壳体；3—背压管；
P_1—表压（已扣除大气压）；P_2—大气压。

（b）安装示意图

图 2-7　投入式液位计的外形及其使用示意图

压阻式压力传感器安装在不锈钢壳体内，并用不锈钢支架固定放置于液体底部。传感器的高压侧 P_1 的进气孔（用柔性不锈钢隔离膜片隔离，用硅油传导压力）与液体相通。传感器安装高度 h_0 处水的表压 $P_1=\rho g h_1$，式中，ρ 为液体密度，g 为重力加速度。传感器的低压侧进气孔通过一根很长的橡胶“背压管”与大气相通，传感器的信号线、电源线也通过该“背压管”与外界的仪表接口相连接。被测液位 h 可由下式得到

$$h = h_0 + h_1 = h_0 + P_1/(\rho g) \tag{2-13}$$

这种投入式液位计安装方便，适应于深度为几米至几十米，且混有大量污物、杂质的水或其他液体的液位测量。

■ 任务 2.2 测温热电阻传感器

测量温度的传感器很多，常用的有热电偶、PN 结测温集成电路、红外辐射温度计等。本任务中重点学习测温热电阻传感器（以下简称热电阻传感器）。

热电阻传感器主要用于测量温度以及与温度有关的参量。在工业上，它被广泛用来测量 -200～960 ℃范围内的温度。按热电阻性质和灵敏度不同，可分为金属热电阻和半导体热电阻两大类。

1. 金属热电阻

金属热电阻简称热电阻（thermal resistance），它利用电阻随温度升高而增大这一特性来测量温度。目前较为广泛应用的热电阻材料是铂、铜，它们的电阻温度系数在$(3\sim5)\times10^{-3}\ K^{-1}$范围内。作为测温用的热电阻材料，希望具有电阻温度系数大、线性好、性能稳定、使用温度范围宽、加工容易等特点。铂热电阻的性能较好，适用温度范围为-200～960 ℃；铜电阻价廉并且线性较好，但温度高了易氧化，故只适用于温度较低（-50～150 ℃）的环境中，目前已逐渐被铂热电阻所取代。

1）热电阻的工作原理

温度升高，金属内部原子晶格的振动加剧，从而使金属内部的自由电子通过金属导体时的阻力增大，宏观上表现出电阻率变大，电阻值增大，称其为正温度系数，即电阻值与温度的变化趋势相同。

金属热电阻按其结构类型来分，有装配式、铠装式、薄膜式等。装配式热电阻由感温元件（金属电阻丝）、支架、引出线、保护套管及接线盒等基本部分组成。电阻丝必须是无应力、退过火的纯金属。为避免电感分量，必须采用双线并绕，制成无感电阻。

目前还研制生产了薄膜式箔热电阻。它是利用真空镀膜法、激光喷溅、显微照相和平版印刷光刻技术，使铂金属薄膜附着在耐高温的陶瓷基底上，用激光修整来微调0 ℃时的电阻值。面积可以小到几平方毫米，可将其粘贴在被测高温物体上，测量局部温度，具有热容量小、反应快的特点。

目前我国全面施行“1990 国际温标”。按照 ITS-90 标准，国内统一设计的工业用铂热

电阻在 0 ℃时的阻值 R_0 有 25 Ω、100 Ω 等，分度号分别用 Pt25、Pt100 等表示。薄膜型铂热电阻有 100 Ω、1 000 Ω 等数种。同样，铜热电阻在 0 ℃时的阻值 R_0 为 50 Ω、100 Ω 两种，分度号分别用 Cu50、Cu100 表示。

热电阻的阻值 R_t 与温度 t 的关系可用下面的一般表达式表示

$$R_t = R_0(1 + At + Bt^2 + Ct^3 + Dt^4) \tag{2-14}$$

式中：R_t——热电阻在 t 时的电阻值；

R_0——热电阻在 0 ℃时的电阻值；

A、B、C、D——温度系数。

热电阻的阻值 R_t 与 t 之间并不完全呈线性关系。在规定的测温范围内，每隔 1 ℃，测出铂热电阻和铜热电阻的 R_t 的电阻值，并列成表格，这种表格称为热电阻分度表。热电阻分度表是根据 ITS-90 标准所规定的实验方法而得到的，不同国家、不同厂商的同型号产品均需符合国际电工委员会（IEC）颁布的分度表数值。在工程中，若不考虑线性度误差的影响，有时也利用温度系数（α）来近似计算热电阻的阻值即：$R_t = R_0(1 + \alpha t)$。

2）热电阻的测量转换电路

热电阻的测量转换电路多采用三线制不平衡电桥。为了减小环境电磁场的干扰，引线电缆最好采用屏蔽线，并将屏蔽线的金属网状屏蔽层接大地。

2. 半导体热电阻

1）半导体热电阻的类型及特性

半导体热电阻是一种半导体测温元件，因为半导体热电阻的灵敏度比金属热电阻高 10 倍以上，所以简称热敏电阻。按其温度系数，热敏电阻可分为负温度系数热敏电阻（negative temperature coefficient，NTC）和正温度系数热敏电阻（positive temperature coefficient，PTC）两大类。所谓正温度系数，是指电阻的变化趋势与温度的变化趋势相同；所谓负温度系数，是指当温度上升时，电阻值反而下降。

（1）NTC 热敏电阻。

最常见的 NTC 是由金属氧化物组成的，如锰、钴、铁、镍、铜等多种氧化物混合烧结而成，其标称阻值（25 ℃时）视氧化物的比例，可以从零点几欧至几兆欧。

根据不同的用途，NTC 热敏电阻又可分为两大类：第一类为负指数型，用于测量温度，它的电阻值与温度之间呈严格的负指数关系，如图 2-8 中的曲线 2 所示，其关系式为

$$R_T = R_0 \mathrm{e}^{-B\left(\frac{1}{T_0}-\frac{1}{T}\right)} \tag{2-15}$$

式中：R_T——NTC 热敏电阻在热力学温度为 T 时的电阻值；

R_0——NTC 热敏电阻在热力学温度为 T_0 时的电阻值，多数厂商将 T_0 设定在 298 K（25 ℃）；

B——NTC 热敏电阻的温度常数。

在图 2-8 中，纵坐标为对数坐标，可以表示电阻的较大变化范围。

在常温段，NTC 热敏电阻的灵敏度很高。例如，标称阻值（25 ℃时）为 10.0 kΩ 的 NTC 热敏电阻，在-30 ℃时的阻值高达 130 kΩ；而在 100 ℃时，只有 850 Ω，相差两个数量

级，在-30～100 ℃范围内，可用于空调器、电热水器测温等。

第二类为突变型，又称临界温度型（CTR）。当负突变型热敏电阻温度上升到某临界点时，其电阻值忽然下降。在很多电子电路中，可用于抑制浪涌电流。某型号负突变型热敏电阻的温度-电阻特性曲线如图 2-8 中的曲线 1 所示。

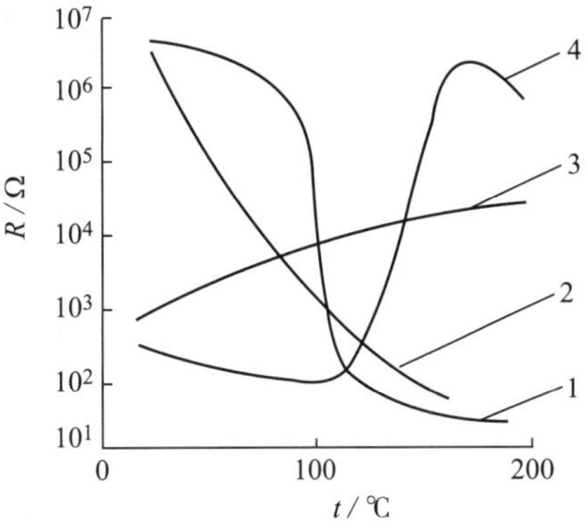

1—突变型 NTC；2—负指数型 NTC；3—线性型 PTC；4—突变型 PTC。

图 2-8　各种热敏电阻的特性曲线

（2）PTC 热敏电阻。

PTC 热敏电阻属于正突变型热敏电阻。典型的 PTC 热敏电阻通常是在钛酸钡中掺入其他金属离子，以改变其温度系数和临界点温度。它的温度-电阻特性曲线呈非线性，在某一特定的温度点，呈现出阶跃性的增加，如图 2-8 中的曲线 4 所示。它在电子电路中多起限流、保护作用。例如，当流过 PTC 热敏电阻的电流超过一定限度或 PTC 热敏电阻感受到的温度超过一定限度时，其电阻值突然增大，可以用作“自恢复熔断器”。大功率的 PTC 型陶瓷热敏电阻还可以用于电热暖风机。当 PTC 热敏电阻的体温达到设定值（如 210 ℃）时，PTC 热敏电阻的阻值急剧上升，流过 PTC 热敏电阻的电流减小，使暖风机的温度基本恒定于设定值上，提高了安全性。

近年来还研制出掺有大量杂质的 Si 单晶 LPTC。它的电阻值随温度的变化接近线性，如图 2-8 中的曲线 3 所示，其最高工作温度约为 140℃。

热敏电阻可根据使用要求，封装加工成各种形状的探头，如圆片形、柱形、珠形、铠装型、薄膜型、厚膜型等，如图 2-9 所示。

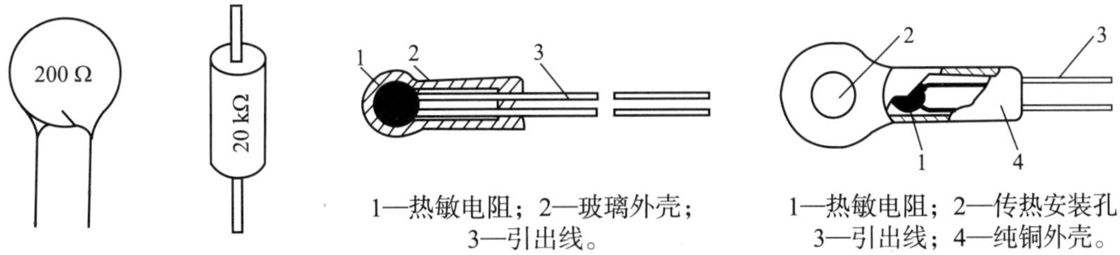

1—热敏电阻；2—玻璃外壳；3—引出线。

1—热敏电阻；2—传热安装孔；3—引出线；4—纯铜外壳。

（a）圆片形　（b）柱形　（c）珠形　（d）铠装型

图 2-9　热敏电阻的外形、结构及图形符号

（e）厚膜型　　（f）贴片式　　（g）图形符号

图 2-9　热敏电阻的外形、结构及图形符号（续）

2）热敏电阻的应用

热敏电阻具有尺寸小、响应速度快、灵敏度高等优点，因此它在许多领域得到广泛应用。热敏电阻在工业上的用途很广，根据产品型号不同，其适用范围也各不相同，具体有以下三方面：

（1）热敏电阻用于测温。

作为测温元件的热敏电阻价格较低廉。没有外保护层的热敏电阻只能应用在干燥的地方；密封的热敏电阻不怕湿气的侵蚀，可以用在较恶劣的环境下。由于热敏电阻的阻值较大，故其连接导线的电阻和接触电阻可以忽略。例如，在热敏电阻测量粮仓温度时，其引线可长达近千米。热敏电阻体温表原理图与外形如图 2-10 所示。

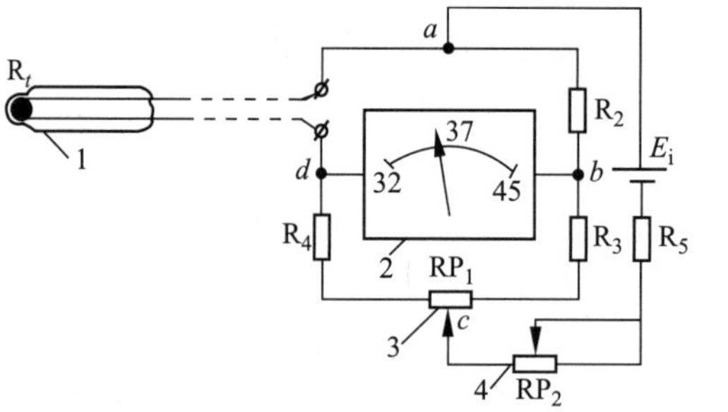

（a）桥式电路

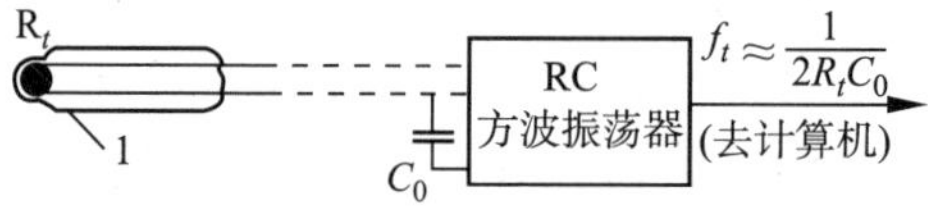

（b）调频式电路

（c）外形

1—热敏电阻；2—指针式显示器；3—调零电位器；4—调满度电位器。

图 2-10　热敏电阻体温表原理图与外形

电路必须先进行调零再调满度，最后再验证刻度盘中其他各点的误差是否在允许范围内，上述过程称为标定。具体做法如下：将绝缘的热敏电阻放入 32 ℃（表头的零位）的温水中，待热量平衡后，调节 RP_1，使指针指在 32 ℃上，再加入热水，用更高一级的数字式温度计监测水温，使其上升到 45 ℃。待热量平衡后，调节 RP_2，使指针指在 45 ℃上。再加入冷水，逐渐降温，检查 32 ~ 45 ℃范围内刻度的准确性。如果不准确：①可重新刻度；②在带微机的情况下，可用软件修正。

虽然目前热敏电阻温度计均已数字化，但上述的“调零”“标定”的概念是检测技术人员必须掌握的最基本技术，必须在实践环节反复训练类似的调试基本功。

（2）热敏电阻用于温度补偿。

热敏电阻可在一定的温度范围内对某些元件进行温度补偿。例如，动圈式表头中的动圈由铜线绕制而成，温度升高时，电阻增大，会引起测量误差，可以在动圈回路中串入由负温度系数热敏电阻组成的电阻，从而抵消由于温度变化所产生的测量误差。

在晶体管电路、对数放大器中，也常用热敏电阻组成补偿电路，补偿由于温度引起的漂移误差。

（3）热敏电阻用于温度控制及过热保护。

在电动机的定子绕组中嵌入负温度突变型热敏电阻，并与继电器串联。当电动机过载时定子电流增大，引起发热。当温度大于突变点时，电路中的电流可以由十分之几毫安突变为几十毫安，因此继电器动作，触发电动机保护电路，从而实现过热保护。负温度突变型热敏电阻与继电器的接线图如图 2-11 所示。

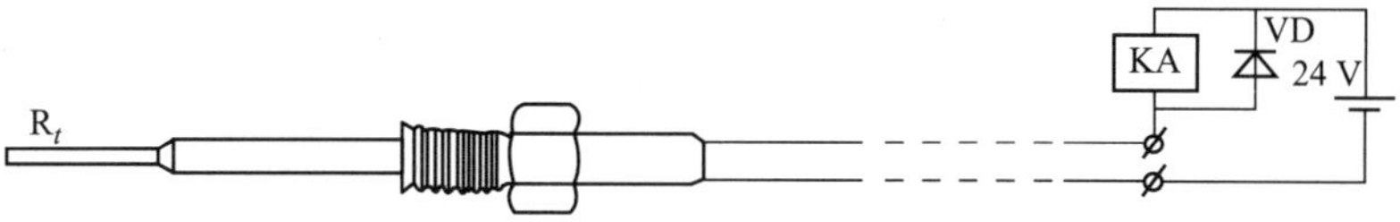

图 2-11 负温度突变型热敏电阻与继电器的接线图

高分子 PTC 自复熔断器高分子聚合物正温度热敏电阻由聚合物与导电晶粒等所构成。导电粒子在聚合物中构成链状导电通路。当正常工作电流通过（或元件处于正常环境温度）时，自复熔断器呈低阻状态；当电路中有异常过电流（或环境温度超过额定值）时，大电流（或环境温度升高）所产生的热量使聚合物迅速膨胀，切断导电粒子所构成的导电通路，自复熔断器呈高阻状态；当电路中过电流（超温状态）消失后，聚合物冷却，体积恢复正常，PTC 中的导电粒子又重新构成导电通路，自复熔断器又呈初始的低阻状态。

（4）热敏电阻用于液面测量。

给铠装型 NTC 热敏电阻施加一定的加热电流，它的表面温度将高于周围的空气温度，此时它的阻值较小。当液面高于它的安装高度时，液体将带走它的热量，使之温度下降、阻值升高。判断它的阻值变化，就可以知道液面是否低于设定值。利用类似的原理，热敏电阻还可用于气体流量的测量。

练习题

1. 价格便宜，多用于要求不高的应变、应力的大批量、一次性试验的应变片是（　　）。

A. 金属丝式　　B. 金属箔式　　C. 半导体

2. 导体或半导体材料在外界力的作用下，会产生机械变形，其电阻值也将随着发生变化，这种现象称为（　　）。

A. 霍尔效应　　B. 应变效应　　C. 电磁效应

3. 金属应变片可分为金属丝式、金属箔式和（　　）。

A. 金属薄膜式　　B. 金属片式　　C. 半导体

4. （　　）不属于测温热电阻传感器。

A. PN 结测温集成电路　　B. 应变式力传感器　　C. 热电偶

5. 我国目前较为广泛应用的热电阻材料是铂和（　　）。

A. 铜　　B. 铁　　C. 银

项目3 热电偶传感器

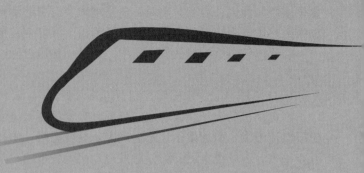

测量温度的传感器品种繁多，所依据的工作原理也各不相同。热电偶传感器是众多测温传感器中已形成系列化、标准化的一种。

热电偶传感器测温的主要优点有：

（1）属于自发电型传感器，因此测量时可以不需要外加电源，可直接驱动动圈式仪表。

（2）结构简单，使用方便，热电偶的电极不受大小和形状的限制，可按照需要选择。

（3）测温范围广，高温热电偶可达 1 800 ℃以上，低温热电偶可达-260 ℃。

（4）测量准确度较高，各温区中的误差均符合国际计量委员会的标准。

【知识描述】

热电偶传感器将温度信号转换成电动势。目前在工业生产和科学研究中已得到广泛的应用，并且可以选用标准的显示仪表和记录仪表来进行显示和记录。

【学习目标】

◉ 知识目标

（1）掌握热电偶传感器的工作原理；

（2）掌握温度的几种表示方法；

（3）掌握热电偶传感器在生活中的应用。

◉ 技能目标

具备分析热电偶传感器工作原理的能力。

◉ 素质目标

培养学生严谨分析问题的态度。

■ 任务 3.1 温度测量的基本概念

温度是一个和人们生活环境有着密切关系的物理量，也是一种在生产、科研、生活中需要测量和控制的重要物理量，是国际单位制 7 个基本量之一。这里将系统地介绍有关温度、温标和温度传感器分类等一些基本概念。

1. 温度

温度（temperature）是表示物体冷热程度的物理量。温度的概念是以热平衡为基础的。如果两个相接触的物体的温度不同，它们之间就会产生热交换，热量将从温度高的物体向温度低的物体传递，直到两个物体达到相同的温度为止。

温度的微观概念是：温度标志着物质内部大量分子的无规则运动的剧烈程度。温度越高，表示物体内部分子热运动越剧烈。

2. 温标

温度的数值表示方法称为温标（temperature scale）。它规定了温度的读数的起点（即零点）以及温度的单位。各类温度计的刻度均由温标确定。国际上常用的温标有：摄氏温标、华氏温标、热力学温标、1990 国际温标等。

1）摄氏温标

摄氏温标把在标准大气压下冰的熔点定为零度（0 ℃），把水的沸点定为 100 度（100 ℃）。在这两固定点间划分一百等份，每一等份为摄氏一度，符号为 t。

2）华氏温标

华氏温标规定在标准大气压下，冰的熔点为 32°F，水的沸点为 212°F，两固定点间划分 180 等份，每一等份为华氏一度，符号为 θ。它与摄氏温标的关系式为

$$\theta = 1.8\, t + 32 \tag{3-1}$$

例如，20 ℃时的华氏温度 $\theta = 1.8 \times 20 + 32 = 68$(°F)。美国和英国在日常生活中还使用华氏温标。

3）热力学温标

热力学温标是开尔文（Kelvin）根据热力学定律提出来的最科学的温标，又称开氏温标。它的符号是 T，其单位是开尔文（K）。

热力学温标规定分子运动停止（即没有热存在）时的温度为 0K，水的三相点（气、液、固三态同时存在且进入平衡状态时的温度，triple point）的温度为 273.16 K，把从 0K 到水的三相点之间的温度均匀分为 273.16 格，每格为 1 K。

由于以前曾规定冰点的温度为 273.15 K，所以现在沿用这个规定，用下式进行热力学温度和摄氏温度的换算

$$t = T - 273.15 \tag{3-2}$$

或

$$T=t+273.15 \tag{3-3}$$

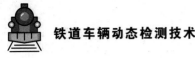

例如，100 ℃时的热力学温度 $T=100+273.15=373.15$(K)。

3. 温度传感器分类

常用的各种材料和元器件的性能大都会随着温度的变化而变化，具有一定的温度效应。其中一些稳定性好、温度灵敏度高、能批量生产的材料就可以作为为温度传感器。

温度传感器的分类方法很多。按照用途可分为基准型和工业型；按照测量方法可分为接触式和非接触式；按工作原理可分为膨胀式、电阻式、热电式、辐射式等；按输出方式可分为自发电型、非电测型等。可以根据成本、准确度、测温范围及被测对象的不同，选择不同的温度传感器。表 3-1 列出了常用温度传感器的工作原理、名称、测温范围和特点。

表 3-1　常用温度传感器的工作原理、名称、测温范围和特点

所利用的物理现象	传感器类型	测温范围/℃	特点
体积热膨胀	气体温度计 液体压力温度计 玻璃水银温度计 双金属片温度计	-250～1 000 -200～350 -50～350 -50～300	不需要电源，耐用；但感温部件体积较大
接触热电动势	钨铼热电偶 铂铑热电偶 其他热电偶	1 000～2 100 200～1 800 -200～1 200	自发电型，标准化程度高，品种多，可根据需要选择；须进行冷端温度补偿
电阻的变化	铂热电阻 热敏电阻	-200～900 -50～300	标准化程度高；但需要接入桥路才能得到电压输出
PN 结电压	硅半导体二极管（半导体集成温度传感器）	-50～150	体积小，线性好，但测温范围小
温度-颜色	示温涂料，示温液晶	-50～1 300 0～100	面积大，可得到温度图像；但易衰老，准确度低
光辐射，热辐射	红外辐射温度计 光学高温温度计 热释电温度计 光子探测器	-50～1 500 500～3 000 0～1 000 0～3 500	非接触式测量，反应快；但易受环境及被测体表面状态影响，标定困难

■　任务 3.2　热电偶传感器的工作原理

1. 热电偶与热电效应

1）热电偶

1821 年，德国物理学家泽贝克（T. J. Seebeck）用两种不同金属组成闭合回路，并用酒精灯加热其中一个接触点（称为结点），发现放在回路中的指南针发生偏转，如图3-1(a)所示。如果用两盏酒精灯对两个结点同时加热，指南针的偏转角反而减小。显然，指南针的偏转说明了回路中有电动势产生并有电流在回路中流动，电流的强弱与两个结点的温差有关。

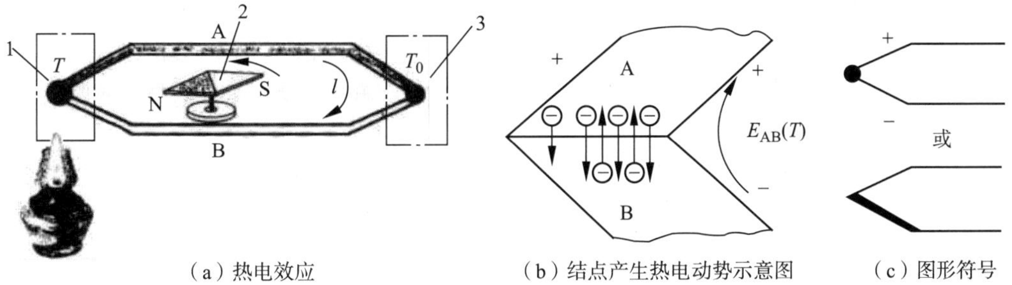

（a）热电效应　（b）结点产生热电动势示意图　（c）图形符号

1—测量端；A，B—导体；2—指南针；3—参考端；T—工作端温度；T_0—参考端温度。

图3-1　热电偶原理图

据此，泽贝克发现和证明了在两种不同材料（导体A和B）组成的闭合回路中，当两个结点温度不相同时，回路中将产生电动势。这种物理现象称为热电效应。两种不同材料的导体所组成的回路称为热电偶，组成热电偶的导体称为热电极，热电偶所产生的电动势称为热电动势。在热电偶的两个结点中，置于温度为T的被测对象中的结点称为测量端，又称为工作端或热端；而置于参考温度为T_0中的另一结点称为参考端，又称自由端或冷端。

2）热电效应

热电偶产生的热电动势$E_{AB}(T,T_0)$由接触电动势和每一个导体的温差电动势两部分组成。单一导体的温差电动势与接触电动势相比较，可以忽略不计，在热电偶回路中起主要作用的是两个结点之间的接触电动势。

2. 中间导体定律

若在热电偶回路中插入“中间导体”（A、B之外的其他导体），只要中间导体两端温度相同，则对热电偶回路的总热电动势无影响，这就是中间导体定律。具有中间导体的热电偶回路如图3-2(a) 所示。插入HNi、Cu、Sn等多种导体，见图3-2(b)，只要保证插入的每种导体的两端温度相同，则对热电偶的热电动势也无影响。

利用热电偶来测温时，连接导线、显示仪表和接插件等均可看成是中间导体，只要保证这些中间导体两端的温度相同，则它们对热电偶的热电动势没有影响。因此，中间导体定律对热电偶的实际应用是十分重要的。在使用热电偶时，应尽量使上述元器件两端的温度相同，才能减少测量误差。

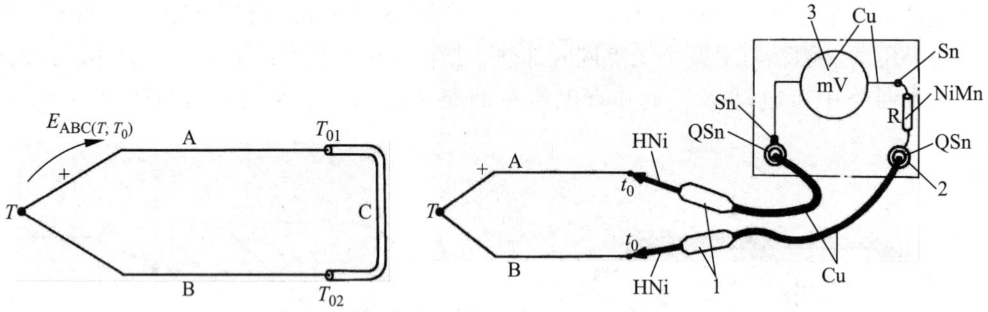

（a）原理图　　（b）应用电路

1—镍铜表棒；2—磷铜接插件；3—铜漆包线动圈表头；Cu—纯铜导线；
HNi—镍黄铜；QSn—锡磷青铜；Sn—焊锡；NiMn—镍锰铜电阻丝；
A，B—热电偶导体；C—中间导体；T_{01}，T_{02}—中间导体两端的温度。

图 3-2　具有中间导体的热电偶回路

任务 3.3　热电偶的种类及结构

1. 通用热电偶的种类

热电极和热电偶的种类繁多，按 1990 年国际温标（ITS-90），共有 8 种标准化通用热电偶，其特性如表 3-2 所示。在表 3-2 所列热电偶中，写在前面的热电极为正极，写在后面的热电极为负极。国际计量委员会已对这些热电偶的化学成分和每一摄氏度的热电动势做了非常精密的测试，并向世界公布了它们的分度表（t_0 = 0 ℃）。所谓分度表就是热电偶参考端（冷端）温度为 0 ℃时，热电偶测量端（热端）温度与输出热电动势之间的对应关系的表格。使用前，只要将这些分度表输入到计算机中，由计算机根据测得的热电动势自动查表就可获得被测温度值。

表 3-2　8 种国际通用热电偶特性表

名称	分度号	测温范围/℃	100 ℃时的热电动势/mV	1 000 ℃时的热电动势/mV	特点
铂铑 30-铂铑 6[①]	B	50～1 820	0. 033	4. 834	熔点高，测温上限高，性能稳定，准确度高，100 ℃以下热电动势极小，所以可不必考虑冷端温度补偿；价昂，热电动势小，线性差；只适用于高温域的测量
铂铑 13-铂	R	-50～1 768	0. 647	10. 506	使用上限较高，准确度高，性能稳定，复现性好；但热电动势较小，不能在金属蒸气和还原性气氛中使用，在高温下连续使用时特性会逐渐变坏，价昂；多用于精密测量
镍铬 10-铂	S	-50～1 768	0. 646	9. 587	优点同上；但性能不如 R 型热电偶；长期以来曾经作为国际温标的法定标准热电偶

续表

名称	分度号	测温范围/℃	100 ℃时的热电动势/mV	1 000 ℃时的热电动势/mV	特点
镍铬-镍硅	K	-270～1 370	4.096	41.276	热电动势大，线性好，稳定性好，价廉；但材质较硬，在1 000 ℃以上长期使用会引起热电动势漂移；多用于工业测量
镍铬硅-镍硅	N	-270～1 300	2.744	36.256	是一种新型热电偶，各项性能均比K型热电偶好，适宜于工业测量
镍铬-铜镍（锰白铜）	E	-270～800	6.319	—	热电动势比K型热电偶大50%左右，线性好，耐高湿度，价廉；但不能用于还原性气氛；多用于工业测量
铁-铜镍（锰白铜）	J	-210～760	5.269	—	价廉，在还原性气氛中较稳定；但纯铁易被腐蚀和氧化；多用于工业测量
铜-铜镍（锰白铜）	T	-270～400	4.279	—	价廉，加工性能好，离散性小，性能稳定，线性好，准确度高；铜在高温时易被氧化，测温上限低；多用于低温域测量；可作-200～0 ℃温域的计量标准

① 铂铑30表示该合金含70%的铂及30%的铑，以下类推。

常用热电偶的热电动势与温度的关系曲线如图3-3所示。因为绘制热电动势-温度曲线或制定分度表时，总是将冷端置于0 ℃这一规定环境中，所以在0 ℃时各种热电偶的热电动势均为零。

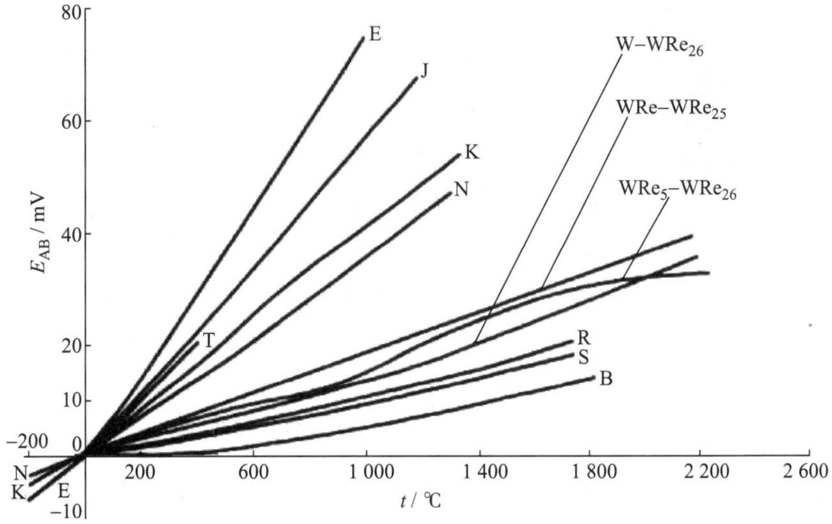

图3-3　常用热电偶的热电动势与温度的关系曲线

B、R、S及WRe_5-WRe_{26}（钨铼5-钨铼26）等热电偶在100 ℃时的热电动势几乎为零，只适合于高温测量。

2. 热电偶的结构

1）装配式热电偶

装配式热电偶主要用于测量气体、蒸气和液体等介质的温度。这类热电偶已做成标准形状，其中有棒形、角形、锥形等。从安装固定方式来看，有固定法兰式、活动法兰式、固定螺纹式、焊接固定式和无专门固定式等几种。装配式热电偶主要由接线盒、保护套管、接线柱、绝缘装置和热电极组成，并配以各种安装固定装置组成。图 3-4 为装配式热电偶的结构及外形。

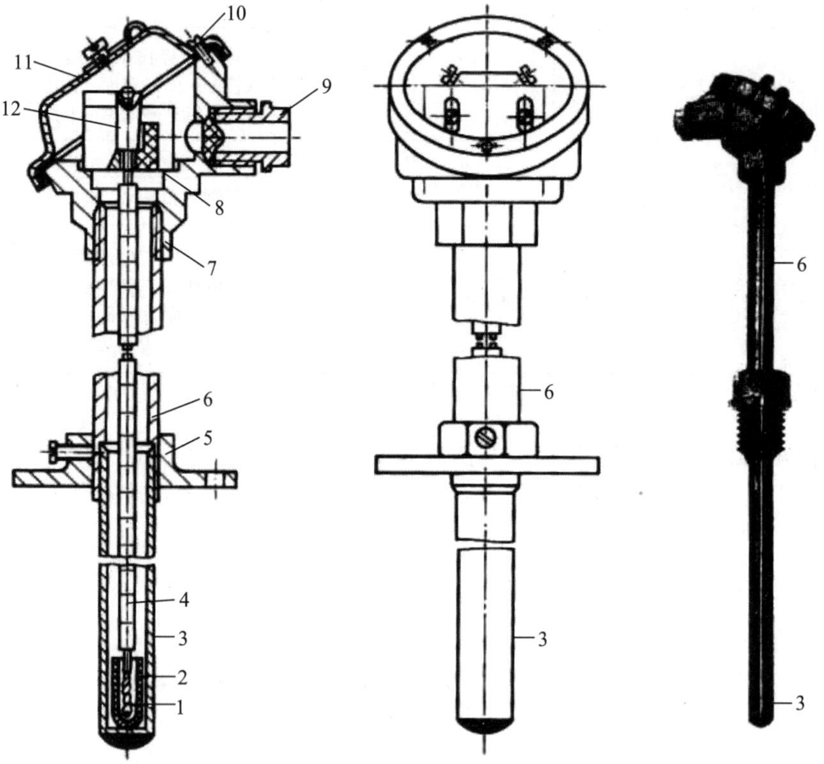

（a）法兰安装式　　（b）螺栓安装式

1—热电极；2—绝缘套；3—下保护套管；4—绝缘珠管；5—固定法兰；6—上保护套管；7—接线盒底座；8—接线绝缘座；9—引出线套管；10—固定螺钉；11—接线盒外罩；12—接线柱。

图 3-4　装配式热电偶的结构及外形

2）铠装热电偶

铠装热电偶（sheathed thermocouple）是由薄壁金属保护套管、绝缘材料和热电极三者组合成一体的特殊结构的热电偶。它是在薄壁金属保护套管（金属铠）中装入热电极，在两根热电极之间及热电极与管壁之间牢固充填无机绝缘物（MgO 或 Al_2O_3），使它们之间相互绝缘，使热电极与金属铠成为一个整体。它可以做得很细很长，而且可以弯曲。热电偶的套管外径最细能达 0.25 mm，长度可达 100 m 以上。铠装热电偶的结构及外形如图 3-5 所示。

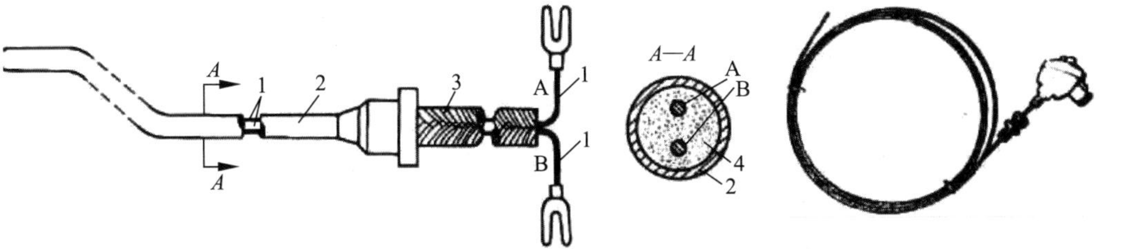

（a）结构　　（b）径向剖面图　　（c）外形

1—内电极；2—薄壁金属保护套管；3—屏蔽层；4—绝缘材料。

图 3-5　铠装热电偶的结构及外形

铠装热电偶具有响应速度快、可靠性好、耐冲击、比较柔软、可挠性好、便于安装等优点，因此特别适用于复杂结构（如狭小弯曲管道内）的温度测量。

3）薄膜热电偶

薄膜热电偶如图3-6 所示。它是用真空蒸镀、离子镀或磁控溅射的方法，把热电极材料蒸镀在很薄的绝缘基板（陶瓷片或云母片）上，两种不同的金属薄膜形成了热电偶。测量端既小又薄，厚度为0.01～0.1 μm，热容量小，响应速度快，便于敷贴，适用于测量微小面积上的瞬变温度，以及微波的功率测量。薄膜热电偶的测温上限可达1 000 ℃，时间常数可小于1 ms，因而热惯性小，反应快，可用于测量瞬变的表面温度和微小面积上的温度。它的结构有片状、针状和把热电极材料直接蒸镀在被测表面上等3 种。所用的电极类型有铁-锰白铜、镍铬-锰白铜、铁-镍、铜-锰白铜、镍铬-镍硅、铂铑-铂、铱-铑、镍-钼、钨-铼等。

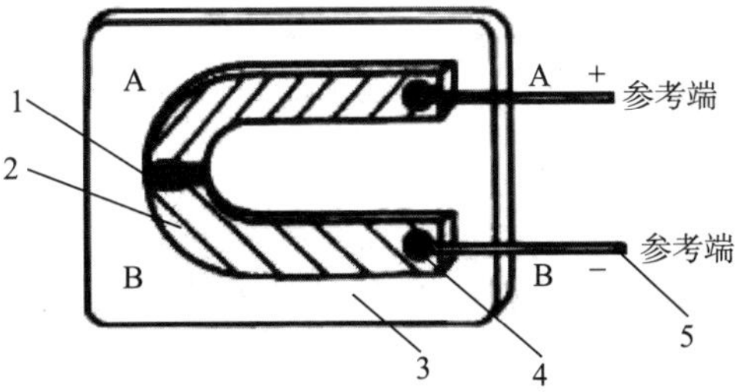

1—测量端；2—薄膜热电极；3—耐高温绝缘基板；4—引脚接头；5—引出线（材质与热电极相同）。

图 3-6　薄膜热电偶

■　任务3.4　热电偶参考端的延长

1. 热电偶参考端延长的必要性

实际测温时，由于热电偶长度有限，参考端温度将直接受到被测物温度和周围环境温度的影响。例如，热电偶安装在电炉壁上，而参考端放在接线盒内，电炉壁周围温度不稳定，波及接线盒内的参考端，造成测量误差。虽然可以将热电偶做得很长，但这将提高测量系统的成本，是很不经济的。工业中一般是采用补偿导线来延长热电偶的参考端，使之远离高温区。

2. 延长热电偶参考端的方法

利用补偿导线延长热电偶的参考端如图 3-7 所示。补偿导线（A′、B′）是两种不同材料的、相对比较便宜的金属（多为铜与铜的合金）导体，是在一定温度范围内，具有与所匹配的热电偶的热电动势的标称值相同的一对带有绝缘层的导线。补偿导线（A′、B′）的自由电子密度比和所配接型号的热电偶的自由电子密度比相等，所以补偿导线在一定的环境温度范围内（如 0～200 ℃），与所配接的热电偶的灵敏度相同，即具有相同的温度-热电动势关系

$$E_{A'B'}(T,T_0)=E_{AB}(T,T_0)$$

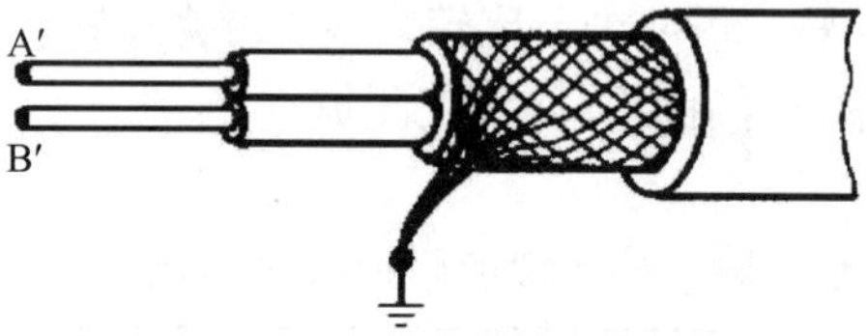

（a）补偿导线结构

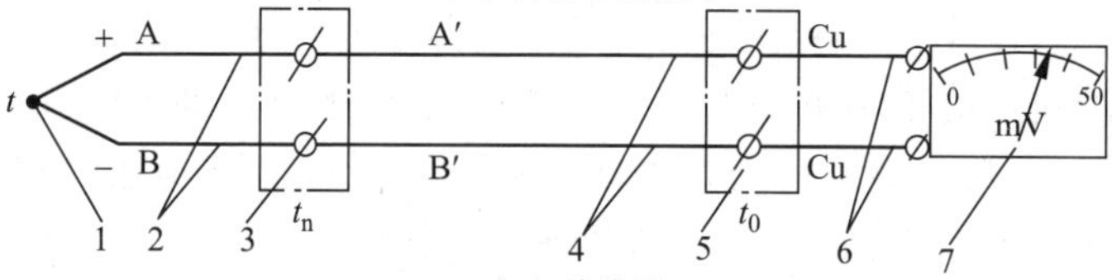

（b）接线图

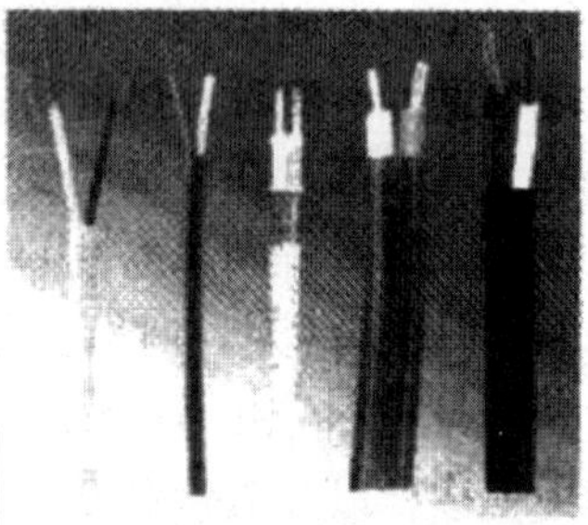

（c）补偿导线外形

1—测量端；2—热电极；3—接线盒 1（中间温度）；4—补偿导线；

5—接线盒 2（新的参考端）；6—铜引线（中间导体）；7—毫伏表。

图 3-7　利用补偿导线延长热电偶的参考端

3. 补偿导线的用途和特性

（1）补偿导线将参考端从温度波动区 t_n 延长到补偿导线末端的温度相对稳定区 t_0，使指示仪表的示值（毫伏数）比较稳定。

（2）购买补偿导线比使用相同长度的热电极（A、B）便宜许多，可节约大量贵金属。

（3）补偿导线多是用铜及铜的合金制作，所以单位长度的直流电阻比热电极小得多，可减小测量误差。

（4）由于补偿导线通常用塑料（聚氯乙烯或聚四氟乙烯）作为绝缘层，其自身又为较柔软的铜合金多股导线，所以易弯曲，便于敷设。

常用热电偶补偿导线的特性如表 3-3 所示。

表 3-3　常用热电偶补偿导线的特性

型号	配用热电偶正-负	补偿导线正-负	导线外皮颜色		100℃时的热电动势/mV	20℃时的电阻率/(Ω·m)
			正	负		
SC	铂铑 10-铂	铜-铜镍①	红	绿	0.646±0.023	0.05×9^{-6}
KC	镍铬-镍硅	铜-锰白铜	红	蓝	4.096±0.063	0.52×9^{-6}
WC5/26	钨铼 5-钨铼 26	铜-铜镍②	红	橙	1.451±0.051	0.10×9^{-6}

① 99.4% Cu，0.6% Ni；②98.2%～98.3% Cu，1.7%～1.8% Ni。

必须指出的是，使用补偿导线仅能延长热电偶的参考端，虽然使用补偿导线后，总的热电动势会比不使用补偿导线时有所提高，但从本质上看，这并不是因为温度补偿引起的，而是使参考端远离高温区、测量端和参考端温差变大的缘故，故将其称为补偿导线只是一种习惯用语。

任务 3.5 热电偶的参考端温度补偿

由热电偶测温原理可知，热电偶的输出热电动势是热电偶两端温度 t 和 t_0 差值的函数，当参考端温度 t_0 不变时，热电动势与测量端温度成单值函数关系。各种热电偶温度与热电动势关系的分度表都是在参考端温度为 0 ℃时做出的，因此用热电偶测量时，若要直接应用热电偶的分度表，就必须满足 $t_0=0$ ℃的条件。但在实际测温中，参考端温度常随环境温度而变化，这样 t_0 不但不是 0 ℃，而且也不恒定，因此将产生误差。一般情况下，参考端温度均高于 0 ℃，热电动势总是偏小，因此需要进行参考端温度补偿。常用的消除或补偿上述热电动势损失的方法有以下两种：

1. 参考端恒温法

（1）将热电偶的参考端置于装有冰水混合物的恒温容器中，使参考端的温度保持在 0 ℃不变。此法也称冰浴法，它消除了 t_0 不等于 0 ℃而引入的误差，由于冰融化较快，所以一般只适用于实验室中。

（2）将热电偶的参考端置于电热恒温器中，恒温器的温度略高于环境温度的上限（例如 40 ℃）。

（3）将热电偶的参考端置于恒温空调房间中，使参考端温度恒定。

应该指出的是，除了冰浴法是使参考端温度保持在 0 ℃外，后两种方法只是使参考端维持在某一恒定（或变化较小）的温度上，因此后两种方法仍必须采用下述几种方法予以修正。

2. 计算修正法

当热电偶的冷端温度 $t_0 \neq 0$ ℃时，由于测量端与参考端的温差随参考端的变化而变化，所以测得的热电动势 $E_{AB}(t,\ t_0)$ 与参考端为 0 ℃时所测得的热电动势 $E_{AB}(t,0\ ℃)$ 不等。若参考端温度高于 0 ℃，则 $E_{AB}(t,\ t_0) < E_{AB}(t,0\ ℃)$，可以利用下式计算并修正测量误差

$$E_{AB}(t,0\ ℃) = E_{AB}(t,t_0) + E_{AB}(t_0,0\ ℃) \tag{3-4}$$

式（3-4）中，$E_{AB}(t,\ t_0)$ 是用毫伏表直接测得的毫伏数。修正时，先测出参考端温度，然后从该热电偶分度表中查出 $E_{AB}(t,0\ ℃)$（此值相当于损失掉的热电动势），并把它加到所测得的 $E_{AB}(t,\ t_0)$ 上。根据式（3-4）求出 $E_{AB}(t,0\ ℃)$（此值是已得到补偿的热电动势），根据此值再在分度表中查出相应的温度值。计算修正法共需要查分度表两次。如果参

考端温度低于 0 ℃，由于查出的 E_{AB}（t，0 ℃）是负值，所以仍可用式（3-4）计算修正。

【例 3-1】 用镍铬-镍硅（K 型）热电偶测炉温时，参考端温度 $t_0=30$ ℃，在直流毫伏表上测得的热电动势 E_{AB}（t,30 ℃）= 38.505 mV，试求炉温。

解： 查镍铬-镍硅热电偶分度表，得到 E_{AB}（30 ℃,0 ℃）= 1.203 mV。根据式（3-4）有

$$E_{AB}(t,0\ ℃)=E_{AB}(t,30\ ℃)+E_{AB}(30\ ℃,0\ ℃)$$
$$=38.505+1.203=39.708(\text{mV})$$

反查 K 型热电偶的分度表，得到 $t=960$ ℃。

提示： 该方法适用于热电偶参考端温度较恒定的情况。在智能化仪表中，查表及运算过程均可由计算机完成。

任务 3.6　热电偶的应用

1. 测量管道温度

为了使管道的气流充分与热电偶产生热交换，装配式热电偶应尽可能垂直向下插入管道中。

2. 测量金属表面温度

在机械、冶金、能源、国防等部门，经常涉及金属表面温度的测量。例如，热处理工作中锻件、铸件以及各种余热利用的热交换器表面、蒸气管道、炉壁面等表面温度的测量。根据对象特点，测温范围从几百摄氏度到一千多摄氏度，而测量方法通常采用直接接触测温法。

直接接触测温法是指采用各种型号及规格的热电偶（视温度范围而定），用粘接剂或焊接的方法，使热电偶与被测金属表面（或去掉表面后的浅槽）直接接触，然后把热电偶接到显示仪表上组成测温系统。

练习题

1. 国际上常用的温标有：摄氏温标、（　　）温标、热力学温标等。

A. 布氏　　B. 华氏　　C. 洛氏

2. 华氏温标规定在标准大气压下，冰的熔点为 32°F，水的沸点为（　　）°F。

A. 212　　B. 100　　C. 132

3. （　　）是表示物体冷热程度的物理量。

A. 温度　　B. 温标　　C. 摄氏度

4.（　　）具有响应速度快、可靠性好、耐冲击、比较柔软、可挠性好、便于安装等优点。

A. 装配式热电偶　　B. 铠装热电偶　　C. 薄膜热电偶

5. 为了使管道的气流充分地与热电偶产生（　　），装配式热电偶应尽可能垂直向下插入管道中。

A. 热交换　　B. 热效应　　C. 热处理

项目4 电感传感器

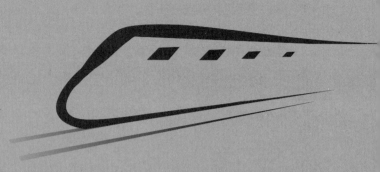

电感传感器是利用绕组自感量或互感量的变化来实现非电量电测的一种装置。利用电感传感器能对位移以及与位移有关的工件尺寸、压力、振动等参数进行测量。它具有分辨力高（可分辨 1 μm 的位移量）等优点，因此在工业自动化测量中得到广泛的应用。它的主要缺点是响应较慢，不宜用于快速动态测量，而且传感器的分辨力与测量范围有关，测量范围大，分辨力低。

【知识描述】

电感传感器种类很多，可分为自感传感器和互感量式两大类。人们习惯上讲的电感传感器通常是指自感传感器；而互感量式传感器是利用变压器原理，做成差动式，故常称为差动变压器式传感器。

【学习目标】

◉ **知识目标**

（1）掌握电感传感器的工作原理；

（2）掌握差动变压器式传感器的工作原理；

（3）知道电感传感器在生活中的应用。

◉ **技能目标**

具备电感传感器原理分析的能力。

◉ **素质目标**

培养学生严谨分析问题的态度。

任务 4.1　认识自感传感器

常用的自感传感器主要由绕组、铁心、衔铁及测杆等组成。工作时，衔铁通过测杆（或转轴）与被测物体相接触，被测物体的位移将引起绕组电感量的变化，当传感器绕组接入测量转换电路后，电感的变化将被转换成电流、电压或频率的变化，从而完成非电量到电量的转换。

自感传感器常见的形式有变隙式、变截面式和螺线管式等几种，其工作原理示意图如图 4-1 所示。

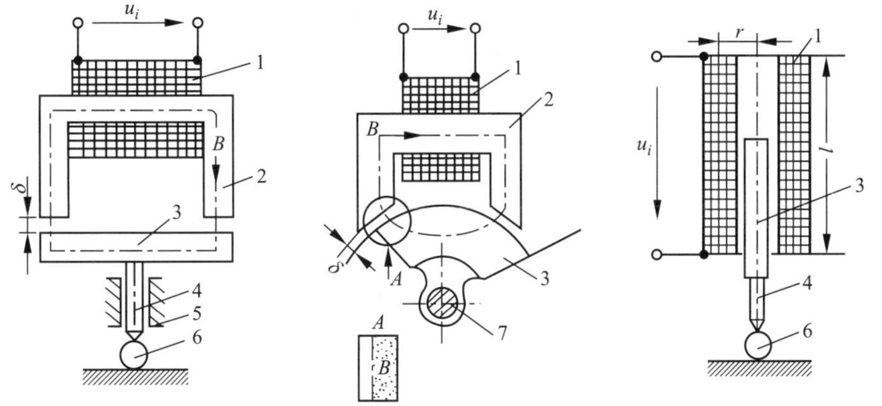

（a）变隙式　（b）变截面式　（c）单绕组螺线管式

1—绕组；2—铁心；3—衔铁；4—测杆；5—导轨；6—工件；7—转轴。

图 4-1　自感传感器工作原理示意图

4.1.1　变隙式电感传感器

如图 4-1(a) 所示的变隙式电感传感器绕组的电感量为

$$L = \frac{N^2}{R_m} \tag{4-1}$$

式中：N——绕组匝数；

R_m——磁路总磁阻。

若气隙较小（δ 为 0.1～1 mm），可以认为气隙中的磁场是均匀的。若铁心和衔铁均由铁磁损耗较小的导磁材料构成，可忽略磁路铁损。设 l_1 为铁心磁路总长，l_2 为衔铁的磁路长度，A 为气隙有效截面积，A_1 为铁心横截面积，A_2 为衔铁横截面积，μ_1 为铁心磁导率，μ_2 为衔铁磁导率，μ_0 为真空磁导率，$\mu_0 = 4\pi \times 10^{-7}$ H/m，$l_{\delta1}$ 为左空气隙厚度，$l_{\delta2}$ 为右空气隙厚度，则磁路总磁阻为

$$R_m = \frac{l_1}{\mu_1 A_1} + \frac{l_2}{\mu_2 A_2} + \frac{l_{\delta1}}{\mu_0 A} + \frac{l_{\delta2}}{\mu_0 A} \tag{4-2}$$

铁心和衔铁的磁阻比气隙磁阻小得多，在工程中，铁心和衔铁的磁阻可忽略不计，磁路

总磁阻 R_m 近似为左右两边气隙磁阻的总和，即

$$R_m \approx \frac{2\delta}{\mu_0 A} \tag{4-3}$$

式中：δ——气隙平均厚度；

A——气隙有效截面积；

μ_0——真空磁导率，与空气的磁导率相近。

电感绕组的电感量为

$$L \approx \frac{N^2 \mu_0 A}{2\delta} \tag{4-4}$$

由式（4-4）可知，在绕组匝数 N 确定以后，若保持气隙有效截面积 A 为常数，则 $L = f(\delta)$，即电感 L 是气隙平均厚度 δ 的函数，故称这种传感器为变隙式电感传感器。

对于变隙式电感传感器，电感 L 与气隙厚度 δ 成反比，其灵敏度 K_δ 为

$$K_\delta = \frac{dL}{d\delta} = -\frac{N^2 \mu_0 A}{2\delta^2} = -\frac{L}{\delta} \tag{4-5}$$

对于变隙式电感传感器，电感 L 与气隙平均厚度 δ 成反比，变隙式电感传感器的特性曲线如图 4-2(a) 所示，输入输出是非线性关系。由于式（4-5）中的 K_δ 与变量 δ 有关，所以 K_δ 不为常数。δ 越小，灵敏度越高。

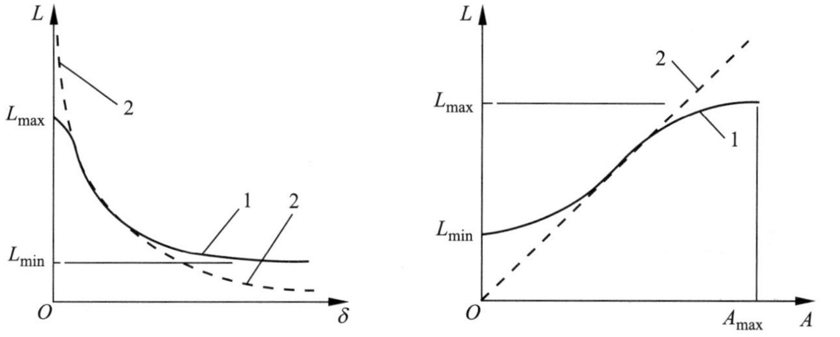

（a）变隙式电感传感器的 δ–L 特性曲线　　（b）变截面式电感传感器的 A–L 特性曲线

1—实际输出特性；2—理想输出特性。

图 4-2　电感传感器的输出特性

在式（4-4）的推导过程中，忽略了铁心和衔铁的磁阻，所以即使 δ 等于零，L 也不可能等于无穷大，实际输出特性如图 4-2(a) 中的实线所示。为了保证一定的线性度，变隙式电感传感器只能工作在一段很小的区域，因而只能用于微小位移的测量。

4.1.2　变截面式电感传感器

由式（4-4）可知，在绕组匝数 N 确定后，若保持气隙平均厚度 δ 为常数，则 $L = f(A)$，即电感 L 是气隙有效截面积 A 的函数。故称这种传感器为变截面式电感传感器，其结构示意图如图 4-1(b)所示。

对于变截面式电感传感器，电感 L 与气隙有效截面积 A 成正比，输入输出呈线性关系，

如图 4-2(b)中虚线所示。灵敏度 K_A 为一常数

$$K_A = \frac{\mathrm{d}L}{\mathrm{d}A} = \frac{N^2\mu_0}{2\delta_0} \tag{4-6}$$

但是，由于漏感等原因，变截面式电感传感器在 $A=0$ 时仍有一定的电感，所以其实际输出特性如图 4-2(b)所示。为了保证一定的线性度，变截面式电感传感器只能工作在一段较小的线性区域，而且灵敏度较低。

4.1.3 螺线管式电感传感器

单绕组螺线管式电感传感器结构简单，如图 4-1(c)所示。其主要元器件是一只螺线管绕组和一根圆柱形衔铁。衔铁插入绕组后，将引起螺线管内部的磁阻减小，电感随衔铁插入深度而增大。

对于长螺线管（$l \gg r$），当衔铁工作在螺线管接近中部位置时，可以认为绕组内磁场强度是均匀的，此时绕组的电感 L 与衔铁插入深度成正比。螺线管越长，线性区就越大。螺线管式电感传感器适用于测量相当于螺线管长度 1/10 的位移。测杆应选用非导磁材料，电导率也应尽量小，以免增加电涡流损耗。

4.1.4 差动式电感传感器

在使用上述三种电感传感器时，由于绕组中通有交流励磁电流，因而衔铁始终承受电磁吸力，会引起振动及附加误差，而且非线性误差较大。此外，外界的干扰如电源电压频率的变化及温度的变化都产生输出电压误差。所以，在实际工作中常采用差动形式。差动式电感传感器既可以提高传感器的灵敏度，又可以减小测量误差。

1. 结构特点

差动式电感传感器的结构示意图如图 4-3 所示。两个完全相同的绕组共用一根活动衔铁，就构成了差动式电感传感器。

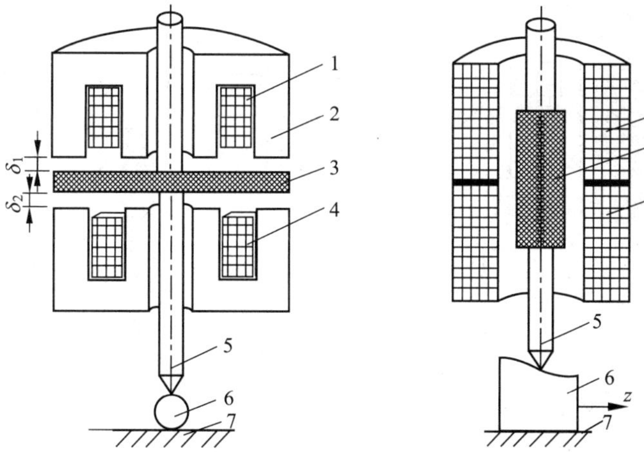

（a）气隙式　　（b）螺线管式

1—上差动绕组；2—铁心；3—衔铁；4—下差动绕组；5—测杆；6—工件；7—基座。

图 4-3 差动式电感传感器的结构示意图

差动式电感传感器的结构要求两个导磁体的几何尺寸完全相同，材料性能完全相同；两个绕组的电气参数（如电感、匝数、直流电阻、分布电容等）和几何尺寸也完全相同。

2. 工作原理和特性

在变隙式差动电感传感器中，当衔铁随被测量移动而偏离中间位置时，两个绕组的电感量一个增加，一个减小，形成差动形式。

任务 4.2　差动变压器式传感器

在工频电源的全波整流电路中，单相变压器有一个一次绕组和两个二次绕组。将两个二次绕组改为反向串联的差动接法后，就会发现总电压非但没有增加，反而相互抵消。如果将铁心做成可以活动的，就可以制成检测位移的另一种传感器——差动变压器式传感器，简称差动变压器。

差动变压器是把被测位移量转换为一次绕组与二次绕组间的互感量 M 的变化的装置。当一次绕组接入激励电源之后，二次绕组就将产生感应电动势，当两者间的互感量变化时，感应电动势也相应变化。由于两个二次绕组采用差动接法，故称为差动变压器。目前应用最广泛的差动变压器是螺线管式差动变压器。

1. 差动变压器的工作原理

差动变压器的结构示意图如图 4-4 所示。在线框中部绕有一个输入绕组（称为一次绕组）。在同一线框的上端和下端，再绕制两组完全对称的二次绕组，它们反向串联，组成差动输出形式。理想的差动变压器原理图如图 4-5 所示。

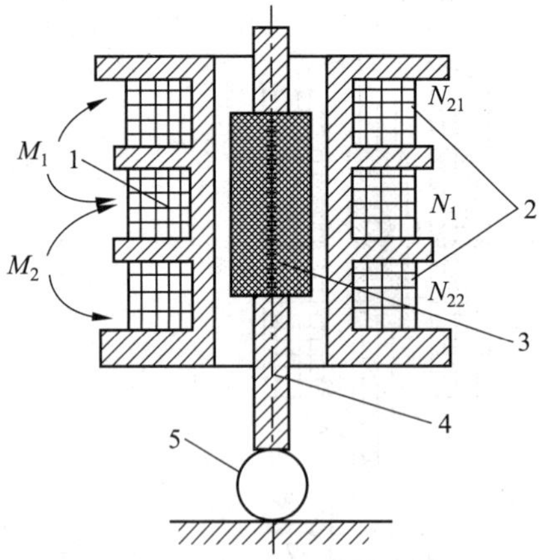

1—一次绕组；2—二次绕组；3—衔铁；
4—测杆；5—被测物。

图 4-4　差动变压器的结构示意图

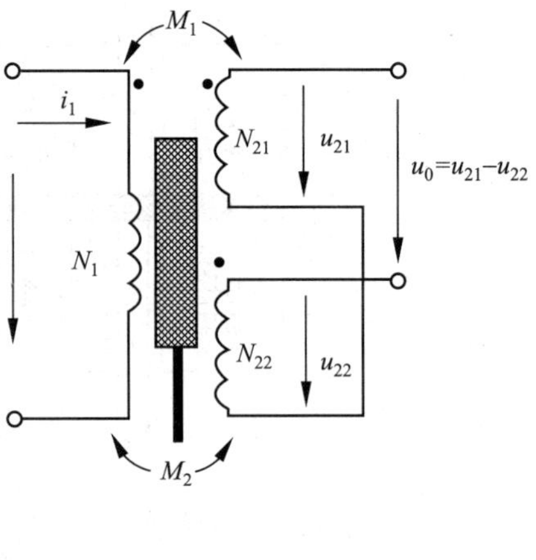

图 4-5　理想的差动变压器原理图

2. 差动变压器的主要特性

1）灵敏度

差动变压器的灵敏度用单位位移输出的电压或电流来表示。差动变压器的灵敏度一般可达0.5～5 V/mm，行程越小，灵敏度越高。有时也用单位位移及单位激励电压下输出的电压毫伏值来表示，即mV/(mm·V)。

影响灵敏度的因素有：激励电压和频率，差动变压器一、二次绕组的匝数比，衔铁直径与长度，材料质量，环境温度以及负载电阻等。

2）线性范围

理想的差动变压器输出电压应与衔铁位移成线性关系。但是，衔铁的直径、长度、材质和绕组骨架的形状、大小的不同等均可减小测量的线性范围。多数差动变压器的线性范围为绕组骨架长度的1/10左右。由于差动变压器中间部分磁场较为均匀，所以衔铁只有处于中间部分时，才能得到较好的线性度。采用特殊的绕制方法（两头圈数多、中间圈数少），线性范围可以提高到100 mm以上，与任务4.1中介绍的差动式电感传感器的线性范围与差动变压器相似。

任务4.3 电感传感器的应用

自感传感器和差动变压器式传感器主要用于位移测量以及能够转换成位移（displacement）变化的参数测量，例如力、压力、压差、加速度、振动、工件尺寸等。

1. 位移测量

轴向式电感测微器的结构如图4-6所示。红宝石（或钨钢）测端接触被测工件，被测工件尺寸的微小变化使衔铁在差动绕组的骨架中上下位移，引起上下差动绕组电感的变化，再通过电缆接到交流电桥，电桥的输出电压反映了被测物体几何尺寸的变化。专门用于与电感测微器配套的仪器称为电感测微仪，各挡量程为±3 μm、±10 μm、±30 μm、±100 μm，相应的指示表的分度值为0.1 μm、0.5 μm、1.5 μm、2 μm，最高分辨力可达0.1 μm，准确度约为0.05%。例如，当该电感测微器的量程为3 μm时，可能产生的最大误差约为1.5 μm，主要包含了温漂、时漂、机械回差等。尽管绝对误差较大，但还是可以从电感测微仪上读出±0.1 μm的位移。

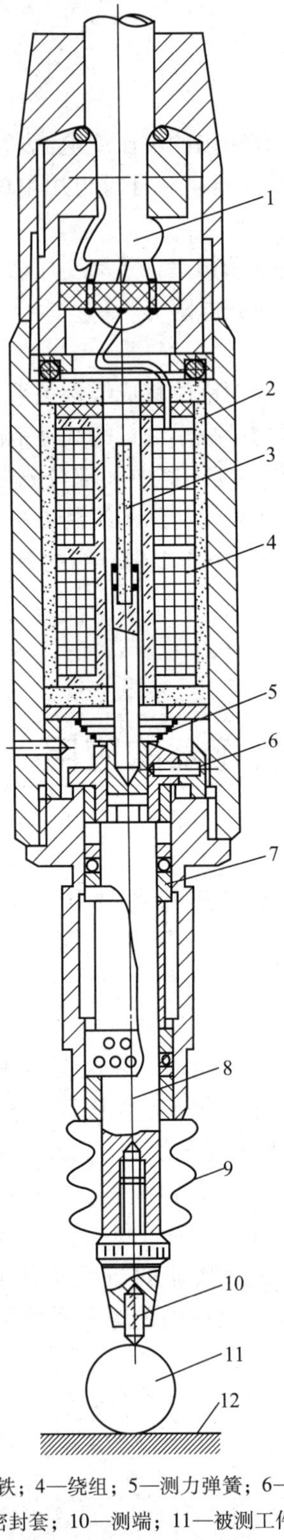

1—引线电缆；2—固定磁筒；3—衔铁；4—绕组；5—测力弹簧；6—防转销；7—钢球导轨（直线轴承）；8—测杆；9—密封套；10—测端；11—被测工件；12—基准面。

图 4-6　轴向式电感测微器的结构

2. 圆度测量

轴类工件的圆度（roundness）是指轴类工件的内外径正负偏差绝对值之和。圆度仪可快速测量环形工件的圆度、表面波纹度、波高、同心度、垂直度、同轴度、平行度、平面度、轴弯曲度、偏心、跳动量等。

测量时，将传感器顶在被测工件的被测量横截面上，测量 n 个分度点的半径变化量 Δr。每转过一个分度角 $\theta = 360°/n$ 时，计算机从指示表上读出该点相对于某一半径 R_0 的偏差值 Δr，由此测得所有数据并进行对应的计算。

圆度测量示意图如图 4-7 所示。测量时，可以是被测工件固定不动，测端围绕被测工件缓慢旋转，也可以是测端固定不动，被测工件绕轴心旋转，如图 4-7(a)所示。测端（多为钨钢或红宝石）与被测工件接触，通过杠杆，将工件圆度误差引起的位移变化传递给电感传感器中的衔铁，从而使差动电感有相应的输出。信号经计算机处理后给出如图 4-7(b)所示图形。该图形按一定的比例放大工件的圆度，以便用户分析测量结果。

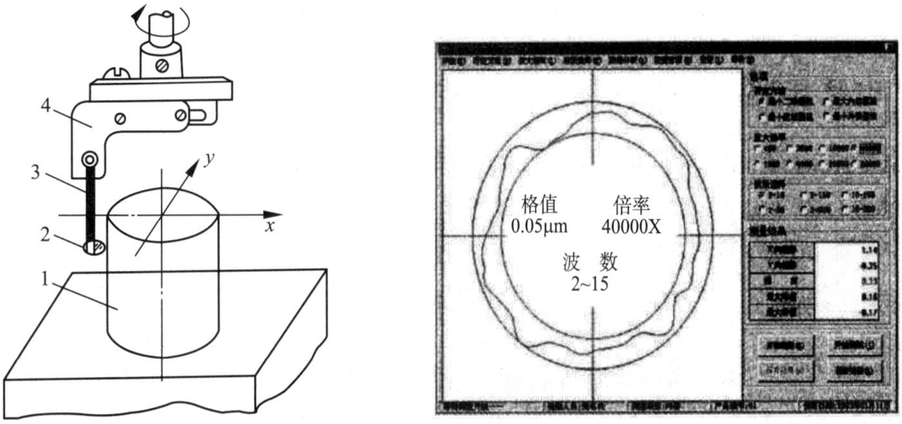

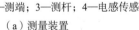

1—被测工件；2—测端；3—测杆；4—电感传感器。

（a）测量装置　　（b）计算机处理结果

图 4-7　圆度测量示意图

练习题

1. 常用的自感传感器主要由绕组、(　　)、衔铁及测杆等组成。

A. 铁心　　B. 铁杆　　C. 铜芯

2. (　　) 不属于差动式电感传感器的特点。

A. 提高传感器的灵敏度　　B. 减小测量误差　　C. 加快测量频率

3. 差动变压器结构形式较多，有变隙式、(　　) 和螺线管式等，但其工作原理基本一样。

A. 变体积式　　B. 变面积式　　C. 变长度式

4. (　　) 不属于自感传感器常见形式。

A. 变隙式　　B. 螺线管式　　C. 平面式

5. 单绕组螺线管式电感传感器结构简单，主要元器件是一只螺线管和一根圆柱形衔铁，衔铁插入绕组后，将引起螺线管内部的磁阻的减小，电感量随插入的深度而（　　）。

A. 减小　　B. 先增大后减小　　C. 增大

项目5 电容传感器

电容传感器具有以下优点：

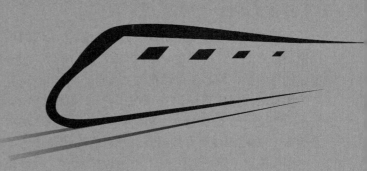

（1）可获得较大的相对变化量。用应变片测量时，一般得到电阻的相对变化量小于1%，而电容传感器的相对变化量可达到100%或更大些。

（2）能在恶劣的环境条件下工作。例如，它能在高温、低温和强辐射等环境中工作，其原因在于这种传感器通常不一定需要使用有机材料或磁性材料，而这些材料是不能用于上述恶劣环境中的。

（3）电容器工作所需的激励源功率小。当电容传感器用真空、空气或其他气体作为绝缘介质时，损失非常小，因此它本身发热问题可不予考虑，需要激励源提供的电流也较小。

（4）动态响应快。因为电容传感器具有较小的可动质量，动片的谐振频率较高，所以能用于动态测量。

电容传感器具有一系列突出的优点，随着电子技术的迅速发展，特别是大规模集成电路的广泛应用，以上优点得到进一步的发扬，而它所存在的引线电缆分布电容影响以及非线性等缺点也随之得到克服，因此电容传感器在自动检测中得到越来越广泛的应用。

【知识描述】

电容传感器以各种类型的电容器作为传感器元件，通过它将被测物理量的变化转换为电容的变化，再经测量转换电路转换为电压、电流或频率。

【学习目标】

◉ 知识目标

（1）掌握电容传感器的工作原理；

(2) 掌握电容传感器测量转换电路的核心;
(3) 知道电容传感器在生活中的应用。

◉ **技能目标**

具备电容传感器转换电路原理分析的能力。

◉ **素质目标**

培养学生严谨分析问题的态度。

任务 5.1　认识电容传感器

电容传感器的工作原理可以用平板电容器来说明。当忽略边缘效应时,其电容为

$$C = \frac{\varepsilon A}{d} = \frac{\varepsilon_0 \varepsilon_r A}{d} \tag{5-1}$$

式中:A——两极板相互遮盖的有效面积,m^2;
d——两极板间的距离,也称为极距,m;
ε——两极板间介质的介电常数,F/m;
ε_r——两极板间介质的相对介电常数;
ε_0——真空介电常数,$\varepsilon_0 = 8.85\times10^{-12}$ F/m。

由式(5-1)可知,在A、d、ε三个参量中,改变任意一个,均可使电容C改变。也就是说,电容C是A、d、ε的函数,这就是电容传感器的基本工作原理。固定三个参量中的两个,可以制作成以下3种类型的电容传感器。

5.1.1　变面积式电容传感器

变面积式电容传感器的结构及原理如图5-1所示。

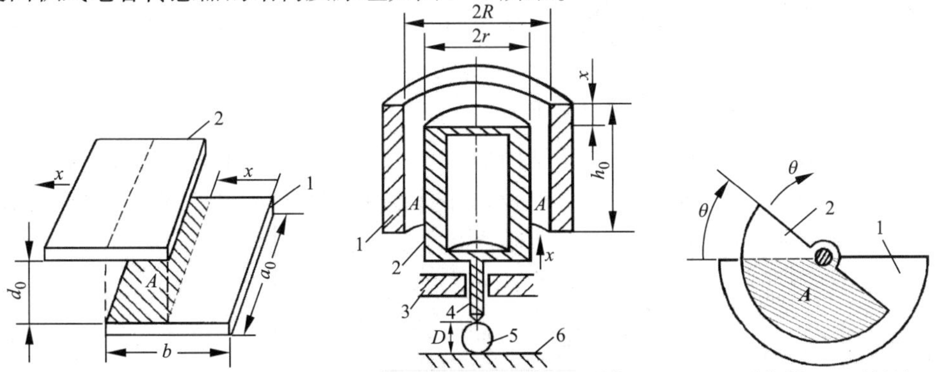

1—定极板;2—动极板。
(a)平板形直线位移式

1—外圆筒;2—内圆筒;3—导轨;4—测杆;5—被测物;6—水平基准。
(b)同心圆筒形直线位移式(剖面图)

1—定极板;2—动极板。
(c)半圆形角位移式

图5-1　变面积式电容传感器的结构及原理

1. 平板形直线位移式变面积电容传感器

图 5-1(a)中的定极板 1 固定不动，动极板 2 可以左右移动。

设两极板原来的遮盖长度为 a_0，极板宽度为 b，极距固定为 d_0，当动极板随被测物体向左移动 x 后，两极板的遮盖面积 A 将减小，电容也随之减小。电容 C_x 为

$$C_x=\frac{\varepsilon b(a_0-x)}{d_0}=C_0\left(1-\frac{x}{a_0}\right) \tag{5-2}$$

式中：C_0——初始电容，$C_0=\frac{\varepsilon b a_0}{d_0}$。

此传感器的灵敏度 K_x 为

$$K_x=\frac{\mathrm{d}C_x}{\mathrm{d}x}=-\frac{\varepsilon b}{d_0} \tag{5-3}$$

由式（5-3）可知，增大极板宽度 b、减小极距 d_0，可提高传感器的灵敏度。但 d_0 太小时，容易引起短路。

2. 同心圆筒形直线位移式变面积电容传感器

图 5-1(b)中的外圆筒不动，内圆筒在外圆筒内做上下直线运动。在实际设计时，必须使用导轨来保持两圆筒的间隙不变。设内、外圆筒的半径分别为 R 和 r，两者原来的遮盖长度为 h_0，当内圆筒向下位移 x 时，则这两个同心圆筒的遮盖面积将减小，所构成的电容器的电容 C_x 也随之减小。电容 C_x 为

$$C_x=\frac{2\pi\varepsilon(h_0-x)}{\ln(R/r)}=C_0\left(1-\frac{x}{h_0}\right) \tag{5-4}$$

此传感器的灵敏度 K_x 为

$$K_x=\frac{\mathrm{d}C_x}{\mathrm{d}x}=-\frac{2\pi\varepsilon}{\ln(R/r)} \tag{5-5}$$

由式（5-5）可知，内外圆筒的半径差越小，灵敏度越高。实际使用时，外圆筒必须接地，这样可以屏蔽外界电场干扰，并且能减小周围人体及金属体与内圆筒的分布电容，以减小误差。

3. 半圆形角位移式变面积电容传感器

半圆形角位移式变面积电容传感器结构如图 5-1(c)所示。设两极板完全遮盖时，遮盖角度 $\theta_0=\pi$，初始电容 $C_0=\varepsilon A_0/d_0$，动极板 2 的轴由被测物体带动而旋转一个角位移 θ 时，两极板的遮盖面积 A 就减小，因而电容也随之减小。电容 C_θ 为

$$C_\theta=\frac{\varepsilon A_0}{d_0}\left(1-\frac{\theta}{\pi}\right)=C_0\left(1-\frac{\theta}{\pi}\right) \tag{5-6}$$

此传感器的灵敏度 K_θ 算式如下：

$$K_\theta=\frac{\mathrm{d}C_\theta}{\mathrm{d}\theta}=-\frac{\varepsilon A_0}{\pi d_0} \tag{5-7}$$

在实际使用中，可增加动极板的数目，使多片同轴动极板在等间隔排列的定极板间隙中转动，以提高灵敏度。由于动极板与轴连接，所以一般动极板接地，但必须制作一个接地的金属屏蔽盒，将定极板屏蔽起来。

由式（5-3）、式（5-5）、式（5-7）可知，变面积式电容传感器的灵敏度是常数，输出特性是线性的。变面积式电容传感器多用于检测直线位移、角位移、尺寸等参量，还可以制作成变面积式的容栅，用于微小位移的测量。

5.1.2 变极距式电容传感器

变极距式电容传感器的结构示意图如图 5-2(a)所示，其电容与极板间距的关系如图 5-2(b)所示。

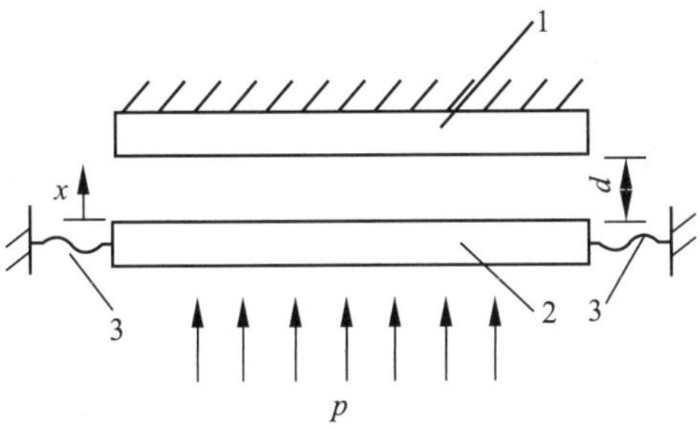

1—定极板；2—动极板；3—弹性膜片。

(a) 结构示意图

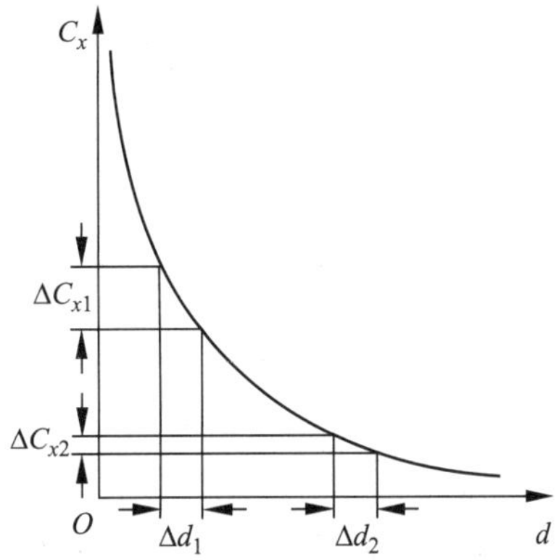

(b) 电容与极板距离的关系

图 5-2 变极距式电容传感器的结构与电容特性

当动极板受被测物体作用引起上下位移时，改变了两极板之间的距离 d，从而使电容发生变化。设初始极限值为 d_0，当动极板向上位移时，极板间距减小，其电容变大。设 $C_0 = \varepsilon A/d_0$，当极板间距减小 x 值后则有

$$C_x = \frac{\varepsilon A}{d_0 - x} = C_0\left(1 + \frac{x}{d_0 - x}\right)$$

$$\Delta C = C_x - C_0 = \frac{x}{d_0 - x}C_0 \tag{5-8}$$

由此可知，电容 C_x 与位移 x 不是线性关系，其灵敏度 K_x 不为常数，算式为

$$K_x = \frac{\mathrm{d}C_x}{\mathrm{d}x} = -\frac{\varepsilon A}{(d_0 - x)^2} \tag{5-9}$$

由式（5-9）和图 5-2(b)可知，当 d_0 较小时，对于同样的位移 x 或 Δd，所引起的电容变化量比 d_0 较大时的 ΔC 大得多，即灵敏度较高。所以实际使用时，总是使初始极距 d_0 尽量小些，以提高灵敏度。但这也带来了变极距式电容器的行程较小的缺点。

一般变极距式电容传感器起始电容设置在十几皮法至几十皮法，极距 d_0 设置在 100～1 000 μm 的范围内较为妥当。最大位移应该小于两极板间距的1/4，电容的变化可高达2～

3 倍。近年来，随着计算机技术的发展，电容传感器大多都配置了单片机，所以其非线性误差可用微机来计算修正。

为了提高传感器的灵敏度，减小非线性，常常把传感器做成差动形式。图 5-3 为差动变极距式电容传感器的结构示意图。中间为动极板（接地），上下两块为定极板。当动极板向上移动 Δx 后，C_1 的极距变为 $d_1-\Delta x$，而 C_2 的极距变为 $d_2+\Delta x$，电容 C_1 和 C_2 形成差动变化，经过信号测量转换电路后，灵敏度提高近一倍，线性也得到改善。外界的影响诸如温度、激励源电压、频率变化等也基本能相互抵消。

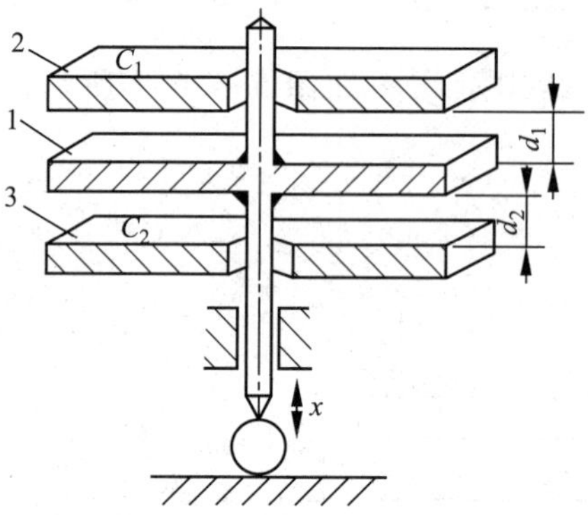

1—动极板；2，3—定极板。

图 5-3　差动变极距式电容传感器的结构示意图

5.1.3　变介电常数式电容传感器

因为各种介质的相对介电常数不同，所以在电容器两极板间插入不同介质时，电容器的电容也就不同，利用这种原理制作的电容传感器称为变介电常数式电容传感器，此类传感器常用来检测片状材料的厚度、性质以及颗粒状物体的含水量、液体的液位等。表 5-1 列出了几种介质的相对介电常数。

表 5-1　几种介质的相对介电常数

介质名称	相对介电常数 ε_r	介质名称	相对介电常数 ε_r
真空	1	玻璃釉	3～5
空气	略大于 1	SiO_2	38
其他气体	1～1.2	云母	5～8
变压器油	2～4	干的纸	2～4
硅油	2～3.5	干的谷物	3～5
聚丙烯	2～2.2	环氧树脂	3～10
聚苯乙烯	2.4～2.6	高频陶瓷	10～160
聚四氟乙烯	2.0	低频陶瓷、压电陶瓷	1 000～10 000
聚偏二氟乙烯	3～5	纯净的水	80

注：相对介电常数的数值视该介质的成分和化学结构不同而有一些区别，以下同。

任务 5.2　电容传感器的测量转换电路

电容传感器将被测物理量转换为电容的变化后，必须采用测量转换电路将其转换为电压、电流或频率信号。电容传感器的测量转换电路种类很多，下面介绍一些常用的测量转换电路。

5.2.1　桥式测量转换电路

电容传感器的桥式测量转换电路如图 5-4 所示。在图 5-4(a)所示的单臂接法中，电容 C_1、C_2、C_3、C_x 构成电桥的 4 个臂，C_x 为电容传感器，1 MHz 左右的高频激励电源 $\dot{U}_i$ 经高频变压器接到电容桥的一对对角线上。交流电桥平衡时

$$\frac{C_x}{C_3}=\frac{C_2}{C_1},\dot{U}_o=0$$

当 C_x 改变时，桥路有输出电压。

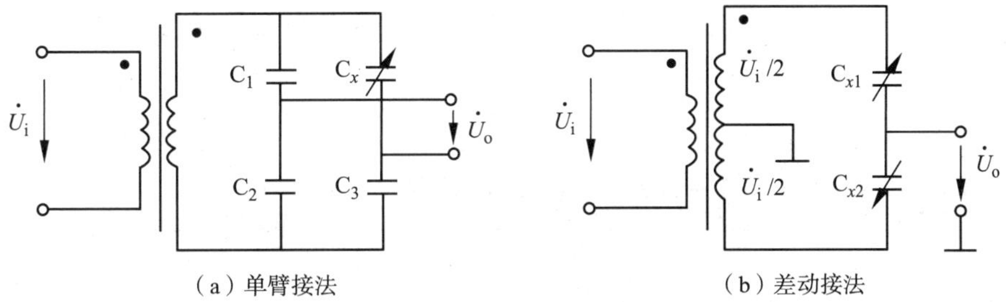

图 5-4　电容传感器的桥式测量转换电路

在图 5-4(b)所示的差动接法中，交流电桥右边的两个桥臂为差动电容，它们的电容变化趋势相反，灵敏度约为单臂接法的两倍，线性也较好。差动电桥的空载输出电压为

$$\dot{U}_o=\frac{C_{x1}-C_{x2}}{C_{x1}+C_{x2}}\frac{\dot{U}_i}{2}=\frac{(C_0\pm\Delta C)-(C_0\mp\Delta C)}{(C_0\pm\Delta C)+(C_0\mp\Delta C)}\frac{\dot{U}_i}{2}=\pm\frac{\Delta C}{C_0}\frac{\dot{U}_i}{2} \tag{5-10}$$

式中：C_0——传感器的初始电容；

ΔC——差动电容的差值。

输出交流电压 $\dot{U}_o$ 还应接到对应的相敏检波电路，才能分辨出 $\dot{U}_o$ 的相位变化。

5.2.2　调频测量转换电路

调频测量转换电路是将电容传感器作为 LC 振荡器谐振回路的一部分，或作为晶体振荡

器中的石英晶体的负载电容。与电涡流传感器的区别是，当电容传感器工作时，电容 C_x 发生变化，使振荡器的频率 f 产生相应的变化，这样就实现了 C/f 的变换，故称为调频电路。图 5-5 为 LC 振荡器调频电路框图。调频振荡器的频率可由下式决定。

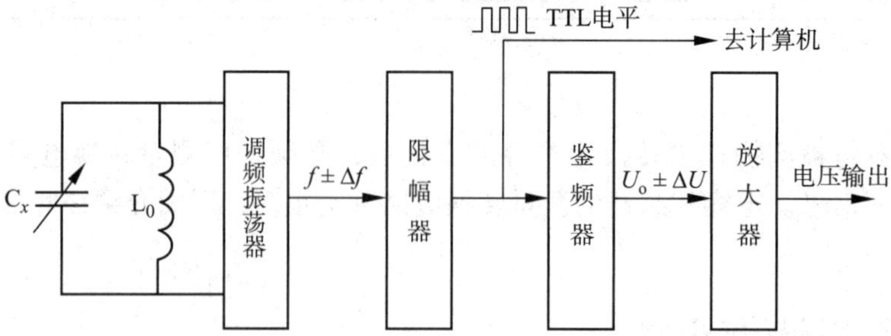

图 5-5　LC 振荡器调频电路框图

$$f=\frac{1}{2\pi\sqrt{L_0C_x}} \tag{5-11}$$

式中：L_0——振荡回路的固定电感；

C_x——振荡回路的电容。

调频振荡器的输出信号是一个受被测量控制的调频波，频率的变化在鉴频器中变换为电压幅度的变化，经过放大器放大、检波后就可用仪表来指示，也可将频率信号直接送到计算机的计数定时器进行测量和显示。限幅器的作用是对叠加在有用信号上的干扰电压进行“削峰”，提高抗干扰能力。

■　任务 5.3　电容传感器的应用

电容器的容量受三个因素影响，即极距 d、极间相对面积 A 和极间介电常数 ε。固定其中两个变量，电容 C 就是另一个变量的一元函数。只要想办法将被测非电量转换成极距或者极间相对面积、介电常数的变化，就可以通过测量电容这个电参数来达到非电量电测的目的。

例如，图 5-1(b) 所示的传感器可以用于测量工件的尺寸，图 5-1(c) 所示的传感器可以用于测量机械臂的角位移。

电容传感器的用途还有许多。例如，可以利用极距变化的原理，测量振动、压力；利用相对面积变化的原理构成电子千分尺，精确测量角位移和直线位移；利用介电常数变化的原理，可以测量空气相对湿度、液位、物位等。

5.3.1　电容加速度传感器

用硅微机械加工技术制作的电容加速度传感器如图 5-6 所示。电容加速度传感器体积较小，核心部分只有 ϕ3 mm 左右，与测量转换电路一起封装在 8 引脚贴片封装中或 16 引脚双列直插 IC 封装中，外形酷似普通的集成电路。

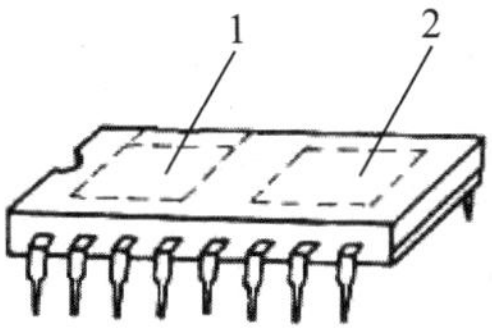

1—加速度测试单元；2—信号调理电路。

（a）16引脚双列直插IC封装外形

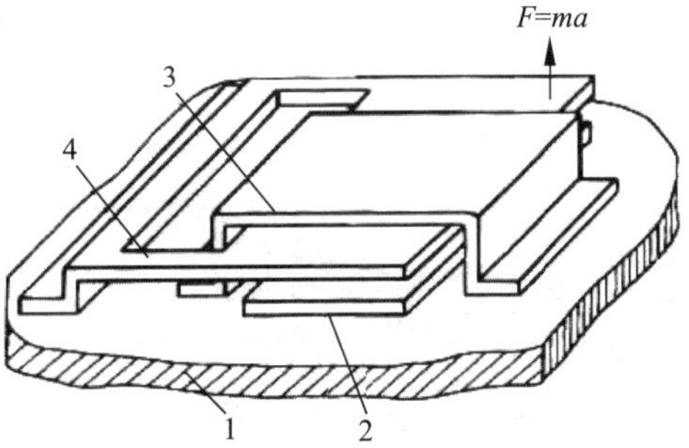

1—硅衬底；2—底层多晶硅（下电极）；3—顶层多晶硅（上电极）；4—多晶硅悬臂梁。

（b）多晶硅多层结构

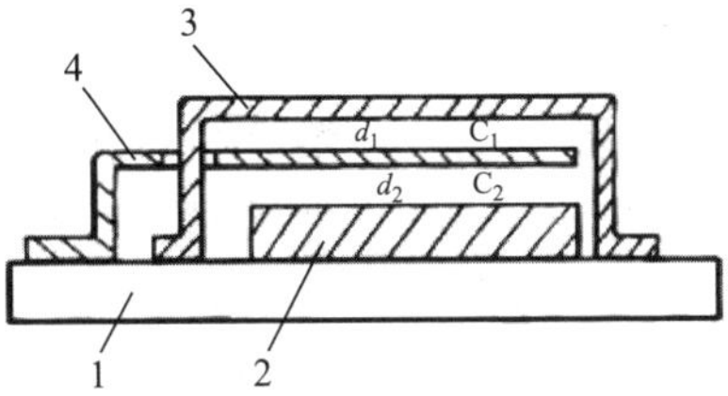

1—硅衬底；2—底层多晶硅；3—顶层多晶硅；4—多晶硅悬臂梁。

（c）加速度测试单元工作原理

图 5-6 用硅微机械加工技术制作的电容加速度传感器结构示意图

随着微电子技术的发展，可以将一块多晶硅加工成多层结构，示例如图 5-6(b)所示。图中，在硅衬底上，利用硅微机械加工技术，制造出三个多晶硅电极，组成差动电容 C_1、C_2。图中的底层多晶硅和顶层多晶硅固定不动，中间层多晶硅是一个可以上下微动的振动片，其左端固定在衬底上，所以相当于悬臂梁。

当电容加速度传感器感受到上下方向的振动时，C_1、C_2 呈差动变化。与加速度测试单元封装在同一壳体中的信号调理电路将 ΔC 转换成直流输出电压。它的激励源也做在同一壳体内，所以集成度很高。由于硅的弹性滞后很小，且悬臂梁的重量很轻，所以频率响应可达 1 kHz 以上，允许的撞击加速度可达 100g 以上。

将该加速度电容传感器安装在炸弹上，可以控制炸弹爆炸的延时时刻。安装在轿车上，可以作为碰撞检测传感器，当正常刹车和轻微碰擦时，传感器输出信号较小，当其测得的负加速度值超过设定值时则判断为发生碰撞，起动轿车前部的安全装置，折叠式安全气囊迅速充气而膨胀，托住驾驶员及前排乘客的胸部和头部。

5.3.2 湿敏电容传感器

湿敏电容传感器（以下简称湿敏电容）也可以用于测量空气的相对湿度。

湿敏电容利用具有很大吸湿性的绝缘材料作为电容传感器的介质，在其两侧面镀上多孔性电极。当相对湿度（relative humidity）增大时，吸湿性介质吸收空气中的水蒸气，使两块电极之间介质的相对介电常数大为增加（水的相对介电常数为 80），所以电容增大。

成品湿敏电容主要使用以下两种吸湿性介质：一种是多孔性 Al_2O_3，另一种是高分子吸湿膜。多孔性硅 MOS 型 Al_2O_3 湿敏电容结构及特性如图 5-7 所示。

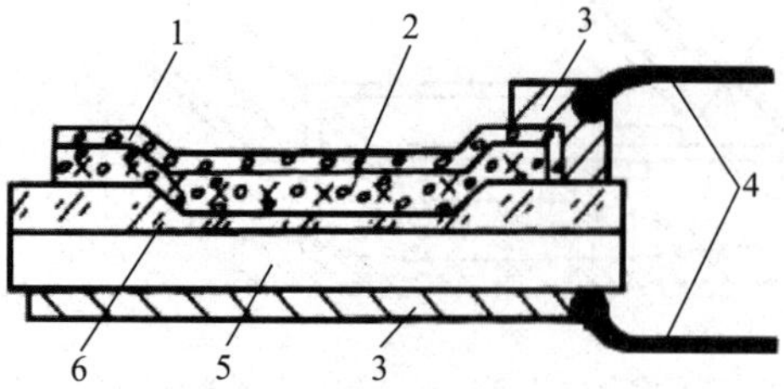

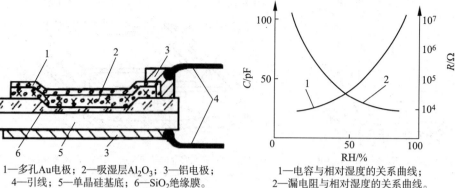

1—多孔Au电极；2—吸湿层Al_2O_3；3—铝电极；
4—引线；5—单晶硅基底；6—SiO_2绝缘膜。

（a）内部结构

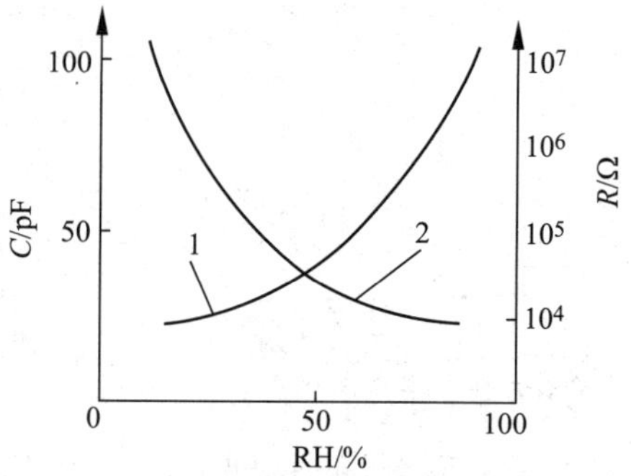

1—电容与相对湿度的关系曲线；
2—漏电阻与相对湿度的关系曲线。

（b）电容和漏电阻的湿度特性

图 5-7　多孔性硅 MOS 型 Al_2O_3 湿敏电容结构及特性

MOS 型 Al_2O_3 湿度传感器是在单晶硅上制成 MOS 晶体管。其栅极绝缘层是用热氧化法生成的厚度约 80 nm 的 SiO_2 膜。在此 SiO_2 膜上，用蒸镀或电解法制得多孔性 Al_2O_3 膜，然后再镀上多孔金（Au）膜。

由于多孔性 Al_2O_3 可以吸附及释放水分子，所以其电容将随空气的相对湿度的增加而增大。与此同时，其漏电电阻也随相对湿度的增大而降低，形成介质损耗很大的电容器。

5.3.3　电容接近开关

电容接近开关的核心是以电容极板作为检测端的 LC 振荡器，圆柱形电容接近开关的结构及原理如图 5-8 所示。两块检测极板设置在接近开关的最前端，测量转换电路安装在接近开关壳体内，并用介质损耗很小的环氧树脂充填、灌封。

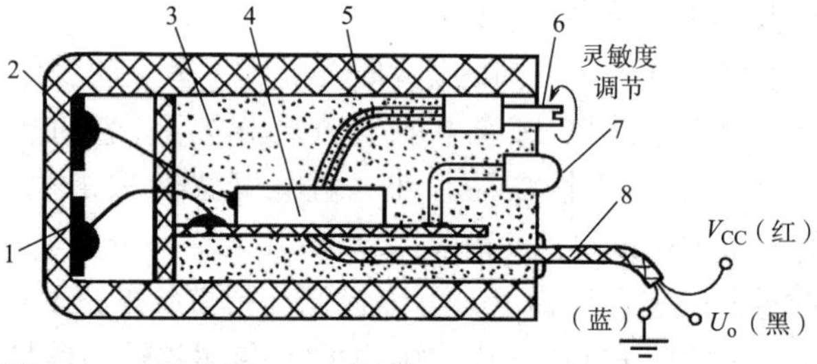

1—下检测极板；2—上检测极板；3—充填树脂；4—测量转换电路板；5—塑料外壳；
6—灵敏度调节电位器；7—动作指示灯；8—电缆。

（a）结构示意图

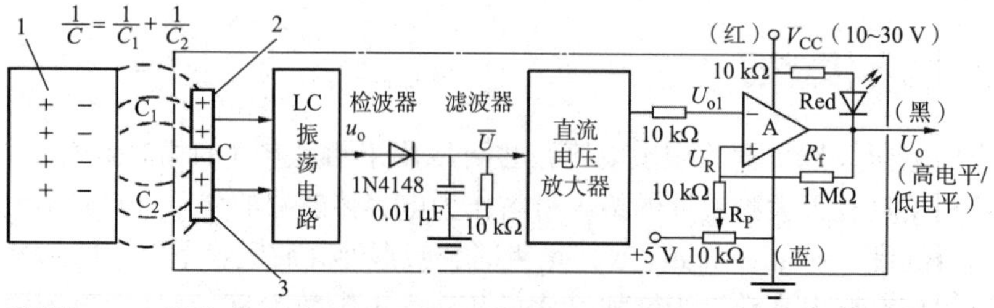

1—被测物；2—上检测极板（或内圆电极）；3—下检测极板（或外圆电极）；U_R—比较器的基准电压。

（b）调幅式测量转换电路原理框图

图 5-8　圆柱形电容接近开关的结构及原理

当没有物体靠近检测极板时，上、下检测极板之间的电容 C 非常小，它与电感 L（在测量转换电路板 5 中）构成高品质因数的 LC 振荡电路，$Q=1/(\omega CR)$。

当被检测物体为导电体（例如金属、水等）时，上、下检测极板经过与导电体之间的耦合作用，形成变极距电容 C_1、C_2。LC 振荡电路中的电容 C 是 C_1、C_2 串联后的等效电容，电容 C 增大了许多，引起 LC 回路的 Q 值下降，输出电压 U_o 下降，Q 值下降到一定程度时，不满足幅值反馈条件，振荡器停振。

■ 任务 5.4 压力、液位和流量的测量

5.4.1 压力传感器

压力（pressure）与生产、科研、生活等各方面密切相关，因此压力测量是本课程的重点之一。物理学中的压强在检测领域和工业中称为“压力”，用 p 表示。它等于垂直作用于一定面积上的力 F（称为压向力）除以面积 A，即 $p=F/A$。

压力的国际单位为 Pa（帕斯卡），它表示 1 N 的力垂直而均匀地作用于 1 m^2 面积上。

根据不同的测量条件，压力可分为绝对压力和相对压力。相对压力又可分为差压和表压，相应地，测量压力的传感器也可以分为三大类：绝对压力传感器、差压传感器和表压传感器。

1. 绝对压力传感器

它所测得的压力数值是相对于密封在绝对压力传感器内部的基准真空（相当于零压力参考点）而言的，是以真空为起点的压力。平常所说的环境大气压为某某千帕就是指绝对压力。当绝对压力小于 101 kPa 时，可以认为是“负压”，所测得的压力相当于真空度。

2. 差压传感器

差压是指两个压力 p_1 和 p_2 之差，又称为压力差。当差压表两侧面均向大气敞开时，差压等于零。

在许多情况下，电容压力表中间的波纹膜片的左右两侧均存在很大的压力。当差压表左侧管道的压力大于右侧时，电容差压表内部的膜片将向管道的右侧弯曲；反之，膜片将向管道的左侧弯曲。膜片的弯曲方向由左右两侧的压力之差决定，而与大气压（环境压力）无关。例如，$p_1=0.8\sim1.1$ MPa，$p_2=0.9\sim1.0$ MPa，就必须选择测量范围为 $-0.1\sim0.2$ MPa 的差压传感器。

在使用差压传感器时，不允许在一侧仍保持很高压力的情况下将另一侧的压力降低到零（指环境压力），这将使原来用于测量微小差压的膜片破裂。所以，在差压传感器的两侧最好安装一个保护用的均压阀。

3. 表压传感器

表压传感器显示的压力为“表压”。表压测量是差压测量的特殊情况。测量时，以环境大气压为参考基准，将差压传感器的一侧向大气敞开，就转变成表压传感器。表压传感器的输出为零时，其膜片两侧实际上均存在一个大气压的绝对压力。当医生测量血压时，实际上就是测量人体血压与大气压力之差。这类传感器的输出随大气压的波动而波动，但误差不大。在工业生产和日常生活中所提到的压力绝大多数指的是表压，生产领域多使用表压传感器，而计量领域多使用绝对压力传感器。

5.4.2　差动电容式差压变送器

差动电容式差压变送器结构示意图如图 5-9 所示。它的核心部分是一个变极距差动式电容传感器。它以热胀冷缩系数很小的两个凹形玻璃（或绝缘陶瓷）圆片上的镀金薄膜作为定极板，两个凹形镀金薄膜与夹紧在它们中间的弹性平膜片组成电容器 C_1 和 C_2。

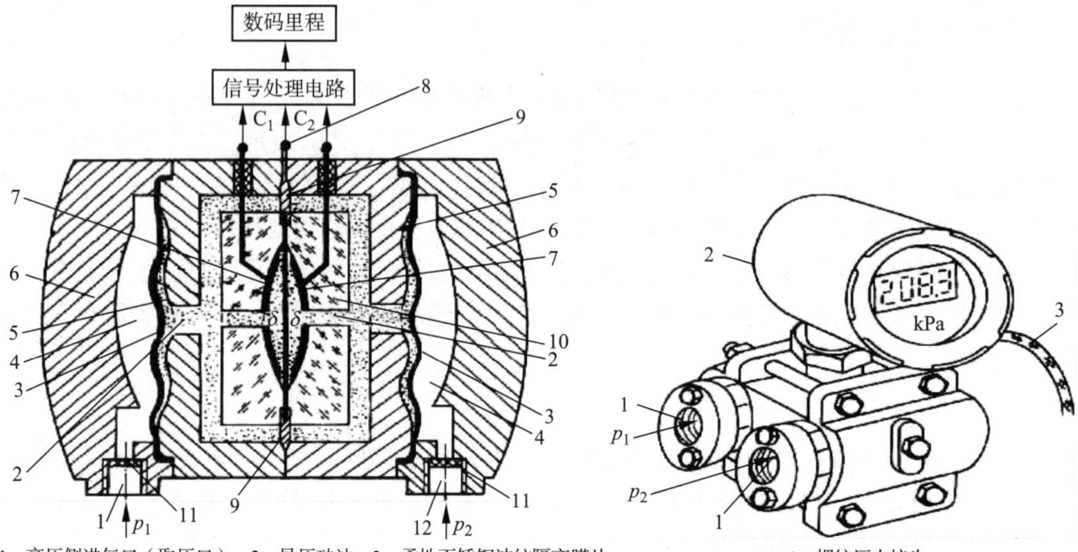

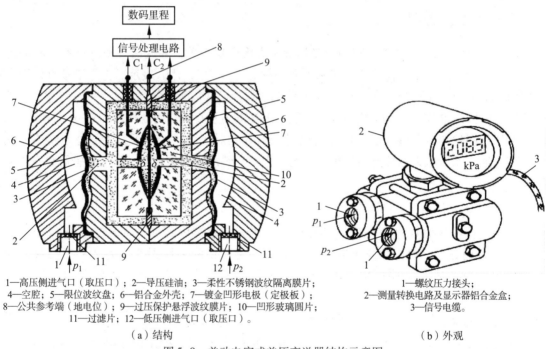

1—高压侧进气口（取压口）；2—导压硅油；3—柔性不锈钢波纹隔离膜片；4—空腔；5—限位波纹盘；6—铝合金外壳；7—镀金凹形电极（定极板）；8—公共参考端（地电位）；9—过压保护悬浮波纹膜片；10—凹形玻璃圆片；11—过滤片；12—低压侧进气口（取压口）。

（a）结构

1—螺纹压力接头；2—测量转换电路及显示器铝合金盒；3—信号电缆。

（b）外观

图 5-9　差动电容式差压变送器结构示意图

5.4.3　利用差压变送器测量液位

差压变送器的高压侧（p_1）进气孔及低压侧（p_2）进气孔通过管道与储液罐相连，就组成差压式液位计，如图 5-10 所示。设储液罐是密闭的，则施加在高压侧腔体内的压力为

$$p_1 = p_0 + \rho g(h - h_0) \tag{5-12}$$

式中：p_0——密封容器上部空间的气体压力；

ρ——液体的密度；

g——重力加速度；

h——待测液位；

h_0——差压变送器的安装高度。

而施加在低压侧腔体内的压力 p_2 仅为密闭容器上部空间的气体压力，所以 $p_2=p_0$。施加在差压电容膜片上的压力之差为

$$\Delta p=p_1-p_2=\rho g(h-h_0) \tag{5-13}$$

由式（5-13）可知，差压变送器的输出与液位成正比。

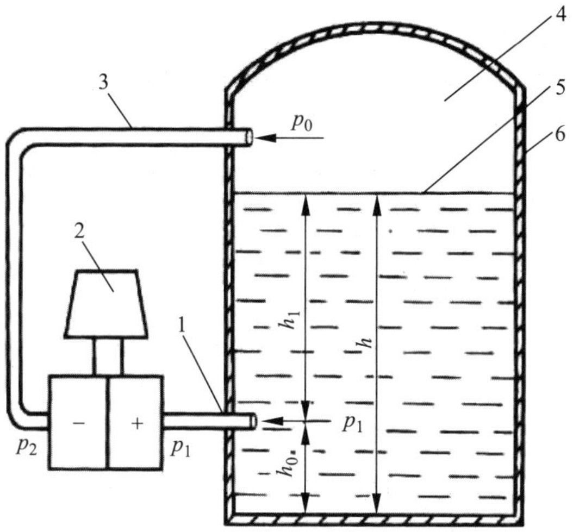

1—高压侧管道；2—差压变送器；3—低压侧管道；4—上部空间；5—液面；6—储液罐。

图 5-10　卷压式液位计

5.4.4　利用节流式流量计测量流量

节流式流量计又称差压式流量计。在流体流动的管道内，设置一个节流装置，如图 5-11(a)所示。

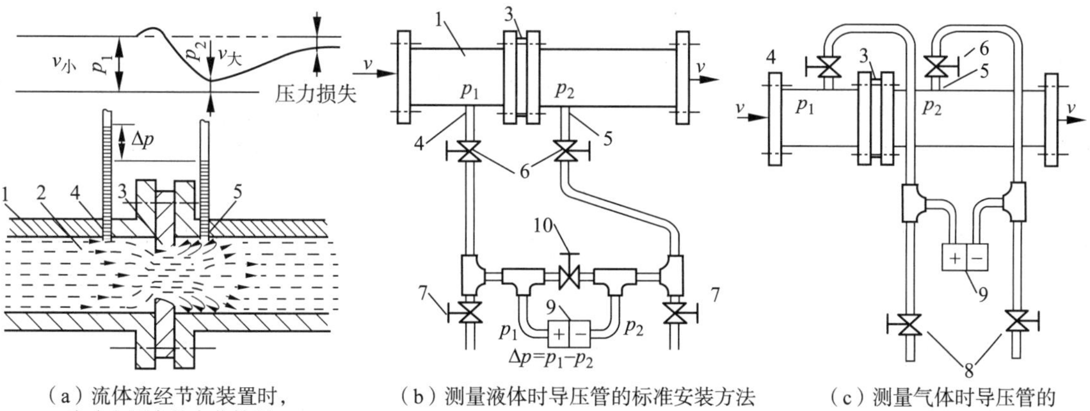

（a）流体流经节流装置时，流速和压力的变化情况

（b）测量液体时导压管的标准安装方法

（c）测量气体时导压管的标准安装方法

1—上游管道；2—流体；3—节流孔板；4—前取压孔位置；5—后取压孔位置；6—截止阀；7—放气阀；8—排水阀；9—差压变送器；10—均压阀。

图 5-11　节流式流量计

所谓节流装置，就是在管道中段设置一个流通面积比管道内截面积小的孔板或者文丘里喷嘴，使流体经过该节流装置时，流束局部收缩，流速提高。根据物理学中的伯努利定律，管道中流体流速越高，压强（在工业中俗称压力）就越小。所以流体在节流后的压力将小于节流之前。节流装置两侧的差压与通过该装置的流量有关。流量为零时，差压为零，流量越大，差压越大。

练习题

1. 电容传感器的工作原理可以用（　　）说明。

A. 电感　　B. 电阻　　C. 平板电容器

2. 为了提高传感器的灵敏度，减小非线性，常常把传感器做成（　　）。

A. 差动形式　　B. 变介电常数式　　C. 变极距式

3. 如将变面积型电容式传感器接成差动形式，则其灵敏度将（　　）。

A. 保持不变　　B. 增大一倍　　C. 减小一倍

4. 电容传感器将被测物理量转换为（　　）的变化后，必须采用测量转换电路将其转换为电压、电流或频率信号。

A. 电容　　B. 电感　　C. 电流

5. 节流装置，就是在管道中段设置一个流通面积比管道内截面积（　　）的孔板或者文丘里喷嘴，使流体经过该节流装置时，流束局部收缩，流速提高。

A. 小　　B. 宽阔　　C. 大

项目6 压电传感器

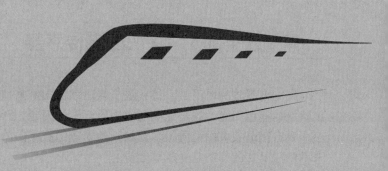

压电传感器是一种典型的自发电式传感器。它以某些电介质的压电效应为基础，在外力作用下，在电介质表面产生电荷，从而实现非电量电测的目的。

压电传感器具有体积小、重量轻、频响高、信噪比大等特点。由于它没有运动部件，因此结构坚固，可靠性、稳定性高。

近年来，随着电子技术的发展，已可以将测量转换电路与压电探头安装在同一壳体中，输出电压较高，并能减少传输电缆的影响。

【知识描述】

压电传感元件是力敏感元件，它可以测量最终能变换为力的那些非电物理量，例如动态力、动态压力、振动加速度等，但不能用于静态参数的测量。

【学习目标】

◉ **知识目标**

（1）掌握压电传感器的工作原理；

（2）掌握压电传感器测量转换电路的核心；

（3）知道压电传感器在生活中的应用。

◉ **技能目标**

具备压电传感器转换电路原理分析的能力。

◉ **素质目标**

培养学生严谨分析问题的态度。

任务 6.1　认识压电传感器

在完全黑暗的环境中，将一块干燥的冰糖用榔头敲碎，可以看到冰糖在破碎的一瞬间发出暗淡的蓝色闪光，这是强电场放电所产生的闪光，产生闪光的机理是晶体的压电效应。

具有压电效应的物质很多，如天然形成的石英晶体、人工制造的压电陶瓷等。而音乐贺卡中的压电片的发声是逆压电效应。

6.1.1　压电效应与逆压电效应

1. 压电效应

在压电材料的一定方向上施加作用力时，压电材料内部产生极化现象。交变外力作用在压电元件上，可以产生交变的电荷 Q，在上下镀银的表面上产生交变电压，如图 6-1 所示。

在晶体的弹性限度内，压电材料受动态力后，其表面产生的电荷 Q 与所施加的动态力 F 成正比，即

$$Q = dF \tag{6-1}$$

式中：d 是压电常数。

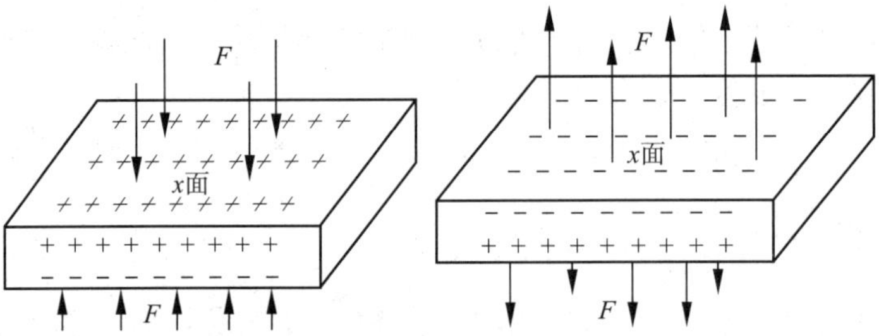

图 6-1　压电效应

2. 逆压电效应

在压电材料的极化方向上施加交变电压，压电材料会产生变形，这种现象称为逆压电效应（电致伸缩效应），如图 6-2 所示。

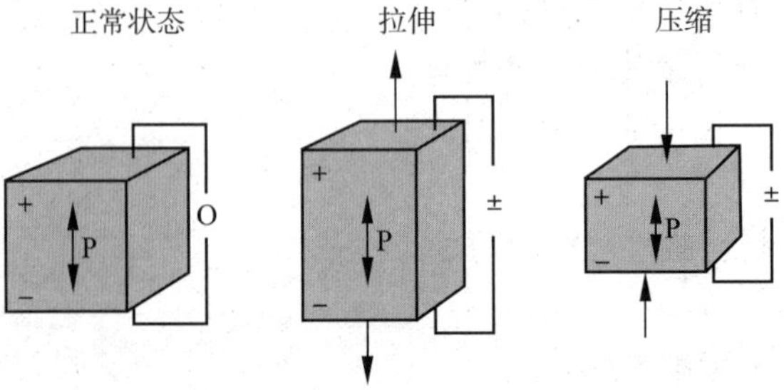

图 6-2　逆压电效应

6.1.2 压电材料的分类及特性

压电传感器中的压电元件材料主要有三类：压电晶体（单晶体）、压电陶瓷（多晶体）和高分子压电材料。

1. 压电晶体

石英晶体是一种性能良好的压电晶体，它的突出优点是性能非常稳定，在 20～200 ℃的范围内压电常数的变化率只有-0.000 1 K^{-1}。此外，它还具有自振频率高、动态响应好、机械强度高、绝缘性能好、迟滞小、重复性好、线性范围宽等优点。石英晶体的不足之处是压电常数较小（$d=2.31\times10^{-12}$ C/N）。因此石英晶体大多只在标准传感器、高精度传感器或使用温度较高的传感器中使用，而在一般要求的测量中，基本上采用压电陶瓷传感器。

2. 压电陶瓷

压电陶瓷（piezoelectric ceramic）是一种多晶压电材料。某些特殊的陶瓷粉末原料，在一定的工艺条件下，经 1 000 ℃以上高温烧结、机械加工，可以制成圆片或其他需要的形状。烧结而成的压电陶瓷由无数细微的电畴组成，这些电畴实际上是分子自发极化的小区域。在无外电场作用时，各个电畴在晶体中杂乱分布，它们的极化效应被相互抵消，因此原始的压电陶瓷呈中性，不具有压电性质。为了使压电陶瓷具有压电效应，必须在高温下，用上千伏高电压进行极化处理。极化电场强度为 3～5 kV/mm，温度为 100～150 ℃，时间为 5～20 min。这三者是影响极化效果的主要因素。极化处理之后，陶瓷材料内部存在很强的剩余极化强度。当压电陶瓷受外力作用时，其表面能产生电荷，所以压电陶瓷也具有压电效应。

通过改变配方或掺杂微量元素可使材料的技术性能得到较大改变，以适应各种不同的要求。压电陶瓷比石英晶体的压电常数高得多，而制造成本却较低，因此目前国内外生产的压电传感器绝大多数都采用压电陶瓷。

常用的压电陶瓷材料主要有以下几种：

1）锆钛酸铅系列压电陶瓷

锆钛酸铅压电陶瓷（PZT）是由钛酸铅和锆酸铅组成的固熔体。它有较高的压电常数[$d=(200\sim500)\times10^{-12}$ C/N]和居里点（500 ℃左右），是目前经常采用的一种压电材料。在上述材料中加入微量的镧（La）、铌（Nb）或锑（Sb）等，可以得到不同性能的 PZT 材料。PZT 是工业中应用较多的压电陶瓷。

2）非铅系压电陶瓷

为减少制造过程中铅对环境的污染，人们正积极研制非铅系压电陶瓷。目前非铅系压电陶瓷（铁电陶瓷）体系主要有：$BaTiO_3$ 基无铅压电陶瓷、BNT 基无铅压电陶瓷、铌酸盐基无铅压电陶瓷、钛酸铋钠钾无铅压电陶瓷、钛酸铋锶钙无铅压电陶瓷和钛酸钡钙压电陶瓷等，它们的多项性能都已超过含铅系列压电陶瓷，是今后压电陶瓷的发展方向。

3. 高分子压电材料

高分子压电材料是近年来发展很快的一种新型材料，应用领域也很广。典型的高分子压电材料有聚偏二氟乙烯（PVF2 或 PVDF）、聚氟乙烯（PVF）、改性聚氯乙烯（PVC）等，灵敏度比压电陶瓷高十几倍，其输出脉冲电压有的可以直接驱动 CMOS 集成门电路。

高分子压电材料是一种柔软的压电材料。将 PVDF 树脂加热，用辐压机压制成膜或电缆套管。定向拉伸的温度约为 120 ℃，在拉伸薄膜的两面蒸镀金、银等金属电极，电极厚度为 0.1 μm。

与压电陶瓷类似，必须用高电压对高分子压电材料进行极化处理。薄膜经极化处理后就显现出电压特性。极化电场强度为 10～40 kV/m，极化场强约为 5 kV/m，极化温度为 80～100 ℃，极化时间为 30～60 min。

高分子压电薄膜不易破碎，具有防水性，可以制成较大面积或较长的成品，因此价格便宜。其测量动态范围可达 80 dB，频率响应范围可从 0.1 Hz 直至 10^9 Hz。这些优点都是其他压电材料所不具备的。在一些测量准确度要求不高的场合，例如在水声、防盗、振动测量等领域中获得应用。高分子压电薄膜的密度较小，声阻抗也小，与空气的声阻抗有较好的匹配，因而是很有希望的电声材料。例如在它的两侧面电极上施加高压音频信号时，可以制成特大口径的壁挂式低音扬声器，也可以作为超声波空气探头传感器。

高分子压电材料的工作温度一般低于 100 ℃。温度升高时，灵敏度将降低。它的机械强度不够高，耐紫外线能力较差，不宜暴晒，以免老化。

■ 任务 6.2 压电传感器的测量转换电路

6.2.1 压电元件的等效电路

压电元件在承受沿敏感轴方向的外力作用时，将产生电荷，因此它相当于一个电荷源。当压电元件表面聚集电荷时，它又相当于一个以压电材料为介质的电容器，两电极板间的电容 C_a 为

$$C_a = \frac{\varepsilon_r \varepsilon_0 A}{\delta} \tag{6-2}$$

式中：A——压电元件电极面积；

δ——压电元件厚度；

ε_r——压电材料的相对介电常数；

ε_0——真空介电常数。

可以把压电元件等效为一个电荷源与一个极间电容 C_a（通常大于 1 000 pF），以及一个约几兆欧的漏电阻 R_a 相并联的等效电路，如图 6-3 所示，图中的 R_a 与空气的湿度有关。如果忽略 R_a 的影响，压电元件的端电压 U_o 与产生的电荷 Q 的关系为

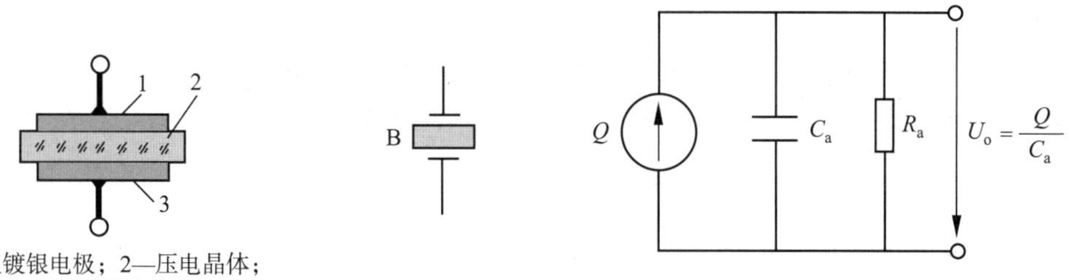

1—上镀银电极；2—压电晶体；
3—下镀银电极。

（a）结构示意图　　（b）压电元件的符号　　（c）压电元件的等效电路

图6-3　压电元件的符号及等效电路

$$U_o = \frac{Q}{C_a} \tag{6-3}$$

式中：U_o——压电元件输出端的交流电压有效值；

Q——压电元件输出电荷量的交流有效值。

如果压电元件直接与放大器配套使用，还应考虑到传输屏蔽电缆芯线对接地的屏蔽层分布电容 C_c 的影响。如果忽略 R_a 和放大器的输入电阻 R_i 的影响，则有

$$U_i = \frac{Q}{C_{总}} = \frac{Q}{C_a + C_c + C_i} \tag{6-4}$$

式中：C_i——电压放大器的输入电容；

Q——压电元件输出的电荷量。

屏蔽电缆的对地分布电容大约为 100 pF/m。当屏蔽电缆较长时，C_c 显著增大，放大器的输入电压 U_i 将比压电传感器空载时的输出小很多。从图6-3可知，外力作用在压电元件上，虽然可以产生电荷 Q，但在上下镀银电极之间总是存在漏电阻 R_a，电荷的保存时间通常小于几秒，而且要求放大器的输入电阻 R_i 无限大，因此压电传感器不能用于静态力的测量。

6.2.2　电荷放大器

压电元件的输出信号非常微弱，一般需将电信号放大后才能送到二次仪表。因为压电元件的内阻抗极高，因此它需要与高输入阻抗的前置放大器配合。如果使用电压放大器，其输入电压将随屏蔽层分布电容 C_c 而变化，会影响测量结果，目前多采用能减小屏蔽电缆分布电容影响的电荷放大器（charge-amplifier）。

电荷放大器实际上是一种输出电压与输入电荷量成正比的“电荷/电压转换器”，与压电元件配接，可用于测量振动、冲击力、压力等机械量，输入可接长电缆，对测量准确度的影响较小。质量好的电荷放大器的频带宽度可达 0.01 ～ 100 kHz，灵敏度可达 1 V/g，或 10 V/(m·s^{-2})，输出峰值可达±10 V 或±100 mA。

电荷放大器是一个具有反馈电容 C_f 的高增益运算放大器电路，如图6-4所示。当放大器开环增益 A 和输入电阻 R_i、反馈电阻 R_f（用于防止放大器的直流饱和）相当大时，放大器的输出电压 U_o 正比于输入电荷 Q，反比于反馈电容 C_f，而基本上与 C_c 无关。

在图6-4中，反馈电容 C_f 跨接在放大器的反相输入端和输出端之间。根据密勒等效定

理，相当于在输入端并联了一个容量很大的等效电容 C_f'。设运算放大器的开环增益数为 A，通常约为 120 dB，相当于 10^6。$C_f'=(1+A)C_f$，C_f 的取值范围多为 100 pF ～0.1 μF。若 C_f 取最小值 100 pF，则等效电容 C_f' 约为 100 μF。输入回路的总电容基本上由 C_f' 决定

$$C_{总}=C_a+C_c+C_i+(1+A)C_f \tag{6-5}$$

电荷放大器的输出电压

$$U_o=-Au_i=-A\frac{Q}{C_{总}}=\frac{-AQ}{C_a+C_c+C_i+(1+A)C_f} \tag{6-6}$$

式中：Q——压电元件受动态力作用所产生的电荷有效值；

C_f——并联在放大器输入端和输出端之间的反馈电容。

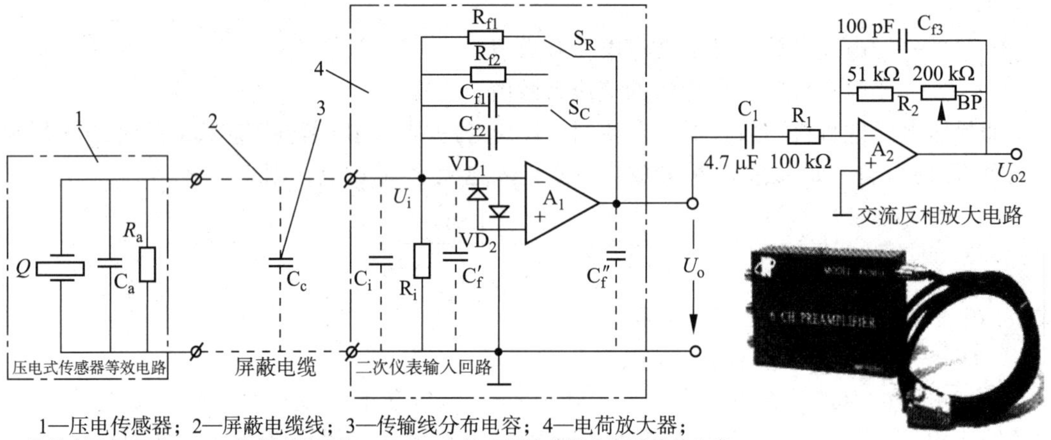

1—压电传感器；2—屏蔽电缆线；3—传输线分布电容；4—电荷放大器；
S_C—灵敏度选择开关；S_R—带宽选择开关；C_f'—C_f在放大器输入端的密勒等效电容；
C_f''—C_f在放大器输出端的密勒等效电容。

（a）电路　　　　（b）外形

图 6-4　电荷放大器

当 A 足够大时，则 $(1+A)C_f \gg (C_a+C_c+C_i)$，上式可化简为

$$U_o \approx \frac{-AQ}{(1+A)C_f} \approx -\frac{Q}{C_f} \tag{6-7}$$

由式（6-7）可知，电荷放大器的输出电压仅与输入电荷和反馈电容有关，电缆引线电容等因素的影响可忽略不计。

任务 6.3　压电传感器的应用

压电传感器主要用于脉动力、冲击力、振动等动态参数的测量。由于压电材料可以是石英晶体、压电陶瓷和高分子压电材料等，由于它们的特性不尽相同，所以用途也不一样。

石英晶体主要用于精密测量，多作为实验室基准传感器；压电陶瓷灵敏度较高，机械强度稍低，多用作测力和振动传感器；而高分子压电材料多用作定性测量。

6.3.1 高分子压电材料的应用

1. 玻璃打碎报警装置

玻璃破碎时，会发出十几千赫兹超声波的振动。将高分子压电薄膜粘贴在玻璃上，可以感受到这一振动，并将电压信号传送给集中报警系统，高分子压电薄膜振动感应片如图 6-5 所示。

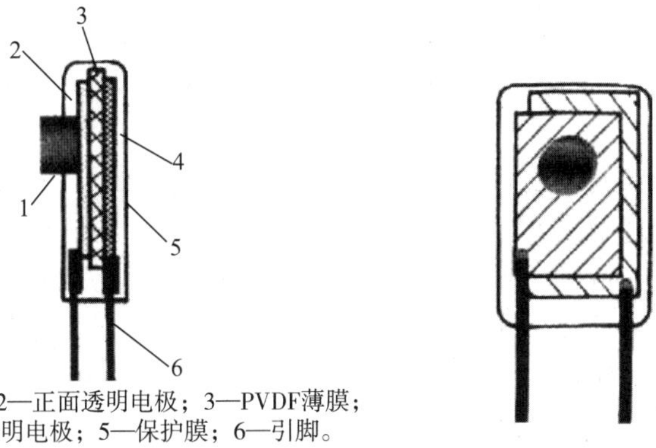

1—质量块；2—正面透明电极；3—PVDF薄膜；4—反面透明电极；5—保护膜；6—引脚。

（a）结构

（b）外形

图 6-5 高分子压电薄膜振动感应片

高分子薄膜厚约 0.2 mm，用聚偏二氟乙烯（PVDF）薄膜裁制成 10 mm×20 mm 大小。在它的正反两面各喷涂透明的二氧化锡导电电极，也可以用热印制工艺制作铝薄膜电极再用超声波焊接上两根柔软的电极引线，并用保护膜覆盖。

使用时，用瞬干胶将其粘贴在玻璃上。当玻璃遭暴力打碎的瞬间，压电薄膜感受到剧烈振动，表面产生电荷 Q，在两个输出引脚之间产生窄脉冲电压 $u_o = Q/C_a$， C_a 是两电极之间的电容。脉冲信号经放大后，用电缆输送到集中报警装置，产生报警信号。

由于感应片很小，且透明，不易察觉，所以可安装于贵重物品柜台、展览橱窗、博物馆及家庭等玻璃窗角落处。

2. 压电式周界报警系统

周界报警系统又称线控报警系统，它警戒的是一条边界包围的重要区域。当入侵者进入防范区之内时，系统就会发出报警信号。

周界报警系统最常见的应用是安装有报警器的铁丝网，但在民用部门常使用隐蔽的传感器。常用的有以下几种形式：地音传感器、高频辐射漏泄电缆、红外激光遮断式、微波多普勒式、高分子压电电缆等。高分子压电电缆周界报警系统如图 6-6 所示。

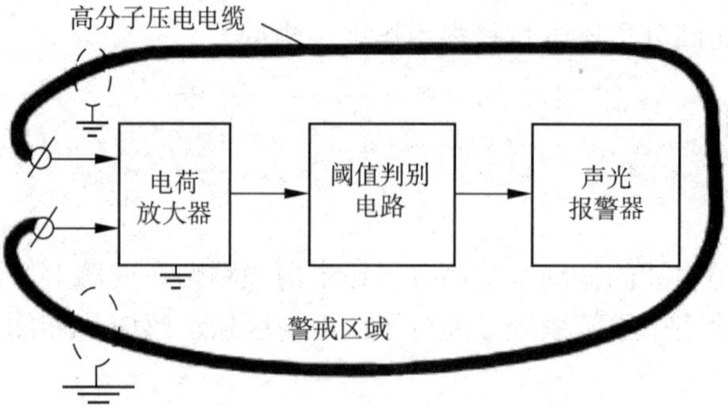

（a）原理框图

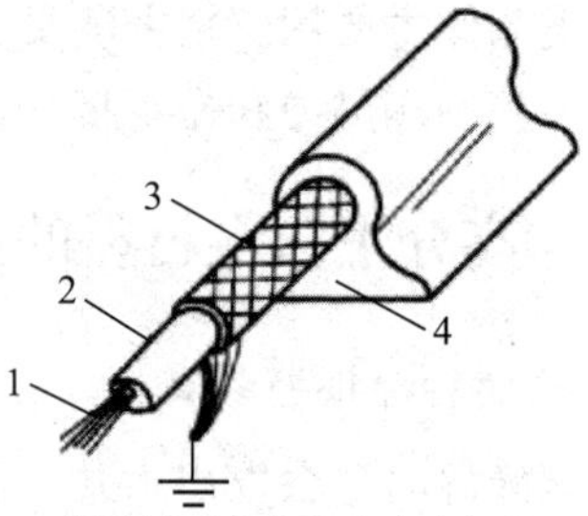

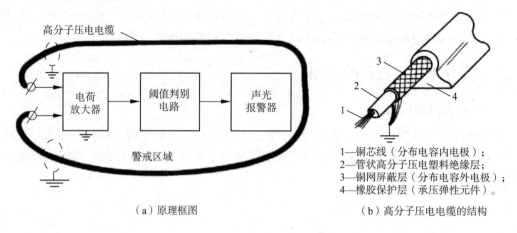

1—铜芯线（分布电容内电极）；
2—管状高分子压电塑料绝缘层；
3—铜网屏蔽层（分布电容外电极）；
4—橡胶保护层（承压弹性元件）。

（b）高分子压电电缆的结构

图 6-6　高分子压电电缆周界报警系统

在警戒区域的四周埋设多根以高分子压电材料为绝缘层的单芯屏蔽电缆。由于屏蔽层接大地，与电缆芯线之间以 PVDF 为介质而构成分布电容。当入侵者踩到电缆上面的柔性地面时，该压电电缆受到挤压，产生压电脉冲，引起报警。通过编码电路，还可以判断入侵者的大致方位。压电电缆可长达数百米，可警戒较大的区域，不易受电、光、雾、雨水等干扰，费用也比微波等方法便宜。

6.3.2　压电陶瓷传感器的应用

1. 压电片的并联接法

压电陶瓷多制成片状，称为压电片。压电片通常是两片（或两片以上）粘结在一起，有串联和并联两种接法，串联法能提高输出电压，可以用于电子打火机的点火器和压电式高压变压器。在检测技术中，一般采用并联接法，以增加输出电荷量。压电片的并联接法如图 6-7 所示，其总面积及输出电容 $C_{并}$ 是单个压电片的两倍，但输出电压 $U_{并}$ 仍等于单个压电片的电压 U，极板上的总电荷 $Q_{并}$ 为单个压电片电荷 Q 的两倍，即

$$C_{并}=2C, U_{并}=U, Q_{并}=2Q$$

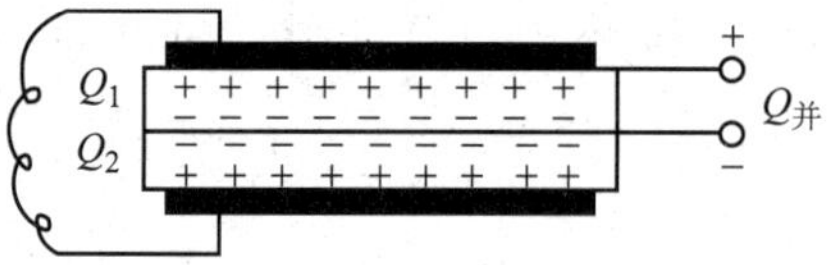

图 6-7　压电片的并联接法

2. 压电陶瓷的预紧力

在测力传感器中，必须对压电陶瓷施加一定的预紧力。这首先可以保证压电片在受力时不易松动，其次能消除两压电片之间因接触不良而引起的非线性误差。预紧力在两个镀银电极之间产生的正负电荷在预紧几秒之后就会相互中和，不影响之后的交变力测量。但是预紧力也不能太大，否则将会引起压电陶瓷的破损。

3. 用压电陶瓷传感器测量动态力、振动和加速度

压电式单向动态力传感器可以用于车床动态切削力的测试，其结构和外形如图 6-8 所示。被测力通过刚性传力上盖使压电片在沿轴方向受压力作用而产生电荷，两块压电片沿轴向反方向叠在一起，中间是一个片形电极。两个压电片的正电荷侧分别与传感器的传力上盖及底座相连。因此两个压电片被并联起来，提高了传感器的灵敏度。电荷的幅值与所受的动态力成正比，频率与振动的频率相同。

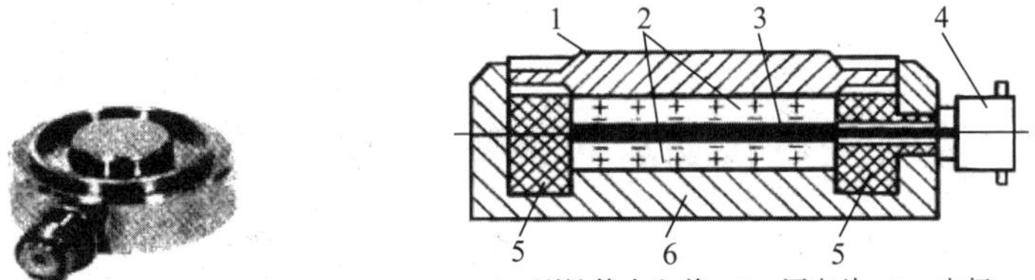

1—刚性传力上盖；2—压电片；3—电极；
4—电极引出插头；5—绝缘材料；6—底座。

（a）传感器外形　　（b）内部结构

图 6-8　压电式单向动态力传感器

利用单向动态力传感器测量刀具切削力的示意图如图 6-9 所示。压电式动态力传感器位于车刀前端的下方。

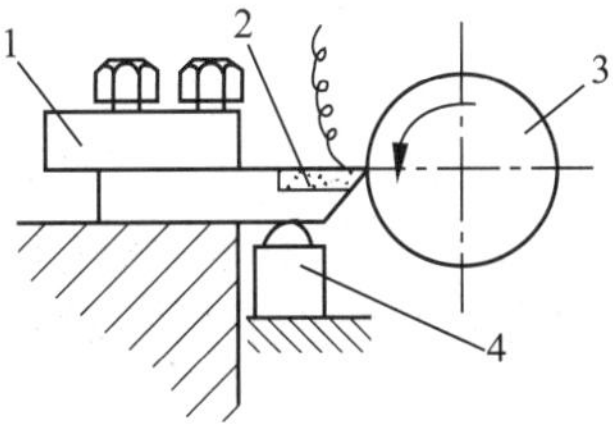

1—刀架；2—车刀；3—工件；4—压电式动态力传感器。

图 6-9　利用单向动态力传感器测量刀具切削力的示意图

切削前，虽然车刀紧压在传感器上，压电片在压紧的瞬间产生电荷，但几秒之内，正负电荷就通过外电路的泄漏电阻中和掉了。

切削过程中，车刀在切削力的作用下使车床上下剧烈振动，将脉动力传递给压电式动态力传感器。该传感器的电荷变化量由电荷放大器转换成电压，经处理后，用记录仪记录下切削力的变化量。

任务 6.4　振动测量及频谱分析

6.4.1　振动的基本概念

物体围绕平衡位置做往复运动称为振动（vibration）。从振动对象来分，有机械振动

（例如机床、电机、泵风机等运行时的振动）、土木结构振动（房屋、桥梁等的振动）、运输工具振动（汽车、飞机等的振动），以及地震、爆炸引起的冲击振动等。

从振动的频率范围来分，有高频振动、低频振动和超低频振动等。

振动测量主要是研究上述各种振动的特征、变化规律，以及分析产生振动的原因，从而找出解决问题的方法。

频率是分析振动的最重要内容之一。振动物体偏离平衡位置的最大距离称为振幅（amplitude），用 x 表示，单位为 mm；振动的速度用 v 表示，单位为 m/s；加速度（acceleration）用 a 表示，单位为 m/s^2。

6.4.2 压电式振动加速度传感器的安装及使用

理论上，压电式振动加速度传感器应与被测振动体刚性连接。压电式振动加速度传感器的安装及使用方法如图 6-10 所示。

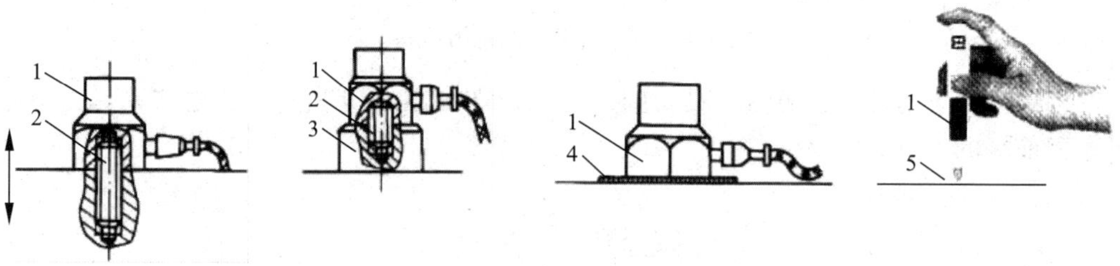

（a）双头螺钉固定法　（b）磁铁吸附法　（c）胶水粘结法　（d）手持法

1—压电式加速度传感器；2—双头螺钉；3—磁钢；4—粘结剂；5—顶针。

图 6-10　压电式振动加速度传感器安装及使用方法

（1）用于长期监测振动机械的压电式加速度传感器应采用双头螺钉牢固地固定在监视点上，如图 6-10(a)所示。

（2）短时间监测低频微弱振动时，可用磁铁将钢质传感器底座吸附在监测点上，如图 6-10(b)所示。

（3）临时测量更微弱的振动时，可以用环氧树脂、瞬干胶，甚至双面胶将传感器牢固地粘于监测点上，如图 6-10(c)所示。但要注意传感器底座与被测体之间的胶层越薄越好，否则将会使高频响应变差，使用上限频率降低。

（4）在对许多测试点进行定期巡检时，也可采用手持探针式加速度传感器。使用时，用手握住探针，紧紧地抵触在监测点上，如图 6-10(d)所示。此方法方便，但测量误差较大，重复性差，使用频率上限将降低到 500 Hz 以下。

练习题

1. 压电传感器是一种典型的（　　）式传感器。

A. 自发电　　B. 辅发电　　C. 外发电

2. 某些电介质在沿一定方向上受到外力的作用而变形时，内部会产生极化现象，同时在其表面上产生电荷，当外力去掉后，又重新回到（　　）的状态，这种现象称为压电效应。

A. 不带电　　B. 带电　　C. 充电

3. 使用压电陶瓷制作的力或压力传感器可测量（　　）。

A. 人的体重　　B. 车刀的压紧力

C. 车刀在切削时感受到的切削力的变化量

4. 压电元件的输出信号非常微弱，一般需将电信号（　　）后才能送到二次仪表。

A. 压缩　　B. 放大　　C. 缩小

5. 动态力传感器中，两片压电片多采用（　　）接法，可增大输出电荷量；在电子打火机和煤气灶点火装置中，多片压电片采用（　　）接法，可使输出电压达上万伏，从而产生电火花。

A. 串联　　B. 并联　　C. 既串联又并联

项目7 霍尔传感器

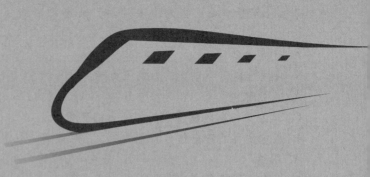

1879 年，美国物理学家霍尔经过大量的实验发现：一恒定电流通过一金属薄片，并将薄片置于强磁场中，在金属薄片的另外两侧将产生与磁场强度成正比的电动势。这个现象后来被人们称为霍尔效应。但是由于这种效应在金属中非常微弱，当时并没有引起人们的足够重视。1948 年以后，由于半导体技术迅速发展，人们找到了霍尔效应比较明显的半导体材料，并制成了霍尔元件。

本项目中主要介绍霍尔传感器的工作原理、特性和应用。

【知识描述】

霍尔 IC 可以用于测量地球磁场，制成电罗盘；将霍尔 IC 卡在环形铁心中，可以制成大电流传感器。霍尔传感器还广泛用于高斯计、无刷电动机、接近开关等，它的最大特点是非接触测量。

【学习目标】

◉ **知识目标**

（1）掌握霍尔传感器的工作原理；

（2）掌握霍尔集成电路核心；

（3）知道霍尔传感器在生活中的应用。

◉ **技能目标**

具备霍尔传感器工作原理分析的能力。

◉ **素质目标**

培养学生严谨分析问题的态度。

任务 7.1　霍尔传感器的工作原理

将金属或半导体薄片置于磁感应强度为 B 的磁场中，磁场方向垂直于薄片，当有电流 I 流过薄片时，在垂直于电流 I 和磁感应强度 B 的方向上将产生电动势 E_H，这种现象称为霍尔效应，该电动势称为霍尔电动势，上述金属或半导体薄片称为霍尔元件，如图 7-1 所示。用霍尔元件做成的传感器称为霍尔传感器。

在 a、b 端通入激励电流 I，并将薄片置于磁场中。设该磁场垂直于薄片，磁感应强度为 B，这时电子将受到洛仑兹力 F_L 的作用，向薄片的内侧（d 侧）偏移，在该侧形成电子堆积，而另一侧（c 侧）因缺少电子而形成空穴堆积，从而在薄片的 c、d 方向产生电场 E_H。随后的电子一方面受到洛仑兹力 F_L 的作用，另一方面又同时受到该电场力 F_E 的作用。从图 7-1(a)可以看出，这两种力的方向相反。最后，当 $|F_L|=|F_E|$ 时，电子和空穴的积累达到动态平衡。这时，在半导体薄片 c、d 方向的端面之间，建立起稳定的电动势 E_H 称为霍尔电动势。

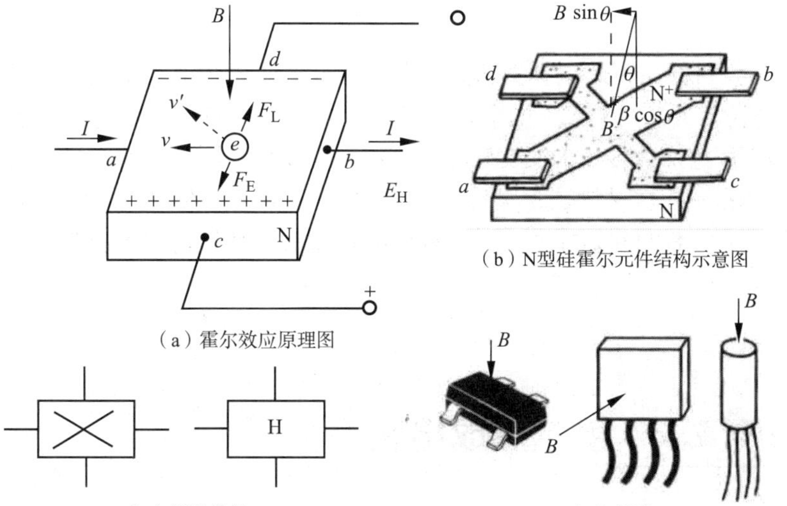

（a）霍尔效应原理图　（b）N型硅霍尔元件结构示意图　（c）图形符号　（d）外形

图 7-1　霍尔元件

流入激励电流端（a、b）的电流 I 越大，电子和空穴积累就越多；作用在薄片上的磁感应强度越强，电子受到的洛仑兹力也越大，霍尔电动势也就越高。薄片的厚度、半导体材料中的电子浓度等因素对霍尔电动势也有很大的影响。设半导体薄片的厚度为 δ，霍尔元件中的电子浓度为 n，电子的电荷量为 e，则霍尔电动势 E_H 可用下式表示

$$E_H=\frac{IB}{ne\delta} \tag{7-1}$$

上式中的 n、e、δ 在薄片的尺寸、材料确定后均为常数，可令 $K_H=\frac{1}{ne\delta}$，则上式可简化为

$$E_H = K_H IB \tag{7-2}$$

式中：K_H ——霍尔元件的灵敏度。

由于金属材料中的电子浓度很大，所以灵敏度非常小。而半导体材料中的电子浓度较小，所以灵敏度比较高。近年来，采用外延离子注入工艺或采用溅射工艺，制造出了尺寸小、性能较好的薄膜型霍尔元件，如图 7-1(b)所示。它由衬底、十字形薄膜、引线（电极）及塑料外壳等组成。

薄膜型霍尔元件是在掺杂浓度很低、电阻率很大的 N 型衬底上，用杂质扩散法，制作出如图 7-1(b)所示的 N^+ 导电区（ab 段），它非常薄，电阻值约几百欧。在 ab 导电薄片的两侧，对称地用杂质扩散法制作出霍尔电动势引出端 c、d，因此霍尔元件是四端元件。其中一对（即 a、b 端）称为激励电流端，另外一对（即 c、d 端）称为霍尔电动势输出端，c、d 端应处于侧面的中点。若磁场方向不垂直于霍尔元件，而是与其法线成某一角度 θ，则实际上作用于霍尔元件上的有效磁感应强度是其法线方向的分量，即 $B\cos\theta$ [见图 7-1(b)]，这时的霍尔电动势为

$$E_H = K_H IB\cos\theta \tag{7-3}$$

从式（7-3）可知，霍尔电动势 E_H 与流入霍尔元件激励电流端的电流 I、磁感应强度 B，以及磁场与薄片的法线夹角 θ 的余弦成正比。当 B 的方向改变时，霍尔电动势的方向也随之改变。如果所施加的磁场为交变磁场，则霍尔电动势为同频率的交变电动势。

目前常用的霍尔元件材料是 N 型硅，砷化铟（InAs）、锑化铟（InSb）砷化镓（GaAs）等也是常用的霍尔元件材料。霍尔元件的壳体可用塑料、环氧树脂等制造，封装后的外形如图 7-1(d)所示。

■ 任务 7.2 霍尔集成电路

自 20 世纪 60 年代开始，随着集成电路技术的发展，出现了将霍尔半导体元件和相关的信号调理电路集成在一起的霍尔集成电路。目前霍尔器件多已集成化。霍尔集成电路（又称霍尔 IC）有许多优点，如体积小、灵敏度高、输出幅度大、温漂小、对电源稳定性要求低等。

7.2.1 线性霍尔集成电路

线性霍尔集成电路将霍尔元件和恒流源、线性差动放大器等做在一个芯片上，输出电压

为伏级，比直接使用霍尔元件方便得多。较典型的线性霍尔器件（如 UGN3501T 等）的外形和内部电路如图 7-2 所示，线性霍尔集成电路输出特性如图 7-3 所示。

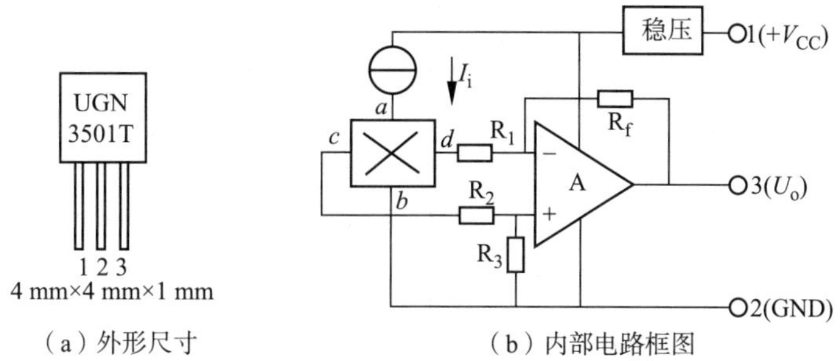

（a）外形尺寸　　（b）内部电路框图

图 7-2　线性霍尔器件外形和内部电路

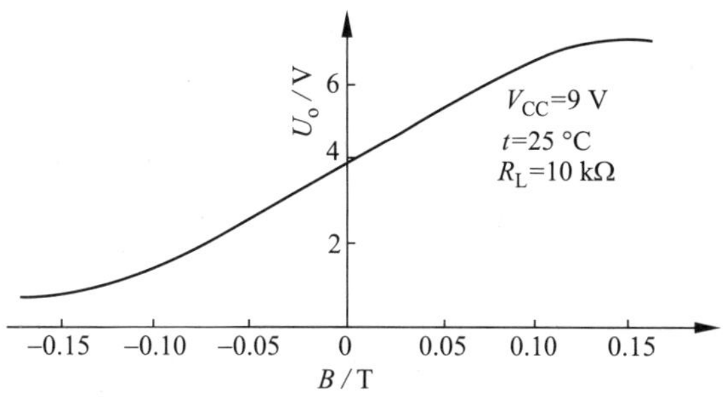

图 7-3　线性霍尔集成电路输出特性

图 7-4、图 7-5 示出了具有双端差动输出特性的线性霍尔器件 UGN3501M 的外形、内部电路框图及其输出特性曲线。当 UGN3501M 感受的磁场为零时，第 1 引脚相对于第 8 引脚的输出电压等于零；当感受的磁场为正向（磁钢的 S 极对准 UGN3501M 的正面）时，输出电压为正；当感受的磁场为反向时，输出的电压为负，因此使用起来更加方便。

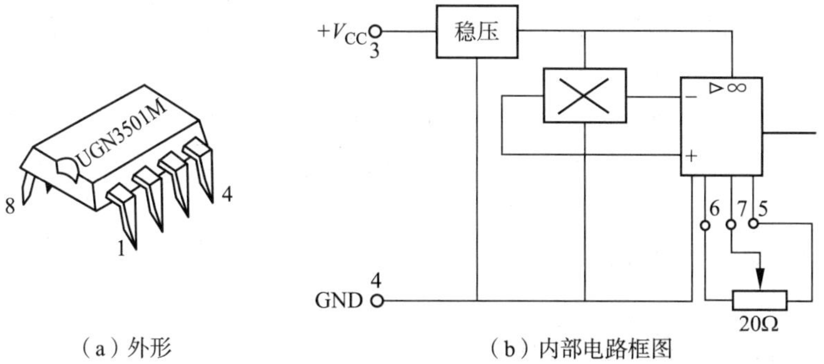

（a）外形　　（b）内部电路框图

图 7-4　差动输出线性霍尔集成电路外形及电路框图

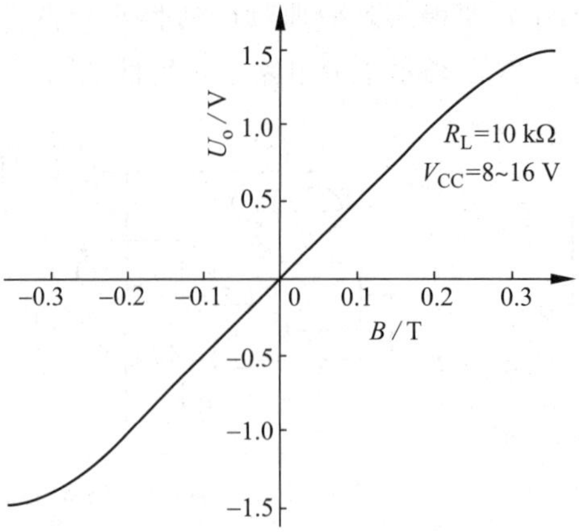

图 7-5　双端差动霍尔集成电路输出特性

7.2.2　开关型霍尔集成电路

开关型霍尔集成电路是将霍尔元件、稳压电路、放大器、施密特触发器、OC 门（集电极开路输出门）等电路做在同一个芯片上。当外加磁场强度超过规定的工作点 B_H 时，OC 门由截止状态变为导通状态，输出变为低电平；当外加磁场强度低于释放点时，OC 门恢复截止状态。如果未接上拉电阻，则输出为高阻态；如果在电源与 OC 门的输出端跨接有上拉电阻或继电器等负载，则输出为高电平。这类器件中较典型的有单极性的 UGN3020 系列等。

任务 7.3　霍尔传感器的应用

霍尔电动势 E_H 是关于 I、B、θ 等 3 个变量的函数，即 $E_H = K_H IB\cos\theta$，人们利用这个关系可以使其中两个量不变，将第 3 个量作为变量，或者固定其中一个量、其余两个量都作为变量。3 个变量的多种组合使得霍尔传感器具有非常广阔的应用领域。归纳起来，霍尔传感器主要有下列 3 个方面的用途：

（1）维持 I、θ 不变，则 $E_H = f(B)$。这方面的应用有：测量磁场强度的特斯拉计、高斯计，测量转速的霍尔转速表、磁性产品计数器、霍尔角编码器以及基于微小位移测量原理的霍尔加速度计、微压力计等。

（2）维持 I、θ 不变，则 $E_H = f(\theta)$，这方面的应用有角位移测量仪等。

（3）维持 θ 不变，则 $E_H = f(IB)$，即传感器的输出 E_H 与 I、B 的乘积成正比，这方面的应用有模拟乘法器、基于霍尔乘法器技术的霍尔功率计、电能表等。

7.3.1　角位移测量仪

角位移测量仪结构示意图如图 7-6 所示。霍尔器件与被测物连动，而霍尔器件又在一个恒定的磁场中转动，于是霍尔电动势 E_H 就反映了转角 θ 的变化。由于 E_H 正比于 $\cos\theta$，E_H 与 θ 为非线性关系，必须采用特定形状的磁极予以纠正。

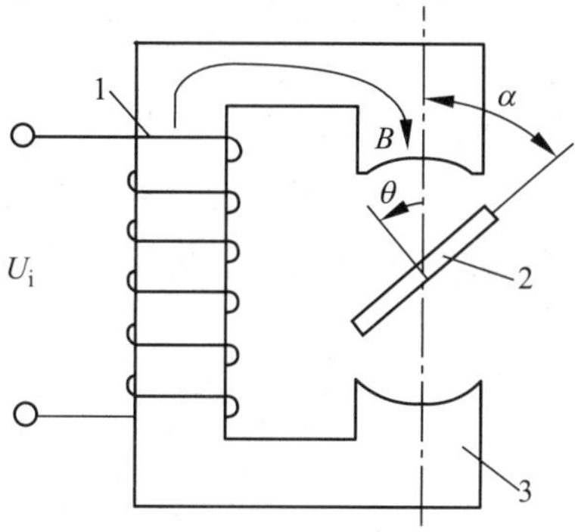

1—励磁线圈；2—霍尔器件；3—极靴。

图 7-6　角位移测量仪结构示意图

7.3.2　霍尔接近开关

用霍尔元件也能实现接近开关的功能，但是它只能用于带有磁性的材料的检测，必须建立一个较强的闭合磁场。

霍尔接近开关应用示意图如图 7-7 所示，其中 H 为霍尔接近开关，N S 为磁铁。在图 7-7(b)中，磁极的轴线与霍尔接近开关的轴线在同一直线上。当磁铁随运动部件移动到距霍尔接近开关几毫米时，霍尔接近开关的输出由高电平变为低电平，经驱动电路使继电器吸合或释放，控制运动部件停止移动（否则将撞坏霍尔接近开关），起到限位的作用。

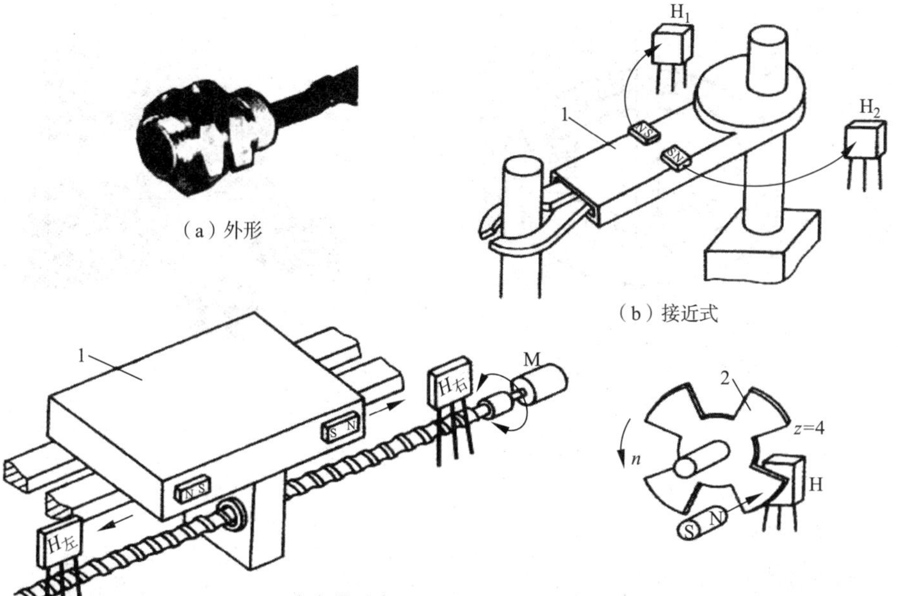

（a）外形　（b）接近式

（c）滑过式　（d）分流翼片式

1—运动部件；2—软铁分流翼片。

图 7-7　霍尔接近开关应用示意图

在图 7-7(c)中，磁铁随运动部件运动，当磁铁与霍尔接近开关的距离小于某一数值时，霍尔接近开关的输出由高电平跳变为低电平。与图 7-7(b)不同的是，当磁铁继续运动时，与霍尔接近开关的距离又重新拉大，霍尔接近开关输出重新跳变为高电平，且不存在损坏霍尔接近开关的可能。

在图 7-7(d)中，磁铁和霍尔接近开关保持一定的间隙，且固定不变。软铁制作的分流翼片与运动部件联动。当它移动到磁铁与霍尔接近开关之间时，磁力线被屏蔽（分流），无法到达霍尔接近开关，所以此时霍尔接近开关输出跳变为高电平。改变分流翼片的宽度可以改变霍尔接近开关的高电平与低电平的占空比。

7.3.3 霍尔电流传感器

霍尔电流传感器是近十几年发展起来的新一代的电力仪表，它具有常规电流互感器无法比拟的优点，例如能够测量直流电流、弱电回路与主回路隔离、能够输出与被测电流波形相同的“跟随电压”、容易与计算机及二次仪表接口、准确度高、线性度好、响应快、频带宽、不会产生过电压等，因而广泛应用于冶金、电镀、电解、电力逆变、交流传动等自动控制系统中的电流的检测和控制。

工作原理：用环形（有时也可以是方形）导磁材料制作铁心，套在被测电流流过的导线（也称电流母线）上，将导线中电流感生的磁场聚集在铁心中。再在铁心上切割出一个与霍尔传感器厚度相等的气隙，将霍尔传感器紧紧地夹在气隙中央。电流母线通电后，磁力线就集中通过铁心中的霍尔传感器，霍尔传感器就输出与被测电流成正比的输出电压 U_o 或输出电流 I_o，电流母线与霍尔传感器只有磁场联系。加强绝缘工艺后，两者之间的耐压值可达上万伏（50 Hz），有较好的电气隔离性。霍尔电流传感器原理及外形如图 7-8 所示。

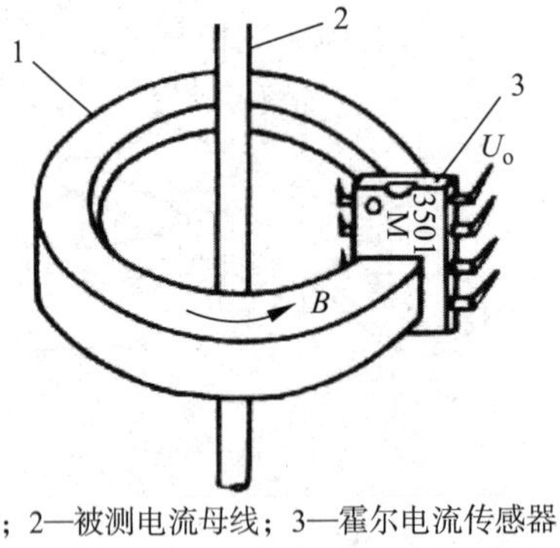

1—铁心；2—被测电流母线；3—霍尔电流传感器。

（a）基本原理

（b）外形

图 7-8　霍尔电流传感器原理及外形

练习题

1. （　　）不是常用的霍尔元件材料。

A. N 型硅　　B. 锑化铟　　C. 三氧化镁

2. 用霍尔元件也能实现接近开关的功能，但是它只能用于带有磁性的材料的检测，必须建立一个较强的（　　）。

A. 闭合磁场　　B. 散发磁场　　C. 复合磁场

3. 属于四端元件的（　　）。

A. 应变片　　B. 压电晶片　　C. 霍尔元件

4. 作用在薄片上的磁感应强度越强，电子受到的（　　）也越大，霍尔电动势也就越高。

A. 洛仑兹力　　B. 安培力　　C. 电磁力

5. 磁场垂直于霍尔薄片，磁感应强度为B，但磁场方向（$\theta = 180°$）时，霍尔电势（　　），因此霍尔元件可用于测量交变磁场。

A. 绝对值相同，符号相反　　B. 绝对值相同，符号相同

C. 绝对值相反，符号相同

项目8 光电传感器

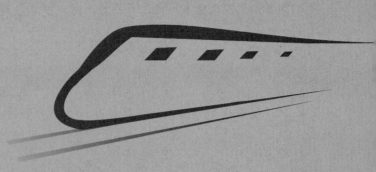

两千多年前，人类已了解到光的直线传播特性。1860 年，英国物理学家麦克斯韦建立了电磁理论，认识到光是一种电磁波。光的波动学说很好地说明了光的反射、折射、干涉、衍射、偏振等现象，但是仍然不能解释物质对光的吸收、散射和光电子发射等现象。1900 年，德国物理学家普朗克提出了量子学说，认为任何物质发射或吸收的能量是一个最小能量单位（称为量子）的整数倍。1887 年赫兹发现了光电效应。1905 年，德国物理学家爱因斯坦用光量子学说解释了光电子发射效应。1916 年，美国科学家密立根通过精密的定量实验，证明了爱因斯坦对光电效应的理论解释，从而也证明了光量子理论。

爱因斯坦认为，光是由光子组成的，每一个光子具有的能量 E 正比于光的频率 f，即$E=hf$（h 为普朗克常量），光子的频率越高（即波长越短）光子的能量就越大。爱因斯坦确立了光的波粒二重性，并为实验所证明。

本项目简单介绍光电效应、光电元件的结构，着重介绍光电传感器的各种应用。

【知识描述】

光电传感器（photo-electric transducer）是将光信号转换为电信号的一种传感器。使用光电传感器测量其他非电量（如转速、浊度等）时，只要将这些非电量转换为光信号的变化即可。光电检测法具有反应速度快、非接触等优点，所以在非电量检测中应用较广。

【学习目标】

◉ 知识目标

（1）掌握光电效应的原理；

（2）掌握光电元件的基本应用电路；

（3）知道光电传感器在生活中的应用。

◉ **技能目标**

具备光电元件的基本应用电路原理分析的能力。

◉ **素质目标**

培养学生严谨分析问题的态度。

■ 任务 8.1 光电效应及光电元件

光电传感器的理论基础是光电效应。用光照射某一物体，可以看作物体受到一连串能量为 hf 的光子的轰击，组成物体的材料吸收光子能量而发生相应电效应的物理现象称为光电效应（photo-electric effect）。通常把光电效应分为三类。

（1）在光线的作用下能使电子逸出物体表面的现象称为外光电效应，基于外光电效应的光电元件有光电管、光电倍增管、光电摄像管等。

（2）在光线的作用下能使物体的电阻率改变的现象称为内光电效应，也称为光电导效应。基于内光电效应的光电元件有光敏电阻、光敏二极管、光敏晶体管及光敏晶闸管等。

（3）在光线的作用下，物体产生一定方向电动势的现象称为光生伏特效应，基于光生伏特效应的光电元件有光电池等。

第一类光电元件属于玻璃真空管元件，第二、三类光电元件属于半导体元件。

8.1.1 基于外光电效应的光电元件

光电管（phototube）属于外光电效应的光电元件。如图 8-1 所示，金属阳极 a 和阴极 k

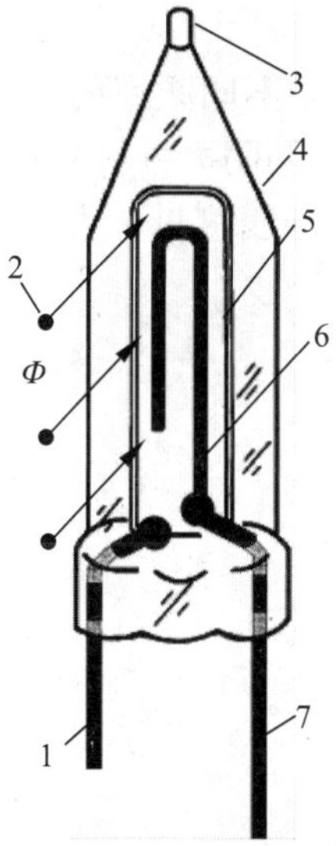

（a）光电管

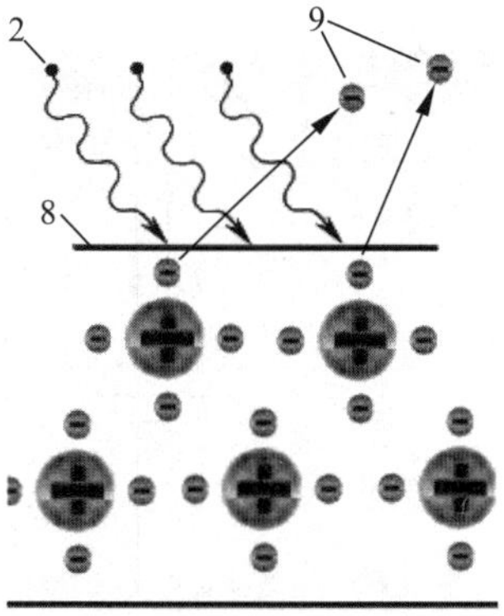

（b）外光电效应示意图

1—阴极引脚；2—光子；3—抽气管；4—石英玻璃壳；5—阴极 k；6—阳极 a；

7—阳极引脚；8—金属表面；9—光致发射电子。

图 8-1 光电管及外光电效应示意图

封装在一个石英玻璃壳内，当入射光照射在阴极板上时，光子的能量传递给阴极表面的电子，当电子获得的能量足够大时，电子就可以克服金属表面对它的束缚（称为逸出功）而逸出金属表面，形成电子发射，这种电子俗称“光电子”。电子逸出金属表面的速度 v 可由能量守恒定律确定。

$$\frac{1}{2}mv^2 = hf - W \tag{8-1}$$

式中：m——电子质量；

W——金属光电阴极材料的逸出功；

f——入射光的频率。

式（8-1）即为著名的爱因斯坦光电方程，它揭示了光电效应的本质。由于逸出功与材料的性质有关，当材料选定后，要使金属表面有电子逸出，入射光的频率 f 应有一最低的限度值。当 hf 小于 W 时，即使光通量很大，光照时间很长，也不可能有电子逸出，这个最低限度的频率称为红限（long wavelength threshold）。

不同物质的红限波长 λ 是不同的。在光电技术中，经常使用光的波长，而不是光的频率。光的波长 λ 与光的频率 f、光速 c 之间的关系为 $\lambda = c/f$，$c \approx 3 \times 10^8$ m/s 。几种金属材料的红限波长如表 8-1 所示。

表 8-1　几种金属材料的红限波长

金属	铯	钠	锌	银	铂
红限波长/μm	0.652	0.540	0.372	0.260	0.196

当 hf 大于 W 时，光通量越大，撞击到阴极的光子数目越多，逸出的电子数目也越多。

当光电管阳极加上适当电压（几伏至数十伏，视不同型号而定）时，从阴极表面逸出的电子被具有正电压的阳极所吸引，在光电管中形成电流，称为光电流。光电流 I_Φ 正比于光电子数，而光电子数又正比于光照度。

由于材料的逸出功不同，所以不同材料的光电阴极对不同频率的入射光有不同的灵敏度，人们可以根据检测对象是可见光还是紫外光而选择不同阴极材料的光电管。光电管测量电路如图 8-2 所示。目前光电管在工业检测中多用于紫外线测量、火焰监测等，因为可见光较难引起光电子的发射。

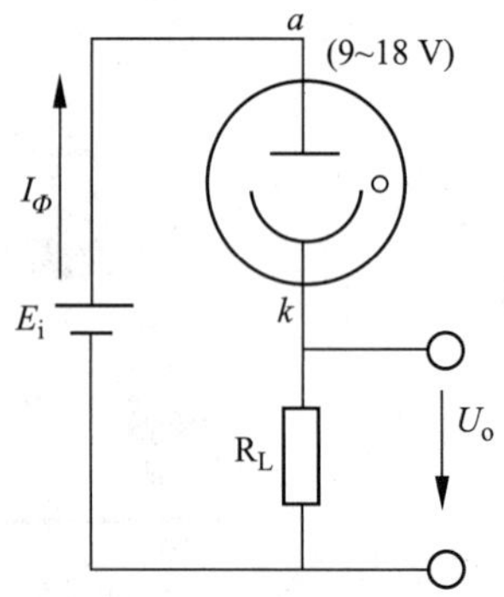

图 8-2　光电管测量电路

外光电效应的典型元器件还有光电倍增管（PMT）。它的灵敏度比光电管高出几万倍，在星光下就可以产生可观的电流，光通量在 $10^{-14} \sim 10^{-6}$ lm 的很大变化区间里，其输出电流均能保持线性，因此可用于微光测量，如探测高能射线产生的辉光等。但由于光电倍增管是玻璃真空器件，体积大，易破碎，工作电压高达上千伏，所以目前已逐渐被新型半导体光敏元件所取代。

8.1.2 基于内光电效应的光电元件

1. 光敏电阻

1）光敏电阻的工作原理

在半导体光敏材料两端装上电极引线，将其封装在带有透明窗的管壳里就构成光敏电阻。光敏电阻的工作原理是基于内光电效应。为了增加灵敏度，两电极常做成梳状。

构成光敏电阻的材料有金属的硫化物、硒化物、碲化物等半导体。半导体的导电能力取决于半导体导带内载流子数目的多少。当光敏电阻受到光照时，若光子能量 hf 大于该半导体材料的禁带宽度，则禁带中的电子吸收光子能量后，跃迁到导带，成为自由电子，同时产生空穴，电子-空穴对的出现使电阻率变小。光照越强，光生电子-空穴对就越多，阻值就越低。入射光消失，电子-空穴对逐渐复合，电阻也逐渐恢复原值。

2）光敏电阻的特性和参数

（1）暗电阻。置于室温、全暗条件下测得的稳定电阻值称为暗电阻，通常大于 1 MΩ。光敏电阻受温度影响甚大，温度上升，暗电阻减小，暗电流增大，灵敏度下降，这是光敏电阻的一大缺点。

（2）光电特性。在光敏电阻两极电压固定不变时，光照度与电阻及电流间的关系称为光电特性。某型号光敏电阻的光电特性如图 8-3 所示。

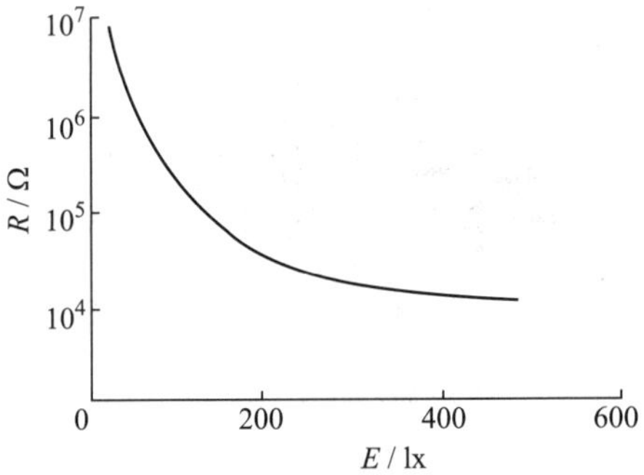

（a）光照/电阻特性

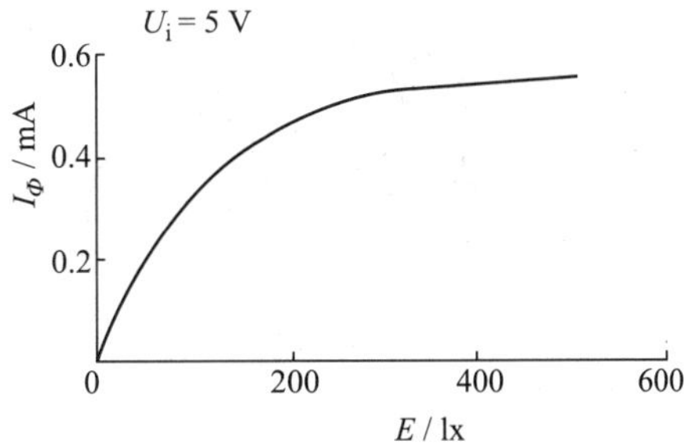

（b）光照/电流特性

图 8-3 某型号光敏电阻的光电特性

从图 8-3 中可以看到，当光照度大于 100 lx 时，它的光电特性非线性就十分严重了。而 150 lx 是教育部门要求学校课堂桌面所必须达到的标准照度。由于光敏电阻光电特性为非线性，所以不能用于光的精密测量，只能用于定性地判断有无光照，或光照度是否大于某一设定值，因而可作为照相机的测光元件。

（3）响应时间。光敏电阻受光照后，光电流需要经过一段时间（上升时间）才能达到其稳定值。同样，在停止光照后，光电流也需要经过一段时间（下降时间）才能恢复到其暗电流值，这就是光敏电阻的时延特性。光敏电阻的上升时间和下降时间为 $10^{-2}\sim10^{-3}$s，可见光敏电阻不能用在要求快速响应的场合。

关于照度的说明。在如图 8-3 所示的光电特性中，光敏电阻的输入信号为照度 E，单位是勒克斯（lx）。光度学中常用的单位还有流明（lm），它是光通量 Φ 的单位。它与人的眼睛感觉到的光强有关，也与光的波长（颜色）有关。所有的灯具都以流明来表示输出光通量的大小。若受照面积为 A，所接收的光通量为 Φ，则照度被定义为 $E = \mathrm{d}\Phi/\mathrm{d}A$，所以 $1\ \mathrm{lx} = 1\ \mathrm{lm/m^2}$。

2. 光敏二极管

光敏二极管、光敏晶体管、光敏晶闸管等统称为光敏管，它们的工作原理是基于内光电效应。光敏晶体管的灵敏度比光敏二极管高，但频率特性较差，暗电流也较大。目前还研制出光敏晶闸管，它的导通电流比光敏晶体管大得多，工作电压有的可达数百伏，因此输出功率大，主要用于光控开关电路及光耦合器中。

1）结构

光敏二极管的结构与一般二极管的不同之处在于：光敏二极管的 PN 结被设置在透明管壳顶部的正下方，可以直接受到光的照射。光敏二极管的结构及图形符号如图 8-4 所示，它在电路中处于反向偏置状态，光敏二极管的反向偏置接法如图 8-5 所示。

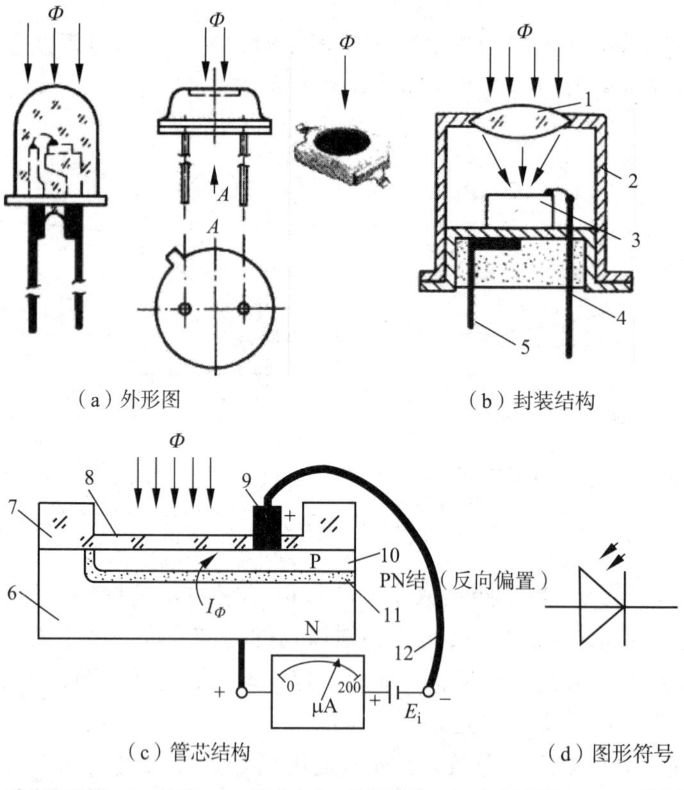

1—玻璃聚光镜；2—外壳；3—管芯；4—正极引脚；5—负极引脚；6—N 型衬底；
7—SiO_2 保护圈；8—SiO_2 透明保护层；9—铝引出电极；10—P 型扩散层；11—耗尽层；12—金丝引出线。

图 8-4　光敏二极管的结构及图形符号

2）工作原理

在没有光照时，由于二极管反向偏置，所以反向电流很小，这时的电流称为暗电流，相当于普通二极管的反向饱和漏电流。当光照射在光敏二极管的 PN 结（又称耗尽层）上时，在 PN 结附近产生的电子-空穴对数量随之增加，光电流也相应增大，光电流与照度成正比。

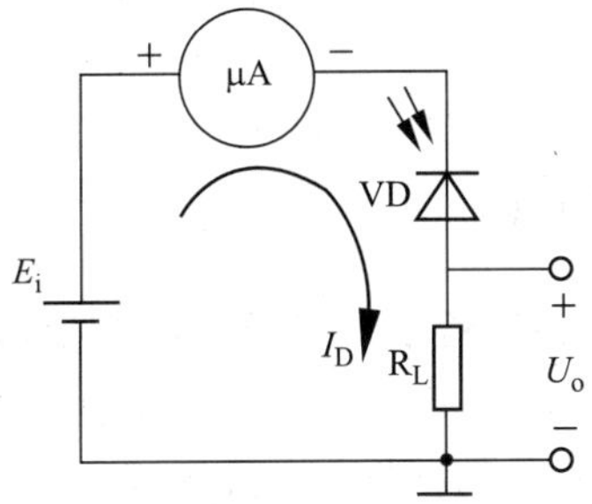

图 8-5 光敏二极管的反向偏置接法

关于特殊光敏二极管。目前研制出的几种新型的特殊光敏二极管，各自在某个应用领域具有优异的特性。

3. 光敏晶体管

光敏晶体管有两个 PN 结，与普通晶体管相似，也有电流增益。NPN 型光敏晶体管的结构及图形符号如图 8-6 所示。多数光敏晶体管的基极没有引出线，只有正负（C、E）两个引脚，所以其外形与光敏二极管相似，从外观上很难区别。

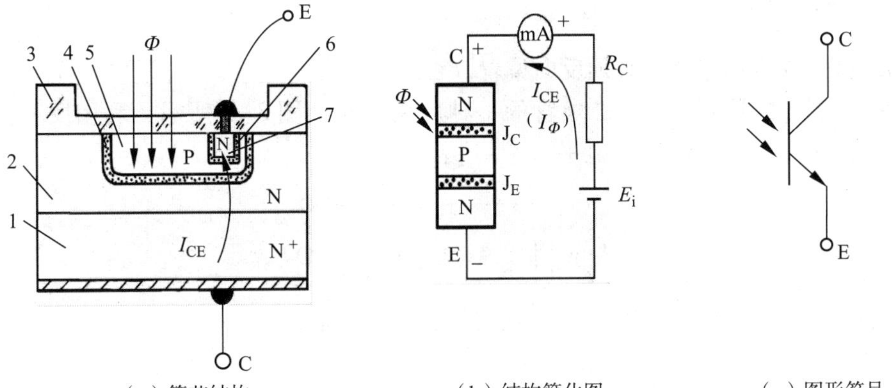

（a）管芯结构　（b）结构简化图　（c）图形符号

1—N^+衬底；2—N 型集电区；3—透光 SiO_2 保护圈；4—集电结 J_C；5—P 型基区；6—发射结 J_E；7—N 型发射区。

图 8-6 NPN 型光敏晶体管的结构及图形符号

光线通过透明窗口落在基区及集电结上，当电路按图 8-6(b) 所标示的电压极性连接时，集电结反偏，发射结正偏。当入射光子在集电结附近产生电子-空穴对后，与普通晶体管的电流增益作用相似，集电极电流 I_C 是原始光电流的若干倍，因此光敏晶体管比二极管的灵敏度高许多。

■ 任务 8.2　光电元件的基本应用电路

8.2.1　光敏电阻基本应用电路

光敏电阻基本应用电路如图 8-7 所示。光敏电阻与负载电阻串联后，接到电源上。在图 8-7(a)中，当无光照时，光敏电阻 R_Φ 很大，I_Φ 在 R_L 上的压降 U_o 很小。随着入射光增大，R_Φ 减小，U_o 随之增大。图 8-7(b)的情况恰好与图 8-7(a)相反，入射光增大，U_o 反而减小。

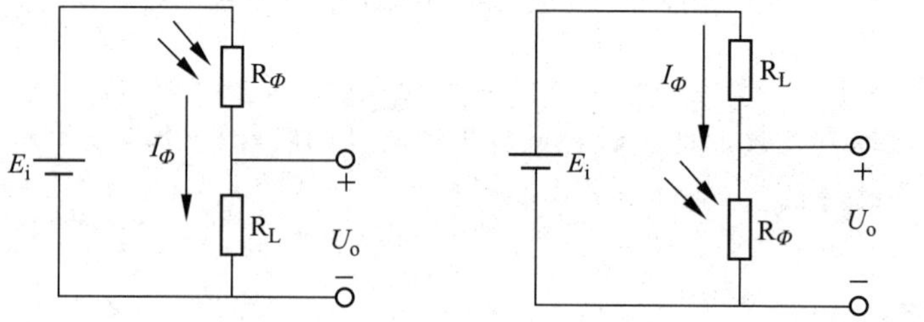

（a）U_o与光照变化趋势相同的电路　（b）U_o与光照变化趋势相反的电路

图 8-7　光敏电阻基本应用电路

8.2.2　光敏二极管应用电路

光敏二极管在应用电路中必须反向偏置，否则流过它的电流就与普通二极管的正向电流一样，不受入射光的控制。光敏二极管的一种应用电路如图 8-8 所示，利用反相器可将光敏二极管的输出电压转换成 TTL 电平。

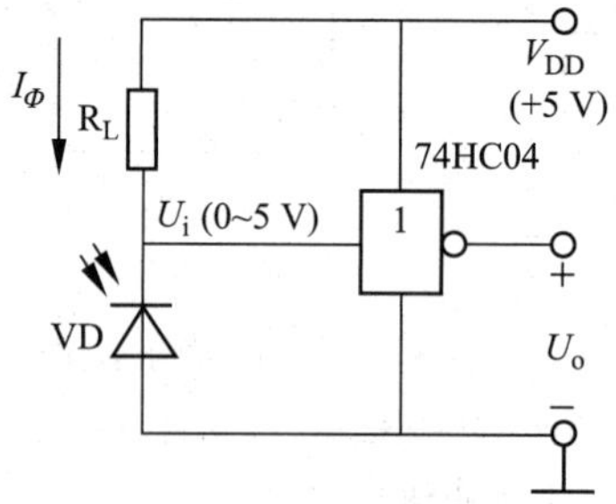

图 8-8　光敏二极管的一种应用电路

8.2.3　光敏晶体管应用电路

光敏晶体管的两种常用应用电路如图 8-9 所示。

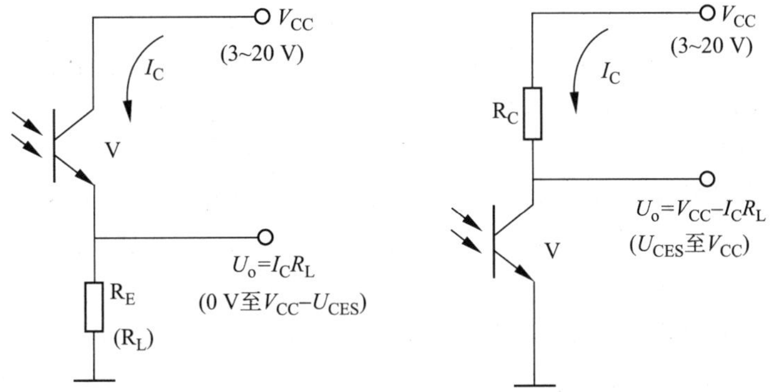

（a）发射极输出电路　　（b）集电极输出电路

图 8-9　光敏晶体管的两种常用应用电路

8.2.4　光电池应用电路

为了得到光电流与照度成线性的特性，要求光电池的负载必须短路（负载电阻趋向于零）。可是，这在直接采用动圈式仪表的测量电路中是很难做到的。采用集成运算放大器组成的 I/U 转换电路就能较好地解决这个矛盾。图 8-10 左边是光电池的短路电流测量电路。由于运算放大器的开环放大倍数 $A_{od}\rightarrow\infty$，所以 $U_{AB}\rightarrow 0$，A 点为地电位（虚地）。从光电池的角度来看，相当于 A 点对地短路，所以其负载特性属于短路电流的性质。又因为运算放大器反相端输入电流 $I_A\rightarrow 0$，所以 $I_{Rf}=I_{\Phi}$，则输出电压 U_{o1} 为

$$U_{o1}=-U_{Rf}=-I_{\Phi}R_f \tag{8-2}$$

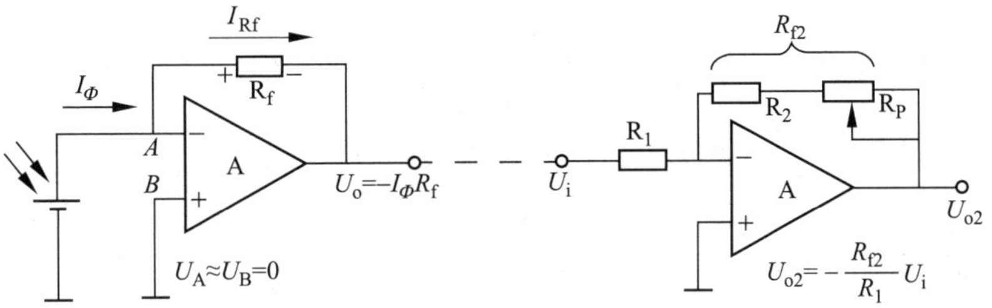

图 8-10　光电池的短路电流测量电路

由式（8-2）可知，该电路的输出电压 U_{o1} 与光电流 I_{Φ} 成正比，从而达到电流/电压转换的目的。

若希望 U_{o1} 为正值，可将光电池极性调换。若光电池用于微光测量时，I_{Φ} 可能较小，则可增加一级放大电路，并使用电位器 R_P 微调总的放大倍数，如图 8-10 中右边的反相比例放大器电路所示。

任务 8.3　光电传感器的应用

光电传感器属于非接触式测量器件，目前越来越多地用于生产的各领域。依被测物、光

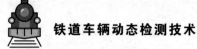

源、光电元件三者之间的关系，可以将光电传感器分为下述4种类型。

（1）光源本身是被测物，被测物发出的光投射到光电元件上，光电元件的输出反映了光源的某些物理参数，如图8-11(a)所示。典型的例子有光电高温比色温度计、光照度计、照相机曝光量控制等。

（2）恒光源发射的光穿过被测物，一部分由被测物吸收，剩余部分投射到光电元件上，吸收量决定于被测物的某些参数，如图8-11(b)所示。典型例子如透明度计、浊度计等。

（3）恒光源发出的光投射到被测物上，然后从被测物表面反射到光电元件上，光电元件的输出反映了被测物的某些参数，如图8-11(c)所示。典型的例子如用反射式光电法测转速、测量工件表面粗糙度、测量纸张的白度等。

（4）恒光源发出的光在到达光电元件的途中遇到被测物，被测物吸收掉一部分光，光电元件的输出反映了被测物的尺寸，如图8-11(d)所示。典型的例子如振动测量、工件尺寸测量等。

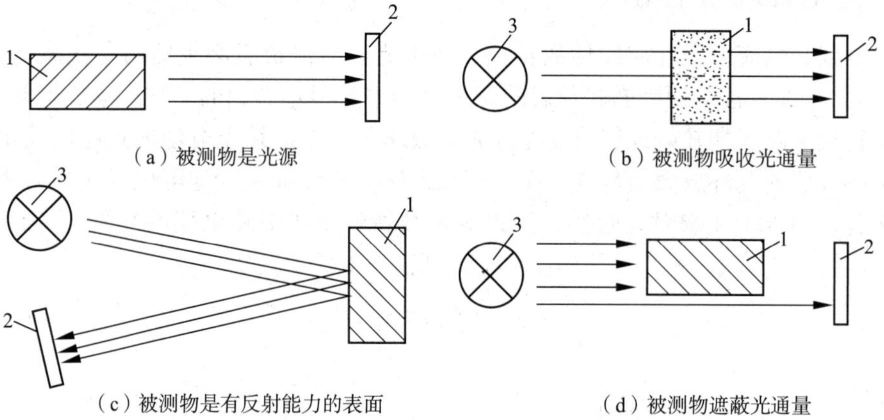

1—被测物；2—光电元件；3—恒光源。

图8-11　光电传感器的几种应用形式

练习题

1. 光电传感器是将光信号转换为（　　）信号的一种传感器。

A. 电　　B. 机械　　C. 能量

2. 由于材料的逸出功不同，所以不同材料的光电阴极对不同频率的入射光有不同的（　　）。

A. 灵敏度　　B. 频率　　C. 温漂

3. 光照越强，光生电子-空穴对就越多，阻值就越（　　）。

A. 高　　B. 低　　C. 大

4. 光敏二极管在应用电路中必须（　　），否则流过它的电流就与普通二极管的正向电流一样，不受入射光的控制。

A. 正向偏置　　B. 反向偏置　　C. 侧向偏置

5. 光电传感器属于（　　）测量，目前越来越多地用于生产的各领域。

A. 接触式　　B. 非接触式　　C. 半接触式

项目9 超声波传感器

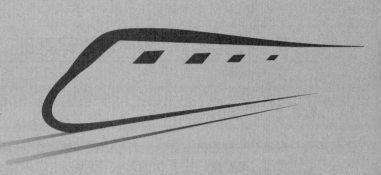

20 世纪中叶，人们发现某些介质的晶体，例如石英晶体、PZT 晶体等，在高电压、窄脉冲作用下，能产生较大功率的超声波。本项目简单介绍超声波的物理特性，着重分析超声波在检测中的一些应用，重点介绍超声波无损探伤。

【知识描述】

超声波与可闻声波不同，它可以较好地被聚焦，能用于集成电路的焊接、玻璃管内部的清洗；在检测方面，利用超声波有类似于光波的折射、反射的特性，可制作超声波声纳探测器，可以用于探测海底沉船、潜艇等。现在，超声波已渗透到我们生活中的许多领域，例如 B 超、碎石机、遥控、防盗、无损探伤等。

【学习目标】

◉ **知识目标**

(1) 掌握超声波物理基础；

(2) 掌握超声波耦合技术；

(3) 知道超声波传感器在生活中的应用。

◉ **技能目标**

具备超声波传感器工作原理的分析能力。

◉ **素质目标**

培养学生严谨分析问题的态度。

■ 任务9.1 超声波物理基础

9.1.1 声波的分类

声波是一种机械振动波。当它的振动频率在20 Hz～20 kHz的范围内时，可为人耳所感觉，称为可闻声波；低于20 Hz的机械振动人耳不可闻，称为次声波，但许多动物却能感受到。比如地震发生前的次声波就会引起许多动物的异常反应。声波的频率分布如图9-1所示。

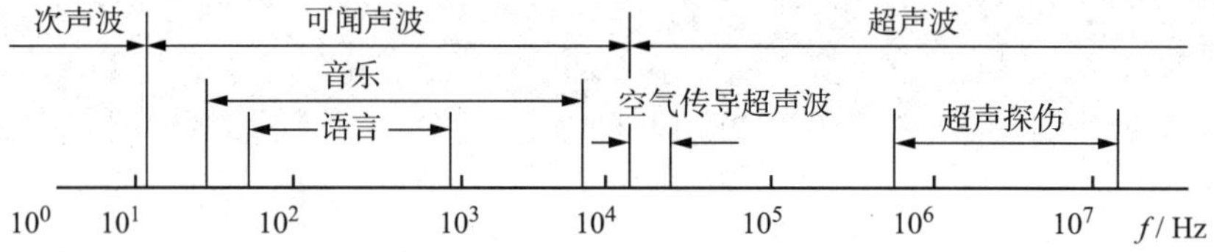

图9-1 声波的频率分布

频率高于20 kHz的机械振动波称为超声波。超声波有许多不同于可闻声波的特点，比如指向性好、能量集中。1 MHz的超声波的能量，相当于振幅相同、频率为1 000 Hz可闻声波的100万倍，能穿透几米厚的钢材，而能量损失不大。在遇到两种介质的分界面（例如钢板与空气的交界面）时，能产生明显的反射和折射现象，这一现象类似于光波。超声波的频率越高，其声场指向性越好，与光波的反射、折射特性越接近。

9.1.2 超声波的传播波形

超声波的传播波型主要分为纵波（P-wave）、横波（S-wave）、表面波（surface wave）等几种。纵波和横波示意图如图9-2所示，v为超声波传播方向。

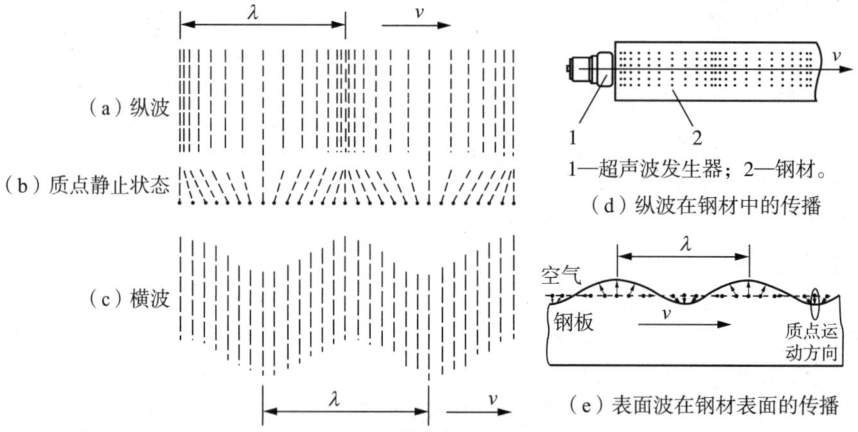

图9-2 纵波和横波示意图

（1）纵波质点的振动方向与波的传播方向一致，这种波称为纵波，又称压缩波，如图 9-2(a)所示。纵波能够在固体、液体、气体中传播。人讲话时产生的声波就属于纵波。

（2）横波质点的振动方向与波的传播方向相垂直，这种波称为横波，如图 9-2(c)所示。它是固体介质受到交变剪切应力作用时产生的剪切形变，所以又称剪切波，它只能在固体中传播。

（3）表面波固体的质点在固体表面的平衡位置附近做椭圆轨迹的振动，使振动波只沿着固体的表面向前传播，这种波称为表面波，也称瑞利波，如图 9-2(e)所示。

9.1.3 声速、波长与指向性

1. 声速

声波的传播速度取决于介质的弹性系数、介质的密度以及声阻抗。几种常用材料的声速与密度、声阻抗的关系（环境温度为 0 ℃）如表 9-1 所示。声阻抗（acoustic impedance）是描述介质传播声波特性的一个物理量。介质的声阻抗 Z 等于介质的密度和声速 c 的乘积，即

$$Z = \rho c \tag{9-1}$$

声波的传播速度取决于介质的弹性系数、密度以及声阻抗。

表 9-1 几种常用材料的声速与密度、声阻抗的关系（环境温度为 0 ℃）

材料	密度 ρ/（$kg \cdot m^{-3}$）	声阻抗 Z/（$MPa \cdot s \cdot m^{-1}$）	纵波声速 c_L/（$km \cdot s^{-1}$）	横波声速 c_S/（$km \cdot s^{-1}$）
钢	7.7×10^3	460	5.9	3.2
铜	8.9×10^3	420	4.7	2.2
铝	2.7×10^3	170	6.3	3.1
有机玻璃	1.18×10^3	32	2.7	1.20
甘油	1.27×10^3	24	1.9	—
水（20 ℃）	1.0×10^3	14.8	1.48	—
机油	0.9×10^3	12.8	1.4	—
空气	1.29	4×10^{-1}	0.34	—

固体的横波声速约为纵波声速的一半，而表面波的声速约为横波声速的 90%，故又称表面波为慢波。温度越高，声速越小。

2. 波长

超声波的波长（wavelength）λ 与频率 f 的乘积恒等于声速 c，即

$$\lambda f = c \tag{9-2}$$

例如，将一束频率为 5 MHz 的超声波（纵波）射入钢板，查表 9-1 可知，纵波在钢中的声速 c_L =5.9 km/s，所以此时的波长 λ 仅为 1.18 mm。如果是可闻声波，其波长将是它的几百倍以上。

3. 指向性

超声波声源发出的超声波束以一定的角度逐渐向外扩散，声场指向性及指向角如图 9-3 所示。在声束横截面的中心轴线上，超声波最强，且随着扩散角度的增大而减小。指向角 θ（单位为 rad）与超声源的直径 D 以及波长 λ 之间的关系为

$$\sin\theta = 1.22\frac{\lambda}{D} \tag{9-3}$$

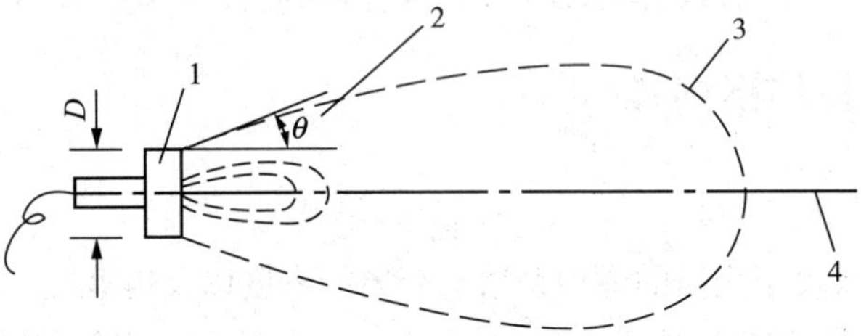

1—超声源；2—指向角；3—等强度线；4—轴线。

图 9-3　声场指向性及指向角

例如，超声源的直径 $D=20$ mm，射入钢板的超声波（纵波）的频率为 5 MHz，据式（9-3）可得，指向角 $\theta=0.07$ rad≈4°，可见该超声波声源的指向性是十分明显的。人声的频率（约几百赫兹）比超声波低得多，波长很长，指向角就非常大，所以可闻声波不太适合用于检测领域。

9.1.4　倾斜入射时的反射与折射

当超声波 P_c 以一定的入射角 α 从介质 1 传播到介质 2 的分界面（interface）上时，一部分能量反射回原介质，称为反射波 P_r；另一部分能量则透过分界面，在介质 2 内继续传播，称为折射波或透射波 P_s，如图 9-4 所示。入射角 α 与反射角 α_r 以及折射角 β 之间遵循类似光学的反射定律和折射定律。某些情况下，入射的纵波在折射时会转换为横波。

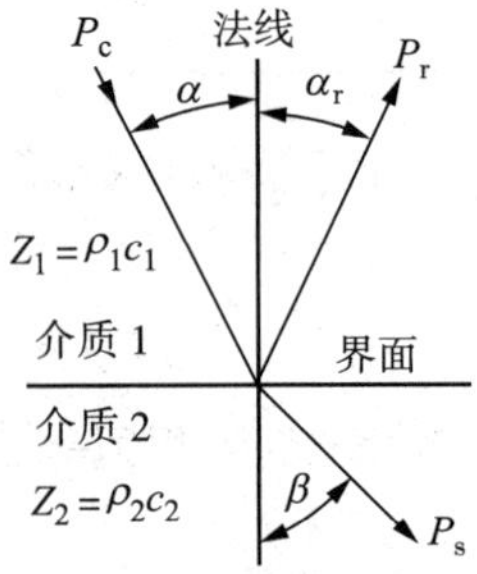

P_c —入射波；α —入射角；P_r —反射角；α_r —反射波；P_s —折射波；β —折射角。

图 9-4　超声波的反射与折射

1. 反射定理

超声波入射角（angle of incidence）α 的正弦与反射角（angle of reflection）α_r 的正弦之比，等于入射波所处介质的声速 c_i 与反射波所处介质的声速 c_r 之比，即

$$\sin\alpha/\sin\alpha_r = c_i/c_r \tag{9-4}$$

如果反射波的波形与入射波的波形都是纵波，则 $\alpha_r = \alpha$。

2. 折射定律

入射角 α 的正弦与折射角（angle of refraction）β 的正弦之比，等于超声波在入射波所处介质的声速 c_i 与折射波所处介质中的传播速度 c_s 之比，即

$$\sin\alpha/\sin\beta = c_i/c_s \tag{9-5}$$

在图 9-4 中，折射角大于入射角，说明第二介质的声速 c_s 大于第一介质的声速 c_i。超声波从密度较小的水中入射到密度较大的金属板中，就是图 9-4 的典型例子。

如果入射声波的入射角 α 足够大时，将导致折射角 $\beta = 90°$，则折射声波只能在介质分界面传播，折射波形将转换为表面波，这时的入射角称为横波临界角。如果入射声波的入射角 α 大于横波临界角，将导致声波的全反射。

当声波倾斜入射到异质界面时，除产生反射、折射（透射）现象外，还往往伴随着波型转换现象，可能由纵波转换为横波。

9.1.5　超声波在介质中的衰减

由于多数介质中都含有微小的结晶体或不规则的缺陷，所以当超声波在这样的介质中传播时，在众多的晶体交界面或缺陷界面上会引起散射，从而使沿入射方向传播的超声波声强下降；其次，由于介质的质点在传导超声波时存在弹性滞后及分子内摩擦，它将吸收超声波的能量，并将之转换成热能；又由于传播超声波的材料存在各向异性结构，使超声波发生散射，随着传播距离的增大，声强将越来越弱，如图 9-5 所示。

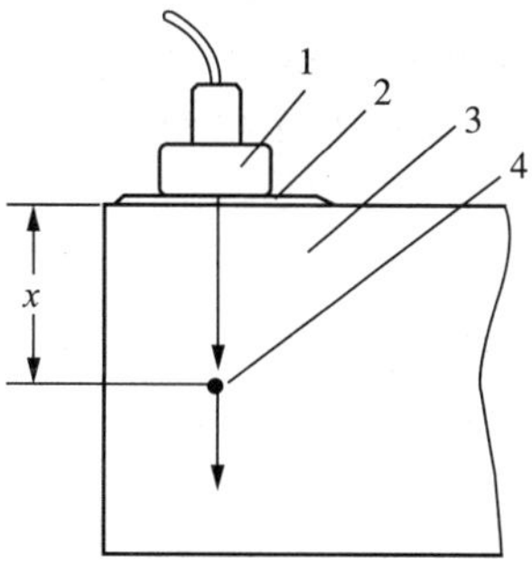

1—超声探头；2—耦合器；3—试件；4—被测试点。

图 9-5　超声波在介质中的衰减

以固体介质为例，设超声波进入介质时的声强为 I_i，通过一定距离 x 的介质后的声强衰减为 I_x，衰减系数为 K_x，则

$$I_x = I_i e^{-K_x} \tag{9-6}$$

介质中的声强衰减与超声波的频率及介质的密度、晶粒粗细等因素有关。晶粒越粗或密度越小，K_x 越大，衰减越快；频率越高，衰减也越快。

气体的密度很小，因此衰减较快，尤其在频率高时衰减更快。因此在空气中传导的超声波的频率选得较低，约数十千赫兹，而在固体、液体中则选用较高的频率（MHz 数量级）。

任务 9.2　超声波换能器及耦合技术

超声波换能器有时又称超声波探头。超声波换能器按工作原理可分为压电式、磁致伸缩式、电磁式等数种，在检测技术中主要采用压电式。压电式换能器又可分为直探头、斜探头、聚焦探头、冲水探头、水浸探头、双探头、表面波探头、箔式探头、空气传导探头以及其他专用探头等。超声波探头结构示意图如图 9-6 所示。

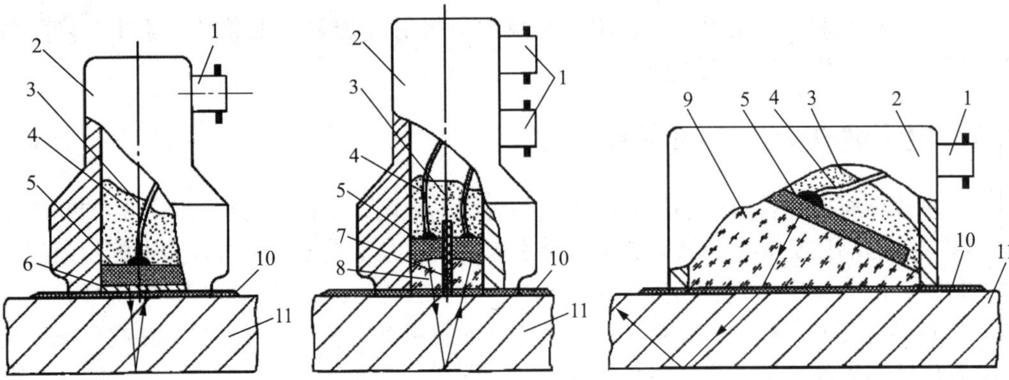

（a）单晶直探头　（b）双晶直探头　（c）斜探头

1—接插件；2—外壳；3—阻尼吸收块；4—引线；5—压电晶体；6—保护膜；7—隔离层；8—延迟块；9—有机玻璃斜楔块；10—试件；11—耦合剂。

图 9-6　超声波探头结构示意图

9.2.1　以固体为传导介质的超声探头

1. 单晶直探头

1）结构

用于固体介质的单晶直探头（straight beam probe）俗称直探头，其结构如图 9-6(a)所示。发射超声波的压电晶片采用 PZT 压电陶瓷材料制作，外壳用金属制作，保护膜用于防止压电晶片磨损。保护膜可以用三氧化二铝（钢玉）、碳化硼等硬度很高的耐磨材料制作。阻尼吸收块用于吸收压电晶片背面的超声脉冲能量，防止杂乱反射波产生，提高分辨力。阻尼吸收块用钙粉、环氧树脂等浇注。

2）发射和接收超声波原理

发射超声波时，将 500 V 以上的高压电脉冲施加到压电晶片上，利用逆压电效应，使晶片发射出一束频率落在超声范围内、持续时间很短的超声振动波。向上方发射的超声振动波被阻尼块吸收所吸收，而向下发射的超声波垂直透射到试件内。

假设该试件为钢板，而其底面与空气交界，到达钢板底部的超声波的绝大部分能量被底部界面所反射。反射波经过一个短暂的传播时间，回到压电晶片。根据压电效应，压电晶片将超声振动波转换成同频率的交变电荷和电压。由于衰减等原因，该电压通常只有几十毫伏，还要加以放大，才能在显示器上显示出该脉冲的波形和幅值。

从以上分析可知，超声波的发射和接收虽然均是利用同一块晶片，但时间上有先后，所以单晶直探头处于分时工作状态，必须用电子开关来切换这两种不同的状态。

2. 双晶直探头

双晶直探头结构如图 9-6(b)所示。它由两个单晶探头组合而成，装配在同一壳体内。其中一个晶片发射超声波，另一个晶片接收超声波。两晶片之间用一片吸声性能强、绝缘性能好的薄片加以隔离，使超声波的发射和接收互不干扰。向内略有倾斜的晶片下方，还设置有延迟块，它用有机玻璃或环氧树脂制作，它能使超声波延迟一段时间后才入射到试件中，可减小试件接近表面处的盲区，提高分辨能力。双晶直探头多数用于纵波探伤，结构虽然复杂些，但检测准确度比单晶直探头高，且超声信号的反射和接收的控制电路较单晶直探头简单。

3. 斜探头

某些情况下，为了使超声波能以一定的角度倾斜入射到被测介质中，可选用斜探头（angle probe）。斜探头主要用于横波探伤，其结构如图 9-6(c)所示。压电晶片粘贴在与底面成一定角度（如 30°、45°等）的由有机玻璃等材料制作的斜楔块上，压电晶片的上方用吸声性强的阻尼吸收块覆盖。当斜楔块与不同材料的被测介质（试件）接触时，超声波产生一定角度的折射，倾斜入射到试件中去，折射角可通过计算求得。

4. 聚焦探头

由于超声波的波长很短（mm 数量级），所以它也像光波一样，可以被聚焦成十分细的声束，其直径可小到 1 mm 左右，可以辨识出试件中细小的缺陷，这种探头称为聚焦探头，是一种很有发展前途的新型探头。

聚焦探头采用曲面晶片来发出聚焦的超声波，也可以采用两种不同声速的塑料来制作声透镜，还可以利用类似光学反射镜的原理制作声凹面镜来聚焦超声波。如果将双晶直探头的延迟块按上述方法加工，也可具有聚焦功能。

5. 箔式探头

利用聚偏二氟乙烯（PVDF）高分子薄膜制作出的薄膜式探头称为箔式探头（foil type probe），可以获得 0.2 mm 的超细声束，用在医用诊断仪器 CT 上，可以获得很高清晰度的图像。

9.2.2　以空气为传导介质的超声波探头

由于空气的声阻抗是固体声阻抗的几千分之一，所以空气传导型超声波探头的结构与固体传导探头有很大的差别。空气传导型超声波探头的发射换能器和接收换能器（简称为发射器和接收器）的结构略有不同，一般分开设置。空气传导型超声波探头的发射器、接收器结构如图9-7所示。发射器的压电片上粘贴了一只锥形共振盘，以提高发射效率和方向性。接收器在共振盘上还增加了一只阻抗匹配器，以滤除噪声，提高接收效率。空气传导型超声波发射器和接收器的有效工作范围可达几米至几十米。

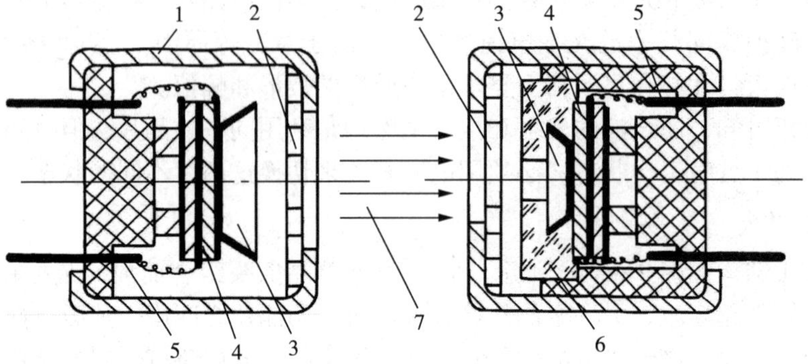

（a）发射器　　（b）接收器

1—外壳；2—金属丝网罩；3—锥形共振盘；4—压电晶片；5—引脚；6—阻抗匹配器；7—超声波束。

图9-7　空气传导型超声波探头的发射器、接收器结构

9.2.3　耦合技术

在图9-6中，无论是直探头还是斜探头，一般不能直接将其放在被测介质（特别是粗糙金属）表面来回移动，以防磨损。更重要的是，由于超声波探头与被测物体接触时，在工件表面不平整的情况下，探头与被测物体表面间必然存在一个空气薄层。空气的密度很小，将引起三个界面间强烈的杂乱反射波，造成干扰，而且空气也将对超声波造成很大的衰减。为此，必须将接触面之间的空气排挤掉，使超声波能顺利地入射到被测介质中。在工业上，经常使用一种称为耦合剂的液体物质，使之充满在接触层中，起到传递超声波的作用。常用的耦合剂有水、机油、甘油、水玻璃、胶水、化学浆糊、洗洁精等。耦合剂的厚度应尽量薄一些，以减小耦合损耗。所选用的耦合剂不应对被测物产生腐蚀。

有时，为了降低耦合剂的成本，在单晶直探头、双晶直探头或斜探头的侧面，加工出一个自来水接口。使用时，自来水通过此接口压入保护膜和试件之间的空隙中。使用完毕，将水迹擦干即可，这种探头称为水冲探头。

■　任务9.3　超声波传感器的应用

根据超声波发射器与接收器安装方向的不同，超声波传感器可以分为透射型和反射型两种基本类型，如图9-8所示。当发射器与接收器分别置于被测物两侧时，称为透射型超声

波传感器，可用于遥控器、防盗报警器、接近开关等。当发射器与接收器置于被测物同侧时，属于反射型超声波传感器，可用于接近开关、测距、测液位或料位、金属探伤以及测厚等。

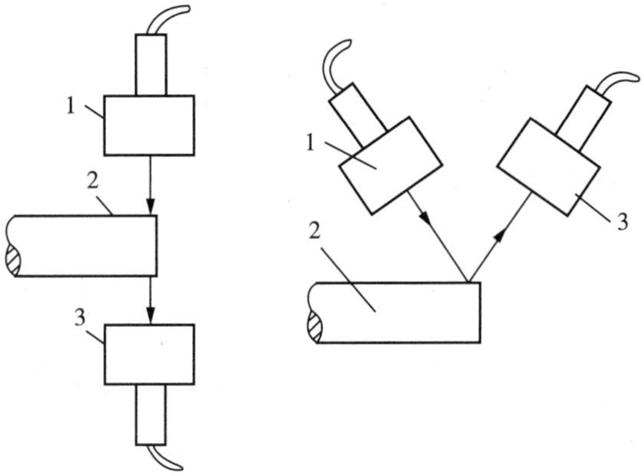

（a）透射型　　　　（b）反射型

1—发射器；2—被测物；3—接收器。

图 9-8　超声波传感器应用的两种基本类型

按超声波的波形不同，超声波又可分为连续超声波和脉冲超声波。连续超声波是指持续时间较长的超声振动，而脉冲超声波是持续时间只有几十个重复脉冲的超声振动。为了提高分辨力，减少干扰，超声波传感器多采用脉冲超声波。

9.3.1　超声波流量计

1. 工作原理

常见的流量计有热丝式气体流量计、风速仪，差压节流式流量计等。这里介绍的超声波流量计虽然成本比上述两种流量计高，但有许多突出的优点。超声波测流量有频率差法、时间差法、相位法、多普勒法、互相干法等。时间差法与流体中的声速 c 有关，而多数材料中的声速 c 随温度的升高而变小，造成测量误差，目前多采用频率差法和多普勒法。

1）频率差法

频率差法流量测量原理如图 9-9(a)所示。在测试点的上游和下游的管壁外侧面，各安装一个结构完全相同的斜探头 F_1、F_2。通过电子开关的控制，交替地作为发射器与接收器使用。

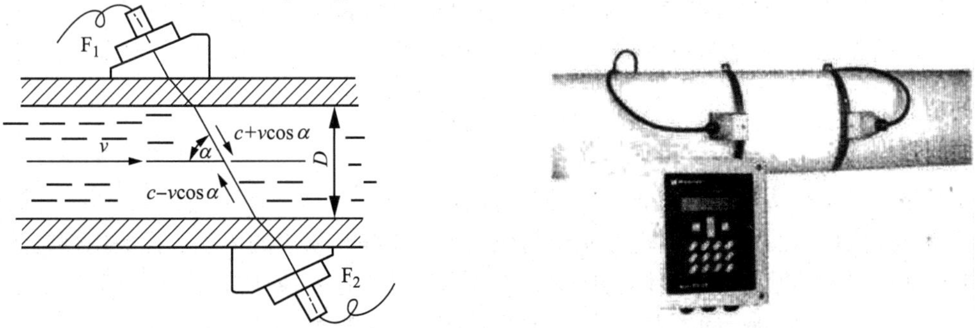

（a）原理图　　　　（b）超声波流量计外形

图 9-9　频率差法流量测量

在图9-9中，首先由F_1顺流发射出第一个超声脉冲，它通过管壁、流体及另一侧管壁，被F_2接收，F_2的输出电压经放大后，再次触发F_1的驱动电路，使F_1发射第二个声脉冲，以此类推。在第一个时间段t_1里，F_1的脉冲重复频率为

$$f_1 = \frac{c + v\cos\alpha}{D/\sin\alpha} = \frac{(c - v\cos\alpha)\sin\alpha}{D} \tag{9-7}$$

式中：α——超声波束与流体的夹角；

v——流体的流速；

c——流体中的声速；

D——管道的直径。

由于流体中的气泡和杂物会干扰超声波的传播速度，并衰减超声波的能量，所以频率法不适宜含有较多气泡和杂物的液体的测量。

2）多普勒法

所谓多普勒效应，是指运动物体迎着波源运动时，波被压缩，波长变短，频率变高；当运动物体背着波源运动时，会产生相反的效应。物体的速度越快，所产生的频偏效应就越大。产生的频偏f_d与波源、移动物体两者之间的相对速度及方向有关。多普勒效应广泛存在于光波（电磁波）、声波等物理现象中。

2. 工作特点

探头可安装在被测管道的外壁，实现非接触测量，既不干扰流场，又不受流场参数的影响。超声波流量计的输出与流量基本上成线性关系，准确度一般可达±1%，价格不随管道直径的增大而增加，因此特别适合大口径管道或腐蚀性液体的流量测量。

大部分流量传感器或多或少受进口处液体流动状况的影响，如流速分布不均匀和旋涡，所以安装流量传感器的上下游要有一段直管，以减小测量误差。

9.3.2 超声波测厚仪

超声波测厚仪（如图9-10所示）具有量程范围大、便携等优点，它的缺点是测量准确度与温度及材料的材质有关，可用于测量钢及其他金属、有机玻璃、硬塑料等材料的厚度。

双晶直探头左边的压电晶片发射超声脉冲，经探头底部的延迟块延时后，超声脉冲进入被测试件，在到达试件底面时，被反射回来。反射波被右边的压电晶片所接收。这样只要测出从发射超声波脉冲到接收超声波脉冲所需的时间t（扣除经两次延迟的时间），再乘上被测体中的声速c，就是超声脉冲在被测件中所经历的往返距离，也就代表了厚度δ，即

$$\delta = \frac{1}{2}ct \tag{9-8}$$

在电路上只要在从发射到接收这段时间内使计数电路计数，便可达到数字显示的目的。使用双晶直探头可以使信号调理电路趋于简化，有利于缩小仪表的体积。探头内部的延迟块可减少杂乱反射波的干扰。对不同材质的试件，由于其声速c各不相同，所以测试前必须将c值从面板输入，并将耦合剂涂抹于标准厚度的钢质试块表面，把探头压在试块上，进行比较和校准。

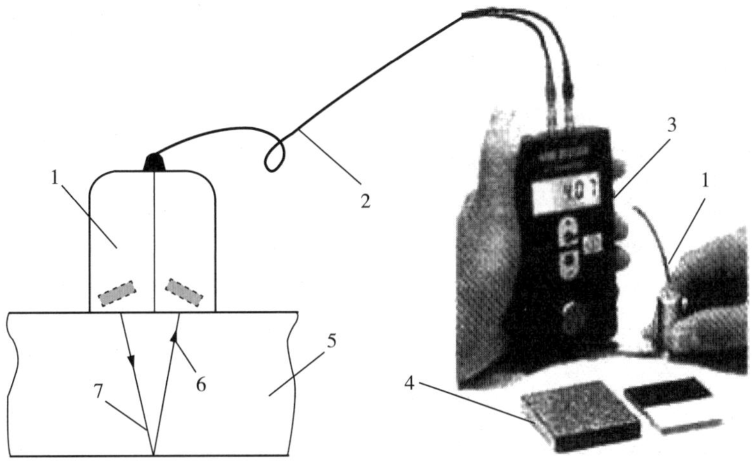

（a）超声波测厚原理　　　　（b）超声波测厚仪的使用

1—双晶直探头；2—引线电缆；3—测厚仪；4—标准试块；5—试件；6—反射波；7—入射波。

图 9-10　便携式超声波测厚仪

9.3.3　超声波液位计

超声波液位计原理图如图 9-11 所示，在液面上方安装空气传导型超声发射器和接收器。按超声脉冲反射原理，根据超声波的往返时间就可测出液体的液面。如果液面晃动，就会由于反射波散射而使接收困难，此时可用直管将超声传播路径限定在某一空间内。另外，由于空气中的声速随温度改变会造成温漂，所以在传送路径中还设置了一个反射性良好的小板作为标准参照物，以便计算修正。

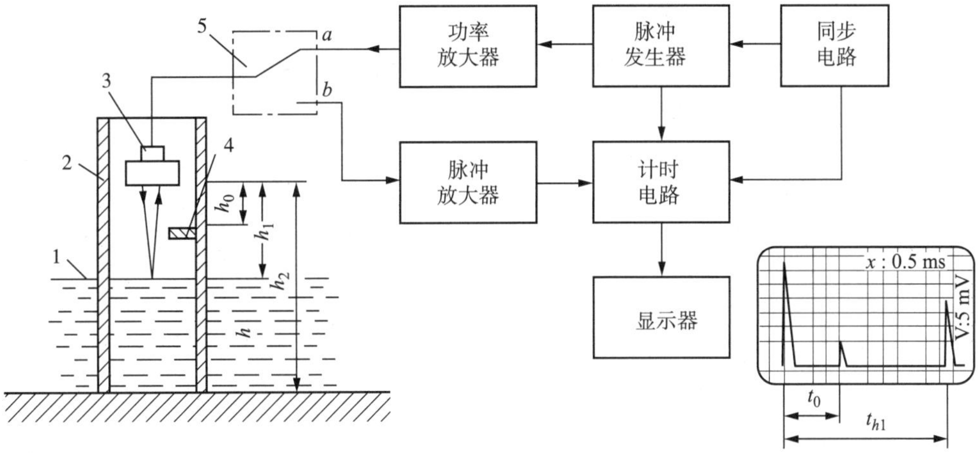

1—液面；2—直管；3—超声波探头；4—反射小板；5—电子开关。

图 9-11　超声波液位计原理图

提示： 上述方法除了可以测量液位外，也可以测量粉体和粒状体的物位。

练习题

1. 低于（　　）Hz 的机械振动人耳不可闻，称为次声波。

A. 10　　B. 20　　C. 30

2. 频率高于（　　）kHz 的机械振动波称为超声波。

A. 10　　B. 20　　C. 30

3. 超声波换能器的工作原理，可分为压电式、磁致伸缩式、电磁式等数种，在检测技术中主要采用（　　）。

A. 压电式　　B. 磁致伸缩式　　C. 电磁式

4. 质点的振动方向与波的传播方向一致为（　　）。

A. 纵波　　B. 横波　　C. 表面波

5. 根据超声波的发射器与接收器安装方向的不同，可以分为透射型和（　　）两种基本类型。

A. 反射型　　B. 折射型　　C. 散射型

第2部分

无损检测技术

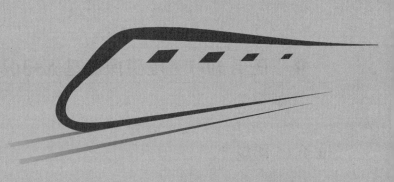

项目10 车辆维修探伤技术

车辆维修探伤技术重点讲述了电磁探伤和超声波探伤这两种探伤技术。电磁探伤主要是通过磁粉在缺陷附近漏磁场中的堆积来检测铁磁性材料表面或近表面处有无缺陷，是一种无损检测方法；超声波探伤主要是利用超声波能通过不同介质反射的性质，通过反射波束来确定被检测物体有无缺陷以及缺陷大小和位置。这两种探伤方法在铁道车辆检修方面极其常用，是保障铁道车辆运行安全的重要手段。

【知识描述】

本项目主要介绍了电磁探伤和超声波探伤的基本知识，重点阐述了介质的磁化、常用的磁化方法、超声波基础知识、磁粉探伤和超声波探伤的工作原理，以及它们在铁路车辆无损探伤中的应用。

【学习目标】

◉ 知识目标

(1) 掌握电磁探伤的工作原理；

(2) 掌握磁场的磁化以及漏磁场的形成；

(3) 掌握超声波探伤的工作原理。

◉ 技能目标

具备对电磁探伤和超声波探伤具体操作的能力。

◉ 素质目标

培养学生严谨认真的学习态度。

■ 任务 10.1 电磁探伤基础知识

10.1.1 磁场

1. 磁性

磁体能够吸引铁制或铁质物体的性质叫作磁性。磁体分为天然磁体和人造磁体两大类，无论哪种磁体都具有磁性。不同的磁体，其磁性不同；即使同一磁体，其磁性的分布也可能是不均匀的。

2. 磁极及其性质

磁铁各部分的磁性强弱可能不同。如果将磁棒或磁针投入铁屑中再取出来，可发现靠近两端的地方吸引的铁屑特别多，即磁性特别强，磁性特别强的区域称为磁极，如图 10-1 所示。

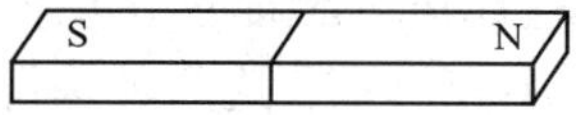

图 10-1　条形磁铁的磁极

如果将磁铁棒或磁铁的中心支撑或悬挂起来，并使之能在水平面内自由转动，则磁铁棒的两极总是分别指向地理的南北方向，我们称指北的一端为北极（N），指南的一端为南极（S）。

如果用另一磁铁去接近悬挂起来的磁铁，则可发现同性磁极互相排斥，异性磁极互相吸引。整个地球也是一个大的磁铁，这个大磁铁的两极和地球地理上的两极并不一致，而是稍微偏开一点，地磁的南极在地理的北极附近，地磁的北极在地理的南极附近。当试图把一条形磁铁陆续地切割成无数小块时，可发现每一小块总是有两个磁极，如图 10-2 所示。

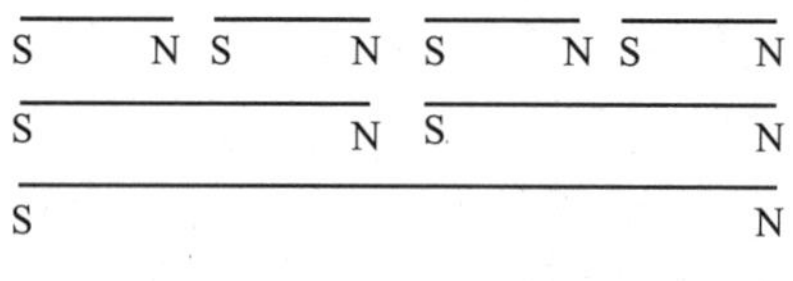

图 10-2　磁极不可分割性

由此可知，磁铁的极性是不能单独存在的。换句话说，一个单独的孤立的磁极在实际上是不存在的，磁棒的每个 N 极必须有对应的 S 极。长磁棒有时可能拥有两个以上的磁极。

虽然磁极不能孤立存在，但磁化后的物体却可以没有磁极，例如一个钢环在周向磁化时就没有磁极。

磁极间互相排斥或互相吸引的力量称为磁力。两个磁极间的磁力与它们的磁极强度的乘积成正比，而与它们之间的距离的平方成反比。磁力为斥力还是吸力取决于两个磁极的极性。

3. 空间磁场

磁铁不但对铁块有吸引力，而且对另一块磁铁也有作用力。磁铁对铁块或其他磁铁施以作用力时，用不着彼此直接接触，这是由于磁体附近存在着磁场。所谓磁场，就是磁力可以到达的空间。

1）磁场强度

为了描述磁场的特性，经常引入磁场强度的概念。磁场强度是矢量，具有大小和方向。在磁场中任意一点处放一单位正磁极（N 极），作用于该磁极上磁力的大小定义为该点处磁场强度的大小，而磁力的方向则为磁场强度的方向，因此也可以说，作用于某点处单位正磁极上的磁力即为该点处的磁场强度。将一个磁针放在磁场内，静止时，磁针 N 极所指的方向就是磁场方向。

磁场强度用符号 H 表示。在 SI 单位制中，其单位名称是安［培］每米，符号为 A/m。

2）磁力线

磁场虽然看不见，但可以用磁力线形象地表示出来。制作磁力线时要遵循以下约定：磁力线上任一点处的切线方向应与该点处的磁场方向一致，而单位面积上磁力线的数目则应与磁场强度的大小成正比。因此，磁力线的疏密程度反映着各点磁场的强弱。在磁场强度大的地方，磁力线密一些，在磁场强度弱的地方，磁力线就稀一些，条形磁铁的磁力线如图 10-3 所示。

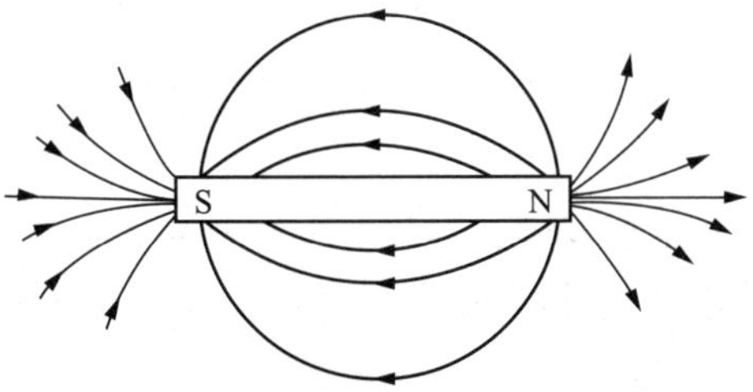

图 10-3　条形磁铁的磁力线

磁力线具有以下特性：

（1）从磁体外部看，磁力线从磁铁的 N 极开始而终止于 S 极，或者进入邻近磁铁的 S 极，最终形成闭合的曲线。

（2）由于磁场内某一点只可能有一个磁场方向，所以磁力线是一些互不相交的曲线。

（3）同性磁极间（例如 N 与 N 或 S 与 S）磁力线有互相排挤的倾向，这是同性磁极相斥的结果。

（4）异性磁极间磁力线有缩短长度的倾向，这是异性磁极相吸的结果。

凡是能够影响磁场的物质，都称为磁介质。磁介质放入磁场中要产生附加磁场，使原来的磁场发生变化，这种现象叫作磁介质的磁化。

3）磁感应强度

将磁性物体放入磁场内，磁性物体便得到磁化，除了原来的外磁场之外，磁性物体内部还产生自己的附加磁场，外磁场和附加磁场叠加起来的总磁场，称为磁感应强度，用符号 B 来表示。

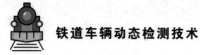

磁感应强度和磁场强度一样，也是一个矢量，为了形象地描述磁感应强度，可以使用磁感应线的概念。与磁力线类似，磁感应线上每一点处的切线方向代表该点处磁感应强度的方向，磁感应强度值的大小则等于穿过垂直磁感应线的单位面积上的磁感应线的根数，所以磁感应强度又称磁通密度。

磁感应强度在SI单位制中的名称是特［斯拉］，符号是T，在工程上常使用高斯（Gs），它们之间的关系是

$$1\ \mathrm{T}=10^4\ \mathrm{Gs}$$

4）磁通量

磁感应强度 B 和截面积 S 的乘积叫作磁通量，或称磁通，用符号 Φ 表示为

$$\Phi = BS \tag{10-1}$$

或者说，磁感应强度为单位面积上的磁通量。

$$B = \frac{\Phi}{S} \tag{10-2}$$

磁通量在SI单位制中的名称是韦［伯］，符号是Wb，在工程上常用麦克斯韦（Mx）表示，二者的关系为

$$1\ \mathrm{Wb}=10^8\ \mathrm{Mx}$$

每平方米面积上通过一条磁感应线代表1 T的磁感应强度，一条磁感应线就是1 Wb。

5）磁导率

磁导率表示材料被磁化的难易程度，因为各种材料的导磁能力是不同的，所以磁导率便反映了各种材料导磁能力的强弱。磁导率用 μ 表示，SI单位制中的名称是亨［利］每米，符号是H/m。

真空中，磁导率是一个常数，用 μ_0 表示为

$$\mu_0 = 4\pi \times 10^{-7}\ \mathrm{H/m}$$

为了比较各种材料的导磁能力，我们把任一种材料的磁导率和真空磁导率的比值，叫作该材料的相对磁导率，用 μ_r 表示为

$$\mu_r = \mu/\mu_0 \tag{10-3}$$

μ_r 为量纲一的量。

10.1.2 电流产生的磁场

实验证明，电流周围和我们所熟悉的磁体周围一样也存在着磁场，这种现象称为电流的磁效应。

1. 通电圆柱导体的磁场

当电流流过圆柱导体时，磁场是以导体中心为心的同心圆（如图10-4所示）。在半径相等的同心圆上，磁场强度是相等的。实验表明，磁场的方向与电流的方向有关，当导体中

的电流方向改变时，磁场的方向也随之改变，其间的关系可用右手定则确定：用右手握住导体，伸直拇指指向电流方向，其余四指卷曲的方向就是磁场的方向（如图 10-5 所示）。

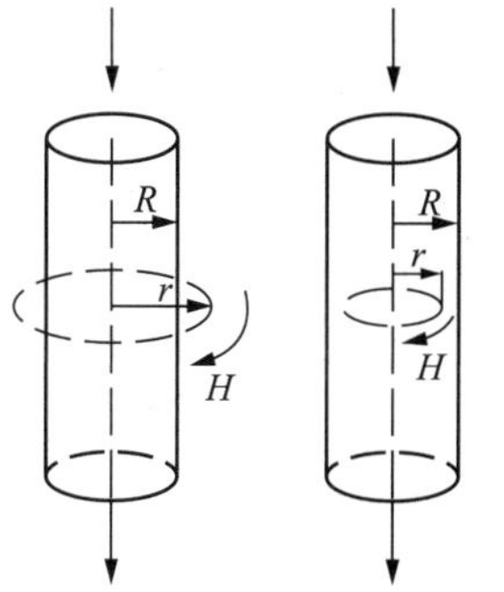

图 10-4　通电圆柱导体的磁场

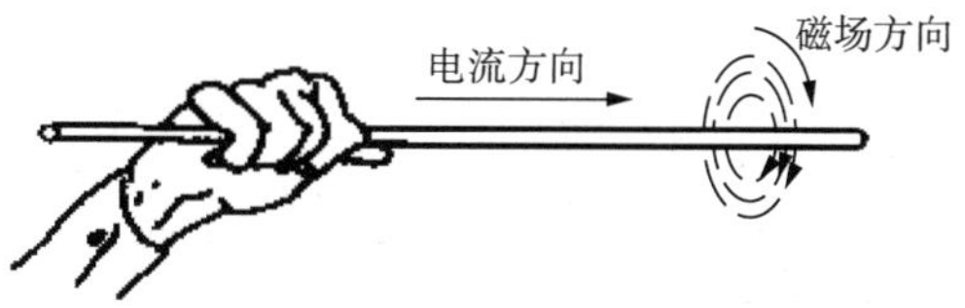

图 10-5　通电圆柱导体右手定则

2. 通电螺线管的磁场

通电螺线管产生的磁场是与线圈轴线大体平行的纵向磁场，其方向可以用螺管线圈的右手定则来确定：用右手握住线圈，使四指指向电流方向，与四指垂直的拇指方向就是螺管线圈内部的磁场方向（如图 10-6 所示），其外部磁场如图 10-7 所示。

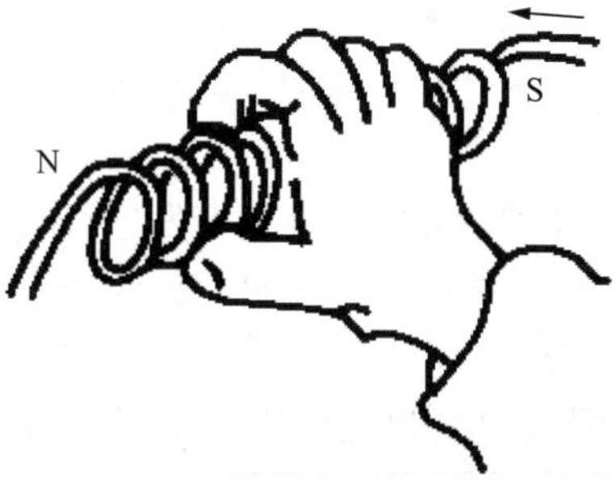

图 10-6　通电螺线管右手定则

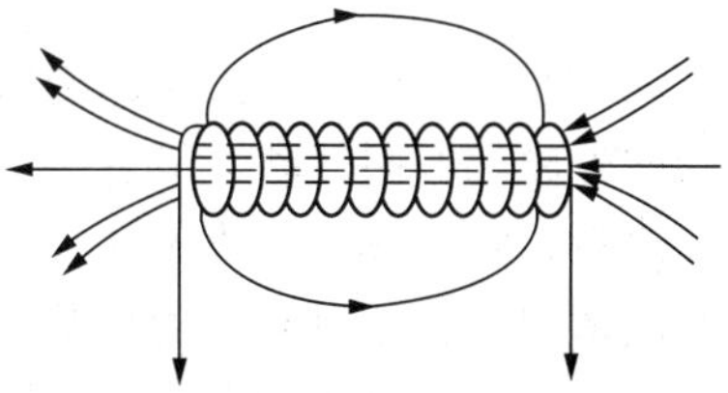

图 10-7　通电螺管线的外部磁场

10. 1. 3　磁介质的磁化

1. 磁介质的分类

不同的磁介质在磁场中产生不同的磁化效果，据此将磁介质分为抗磁质、顺磁质、铁磁质三类。

1）抗磁质

抗磁质置于磁场中，呈现非常微弱的磁性，它们的附加磁场与外磁场方向相反。在非均匀磁场中，抗磁质会受到排斥作用，其相对磁导率 μ_r 略小于 1。

2）顺磁质

顺磁质置于磁场中也呈现微弱的磁性，它们附加的磁场与外磁场方向相同，能够被磁场微弱地吸引，其相对磁导率 μ_r 略大于 1。

3）铁磁质

铁磁质置于磁场中，能够产生很强的与外磁场方向相同的磁场，磁化特别显著，其相对磁导率 μ_r 远远大于1。

在工程上，习惯将铁磁质称为磁性物质，而把抗磁质和顺磁质称为非磁性物质。

2. *磁场强度与磁感应强度的关系*

磁场强度 H、磁感应强度 B 与磁导率的关系可用下式表示

$$H=\frac{B}{\mu} \quad 或 \quad B=\mu \cdot H \tag{10-4}$$

在真空中二者的关系为

$$H=\frac{B}{\mu_0} \quad 或者 \quad B=\mu_0 H \tag{10-5}$$

上式说明，在真空中如果存在着磁场强度 H，由于磁感应，会出现 $\mu_0 H$ 的磁感应强度。换句话说，真空中如果用磁场强度 H 和磁感应强度 B 这两个物理量表示磁场的概念，在原则上也是可以的，但不应当混用，应当充分理解 B 和 H 的物理意义以及它们之间的关系。

3. *磁畴*

在磁性的现代概念中，铁磁质的铁磁特性来源于其内部的磁畴结构。在没有外加磁场的情况下，磁畴在铁磁质内部的方向是任意的，它们各自的磁性互相抵消，就整体来说，对外不显示出磁性。

当把铁磁质放到磁场中去时，磁畴就会受到磁场的作用，磁畴的畴壁会发生移动，同时磁畴还会向外磁场方向转动，最后，全部磁畴都转向外磁场方向，这个过程就叫做磁化。铁磁质磁化之后，就变成了一块磁铁，显示出很强的磁性来。

在高温情况下，超过某一温度后，磁体的磁性会消失而变为顺磁质，实现了材料的退磁。这一临界温度称为居里点。从居里点以上的高温冷却下来时，只要没有外磁场的影响，材料仍然处于退磁状态。

对于永久磁体来说，其内部的磁畴按一定方式排列，在某一方向占有优势，在此方向上显示出较强的磁性。

4. *退磁场*

1）产生退磁场的原因

当将一工件放入磁场中进行磁化时，如果工件端头产生了磁极，那么这些磁极会形成磁场 ΔH，ΔH 与外磁场 H_0 的方向相反，可减弱外磁场对物体的磁化作用，因而称为退磁场，如图10-8所示。

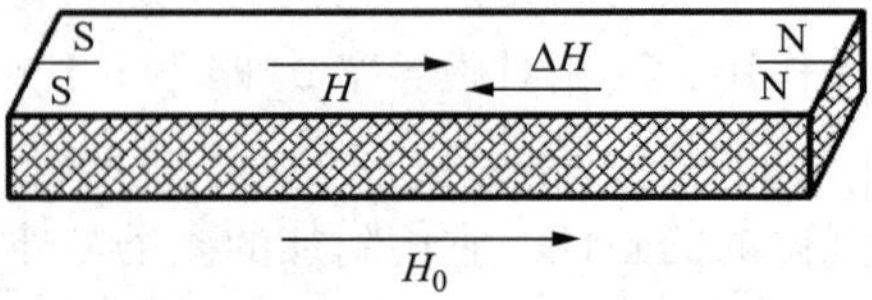

图10-8　退磁场示意图

当有退磁场存在时，有效磁场为外加磁场与退磁场的差。在常用的磁化方法中，线圈法是产生退磁场最大的一种方法。

2）影响退磁场的因素

如果工件被磁化时产生了退磁场，则退磁场的大小与下列因素有关：

（1）外加磁场的大小。外加磁场越大，工件磁化越好，退磁场也就越大。

（2）工件的形状。工件长度与直径的比 L/D 影响退磁场的大小，L/D 的值越大，退磁场越小，反之则越大。需要注意的是，如果工件的截面不是圆，则 D 的值应按等效面积的圆的直径计算，即

$$D = 2\sqrt{\frac{S}{\pi}} \tag{10-6}$$

有时等效直径 D 也可按下式近似计算

$$D \approx \sqrt{S} \tag{10-7}$$

如果工件的截面不均匀，则应按截面最大处的值进行计算。

5. 钢材磁性

根据化学成分的不同，钢材分为碳素钢和合金钢。碳素钢是铁和碳的合金，含碳量低于0.25%时称为低碳钢，含碳量为0.25%～0.6%时称为中碳钢，含碳量高于0.6%时则称为高碳钢。合金钢是在碳素钢里加入各种合金元素后而炼成的钢。

矫顽力与钢的硬度有着相对应的关系，即随着硬度的增大而增大。影响钢材磁特性的因素主要有下面几项：

1）晶粒大小的影响

晶粒越大，磁导率越高，矫顽力越小；相反，晶粒越细，磁导率越低，矫顽力越大。

2）含碳量的影响

对碳素钢来说，在热处理状态相近时，对磁性影响最大的合金成分是碳，随着含碳量的增加，矫顽力几乎成线性增加，最大相对磁导率则随着含碳量的增加而下降。

3）热处理的影响

钢材处于退火与正火状态时，其磁性差别不很大；而退火与淬火状态的差别却是较大的。一般来说，淬火可提高矫顽力和剩余磁感应强度；而淬火后随着回火温度的升高，矫顽力有所降低。

4）合金元素的影响

由于合金元素的加入，材料的磁性被硬化，使矫顽力增加。

5）冷加工的影响

随着压缩变形率增加，矫顽力和剩余磁感应强度均会增加。

10.1.4　磁路欧姆定律

磁感应线所通过的闭合路径叫磁路。

铁磁质材料磁化后，不仅能产生附加磁场，而且还能够把绝大部分磁感应线约束在一定的闭合路径上，即磁路，如图10-9所示。

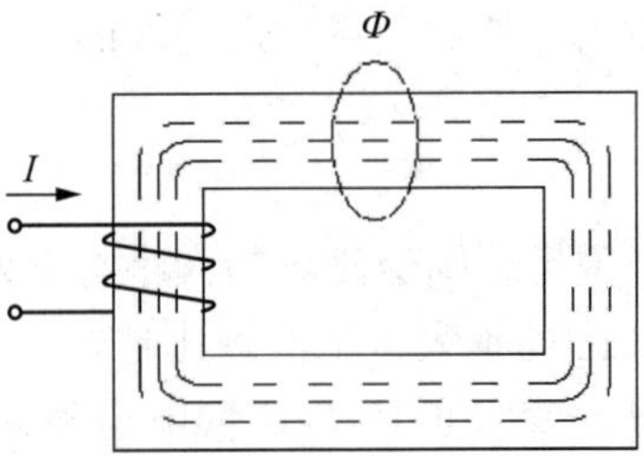

图 10-9　磁路

磁路可用电路来模拟。设一密绕螺线环的截面积为 S、长度为 L、介质的磁导率为 μ，则环中的磁场强度度为

$$H = \frac{NI}{L} \quad 及 \quad \Phi = BS = \mu HS \tag{10-8}$$

可以推导出

$$\Phi = \frac{NI}{\dfrac{L}{\mu S}} \tag{10-9}$$

上式中，NI 称为磁动势（磁势），$L/\mu S$ 称为磁阻，用 r_m 表示，即有

$$r_m = \frac{L}{\mu S} \tag{10-10}$$

可见，磁阻随磁导率的增加而下降，随路径的增长或截面积的减小而增加。

可以看出，磁通量与磁势成正比，与磁路的磁阻成反比。磁势越大，磁通量越大，反之则越小；磁阻越小，则磁通量越大，反之则越小。还可以看出，磁路越长，磁阻越大，磁通量越小；磁路的截面积越大，磁阻越小，磁通量越大。

10.1.5　漏磁场

1. 漏磁场的形成

如果一个环形磁铁的两极完全熔合［见图 10-10(a)］，便没有磁感应线的离开或进入，不呈现磁极，因而也不会吸引磁粉。如果磁铁中有气隙存在，则气隙两端分别形成 N 极和 S 极［见图 10-10(b)］，磁感应线由 N 级发出而进入 S 极，此时，若将磁粉撒在环上，两极处便会吸引磁粉。若环形磁铁上有一个裂纹，裂纹的两侧面形成磁极，部分磁感应线在裂纹处由 N 极进入空气再折回 S 极，形成漏磁场，该处便会吸引磁粉，如图 10-10(c)所示。所谓漏磁场，即在磁铁的缺陷处或磁路的截面突变处，磁感应线离开或进入表面时所形成的磁场。

工件缺陷漏磁场形成的原因，是由于缺陷的磁导率远低于钢铁的磁导率，磁感应线会优先通过磁导率高的工件，这就迫使一部分磁感应线从缺陷下面绕过，形成磁感应线的压缩。但是，这部分材料可容纳的磁感应线数目也是有限的，所以，除一部分磁感应线继续原来的路径仍从缺陷中穿过外，会有一部分磁感应线逸出工件表面，遵循折射定律从钢材表面几乎垂直地进入空间，绕过缺陷，再折回工件，形成了漏磁场。

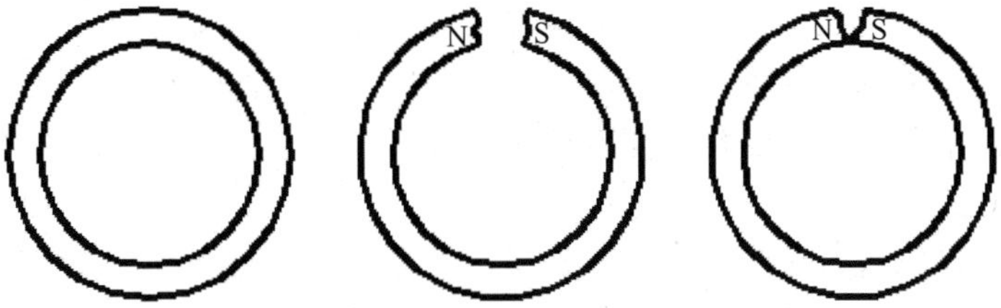

（a）环形磁铁　　（b）有气隙　　（c）有裂缝

图 10-10　漏磁场的形成

2. 工件缺陷的漏磁场特点

缺陷处产生漏磁场是磁粉探伤的基础，但是，漏磁场是看不见的，还必须有显示或检测漏磁场的手段。磁粉探伤，顾名思义就是通过磁粉的集聚来显示漏磁的。漏磁场对磁粉的吸引可看成是磁极的作用，如果有磁粉在磁极区通过，则将被磁化，也呈现 N 极和 S 极，并沿着磁感应线排列起来。当磁粉的两极与漏磁场的两极相互作用时，磁粉就会被吸引并加速移动到缺陷上去。漏磁场磁力作用在磁粉微粒上，其方向指向磁感应线最大密度区，即指向缺陷处，如图 10-11 所示。

漏磁场的宽度要比缺陷的实际宽度大数倍至数十倍，所以磁痕能够将缺陷放大，很容易观察出来。

磁粉除了受漏磁场的磁力作用之外，还受重力、液体介质的悬浮力、摩擦力、磁粉微粒间的静电力等外力的作用，磁粉是在这些外力的共同作用下，被吸引到缺陷处的。

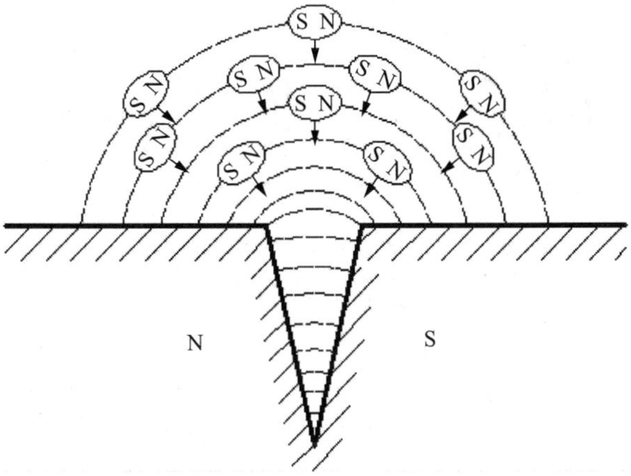

图 10-11　漏磁场对磁粉分布的影响

10.1.6　常用磁化方法

在电磁探伤中，通过外加磁场使工件具有磁性的过程称为工件磁化。对工件常用的磁化方式有周向磁化、纵向磁化和多向磁化等多种形式。

1. 周向磁化

所谓周向磁化，是指在工件上产生周向磁场的磁化方法。其目的是在工件中建立一个环绕工件的，并与工件轴垂直的轴向闭合磁场，用于发现与工件轴平行的纵向缺陷，即与电流方向平行的缺陷。常用的周向磁化方法有以下 3 种：

1）轴向通电法

轴向通电法是使电流直接流过工件，相当于通电导体的磁场（如图 10-12 所示）。它在工件表面产生周向磁场，因而可以检测出与电流流向平行的缺陷。由于电流直接流过工件，为达到探伤所需要的磁场强度，电流一般较大，因此通电时间不宜过长。

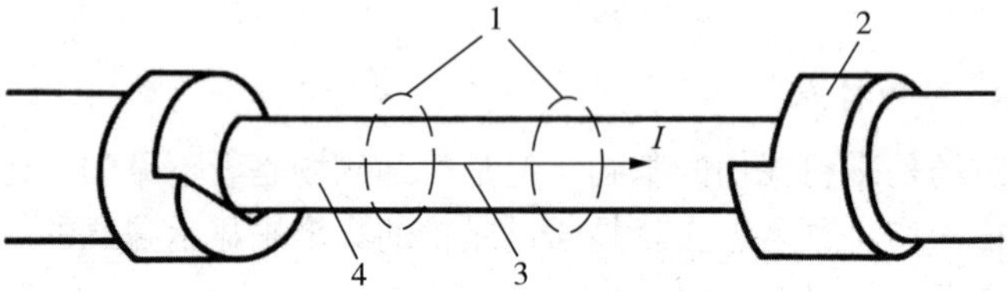

1—磁力线；2—电极；3—电流；4—工件。

图 10-12 轴向通电法

2）中心导体法

中心导体法也称为穿棒法，是将一通电导体穿过工件的孔，在工件中产生周向磁场（如图 10-13 所示），适合检测工件内外表面的纵向缺陷和端面上辐射状的缺陷。由于内表面更靠近导体，因此实际检测时，内表面的灵敏度比外表面要高。因电流不直接流过工件，所以不会烧伤工件。

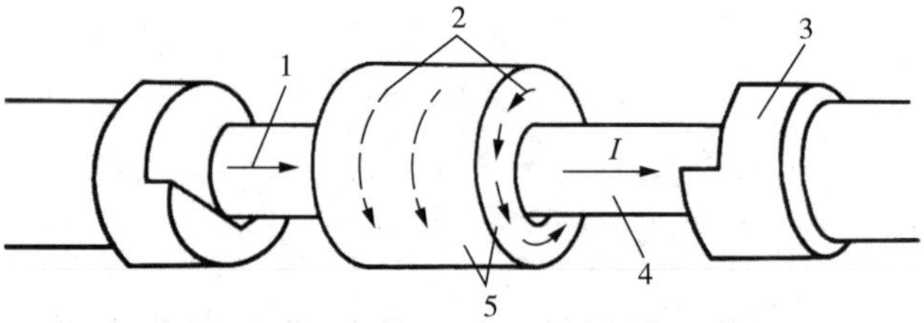

1—电流；2—磁力线；3—电极；4—心杆；5—工件。

图 10-13 中心导体法

3）触头法

触头法是用两个活动电极将电流通入工件中，在电流的周围产生磁场（如图 10-14 所示）。触头法产生的磁场是一个畸变的周向磁场，凡和磁场方向垂直的缺陷都有较高的检测灵敏度。由于电流流过工件，易烧伤工件，因此不适合表面粗糙度要求高的工件。

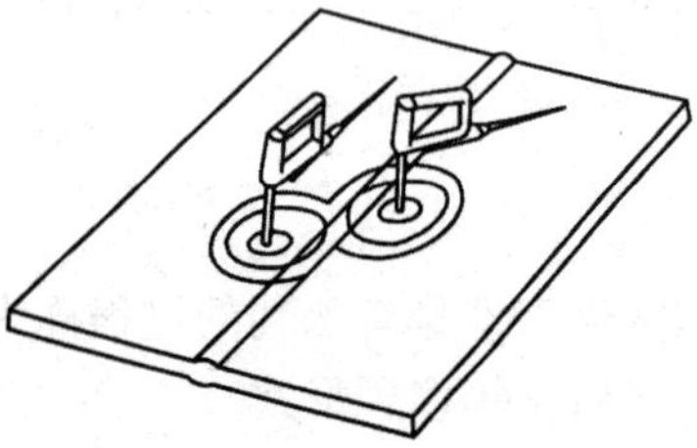

图 10-14 触头法

2. 纵向磁化

纵向磁化是指在被检工件中建立起沿其轴向分布的纵向磁场的磁化方法，其目的是检测取向基本与工件轴向垂直的缺陷。常用的纵向磁化方法有线圈法、磁轭法。

1）线圈法

线圈法是将工件置于通电线圈中进行磁化的一种方法（如图 10-15 所示），主要用于发现横向缺陷。由线圈内的磁场分布的规律和影响退磁场的因素可知，不同形状的工件以及工件在线圈中所处位置的不同，磁化效果也不同。对于体积较大的工件，也可以将电缆缠绕在工件的外面进行磁化。

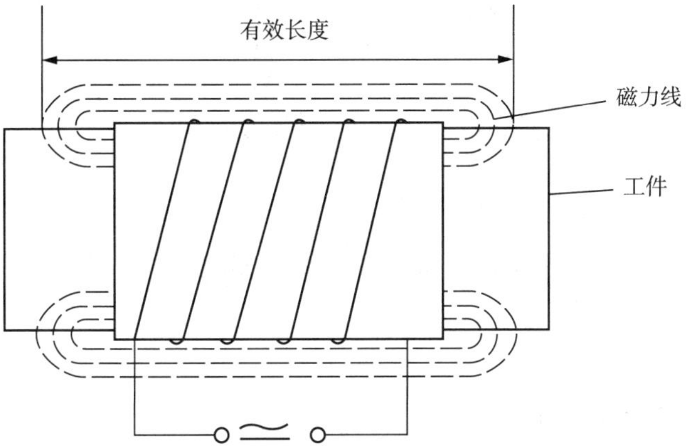

图 10-15　线圈法

2）磁轭法

磁轭法是将线圈围绕在磁芯周围，然后用磁芯磁化工件的一种方法（如图 10-16 所示）。磁轭法也可以使用永久磁体直接磁化工件。磁轭法又分为整体磁化和局部磁化，整体磁化适合小工件的整体一次性磁化，局部磁化则适合大工件的分段磁化。

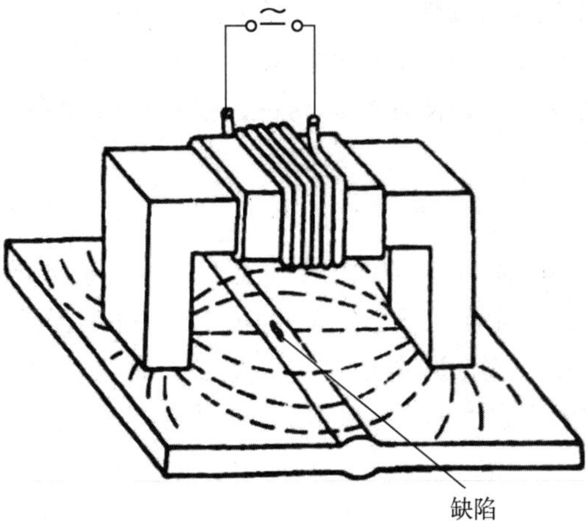

图 10-16　磁轭法

3. 多向磁化

多向磁化是指通过复合磁场，在工件中产生一个大小和方向随时间成圆形、椭圆形或螺旋线形变化的磁场，因为磁场的方向在工件上不断地变化，所以可发现工件上所有方向的缺陷。交叉磁轭结构的多向磁化如图 10-17 所示。

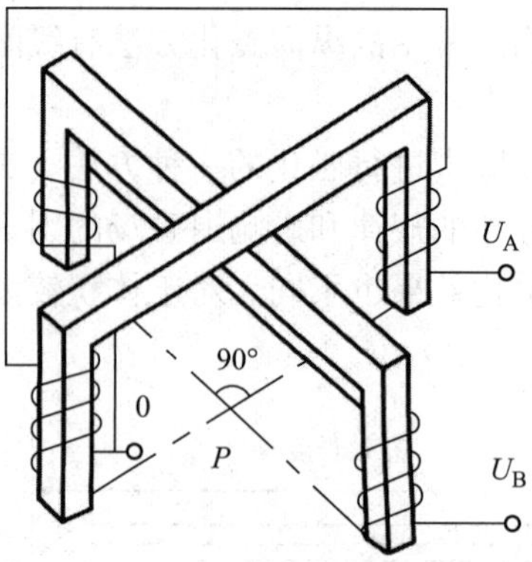

图 10-17　交叉磁轭结构的多向磁化

任务 10.2　退磁、磁粉探伤程序

10.2.1　退磁及后处理

1. 退磁

退磁就是将工件内的剩磁减少到零或最小的操作过程，使剩磁对工件的使用性能不产生不利影响。下述几种情况必须进行退磁：

（1）需要再次进行磁粉检测的工件，而前一次检测留下的剩磁对工件以后的磁化有影响。

（2）工件上的剩磁对以后的机械加工会造成不良影响。

（3）工件上的剩磁对测量仪器的操作或精度会造成不良影响。

（4）轴承、轴套、齿轮等配合良好的运动件，如有剩磁存在，会吸引金属微粒，加快工件的磨损而损坏。

2. 退磁原理

退磁就是使工件内的剩磁减为零，也就是打乱工件内由于磁化而取向一致排列的磁畴，从而使之恢复到磁化前的杂乱无章的状态，最终使工件对外不再显示磁性。退磁的方法是加以反向外磁场，并交替变化且逐渐减弱至零，于是剩下磁场被逐步减弱至变为零。总的来说，退磁后剩余磁场的磁感应强度不大于 3 Gs。

3. 退磁方法

1）交流退磁法

常用的交流退磁法是把工件放入通以交流电的退磁线圈中，然后使工件通过退磁线圈并逐渐离开退磁线圈至 1.5 m 外，或者将工件放入退磁线圈中不动，而逐渐将退磁线圈的电流降低到零，即可实现退磁。

2）直流退磁法

用直流电产生的磁场对工件进行退磁的方法，称为直流退磁法。直流电退磁时，既要不断变换电流的方向，又要逐渐减小电流强度。

4. 磁粉检测工件的后处理

经磁粉检测的工件要进行后处理，具体如下：

（1）对检验合格的工件，要去除工件表面残留的磁粉、磁悬液。如果使用水磁悬液，清洗后应进行脱水防锈处理。

（2）经检验不合格的工件，应单独存放，并在工件上标记缺陷的位置和尺度范围，以便进一步验证和返修。

（3）对于无法返修的报废品，应在检测报告中注明其数量，对主要缺陷（报废原因）进行定性、定量、定位分析。如有可能，还要对缺陷产生原因进行分析，提出防止缺陷的意见和建议。

10.2.2 磁粉探伤程序

磁粉探伤程序是指磁粉探伤的预处理、磁化工件、施加磁粉或磁悬液、磁痕的观察分析与记录（包括磁痕分析和记录）、退磁和后处理的全过程。

1. 预处理

（1）用化学或机械方法彻底清除工件表面的油污、铁锈、毛刺、氧化皮、金属屑和砂粒等。

（2）有非导电覆盖层的工件通电磁化时，必须将与电极接触部位的非导电覆盖层打磨掉，以避免因接触点接触不良而产生电弧烧伤工件被检表面。

（3）若工件有盲孔和内腔，磁悬液流进后难以清洗，探伤前应将孔洞用非研磨性材料封堵上。

（4）如果磁痕和工件表面颜色对比度小，可在探伤前先给工件表面涂敷一层反差增强剂。

2. 磁化工件

按前面内容选择适当的磁化方法，确定磁化电流种类，确定磁化方向及磁化规范，利用磁粉检测设备使工件带有磁性，产生漏磁场，进行磁粉探伤。

3. 施加磁粉或磁悬液

1）湿连续法操作要点

先用磁悬液润湿工件表面，在通电磁化的同时浇磁悬液，一般通电时间为1～3 s，停止浇磁悬液后再通电数次，待磁痕形成并滞留下来时停止通电，进行检验。

2）干连续法操作要点

对工件通电磁化后撒磁粉，并在通电的同时吹去多余的磁粉，待磁痕形成和检验完毕再停止通电。

3）剩磁法操作要点

磁粉在通电结束后施加，一般通电时间为1/4～1 s。

4. 磁痕的观察分析与记录

1）磁痕的观察分析要求

对磁痕的观察分析一般应在磁痕形成后立即进行，观察时可以使用2～10倍的放大镜。使用非荧光磁粉检验时，必须在能够充分识别磁痕的日光或白光照明下进行，在被检工件表面的白光照度不应低于1 500 lx。

使用荧光磁粉检验，要求工件被检表面上的紫外线（黑光）照度不低于970 lx，且白光照度不大于10 lx。

2）磁痕分析的内容

磁痕分析是指确认磁粉探伤所发现的磁痕显示是属于伪显示、相关显示还是非相关显示。

（1）相关显示（真实显示）。由缺陷产生的漏磁场形成的磁痕显示称为相关显示。

（2）非相关显示。非相关显示就是非缺陷所引起的漏磁场对磁粉的积聚引起的磁痕显示。例如，工件截面突变、工件内键槽等部位、两种材料交界处，如用奥氏体钢焊接铁磁性材料，在焊缝上就会产生磁痕显示。

（3）伪显示。非漏磁场形成的磁痕显示称为伪显示。例如，焊缝两侧的凹陷、粗糙的工件表面滞留磁粉形成的磁痕显示，以及工件表面油污黏附磁粉形成的磁痕显示。

3）磁痕的记录

磁痕一般采用照相、用透明胶带贴印、涂层剥离、橡胶铸型复印、摹绘等方法记录。

4）退磁和后处理

参见10.2.1节。

10.2.3 电磁探伤

电磁探伤是五种常规无损探伤方法之一，其基本原理是：铁磁性工件（或材料）磁化后，其表面或近表面缺陷处的磁力线会逸出工件而形成漏磁场，此时若在工件表面喷撒磁粉或磁悬液，漏磁场处会形成磁粉的聚集，即形成磁痕，从而检出工件表面或近表面的缺陷。

1. 电磁探伤原理

铁磁性材料在磁场中被磁化后，其缺陷处会产生漏磁，电磁探伤就是根据这个原理来发现铁磁性材料的缺陷的。例如，当对某一零件沿轴向方向通以电流时，在这个零件中将产生封闭的磁力线。磁力线通过截面大小不一的铁磁性材料时，磁力线的密度也随之改变，由于其他物质（如空气、非金属夹杂物等）的磁导率比铁磁性材料的磁导率小得多（相差悬殊，一般铁磁性材料的磁导率是空气、非金属夹杂物磁导率的10^2～10^4倍），因此当零件表面或近表面处有裂纹、气孔或杂物等缺陷时，将阻碍磁力线通过，磁力线会产生弯曲现象。

2. 从电磁探伤实践中得到的结论

（1）缺陷的磁导率越小，则漏磁场强度越强。

（2）外加磁场强度的大小是决定漏磁场强度的关键。只有当外加磁场能磁化被探测工件，其磁感应强度B>800 Gs时，才能在微小缺陷处产生较强的漏磁通，吸引磁粉，呈现出缺陷的磁痕。

（3）缺陷越深，漏磁场强度越大，磁粉堆积越多，缺陷显示得越清晰。

（4）缺陷在表面时漏磁通大，缺陷在表面以下时漏磁通显著变小，而位于表面以下很深的地方，则几乎没有漏磁通。

(5) 磁力线与缺陷走向越接近垂直，产生的漏磁通越强；如磁力线与缺陷走向接近平行，则不产生漏磁通。

3. 电磁探伤的具体适用范围

(1) 适用于检测铁磁性材料，如碳素钢、合金结构钢、电工钢、马氏体不锈钢、沉淀硬化钢；不适用于检测非铁磁性材料，如铜、铝、镁、钛及其合金，奥氏体不锈钢和奥氏体不锈钢焊条焊接的焊缝。

(2) 适用于原材料（管材、棒材、板材、型材）检验、半成品检验、成品（焊接件、铸件、锻件）检验、在役检验（如车轴）。

(3) 适用于检验工件的表面和近表面缺陷，如裂纹、白点、发纹、气孔、夹杂、折叠等。

(4) 不适用于检测表面浅而宽的缺陷、针孔、埋藏深度较深的缺陷以及与表面夹角小于20°的分层。

任务10.3　电磁探伤在铁道车辆上的应用

铁道车辆是完成铁路运输任务的重要运输工具，轮对、车轴和滚动轴承等车辆配件是铁道车辆上极为重要的零部件，为保证车辆检修质量和行车安全，必须施行探伤检查，消除危及行车安全的一切隐患。

现用的电磁探伤器大体可分为手提式电磁探伤器、全磁探伤机和固定台式探伤机3类。

10.3.1　手提式电磁探伤器

手提式电磁探伤器一般小巧、轻便、结构简单，其输出电流不大，多用于检查零部件表面的缺陷。最常用的有两种，即闭合环形电磁探伤器和开合马蹄形电磁探伤器，如图10-18、图10-19所示。

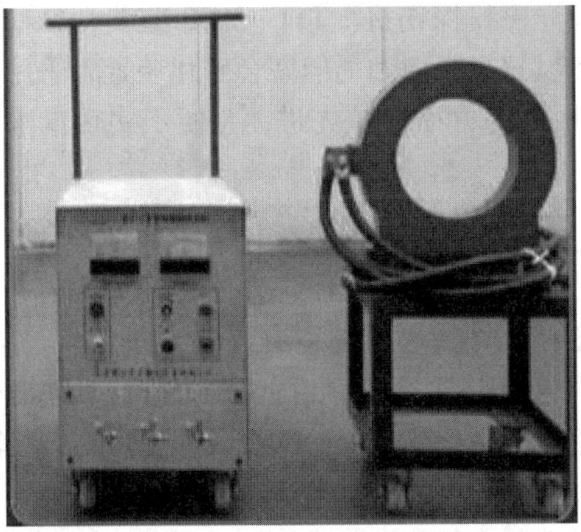

图10-18　闭合环形电磁探伤器

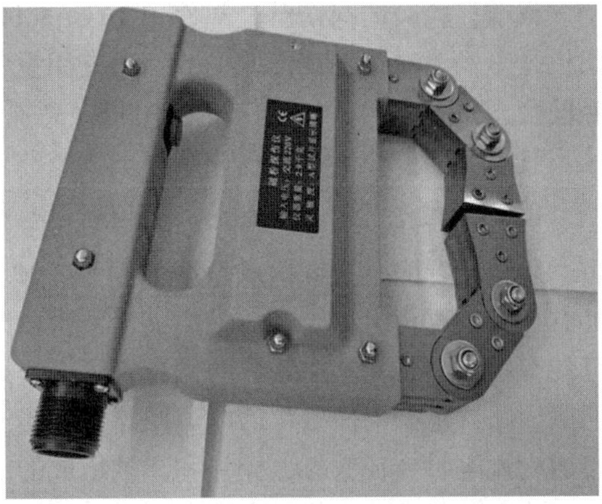

图10-19　开合马蹄形电磁探伤器

1. 闭合环形电磁探伤器

这种探伤器的构造比较简单，是由 ϕ4 mm 的两根并排的裸铜线包以绝缘材料（白布带）绕成闭合状，再包白布带，浸以绝缘漆，然后烘干，装上一个手柄和两个接线铜螺丝而成，如图 10-18 所示。

闭合环形电磁探伤器可用直流电源，也可用交流电源。其输入电压为 4.5 V，电流为 150～160 A。

闭合环形电磁探伤器的特点是轻便，使用时在距离探伤器中心两侧 50 mm 范围以内的裂纹都可以清晰地显示出来。

闭合环形电磁探伤器专门用以检查车轴轴颈。这种探伤器由于采用纵向磁化法，故只能检查横裂纹。如要检查纵裂纹，则需要采用其他探伤器进行周向磁化法检查，也可在闭合环形探伤器沿车轴轴线移动时，将它绕竖轴摆动，使磁场方向与车轴轴线成一定夹角，以便发现斜裂纹和纵裂纹。但对于车轴来说，纵裂纹对它造成的危害并不严重，因此，闭合环形电磁探伤器应用较为广泛，例如，在车辆段和车辆厂，当车轴加工后，或将轮对安装到车辆上时，采用这种探伤器进行第二次复探，既简单又不会划伤轴颈。

2. 开合马蹄形电磁探伤器

这是车辆部门常用的一种多用途电磁探伤器，如图 10-19 所示。这种探伤器的外形与卡钳相似，又与马蹄相似，它由两个圆弧形的铁臂组成，铁臂断面尺寸为 20 mm×30 mm，两臂上均绕有线圈，线圈由 ϕ2.3 mm 的双纱包线绕 120 圈而成；臂的一端有一个支点（枢轴），臂头制成与铅垂线成 32°的斜坡，使臂头与被探测工件成 58°角。

开合马蹄形电磁探伤器可用直流电源，也可用交流电源，其电压为 24 V 或 36 V，电流约为 15 A，功率约为 300 W。在有的开合马蹄形电磁探伤器上还装有 24 V 照明灯及电源开关。开合马蹄形电磁探伤器可用于局部纵向磁化探伤，也可用于局部周向磁化探伤。过去常用它检查车轴、车轮、拱板等，现在主要用它检查车钩零件和客车转向架的摇枕、摇枕吊轴及吊销等。

10.3.2 全磁探伤机

目前，轮对的探伤已全部使用 TYC-3000 型荧光磁粉探伤机。TYC-3000 型荧光磁粉探伤机是车辆轮对车轴表面探伤的新型专用设备。它设置了纵向和周向联合磁化装置，采用磁悬液荧光磁粉显示，在操作机械化和提高探伤灵敏度等方面比较先进，并便于实现流水作业。其主要部分和工作原理介绍如下。

1. 磁化装置

磁化装置的主要结构示意图如图 10-20 所示，铁心设置在轮对上部，下部与轴端对应处有探头。磁化时，探头与轴端夹紧，构成闭合磁路。在铁心上部绕有直流纵向磁化线圈，可使车轴纵向磁化。在铁心两侧设置了交流周向磁化变压器。铁心和探头既是直流纵向磁化的磁回路，也是周向磁化的电流回路，相当于交流周向磁化变压器的次级线圈。当初级线圈接通交流电时，在铁心、探头和车轴组成的回路中产生强大的交流电流，使车轴表面得到周向磁化。另外，其直流和交流电源中均设置有退磁控制电路。

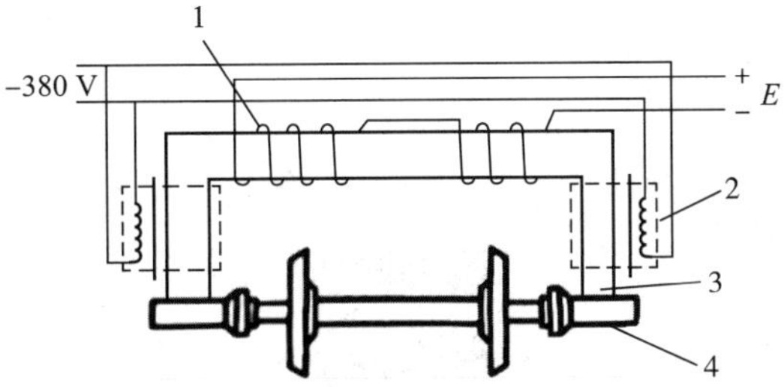

1—纵向磁化装置；2—周向磁化装置；3—铁心；4—探头。

图 10-20 TYC-3000 型荧光磁粉探伤机磁化装置结构示意图

2. 显示装置

显示装置的主要结构示意图如图 10-21 所示。显示装置和磁化装置都安置在暗幕里面。输液泵将磁悬液槽中的磁悬液经过管路输送至换向阀，再经管路到喷头，向车轴喷洒磁悬液，由车轴流下的磁悬液经轮对下部的回收槽流回磁悬液槽。暂时不向车轴喷洒磁悬液时，可通过控制装置使换向阀变换位置，使从输液泵来的磁悬液直接流回磁悬液槽。在轮对上方安置有紫外线灯，在轮对下方还安置有运送轮对和使轮对定位回转的装置。

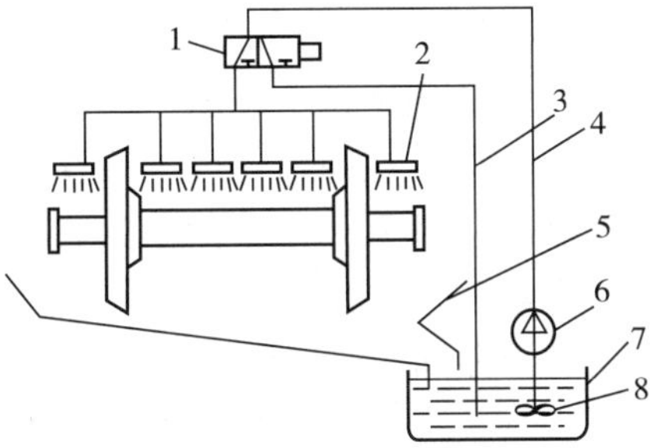

1—换向阀；2—喷头；3，4—输液管；5—回收槽；

6—输液泵；7—磁悬液槽；8—搅拌机。

图 10-21 TYC-3000 型荧光磁粉探伤机显示装置结构示意图

3. 操作过程

当轮对进入暗幕后，操作分为以下 3 个步骤：

第一步，使轮对定位回转，同时喷洒磁悬液，使磁悬液均匀覆盖全轴。

第二步，停止车轮回转，探头夹紧车轴后通电磁化，这时如果车轴有裂纹等缺陷，产生的漏磁将把磁悬液中的磁粉吸引到缺陷的缝隙和表面，然后停止喷洒磁悬液，退磁，探头松开，这时磁粉仍吸附在缺陷处。

第三步，轮对重新回转，紫外线灯照射车轴，操作者目视检查车轴表面是否有缺陷，检查完毕后将轮对送出暗幕。

10.3.3 固定台式探伤机

固定台式探伤机的体积一般都比较大，通常是固定在一个有起重设备的地方进行作业。TC-5000Z 型探伤机就是固定台式探伤机的一种，用于探伤检查滚动轴承的主要零件，如滚动轴承内外圈和滚子。

拓展知识

扫描二维码，获取车辆段铁路货车钩体磁粉探伤作业指导书。

任务 10.4　超声波探伤基础知识

10.4.1　机械振动和机械波

1. 机械振动

物体沿着直线或曲线在某一平衡位置附近所做的来回往复的运动，称为振动，或机械振动。振动最突出的特点是具有重复性和周期性。在图 10-22 所示的情况中，如果向下拉动安装在弹簧一端的小球后松手，小球便会在弹簧作用（弹性力）下上下运动，这种运动就是振动。单摆的运动则是机械振动的另一例子，当单摆移离其平衡位置再放开后，单摆也就在其平衡位置附近做机械振动。在摩擦力可忽略的情况下，上述振动规律都是余弦函数或正弦函数性质的，这样的振动称为简谐振动，或谐振动。

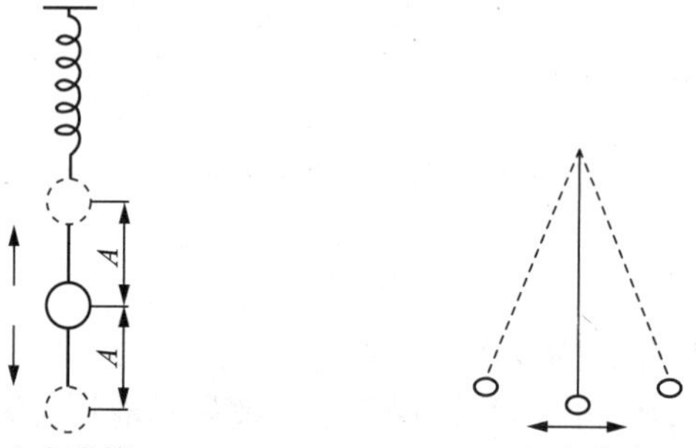

（a）弹簧　　（b）单摆

图 10-22　振动

为了描述机械振动的特性，需要引入一些特征量，常用的特征量有：

（1）振幅（A）——从平衡位置到振动最大位移之间的距离。

（2）周期（T）——质点完成一次全振动所需要的时间。

（3）频率（f）——质点在单位时间内完成全振动的次数。

按照以上的定义，容易看出，频率与周期是互为倒数的，即

$$f = \frac{1}{T} \tag{10-11}$$

为了描述机械振动，在数学上，可以使用下面代数方程的形式来描述简谐振动

$$y = A\cos(\omega t + \varphi) \tag{10-12}$$

同时，也可以使用几何图像的方式来形象地描述质点位移随时间的变化规律，如图 10-23 所示。

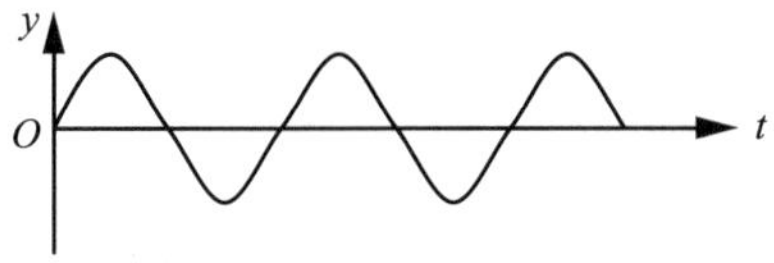

图 10-23 振动位移与时间的关系

2. 机械波

振动在介质中传播的过程称为波动，或简称波。波动分为电磁波和机械波两大类，电磁波是电磁振荡在介质中的传播，而机械波则为机械振动在弹性介质中的传播。

当一个质点处于某种弹性介质中时，质点的机械振动往往不是孤立的，其周围的质点可能要受到影响，从而使振动在介质中进行传播，于是便产生了波，这种波即为机械波或弹性波，其中声波是最常见的一种机械波。

波动的本质是机械振动在介质中的传播，它也有振幅、频率、周期等特征量，为了描述波动，也可以使用方程和图像的方法。波动方程式（10-13）描述的是波线上任意一点在任意时刻的位移情况，因此与振动的图像表达的含义是不同的。

$$y = A\cos(\omega t - kx + \varphi) \tag{10-13}$$

式中：A ——振幅；

y ——波中 x 处质点在 t 时刻的位移；

x ——距声源的距离；

ω ——角频率或圆频率，$\omega = 2\pi f$；

k ——波矢量，$k = \dfrac{\omega}{c} = \dfrac{2\pi}{\lambda}$；

φ ——波的初相位。

10.4.2 声波

声波是机械振动在介质中的传播过程，要产生声波，首先必须有振动；同时，振动质点的周围还必须存在能够传递振动的弹性介质，即机械波的产生需要有以下两个基本条件：

（1）振动——波源；

（2）弹性介质——传播振动。

1. 声波根据频率分类

声波作为机械波，按频率的不同，可以分为以下 3 类。

1）可闻声波

频率处于 20 Hz～20 kHz 之间的声波，这是人的听觉刚好能感受到的频率范围，称为可闻声波。

2）次声波

当声波的频率低于 20 Hz 时，称为次声波。

3）超声波

当声波的频率高于 20 kHz 时，称为超声波。

次声波和超声波不可闻。在对钢材等金属材料探伤时，通常采用0.5～10 MHz 的超声波。

2. 声波按时间的连续性分类

声波按时间的连续性可以分为以下 2 类。

1）连续波

连续波是指持续时间无限长的声波。在观察的时间内，声波是连续不断的。

2）脉冲波

脉冲波是指持续时间很短的声波，在观察时间内，波动不是连续的。脉冲波可以是一个单一的脉冲，也可以是每间隔一段时间就发出一个的脉冲组。在目前的工业探伤过程中，采用的主要是脉冲波。

3. 声波根据传播方向和质点振动方向的关系分类

根据声波传播方向和质点振动方向的关系，声波可以分为纵波、横波、表面波和板波等多种不同类型的声波。

1）纵波

如果波的传播方向与质点的振动方向一致，则这样的波称为纵波，通常用 L 表示。

纵波可以在任何状态下的弹性介质中传播，即既可以在固体中传播，也可以在液体和气体中传播。

提示：在实际探伤工作中，将直探头直接置于车轴端面进行穿透探伤检查时，探头向车轴内发射的就是超声纵波。

2）横波

如果波的传播方向与质点的振动方向垂直，则这样的波称为横波。通常用 T 或 S 表示。横波在介质中传播时，介质会相应地产生剪切形变，故又称为剪切波或切变波。

由于横波传播时质点和质点之间的作用力为剪切力，而液体和气体都不能承受剪切力，所以横波不能在液体和气体介质中传播，而只能在固体介质中传播。

提示：在实际探伤工作中，从轴身上对轮座部位进行探伤扫查时，探头向轴内发射的声波就是超声横波。

3）表面波

只在固体介质表面传播的波称为表面波，通常用 R 表示。最常见的一种表面波为瑞利表面波。表面波只能在固体表面传播，其传播深度一般不大于一个波长。

从理论上说，表面波可以用来检测车轮踏面的裂纹、剥离、擦伤等缺陷。

4）板波

在薄板中传播的声波称为板波，广义的板波也包括在棒材中和管材中传播的声波，板波的最大特点是介质界面之间都充满声波，声波的传播要受到介质表面的制约，因而也称为制导波。蓝姆波是最常见也最主要的一种板波。

10.4.3 超声波在单一介质中的传播

1. 波长、频率和声速

1）波长

波中两个相邻的振动相位相同的点之间的距离称为波长，常用希腊字母 λ 表示。超声波在介质中传播时，质点每振动一次（一个周期），声波在介质中刚好传播一个波长的距离，如图 10-24 所示。波长是长度量，探伤中常用的超声波波长大多在毫米数量级。

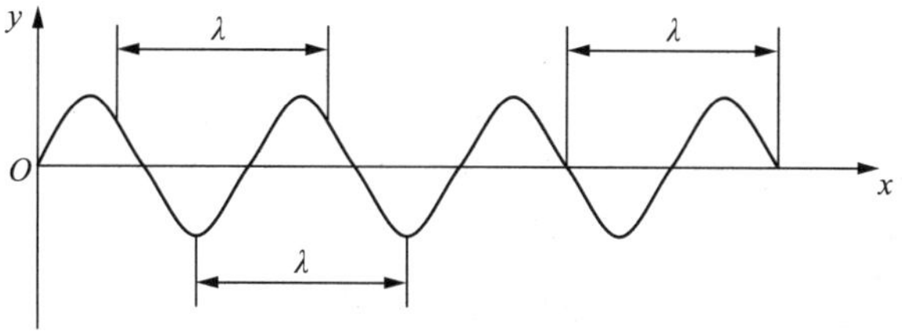

图 10-24 波长

2）频率

波中质点每秒（在单位时间）内振动的次数称为波的频率，常用字母 f 表示。也就是说，声波的频率是波中质点的振动频率。频率的单位为赫兹，符号为 Hz，每秒振动一次频率为 1 Hz，每秒振动两次频率为 2 Hz，每秒振动 100 万次频率则为 1 MHz。

3）声速

单位时间（如 1 s）内声波在介质中传播的距离称为声速，常用 c 表示。根据声速、波长和频率的定义，可以看出三者满足以下关系

$$\lambda = \frac{c}{f} \tag{10-14}$$

2. 超声场的特征量

介质中有超声波存在的区域称为超声场，超声场可用声压、声强、声阻抗来描述。

1）声压

超场中某一点在某一时刻所具有的压强 p_1 与没有超声波存在时的静态压强 p_0 之差，称为该点的声压，用 p 表示，即 $p = p_1 - p_0$。

超声场中某一点的声压的幅值与介质的密度、波速和频率成正比。在超声波探伤仪上，屏幕上显示的波高与声压成正比。

2）声强

单位时间内垂直通过单位面积的声能称为声强，用 I 表示。

当超声波传播到介质中某处时，该处原来静止不动的质点开始振动，因而具有动能；同时该处介质产生弹性变形，因而也具有弹性位能；声能为两者之和。

声波的声强与频率的平方成正比，而超声波的频率远大于可闻声波，因此超声波的声强也远大于可闻声波的声强。这是超声波能用于探伤的重要原因。

在同一介质中，超声波的声强与声压的平方成正比。

3）声阻抗

超声场中任一点的声压 p 与该处质点振动速度 v 之比称为声阻抗，常用 Z 表示

$$Z = p/v = \rho c \tag{10-15}$$

由上式可知，声阻抗的大小等于介质的密度与波速的乘积。由 $v = p/Z$ 可知，在同一声压下，Z 增加，质点的振动速度下降，因此声阻抗 Z 可理解为介质对质点振动的阻碍作用。

超声波在两种介质组成的界面上的反射和透射情况与两种介质的声阻抗密切相关。

3. 指向性

图 10-25 形象地给出了圆盘源声源在远场的声压分布，可以看出声场内有主声束和副声束之分，超声波能量的主要部分（80% 以上）集中在主声束内，这种声束集中向一个方向辐射的性质叫作声场的指向性。

在远场中第一个声压为零的方向，刚好是主声束和副声束的分界线，这个方向与中心轴线之间的夹角 θ_0 可用来表示声束的指向性，称为指向角，如图 10-25 所示。

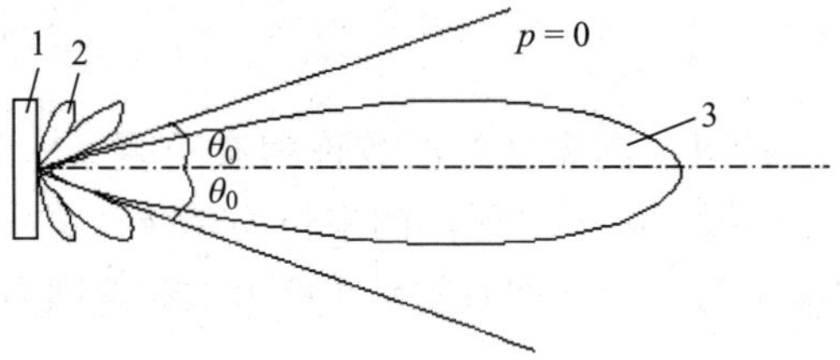

1—声源；2—副声束；3—主声束。

图 10-25 远场的指向性

指向角 θ_0 可用下式表示

$$\sin \theta_0 = \eta_0 \frac{\lambda}{D} \tag{10-16}$$

式中：η_0 = 1.22（圆晶片）或 η_0 = 1.0（方晶片）；

λ ——传播介质中声波的波长；

D ——圆声源的直径、方声源的边长。

显然，声源的直径（边长）D 越大，波长 λ 越短；θ_0 越小，指向越尖锐；尺寸相同，方晶片的指向性要比圆晶片好。

4. 超声波在传播过程中的衰减

前面讨论了声波在无衰减介质中的传播，现在讨论存在介质衰减时的情况。超声波在实际介质中传播时，总是存在着衰减，其能量或声压将随传播距离的增大而逐渐减小，这种现象称为衰减。引起衰减的原因如下：

1）扩散衰减

在声波的传播过程中，随着传播距离的增大，非平面声波的声束不断扩散增大，因此单位面积上声能（或声压）随距离的增大而减弱，这种衰减称为扩散衰减。

扩散衰减仅取决于波的几何形状，与传播介质的性质无关。在远离声源的声场中，球面波的声压 p 与球波面至声源的距离成反比，而柱面波的声压 p 与柱面波至声源距离的平方根成反比。对于平面波，声能（或声压）不随传播距离而变化，不存在扩散衰减。

2）散射衰减

实际工件材料不是绝对均匀的，例如材料中有杂质、金属中有第二相析出和晶粒的任意取向等，都会导致整个材料声阻抗不均匀，从而引起声的散射，被散射的超声波在介质中会沿着复杂的路径传播下去，这种衰减称为散射衰减。衰减的强弱与材料的晶粒大小和波长（受频率和声速的影响）有关。

3）吸收衰减

超声波在介质中传播时，由于介质的黏滞性而造成质点之间的内摩擦，从而使一部分声能转变成热能。同时，介质的稠密部分和稀疏部分之间的热交换会导致声能损耗，分子弛豫也会造成声能吸收等，这些现象造成的衰减称为吸收衰减。

10.4.4　超声波探伤影响因素

1. 定位精度的影响因素

1）波束方向偏离标称值

（1）探头质量不良，如波束轴线歪斜、K 值和入射点标称值与实际值不一致等，均会引起定位误差。

（2）试件的表面状态、探测面形状、边界等因素也可能引起定位误差。

2）测距标定和读取不准确

缺陷位置的获得是通过屏幕读取的，如果测距本身的标定是不精确的，那么结果必然存在误差。

3）仪器性能不良

（1）数字仪器的采样频率较低，甚至时钟频率较低，都会影响定位精度。

（2）模拟仪器的水平线性误差较大。

（3）模拟仪器时基刻度本身存在误差。

4）探头的指向性

探头的指向性越好，定位误差越小，反之误差大。

5）声速设置值与实际不一致

工件实际声速与设定值或试块声速不一致，也会引起定位误差。

2. 定量精度的影响因素

1）仪器及探头特性的影响

（1）衰减器精度和垂直线性的影响。

A 型脉冲反射式超声波探伤仪是根据相对波高来对缺陷定量的，而相对波高常用衰减器来度量，因此衰减器精度直接影响缺陷定量精度，衰减器精度低，定量误差大。同时，仪器的垂直线性好坏也将影响定量的精度，垂直线性误差大，定量误差也大。

（2）探头形式和晶片尺寸的影响。

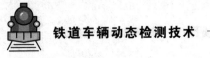

实际缺陷的部位和方向不同，所采用的探头形式也不同。晶片尺寸影响近场区的长度和指向性，因此对定量也有一定的影响。

2）耦合和衰减的影响

（1）耦合的影响。

为了减小界面两侧的声阻抗的相对大小，在探头与工件接触面上需加耦合剂，目的是排除探头与工件表面之间的空气，从而使超声波有效地透入工件中。如果耦合剂的声阻抗不同，则声压透射率不同，因此实际探伤中，在试块上和工件探伤中必须使用同一种耦合剂。

另外，耦合层的厚度也会影响声压透射率，因此探伤中对探头施加的压力大小会影响回波高度，进而影响对缺陷的定量。

（2）衰减的影响。

由于实际工件和试块的衰减情况不同，因此探伤中要适当地进行补偿，补偿时还要考虑回波位置的声程。

3）试件几何形状和尺寸的影响

试件表面和底面的形状不同，导致超声波在不同的界面可能产生反射波的聚焦或发散；在粗糙度不同的界面上，散射衰减也不同。这些因素必然会影响对缺陷的定量。

4）缺陷自身的影响

（1）缺陷形状的影响。

通过前面规则形反射体的声压公式可以看出，不同形状的缺陷其回波的高度是不同的，对于给定的探头（晶片尺寸和频率一定），形状不同的缺陷随声程的变化规律亦不同。

（2）缺陷取向的影响。

当缺陷与声束方向垂直时，回波最高；当有倾角时，缺陷波高随入射角的增大而急剧减小。

（3）缺陷波指向性的影响。

反射波的指向性与缺陷的大小有关。当缺陷较小时，缺陷波能量呈球形分布，而缺陷较大时，反射波可看成镜面反射，此时缺陷取向对回波高度影响较大。

（4）缺陷表面粗糙度的影响。

对于表面粗糙的缺陷，当声波垂直入射时，声波被散射，同时各部分反射波由于有相位差而干涉，使缺陷回波高度随粗糙度的增大而减小。当声波倾斜入射时，缺陷回波高度随表面凸凹程度与波长的比值增大而增高。当凸凹程度接近波长时，即使入射角度较大，也能接收到反射波。

（5）缺陷性质的影响。

缺陷的性质不同，缺陷表面两侧的声阻抗比也不同，进而声压反射率也不相同，回波的高度自然也不同。

10.4.5 探伤灵敏度和仪器校准

超声波探伤是一种相对测量，或比较测量，需要将未知缺陷与已知缺陷进行“比较”才能进行正确判伤，因而探伤前需要先在试块（已知缺陷）上或工件上对设备进行校准，其中包括探伤灵敏度校准和测距校准，使探伤系统达到规定的探伤能力和显示范围，才能进行有效的探伤作业。

探伤灵敏度有各种各样不同的表示方法，其中应用较多也较直观的表示方法是用测距与缺陷当量大小的乘积法，即用某测距上可探出的最小缺陷直径与该测距的乘积来表示。如 $\phi 2\times 100$ 平底孔，即表示能探出 100 mm 测距处 $\phi 2$ mm 平底孔当量的缺陷。在很多情况下，探伤灵敏度表示式中的测距往往就是探伤的最大测距。

探伤灵敏度需要根据探伤标准、规范或使用要求进行校正，不可随意调低，也不可盲目调高，灵敏度调低会造成漏检，调高则可能造成误判。

校准探伤灵敏度常用的基准主要有两种，一种是试块，另一种是工件自身，如利用工件的底面或其他轮廓面等。使用试块校准探伤灵敏度时，由于人工缺陷和待探测的缺陷不会完全一样，而且试块和工件一般也都存在着很大差异，所以需要对缺陷形状、大小和声程进行补偿或修正，同时还需要进行表面耦合补偿和材质补偿等。另外，需要注意的一点就是，如果校准灵敏度和探伤时使用的不是同一种耦合剂，还需要进行耦合剂补偿。利用工件的界面校准探伤灵敏度时，往往只需对缺陷类型、尺寸和声程进行补偿或修正。

校准方法和补偿值确定后，探伤灵敏度的调节过程则相对简单，先将试块上的人工伤波或工件底波的幅度调整到基准高度（一般在50%～80%之间），然后再根据确定的补偿值进行补偿。

例如，某工件高 100 mm，要求探伤灵敏度为 $\phi 2\times 100$ 平底孔，用工件底面校准探伤灵敏度，根据计算，补偿值为 31.4 dB。具体调节步骤如下：先将工件完好部位的底波调整到 80%，再将仪器灵敏度提高（增益或把衰减器释放）31.4 dB，即为规定的探伤灵敏度。

任务 10.5 轮轴、轮对、车轴手工超声波探伤

10.5.1 探伤设备及器材要求

1. 超声波探伤仪

（1）衰减器控制总量≥90 dB，在规定的工作频率范围内，每 12 dB 误差≤1 dB。

（2）灵敏度余量≥46 dB(2.5 MHz 钢中纵波)。

（3）分辨力≥26 dB(2.5 MHz 钢中纵波)。

（4）动态范围≥26 dB。

（5）垂直线性误差≤6%。

（6）水平线性误差≤1%。

（7）探测深度≥3 m(2.5 MHz 钢中纵波)。

（8）放大器带宽（相对 3 dB）：1～8 MHz。

（9）硬件实时采样频率≥100 MHz。

（10）其他功能：自检功能，探伤图形存储和回放功能，峰值搜索功能，距离-波幅曲线制作功能，零点校准或测距校准功能，探伤工艺参数存储功能，探伤数据处理和探伤记录、报告打印功能，USB 接口。

2. 超声波探头

1）探头型号

纵波直探头：2.0 MHz，ϕ20 *mm*。

小角度纵波探头：中心回波频率f_e：4.0～5.0 MHz；

折射角β：22.5°、26.0°、27.0°。

横波探头：中心回波频率f_e：2.5 MHz；

折射角β：45.0°(K1.0)、52.4°(K1.3)、54.5°(K1.4)。

2）中心回波频率误差

中心回波频率误差为

$$\Delta f/f_e \leqslant 15\%$$

式中：f_e——探头标称中心回波频率；

Δf——探头中心回波频率实测值与标称值之差。

3）折射角β的误差$\Delta\beta$

横波探头：$\beta \leqslant 45°$，$\Delta\beta \leqslant 1.0°$

$\beta > 45°$，$\Delta\beta \leqslant 1.5°$

小角度纵波探头：$\Delta\beta \leqslant 1.0°$。

4）声轴偏斜角θ

纵波直探头： $\theta \leqslant 1.0°$

横波探头： $\beta \leqslant 45°$时，$\theta \leqslant 1.0°$

$\beta > 45°$时，$\theta \leqslant 1.5°$

5）横波斜探头前沿距离L

$$L \leqslant 12\ \text{mm}$$

3. 探伤系统

1）分辨力X

纵波直探头： $X \geqslant 26$ dB

小角度纵波探头： $X \geqslant 20$ dB

横波探头： $X \geqslant 20$ dB

2）系统灵敏度余量S_r

纵波直探头： $S_r \geqslant 46$ dB

小角度纵波探头： $S_r \geqslant 50$ dB

横波探头： $S_r \geqslant 60$ dB

4. 试块

（1）标准试块主要为CSK-IA、TS-3、TZS-R、CS-1-5或DB-PZ20-2、DB-H1等。

（2）半轴实物试块主要为RD2、RE2A、RE2B、RF2型，可采用既有半轴实物试块或改进型半轴实物试块，采用新品时须为改进型半轴实物试块。

5. 耦合剂

耦合剂可选用机油，不退卸轴承在轮轴两端面探测时，应使用铁路专用轴承脂作为耦合剂。校验探伤灵敏度和探伤作业时，须使用相同的耦合剂。

6. 辅助器材

（1）超声波探伤作业须配备稳压器、打印机和专用转轮器，轮轴（轮对）转速≤2 r/min，并能随时控制转停。

（2）超声波探伤人员应配备带有函数运算功能的计算器、直尺及标记笔等常用工具。

10.5.2 设备性能校验

探伤仪器性能校验分为日常性能校验和季度性能检查。

1. 日常性能校验

每班上下午及夜班开工前由探伤工、探伤工长、质量检查员、验收员共同进行校验。内容包括：

（1）检查探伤系统技术状态。

（2）使用标准试块校准零点和标定测距。

（3）正确调整或输入探伤参数，确定探伤灵敏度，并在实物试块上进行人工裂纹灵敏度对比检验。

校验完毕，由探伤人员填写或打印《铁路货车轮轴超声波探伤系统日常性能校验记录》（辆货统-426），参加校验的人员应共同签章。

注意：（1）应根据作业量及探头磨损情况，每月至少检测一次横波斜探头折射角及前沿、小角度纵波探头折射角。

（2）每次更换探伤操作者、探头、线缆，或重新开机，或探伤仪器发生故障检修后投入使用前，应重新进行日常性能校验并做好记录。

2. 季度性能检查

每季度由单位主管领导组织，轮轴（探伤）专职、设备专职、验收员、质检员、探伤工长、探伤工和设备维修工共同参加，内容包括：

（1）检查超声波探伤仪的状态（包括外观及显示屏状态，电源、电池状态，按键、旋钮、接口状态）。

（2）测试超探仪水平线性、分辨力、垂直线性、灵敏度余量等主要性能指标，并按日常性能校验的内容进行检查。

检查完毕，由探伤人员填写或打印《铁路货车轮轴超声波探伤系统季度性能检查记录》（辆货统-429），参加检查的人员应共同签章。

注意：新购置、返厂维修及定期检修后的探伤仪器，第一次使用前应按季度性能检查的要求进行检查并做好记录。

10.5.3 探伤方法

1. 全轴穿透检查

全轴穿透检查包括轴向透声检查、大裂纹检查及扫查。

1）轴向透声检查

轴向透声检查采用 TZS-R 试块法或 TS-3 试块法。

（1）TZS-R 试块法。

① 测距标定。将 2.0 MHz、ϕ20 mm 直探头置于 TZS-R 试块 *C* 面，用机油或轴承脂作为耦合剂，调整仪器，将第 5 次底面回波调至荧光屏水平满刻度的第 4 大格，此时屏幕上每 1 大格代表车轴的实际长度 250 mm（全长声程 2 500 mm），如图 10-26 所示。

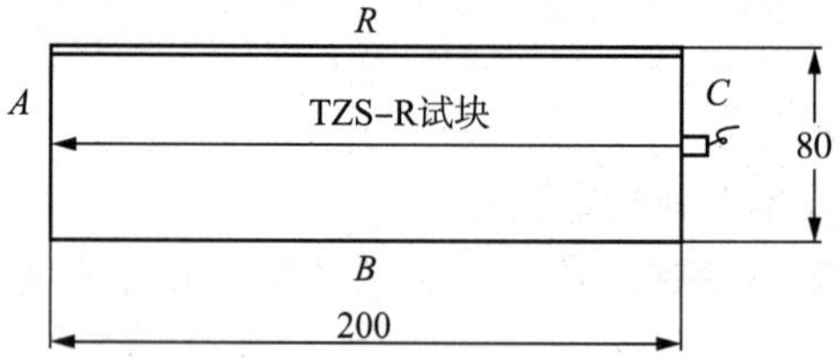

（a）试块

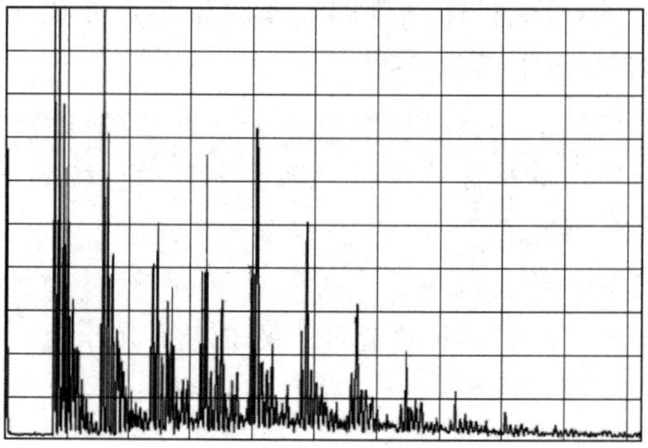

（b）荧光屏

图 10-26　直探头在 TZS-R 试块上测距标定示意图

② 灵敏度确定。调整仪器，使第 1 次底面回波高度达到荧光屏垂直刻度满幅的 80%，增益 30 dB，称为基准波高。在此基础上，增益 8～14 dB（耦合差 0～4 dB、钢印 2～4 dB、中心孔 3 dB、螺栓孔 3 dB），作为透声检查灵敏度。

（2）TS-3 试块法。

① 测距标定。将 2.0 MHz、ϕ20 直探头放置在 TS-3 标准试块测试面上，用机油或轴承脂作为耦合剂，调整仪器，将试块第 3、6 次底面回波分别对准荧光屏水平刻度的第 5、10 大格，此时水平刻度的每 1 大格代表车轴实际长度 240 mm（全长声程 2 400 mm），如图 10-27 所示。

② 灵敏度确定。适当改变测量范围，调节仪器，使 TS-3 标准试块 ϕ3.2 mm 平底孔第 1 次回波高度达到荧光屏垂直刻度满幅的 20%，称为基准波高，如图 10-28 所示。在此基础上增益 8～14 dB（耦合差 0～4 dB、钢印 2～4 dB、中心孔 3 dB、螺栓孔 3 dB），作为透声检查的灵敏度。然后将测量范围恢复至 2 400 mm，如图 10-29 所示。

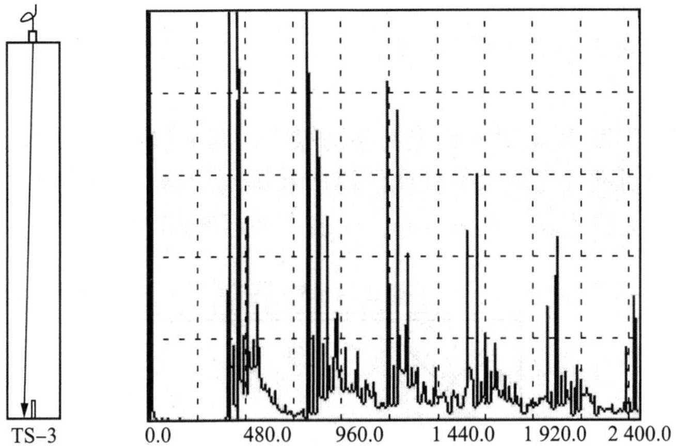

（a）试块　　（b）荧光屏

图 10-27　直探头在 TS-3 试块上测距标定示意图

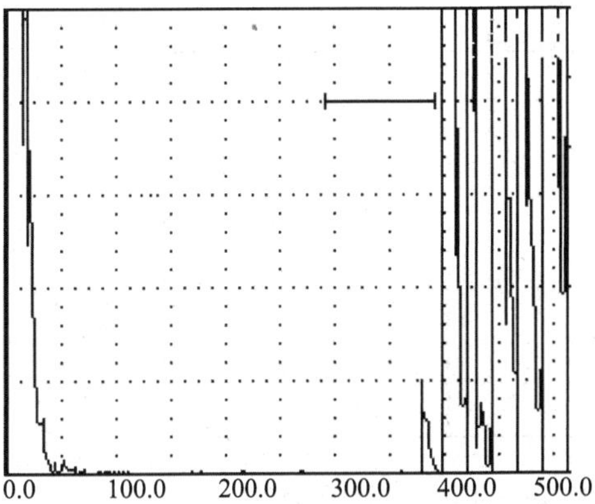

图 10-28　$\phi 3.2\ mm$ 平底孔回波高度 20% 示意图

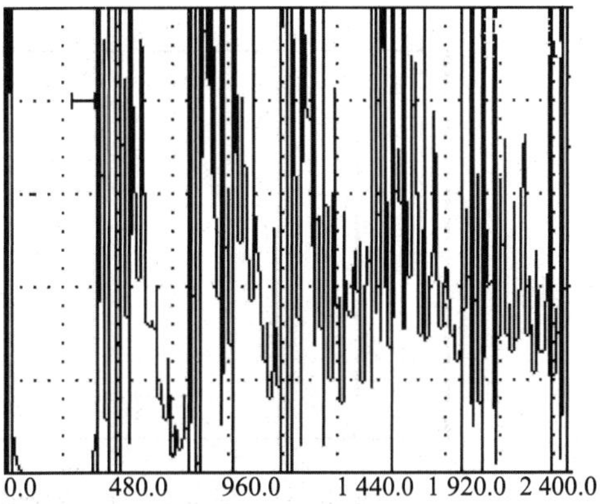

图 10-29　恢复测量范围为 2 400 mm 示意图

2）大裂纹检查

灵敏度确定：在轴向透声检查基准波高的基础上增益 14 dB，作为大裂纹检查的灵敏度。

3）扫查

全轴透声及大裂纹扫查须在轮轴静止状态从轮轴两端面分别进行。扫查时使探头均匀受力，以不大于 50 mm/s 的速度，按图 10-30 箭头所示方式移动，即探头沿轴端面径向前后移动，同时沿圆周方向移动，并观察回波的变化。探头扫查范围应遍及轴端面的可移动区域。透声扫查时，不得改变调节后的透声灵敏度。

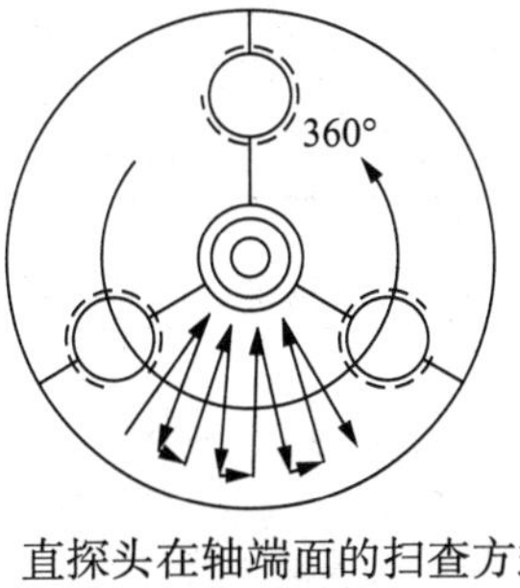

图 10-30　直探头在轴端面的扫查方式示意图

2. 轮对轮座镶入部探伤（不带轴承）

1）测距标定

将横波探头置于 TZS-R 试块 *R* 面上，移动探头，调节仪器，使 *A* 面下棱角和上棱角最高反射波的前沿分别对准荧光屏水平刻度的第 2 和第 4 大格，如图 10-31、图 10-32 所示。此时，水平刻度每 1 大格代表深度 40 mm，代表水平距离 40×*K*（mm）。

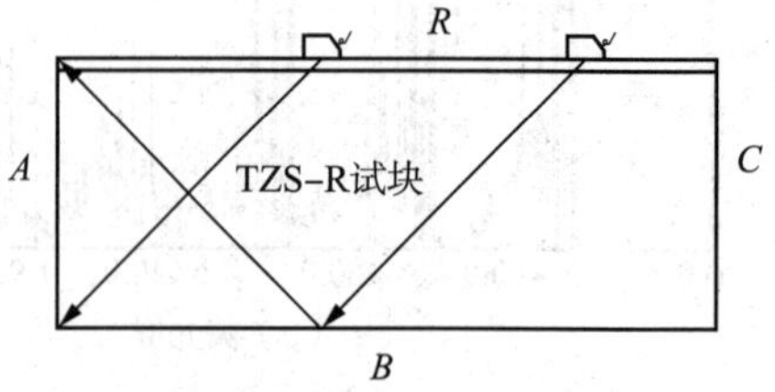

图 10-31　横波探头 $K \leqslant 1.2$ 时测距标定示意图

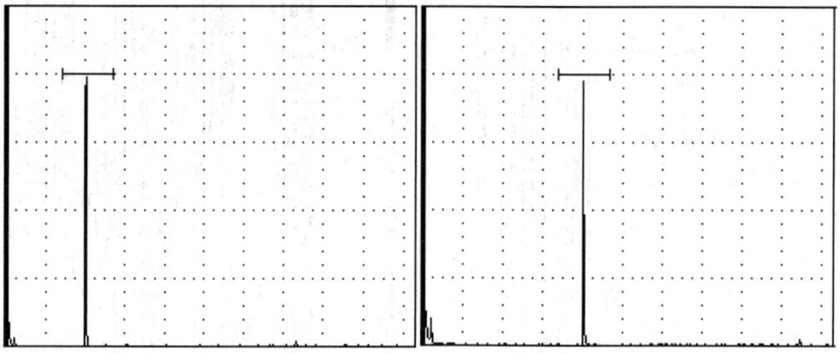

图 10-32　横波探头在 TZS-R 标准试块上测距标定波形示意图

2）灵敏度确定

将探头置于 TZS-R 试块 *R* 面上，移动探头，调节仪器，使 *R* 面 1 mm 深度的人工裂纹缺陷最高反射波幅度达到荧光屏垂直刻度满幅的 80%，如图 10-33、图 10-34 所示，称为人工缺陷基准波高，在此基础上对 RD_2、RE_{2A}、RE_{2B} 型轮对补偿 9～12 dB，对 RF_2 型轮对补偿 10～15 dB，以此作为轮座镶入部内外侧横波探伤灵敏度。

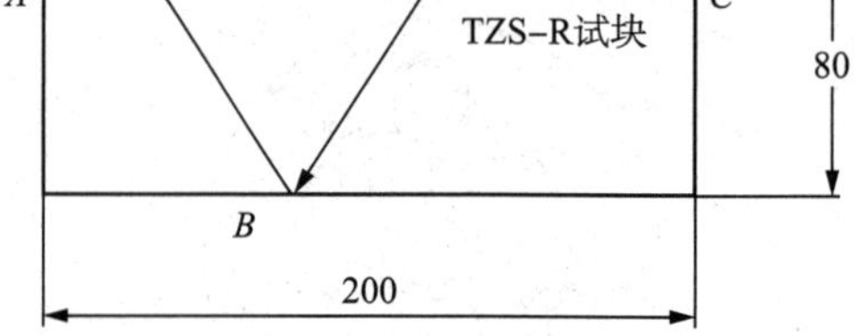

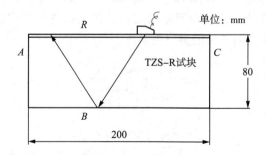

图 10-33　横波探头 $K \leqslant 1.2$ 时探伤灵敏度标定示意图

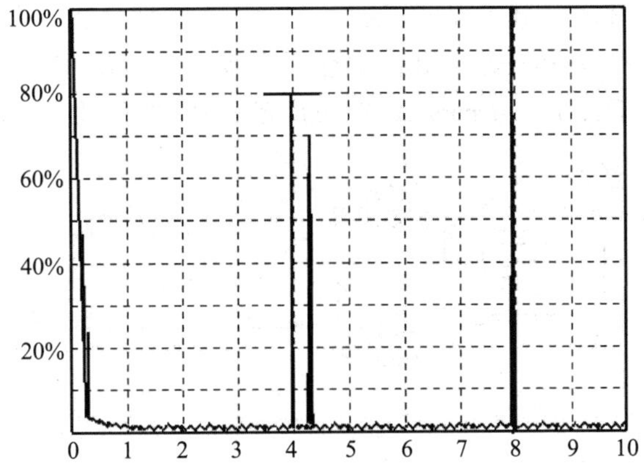

图 10-34 横波探头 $K \leq 1.2$ 时探伤灵敏度波形示意图

3）半轴实物试块人工裂纹验证

灵敏度确定后，按轴型进行半轴实物试块灵敏度验证。在半轴实物试块上探测镶入部内外侧 1 mm 深人工裂纹，应正常有效检出，波高幅度≥80%，如图 10-35、图 10-36 所示。

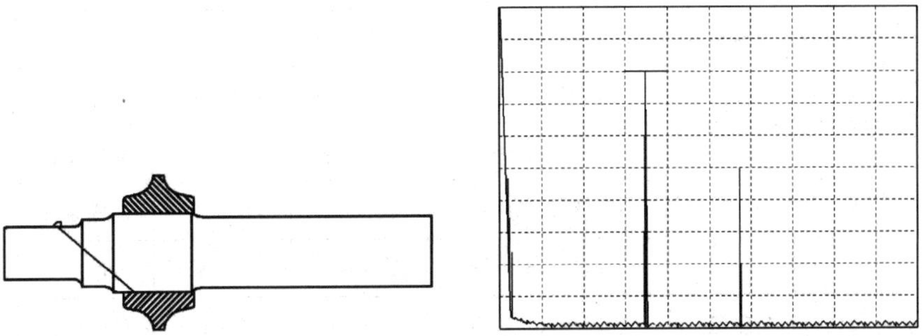

图 10-35 横波探头在半轴实物试块上轮座外侧灵敏度验证和波形示意图

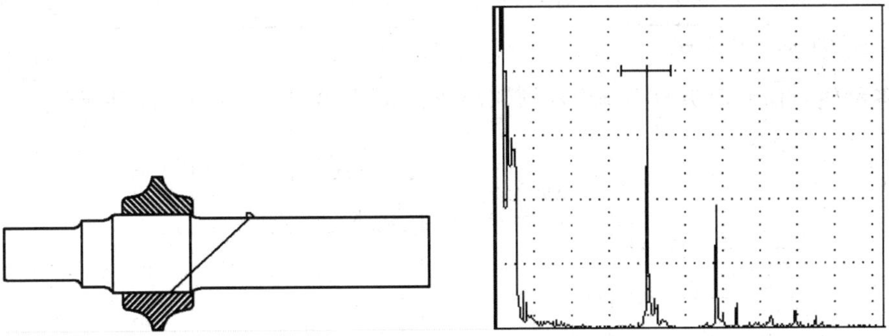

图 10-36 横波探头在半轴实物试块上轮座内侧灵敏度验证和波形示意图

4）扫查

（1）验证后，实际探测轮对时，只允许调节增益或衰减值，其他按键及参数均不得调整。

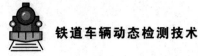

（2）扫查时，探头移动区域须保证探头主声束扫查区域之和不小于轮座全长。

（3）扫查时，探头指向镶入部，沿轴向前后移动，同时沿车轴圆周方向转动，探头均匀受力，探头移动速度不大于150 mm/s。探头位置及移动方式如图10-37所示。

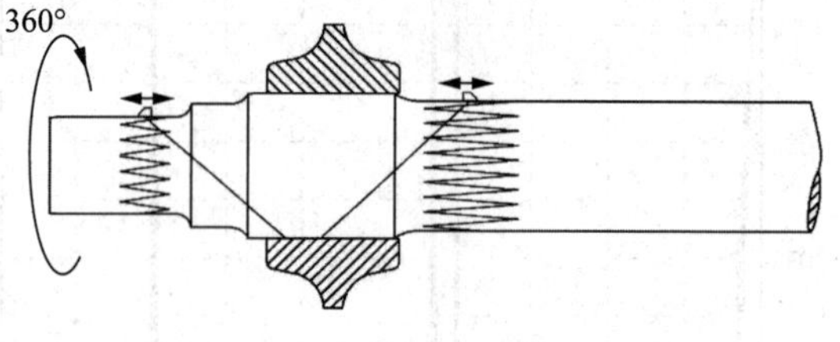

图10-37　探头位置及移动方式

5）移动区域及探测范围

轮对型号与横波探头型号、探头移动区域和探测范围如表10-1所示。

表10-1　轮对型号与横波探头型号、探头移动区域和探测范围

轮对型号	探头型号	探测面	探测部位	移动区域		探测范围	
				起始位置	范围/mm	起始位置	范围/mm
RD_2 突悬、非突悬	K1.0	轴颈	轮座镶入部外侧	轴颈后肩	33～109	轮座前肩	0～76
	K1.0	轴身	轮座镶入部内侧	轮座后肩	47～184	轮座后肩	0～137
RE_{2A}	K1.0	轴颈	轮座镶入部外侧	轮颈后肩	37～112	轮座前肩	0～75
	K1.0	轴身	轮座镶入部内侧	轴座后肩	47～197	轮座后肩	0～150
RE_{2B}	K1.0	轴颈	轮座镶入部外侧	轴颈后肩	37～97	轮座前肩	0～60
	K1.0	轴身	轮座镶入部内侧	轮座后肩	47～197	轮座后肩	0～150
RF_2	K1.0	轴颈	轮座镶入部外侧	轴颈后肩	37～100	轮座前肩	0～63
	K1.0	轴身	轮座镶入部内侧	轮座后肩	47～215	轮座后肩	0～168

注：移动区域以探头入射点为准。

6）各种轮对横波探头的探测面和探测部位，如图10-38～图10-41所示。

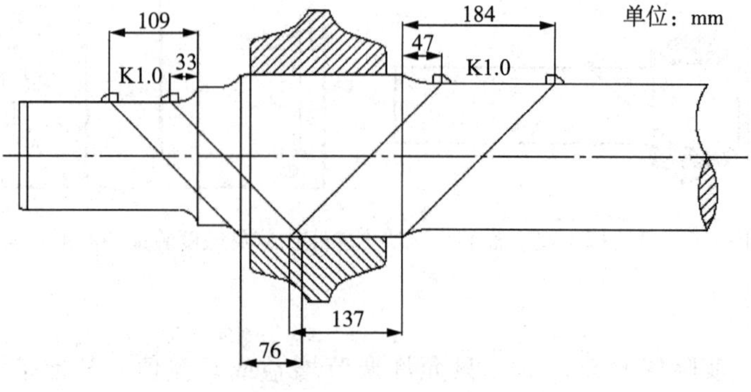

图10-38　RD_2 型轮对

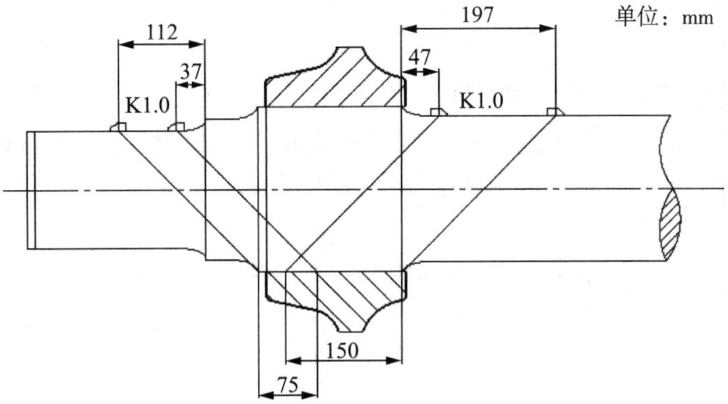

图 10-39　RE_{2A} 型轮对

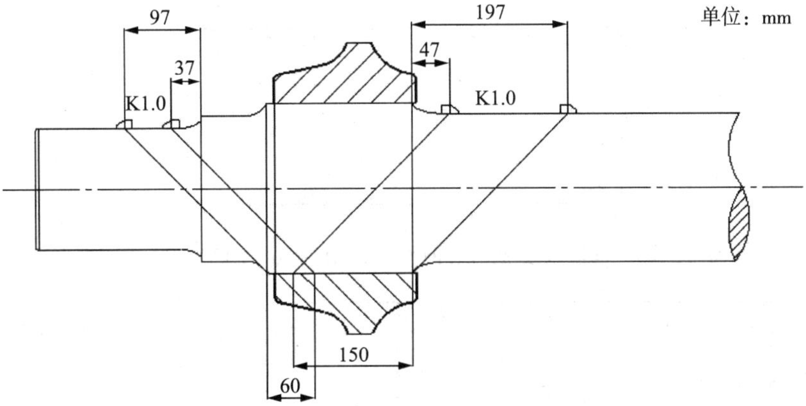

图 10-40　RE_{2B} 型轮对

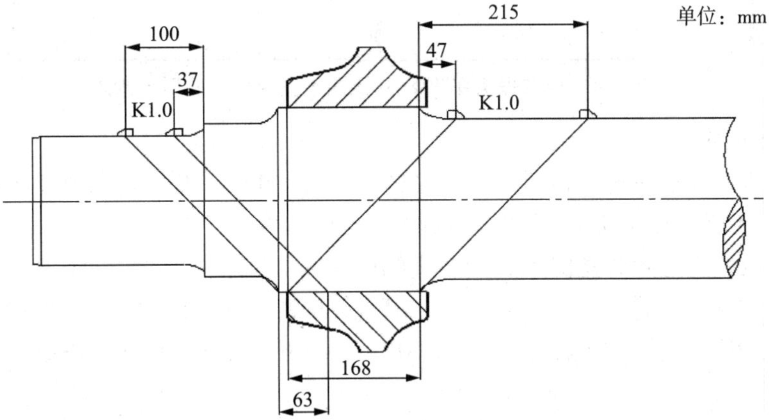

图 10-41　RF_2 型轮对

3. 轮轴轮座镶入部探伤（带轴承）

1）测距标定

将横波探头置于 TZS-R 试块 *R* 面上，移动探头，调节仪器，使 *A* 面下棱角和上棱角最高反射波分别对准荧光屏水平刻度的第 2 和第 4 大格，如图 10-42 ～图 10-44 所示。此时，水平刻度每 1 大格代表深度 40 mm，代表水平距离 40×*K*（mm）。

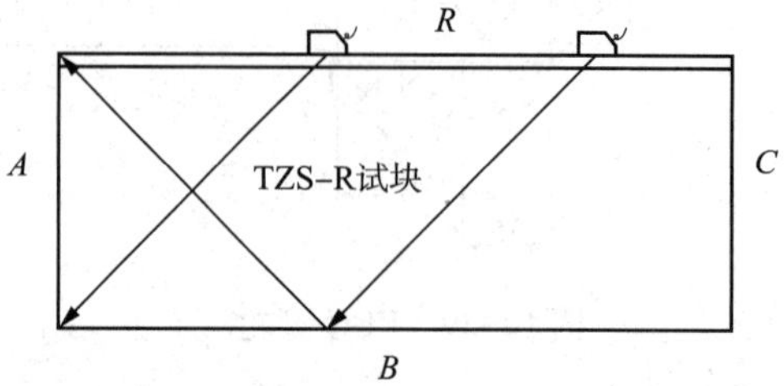

图 10-42　横波探头 $K \leqslant 1.2$ 时在 TZS-R 试块上测距标定示意图

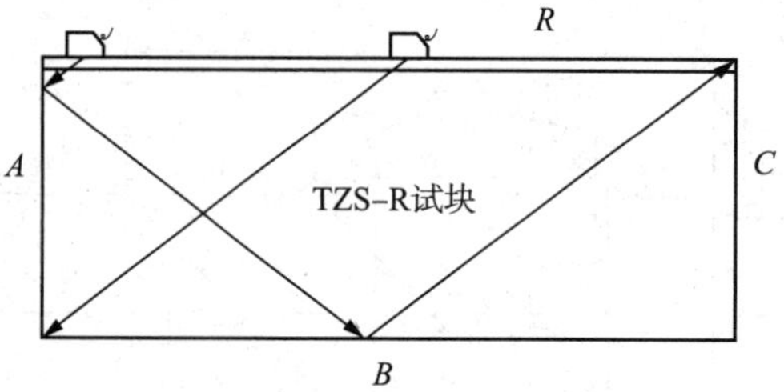

图 10-43　横波探头 $K > 1.2$ 时在 TZS-R 试块上测距标定示意图

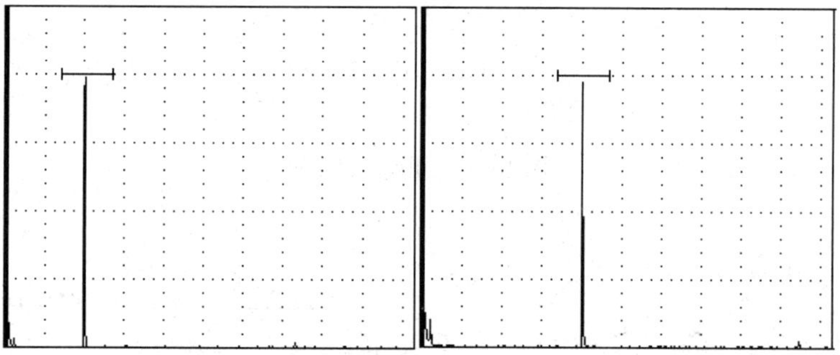

图 10-44　横波探头在 TZS-R 试块上测距标定波形示意图

2）灵敏度确定

（1）RD_2 非突悬轮轴轮座内侧，RD_2 突悬、RE_{2A}、RE_{2B}、RF_2 轮轴内外侧灵敏度确定。

将探头置于 TZS-R 试块 *R* 面上，移动探头，调节仪器，使 *R* 面 1 mm 深度的人工裂纹缺陷最高反射波幅度达到荧光屏垂直刻度满幅的 80%，如图 10-45 ～图 10-48 所示，称为人工缺陷基准波高。在此基础上，对 RD_2、RE_{2A}、RE_{2B} 型轮轴内侧补偿 9 ～ 12 dB，外侧补偿 10 ～ 15 dB；RF_2 型轮轴内侧补偿 10 ～ 15 dB，外侧补偿 12 ～ 18 dB，以此作为轮座横波探伤灵敏度。

（2）RD_2 非突悬轮轴轮座外侧灵敏度确定。

将 K1.4 型探头直接置于半轴实物试块上，移动探头，调节仪器，使轮座外侧 1 mm 深度的人工裂纹缺陷最高反射波幅度达到荧光屏垂直刻度满幅的 80%，称为人工缺陷基准波高。在此基础上，补偿 4～6 dB，作为 RD_2 非突悬轮轴轮座外侧探伤灵敏度。

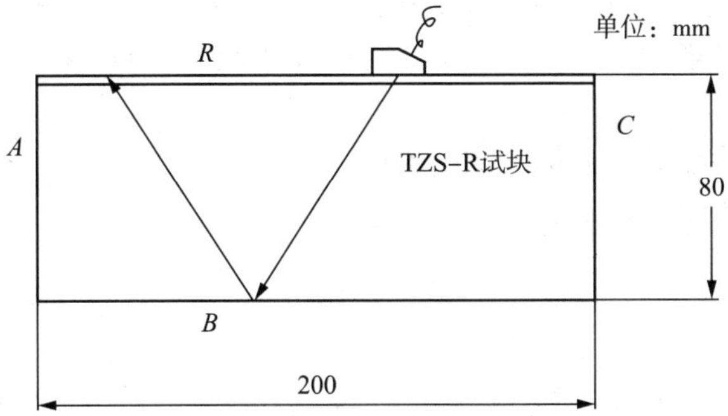

图 10-45　横波探头 $K\leq1.2$ 时探伤灵敏度标定示意图

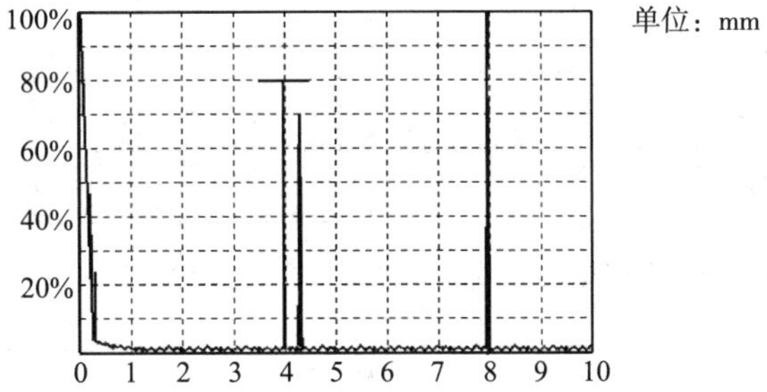

图 10-46　横波探头 $K\leq1.2$ 时探伤灵敏度波形示意图

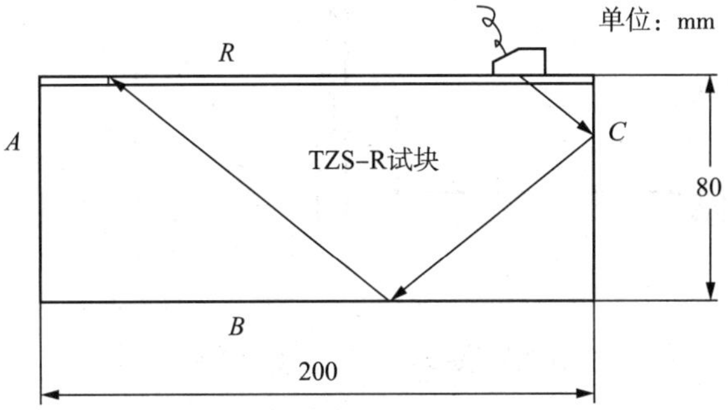

图 10-47　横波探头 $K>1.2$ 时探伤灵敏度标定示意图

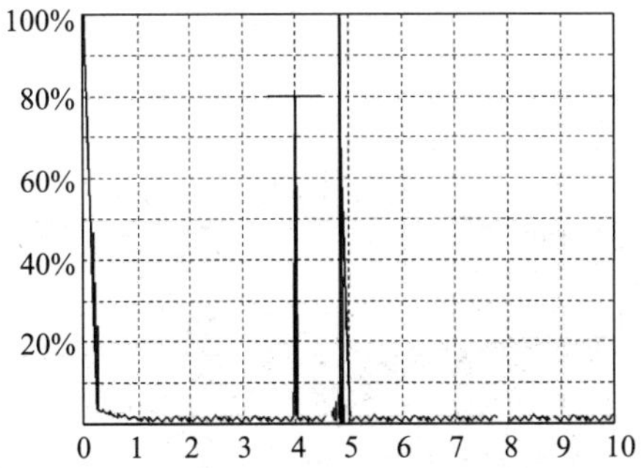

图 10-48　横波探头 $K>1.2$ 时探伤灵敏度波形示意图

3）半轴实物试块人工裂纹验证

（1）RD_2 非突悬轮轴轮座内侧，RD_2 突悬、RE_{2A}、RE_{2B}、RF_2 轮轴灵敏度验证

灵敏度确定后，在半轴实物试块上探测镶入部内外侧 1 mm 深人工裂纹，应正常有效检出，波高幅度≥80%，如图 10-49、图 10-50 所示。

（2）RD_2 非突悬轮轴轮座外侧灵敏度验证

RD_2 非突悬轮轴轮座外侧灵敏度确定过程即为验证过程。

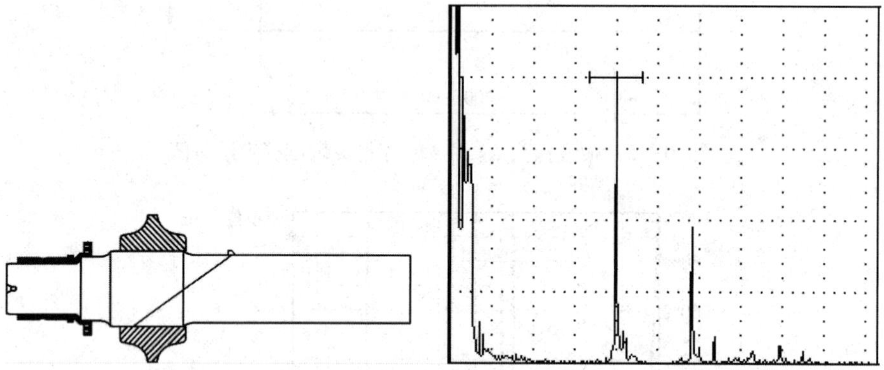

图 10-49　横波探头在半轴实物试块上轮座外侧灵敏度标定、验证和波形示意图

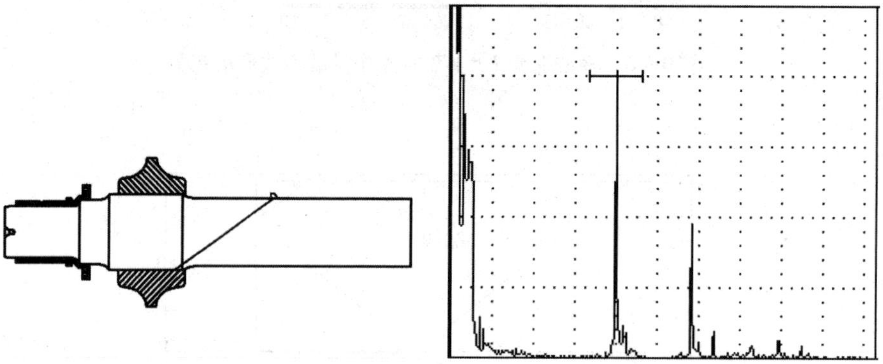

图 10-50　横波探头在半轴实物试块上轮座内侧灵敏度标定和波形示意图

4）扫查

探头位置及移动方式如图 10-51 所示。

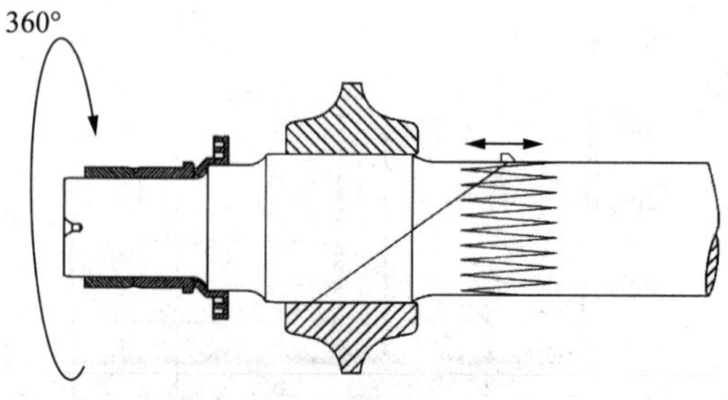

图 10-51　探头位置及移动方式

5）移动区域和探测范围

轮轴型号与横波探头型号、探头移动区域和探测范围如表 10-2 所示。

表 10-2　轮轴型号与横波探头型号、探头移动区域和探测范围

轮对型号	探头型号	探测面	探测部位	移动区域		探测范围	
				起始位置	范围/mm	起始位置	范围/mm
RD_2 突悬	K1.3	轴身	轮座镶入部外侧	轮座后肩	52～102	轮座前肩	0～50
	K1.0	轴身	轮座镶入部内侧	轮座后肩	47～184	轮座后肩	0～137
RD_2 非突悬	K1.4	轴身	轮座镶入部外侧	轮座后肩	59～121	轮座前肩	0～62
	K1.0	轴身	轮座镶入部内侧	轮座后肩	47～184	轮座后肩	0～137
RE_{2A}	K1.3	轴身	轮座镶入部外侧	轮座后肩	71～105	轮座前肩	0～34
	K1.0	轴身	轮座镶入部内侧	轮座后肩	47～197	轮座后肩	0～150
RE_{2B}	K1.3	轴身	轮座镶入部外侧	轮座后肩	71～105	轮座前肩	0～34
	K1.0	轴身	轮座镶入部内侧	轮座后肩	47～197	轮座后肩	0～150
RF_2	K1.3	轴身	轮座镶入部外侧	轮座后肩	99～114	轮座前肩	0～15
	K1.0	轴身	轮座镶入部内侧	轮座后肩	47～215	轮座后肩	0～168

注：移动区域以探头入射点为准。

6）各种轮轴横波探头的探测面和探测部位如图 10-52～图 10-56 所示。

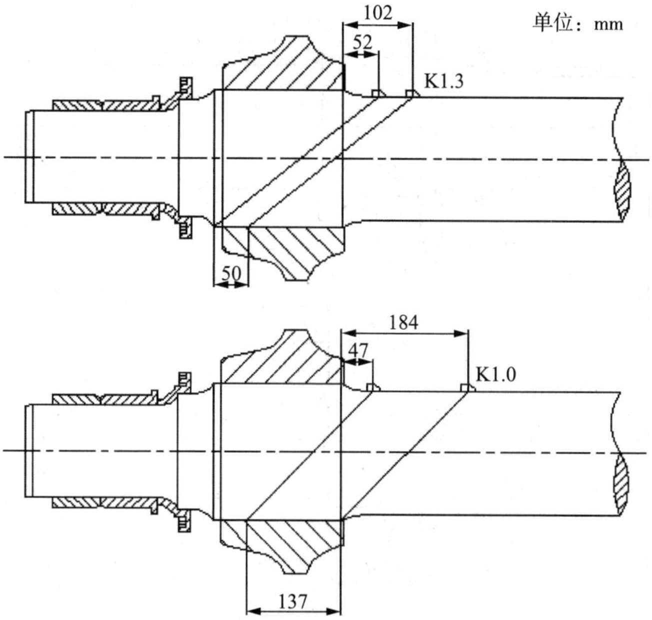

图 10-52　RD_2 型轮轴（突悬）

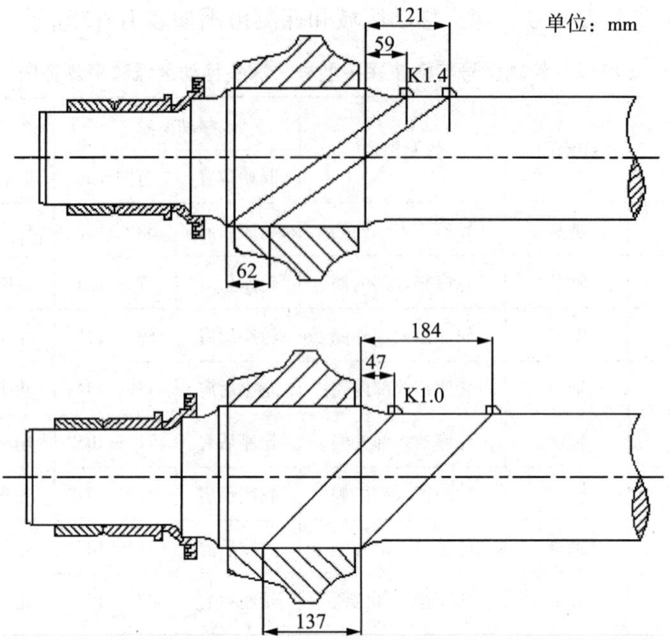

图 10-53　RD_2 型轮轴（非突悬）

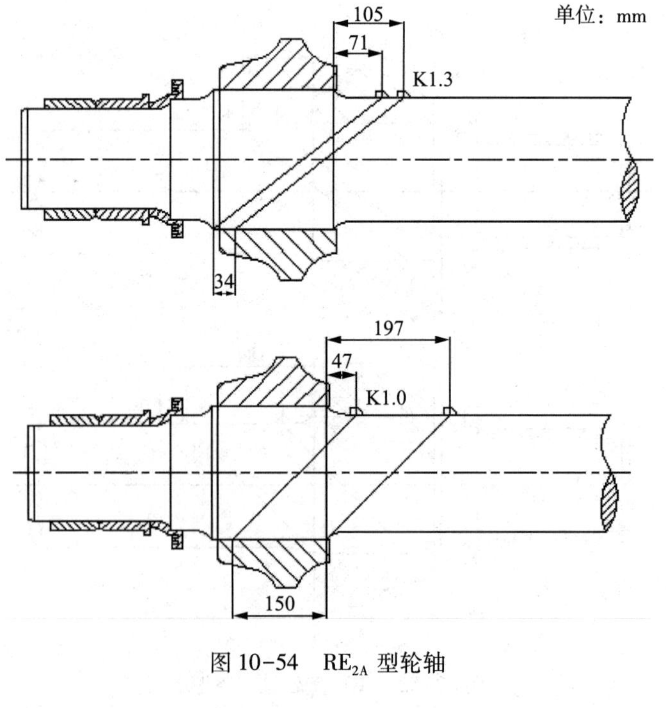

图 10-54　RE_{2A} 型轮轴

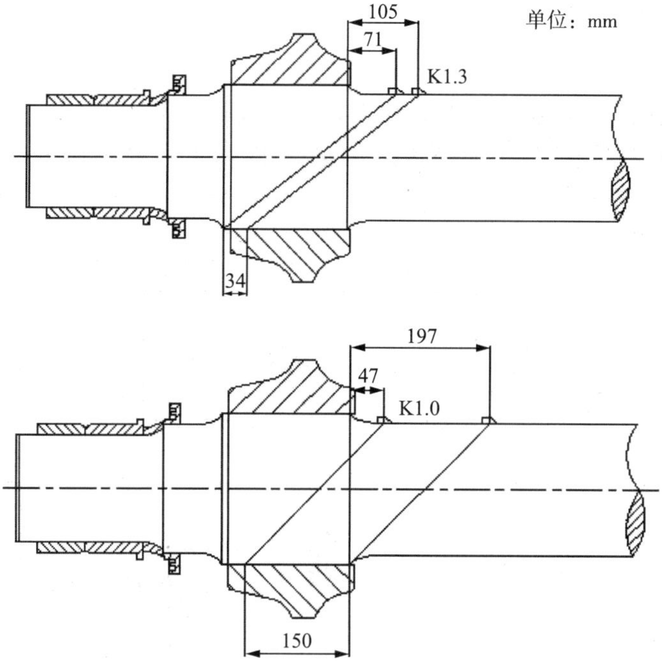

图 10-55　RE_{2B} 型轮轴

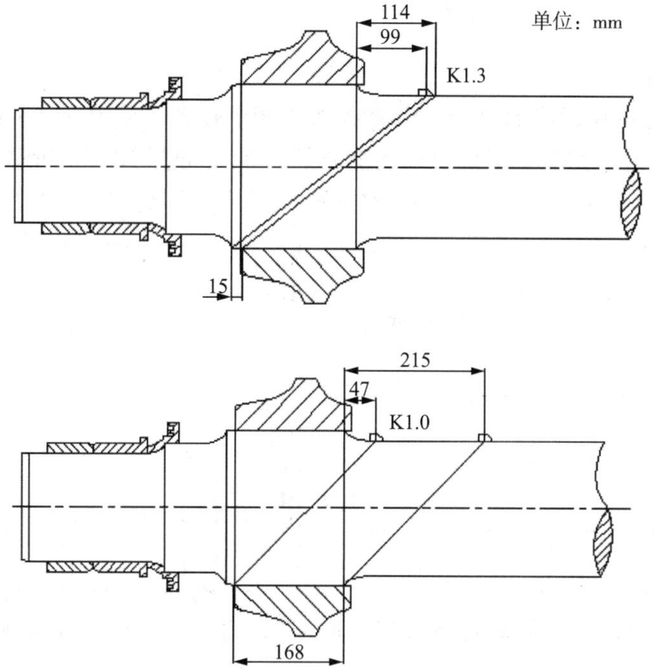

图 10-56　RF_2 型轮轴

4. 轴颈根部或卸荷槽部位探伤

1）测距标定

将小角度纵波探头放置在 TZS-R 试块 *B* 面上，调整仪器，使 *A* 面下棱角和上棱角最高反射波的前沿分别对准荧光屏水平刻度的第 2 和第 4 大格，则每 1 大格代表水平距离 40 mm，如图 10-57 所示。

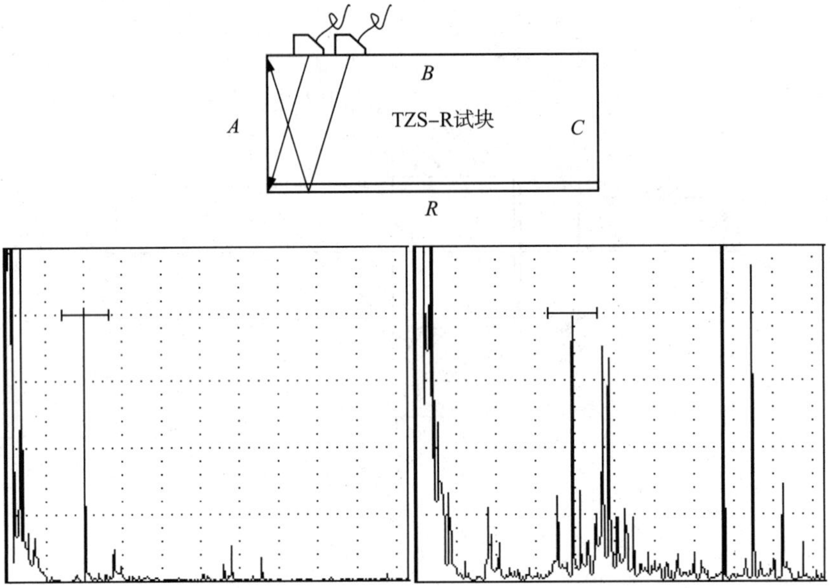

图 10-57　小角度纵波探头在 TZS-R 试块上测距标定和波形示意图

2）灵敏度确定

将探头置于 TZS-R 试块 *B* 面上，移动探头，调节仪器，使 *R* 面 1 mm 深度的人工裂纹缺陷最高反射波幅度达到荧光屏垂直刻度满幅的 80%，如图 10-58 所示，称为人工缺陷基准波高。在此基础上增益 6～9 dB，以此作为轴颈根部（卸荷槽）小角度纵波探伤灵敏度。

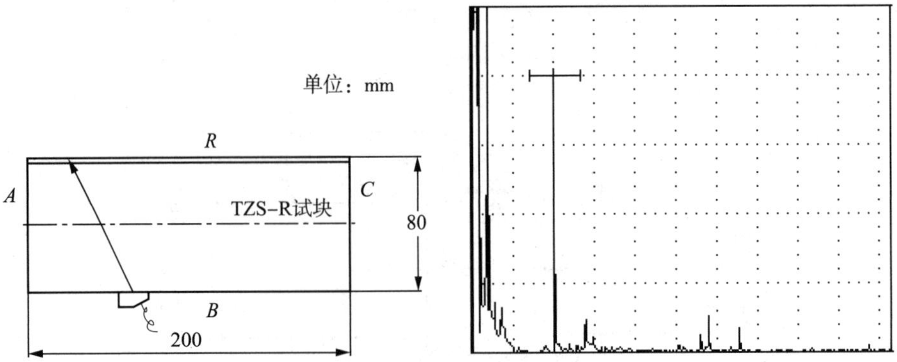

图 10-58　小角度纵波探头在 TZS-R 试块上探伤灵敏度标定和波形示意图

3）半轴实物试块人工裂纹验证

灵敏度确定后，在半轴实物试块上探测轴颈根部（卸荷槽）1 mm 深人工裂纹，应正常有效检出，波高幅度≥80%，如图 10-59 所示。

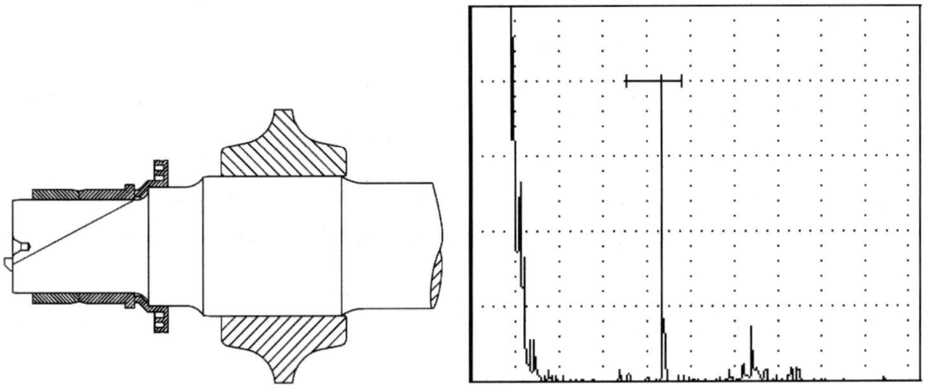

图 10-59　轴颈根部（卸荷槽）小角度纵波探头灵敏度验证和波形示意图

4）扫查

扫查时，轮轴应处于静止状态，探头指向中心孔并均匀受力，以不大于 50 mm/s 的速度在轴端螺栓孔之间的环形区域做往复移动，同时探头在 3°～5°范围内摆动，如图 10-60 所示。

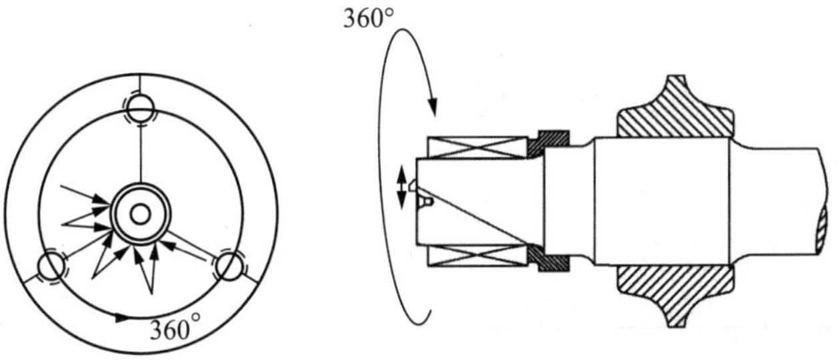

图 10-60　小角度纵波探头轴颈根部（卸荷槽）扫查示意图

5）探头角度及探测部位

轮轴型号、探头角度及探测部位如表 10-3 所示。

表 10-3　轮轴型号、探头角度及探测部位

轮轴型号	探头角度	探测面	探测部位
RD_2	22. 5°	轴端面	轴颈根部（卸荷槽）
RE_{2A}	22. 5°	轴端面	轴颈根部（卸荷槽）
RE_{2B}	26. 0°	轴端面	轴颈根部
RF_2	27. 0°	轴端面	轴颈根部

5. 数据记录

探伤结束后，探伤人员应在《轮轴卡片》（车统-51）相应栏内签章；须填写或打印《铁路货车轮轴（轮对、车轴、车轮）超声波（磁粉）探伤记录》（车统-53A）。探伤检查发现缺陷时，还须填写或打印《铁路货车轮轴（轮对、车轴、车轮）超声波（磁粉）探伤发现缺陷记录》（车统-52A）。

10.5.4 质量标准

1. 透声性能和大裂纹的判定

1）透声性能判定

（1）验收区域：车轴端面中心至1/2半径范围以内区域，区域边界以探头中心为准。

（2）车轴底面回波高度等于或高于荧光屏垂直刻度满幅的40%，判定为透声合格。

2）大裂纹的判定

（1）根据缺陷波在荧光屏水平线上所处的格数，按照线性比例关系，计算缺陷所处的位置。

（2）可疑缺陷处于轴身外露部位时，须用磁粉探伤方法确认；可疑缺陷处于镶入部时，可用横波或小角度纵波探伤方法判定。若判定为裂纹，须退卸车轮，进行磁粉探伤确认。

2. 镶入部质量判定

1）镶入部局部透声不良的判定

探伤过程中，如果发现没有轮毂波（轮心波）出现，且始波后面有林状波及杂波出现（或提高灵敏度后有林状波及杂波出现），影响正常探伤时，则判定镶入部局部透声不良。

2）镶入部接触不良的判定

探伤过程中，如果发现没有轮毂波（轮心波）出现，且始波后面无林状波及杂波出现，则判定镶入部接触不良。

3）可疑波形处理

发现可疑波形时，可采用多种探伤方法进行综合判断。判定是裂纹缺陷时，应不受波高幅度限制，退卸车轮，采用磁粉探伤方法确认。

3. 轴颈根部（卸荷槽）裂纹的判定

发现可疑波形时，可采用多种探伤方法进行综合判断。判定是裂纹缺陷时，应不受波高幅度限制，退卸轴承，采用磁粉探伤方法确认。

10.5.5 探伤标识

每条轮轴、轮对、车轴探测结束后，须用粉笔或标记笔等在车轮辐板内侧面或轴身上标出明显的手工超声波探伤标识“TC”。车轴有缺陷时，须注明缺陷性质和位置。

练习题

1. 电流周围和我们所熟悉的磁体周围一样也存在着磁场，这种现象称为电流的（　　）。

A. 磁感应　　B. 磁效应　　C. 电感应　　D. 电效应

2. 通电螺管线圈产生的磁场是与线圈轴线大体平行的纵向磁场，其方向可以用螺管线圈的（　　）来确定。

A. 右手定则　　B. 左手定则　　C. 安培定则　　D. 电磁感应定则

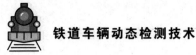

3. 在实际使用中，（　　）超声波传感器最为常见。

A. 压电式　　B. 磁致伸缩式　　C. 电磁式

4. 下列选项中不属于常用的磁化方法的是（　　）。

A. 周向磁化法　　B. 多向磁化法　　C. 逆向磁化法　　D. 纵向磁化法

5. 多向磁化法是指通过（　　），在工件中产生一个大小和方向随时间成圆形、椭圆形或螺旋线变化的磁场，因为磁场的方向在工件上不断地变化，所以可发现工件上所有方向的缺陷。

A. 单一磁场　　B. 复合磁场　　C. 多向磁场　　D. 球形磁场

6. 下述情况中不需要进行退磁的是（　　）。

A. 需要再次进行磁粉检测的工件，而前一次探测留下的剩磁对工件以后的磁化有影响

B. 工件上的剩磁对以后的机械加工会造成困难

C. 工件上的剩磁对测量仪器的操作或精度会造成不良影响

D. 工件上的剩磁对以后的机械加工不会造成影响

7. 铁磁性材料在磁场中被磁化后，其缺陷处会产生（　　），电磁探伤就是根据这个原理来发现铁磁性材料的缺陷的。

A. 吸磁　　B. 漏磁　　C. 堆磁　　D. 少磁

8. 下列说法中错误的是（　　）。

A. 闭合环形电磁探伤器可用直流电源，也可用交流电源

B. 闭合环形电磁探伤器的特点是轻便

C. 闭合环形电磁探伤器专门用以检查车轴轴颈

D. 闭合环形电磁探伤器由于采用纵向磁化法，故只能检查纵裂纹

9. 下列选项中不能用于描述声场的是（　　）。

A. 声压　　B. 声速　　C. 声强　　D. 声阻抗

10. 下列不属于超声波探伤影响因素的是（　　）。

A. 测距标定和读取不准确

B. 仪器性能不良

C. 工件实际声速与设定值或试块声速不一致

D. 周围环境的轻微干扰

第3部分

车辆动态检测技术

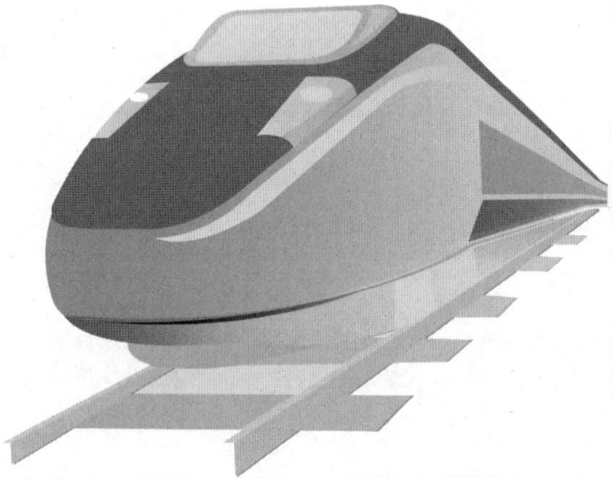

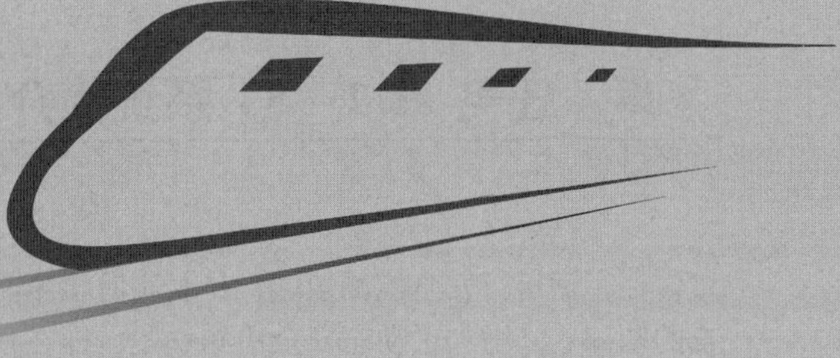

项目11 认知铁道车辆动态检测技术

本项目结合车辆段现场工作实际情况，重点介绍铁道车辆动态检测的相关技术以及5T系统的运用与管理，主要包括以下内容：红外线轴温探测系统、车辆滚动轴承早期故障轨边声学诊断系统、货车运行故障动态图像检测系统、车辆运行品质动态监测系统、客车与动车组动态监测系统。

【知识描述】

在本项目中，主要对5T系统做了全面介绍，从5T系统的发展及5T系统的网络信息系统建设展开叙述。

【学习目标】

◉ 知识目标

(1) 掌握5T系统的发展和新领域建设；

(2) 掌握5T系统网络信息系统建设；

(3) 掌握5T系统的应用与管理。

◉ 技能目标

能够对5T系统的网络信息系统建设有全面深入的了解。

◉ 素质目标

培养学生善于总结的学习习惯。

任务 11.1　5T 系统简介

在车辆运行安全检测领域，针对实时检测需求，铁路行业在定期对车辆状态进行静态检查的基础上，增加了动态安全检测手段，即在列车运行过程中利用沿线地面设备对机车车辆中关键走行部件的状态进行实时监测。通过借鉴国外先进技术经验，并结合我国铁路的实际情况，我国铁路建立了一套采用力学、声学、光学、电子、红外线等先进检测技术组成的全路性智能化、网络化车辆运行安全监控系统（简称“5T 系统”），并于 2005 年在全路范围全面推广，彻底改变了铁路车辆列检作业基本靠检车员人工检查的作业方式，大大提高了铁路车辆检修和使用效率。

5T 系统是我国铁路车辆部门为适应我国铁路跨越式发展的需求、提升我国铁路技术装备现代化水平而建立的一整套车辆安全防范系统。5T 系统采用智能化、网络化、信息化技术，实现地面设备对客、货车辆运行安全状态的动态检测、数据集中、联网运行、远程监控、信息共享，提高了铁路的运输安全防范能力。5T 系统主要由 5 大系统组成，它们是：

（1）THDS——红外线轴温探测系统。

（2）TPDS——车辆运行品质动态监测系统。

（3）TADS——车辆滚动轴承早期故障轨边声学诊断系统。

（4）TFDS——货车运行故障动态图像检测系统。

（5）TCDS——客车运行状态安全监测系统。

其中，货车的 4T 就好比老中医的“望、闻、问、切”，这里对应的是“望、闻、温（问）、切”，即：

望——看（货车主要部件的）图（TFDS，货车运行故障动态图像检测系统）。

闻——听（货车轴承的）声音（TADS，车辆滚动轴承早期故障轨边声学诊断系统）。

温——测（货车轴承的）温度（THDS，红外线轴温探测系统）。

切——按（货车运行状态的）脉搏（TPDS，车辆运行品质动态监测系统）。

客车运行状态安全监测系统（TCDS）则是全面监测客车的运行状态。

当前，车辆动态检测系统已经增加了 3 个，分别是轮对尺寸动态检测系统（TWDS）、动车组运行故障图像检测系统（TEDS）、客车故障轨边图像检测系统（TVDS）。

由于我国铁路主要线路实行客车与货车同线混行，铁路货车运输安全将直接影响客车，因此动态安全检测手段首先在铁路货车领域得到大面积应用。截至 2014 年，5T 系统已初步覆盖了京广、京九、京哈、沪昆、陇海、大秦、青藏等主要线路，遍布全路 18 个铁路局，形成了一个基本覆盖干线大节点的动态安全检测网络，全路共安装 THDS 设备约 5 648 套、TFDS 设备约 371 套、TADS 设备约 83 套、TPDS 设备约 136 套、TCDS 设备约 2 656 组。

11.1.1　红外线轴温探测系统

THDS 利用轨边红外探测头，对通过车辆的各轴承温度进行实时监测，并将检测信息实时上报到路局车辆安全检测中心，进行实时报警。通过配套故障智能跟踪装置，实现车次、车号跟踪和热轴货车车号的精准预报，重点探测车辆轴承温度，对热轴车辆进行跟踪报警，重点防范热切轴事故。THDS 实现了联网运行，对每个探测站的过往车辆和轴温探测信息直观显示，实现跟踪报警。

轴承作为货车走行部的关键部件，轴承的状态直接影响行车安全。为了预防轴承故障引发的事故，从 20 世纪 80 年代起，我国铁路开始运用红外线技术探测列车轴温，防止车辆发生热轴事故。当时，哈尔滨铁路局哈尔滨科研所、北京康拓公司、广汉科峰公司先后投入大量的人力、物力、财力进行红外线轴温探测系统的研究。经过 20 多年的发展，红外线轴温探测系统先后经历了一代机、一代半机、二代机时代，后来为适应我国铁路的提速要求而安装了提速探头设备，红外线轴温探测系统也从单独的探测站设备发展到全路三级联网，形成了网络监控能力。

红外线轴温探测系统在防止车辆发生热切轴事故方面发挥了十分重要的作用。1991 年至 1995 年的这 5 年中，我国全路共发生热切轴事故 42 件（其中重大事故 8 件）。1996 年至 2000 年的这 5 年中，仅发生此类事故 25 件（其中重大事故 4 件），下降了 40.5%。在安装有红外线轴温探测设备的线路上，因车辆热切轴造成的事故呈明显下降趋势，这与红外线轴温探测系统的推广使用密不可分。

虽然一直以来我国铁路红外线轴温探测技术进步很快，适应了我国铁路提速的需要，然而，影响热轴预报准确率和兑现率的技术难题——热轴定位和热轴跟踪，在过去一直没有实现质的突破，影响了该系统整体性能的提高。后来大力推进车号工程建设、解决了红外线轴温探测系统的热轴跟踪和热轴定位难题。通过为红外线轴温探测设备配套车号智能跟踪装置，增加车号、车次识别功能，可以实时取得车辆电子标签内的车号数据信息，这些信息为红外线轴温探测设备解决热轴定位、热轴跟踪、车辆识别提供了全新的手段，最终大大提高了热轴预报准确率，确保了铁路车辆行车安全。

THDS 遍布各个铁路局，近 6 000 套设备。THDS 之所以覆盖面如此广，一是既有线路设备的升级换代和设备大修对 THDS 设备的需求；二是国内新建铁路里程增加了对 THDS 设备的需求。按照原铁道部《车辆轴温智能探测系统（THDS）设备检修维护管理规程》要求，我国货运线路和客货混跑线路区间线路每间隔不高于 30 km 都需要安装一套 THDS 设备，车站入口、列检入口、线路入口、多进路枢纽、重大桥梁隧道入口处都要求安装 THDS 设备；THDS 系统实行定期检修制度，按规定每 6 ～ 8 年进行一次大修或更新。此外，随着城市轨道交通建设及国外铁路市场开拓，也将在一定程度上增加对 THDS 的需求。

11.1.2 车辆运行品质动态监测系统

TPDS 利用安装在铁路正线直线段上的轨道测试平台，对货车车辆的安全指标进行动态监测，重点监测货车运行安全指标：脱轨系数、轮重减载率等动力学参数，并检测车轮踏面擦伤、剥离以及货物超载、偏载等危及行车安全的情况；重点防范货车脱轨事故，防范车轮踏面擦伤、剥离以及货物超载、偏载等安全隐患，加大了货车运行安全监控力度，实现了货车运行安全质量互控以及对货车运行状态的分级评判。

多年以来，利用轨道旁的监测设备对铁道车辆等移动设备的运行安全状况进行监控，是现代化行车安全管理的一个重要措施，因此，国内外铁路管理部门都投入了大量人力和物力进行相关设备的研究。面对我国铁路提速范围越来越广、列车速度越来越高、列车载重越来越多、客货混跑及列车密度高居世界第一的现状和铁路跨越式发展的更高要求，特别是针对我国铁路干线提速后空载货车直线脱轨事故频繁发生的现象，铁道科学研究院历经近 10 年的探索与试验，研制出新一代多功能全自动的实时车辆运行状态地面安全监测装置——TPDS。它通过对走行车辆在轨道上产生的轮轨力或轮对运动状态的测量，可对车辆和转向架的运动稳定性进行有效监测，从而识别运行状态不良的车辆，进而进行相应的车辆检修，保障行车安全。TPDS 装置的投入使用，为货车脱轨事故的防范和预警起到重要作用，具有十分重要的意义。

1999 年，在沪宁线的安亭和镇江分别安装了 2 套 TPDS 设备，以对 TPDS 进行全面的试验考核和验证。2003 年，在京沪线部署安装了 8 套 TPDS（其中上海铁路局 3 套，济南铁路局 4 套，北京铁路局 1 套），并进行了联网建设和联网业务应用系统的开发实施，建成了京沪线货车运行状态地面安全监测信息传输网络，建设了 6 个铁路局监测中心、3 个铁路局监控中心和 1 个铁道部查询中心，安装了 16 个相关列检复示终端和 12 个各级安全监控中心复示监控终端，实施了近 50 个节点的联网，实现了京沪沿线货车运行状态地面安全监测信息的自动收集和集中管理，提供了京沪线货车运行状态的实时监控、综合查询和不良车辆的跟踪等信息服务。2003 年 10 月，联网业务应用系统投入运用后，TPDS 在货车安全监测的系统化、网络化和信息化方面取得了较好的成绩。通过京沪线 TPDS 的应用，各级车辆管理部门运用 TPDS 的监测信息，可以加大对货车运行安全状况的监控力度，有效地防范货车脱轨事故，防范货车车辆发生踏面擦伤、剥离以及货车超载、偏载等行车安全隐患，实现了货车运行安全质量互控。

11.1.3 车辆滚动轴承早期故障轨边声学诊断系统

TADS 采用声学技术及计算机技术，利用轨边噪声采集阵列，实时采集运行货车的滚动轴承的噪声，通过数据分析，及早发现轴承的早期故障；重点检测货车滚动轴承内外圈滚道、滚子等故障，使安全防范关口前移，在发生热轴故障之前对轴承故障进行早期预报，与红外线轴温探测系统互补，进一步防止切轴事故发生，以确保行车安全。

随着我国铁路列车运行速度的提高和站停时间的缩短，列车提速的安全要求与车辆运行安全监测水平之间存在着较大的差距，列车提速后，有关部件的故障率有增大的趋势，而其中的轴承故障是列车运行中的主要故障之一。为了预防由轴承故障引发的事故，我国铁路从 20 世纪 80 年代起，逐步在各大干线上安装了大量的红外线轴温探测系统，并已形成了全路探测网络。应用红外线技术探测车辆轴温，对发现热轴故障、防止燃轴和热切轴事故、减轻列检工人的劳动强度、提高铁路运输效率发挥了重要作用。

滚动轴承从出现故障到轴承发热有一个过程，但从轴承发热到发生热切轴故障却非常快。红外线轴温探测系统采用的是红外线辐射原理，只有轴承发热才能探测到，所以，对滚动轴承来说，红外线温度检测显得有些滞后，防范关口偏后，安全性不能得到充分保障。

随着信号分析技术和计算机技术的进步，20 世纪 60 年代以来，机械故障诊断技术得到了迅速的发展。目前，滚动轴承早期故障的诊断主要采用振动或声学的方法。中国铁路科学研究院及中国航空动力研究所（608 所）等分别开发了面向检修基地应用的轮对轴承诊断系统，该系统由试验台和诊断仪器等组成，安装在机务段或车辆段的轮轴检修流水线上，该系统通过对轴承振动信号的测量和分析来判别轴承的状态，发现早期故障，为检修提供决策依据，并决定轴承是否需要进行分解检修，从而保障行车安全。这些轮对轴承诊断装置目前仍在使用，但对于我国货车的运营管理体系来说，货车一年只能入段检测一次，而在长达一年左右的运营周期中，货车轴承的状态还是要依靠红外线探测及列检中的人工检查，早期故障仍然难以及时发现和处理。

声学诊断方法具有早期发现故障、非接触测量等优点，特别适合于通过车辆的在线监测和诊断，因此很快受到铁路部门的重视。2004 年，铁道部分别在大秦线下庄站（安装的是美国 TTCI 公司的 TADS）、卢龙北（安装的是澳大利亚 VIPAC 公司的 TADS）安装了 2 套 TADS。从 2004 年 2 月 16 日到 2004 年 4 月 2 日不到两个月的时间里，这些 TADS 系统共预报了 5 次以上的轴承故障，共计发现了 100 个故障轴承，其中有 6 辆车入段检修。通过对预报故障的 6 套轴承分解处理，确认与预报结果完全吻合，这 6 套轴承均出现了严重的滚道剥离，发现轴承故障的兑现率较高。运行结果表明，TADS 系统对发现货车滚动轴承早期故障，消除安全隐患，保证列车运行安全，确实起到了很好的作用。

11.1.4　货车运行故障动态图像检测系统

TFDS 是辅助列检作业的在线图像检测系统。利用轨边高速摄像头，对运行货车进行动态监测，及时发现货车运行故障，重点检测货车走行部、制动梁、悬吊件、枕簧、钩缓等安全关键部位，重点防范制动梁脱落事故，防范摇枕、侧架、钩缓大部件裂损、折断，防范枕簧丢失和窜出等危及行车安全的隐患。

1. 传统列检方式的不足之处

长期以来，我国铁路货车的运用维修手段陈旧，技术落后，列检作业基本靠检车员“手摸、锤敲、眼看、耳听、鼻闻”的人工检车作业方式，列检作业的质量受到检车员的业务素质、责任心、心理状态、外部环境等因素的影响，不仅效率低，而且无法保证作业质量，容易给行车安全带来隐患。随着我国国民经济持续快速的发展和铁路运输的深化改革，我国铁路向高速、重载、大密度、大编组、长交路跨越式发展，势必造成列检所日常检修任务的增加、列检工人劳动强度的加重，主要表现在以下几方面：

1）隐蔽故障明显增多

以货车心盘螺栓为例，提速后货车心盘螺栓松动、折断的问题车约占运用车的 20%，心盘螺栓的安装位置隐蔽性强，需要列检作业人员钻入车底进行仰面检查，其作业质量主要取决于列检作业人员的责任心和技术水平，这种传统的以人为主的作业方式，已经不能适应铁路大提速形势的需要，容易出现漏检，造成行车隐患。

2）列检作业时间相对密集

我国铁路新的运行图实施后，直达特快和朝发夕至列车大量开行，客、货列车的运行向密集化方向发展，各主要枢纽编组站货物列车密集始发、密集到达的新形势，给列检作业带来了新的问题。时间集中，作业集中，如果不采取先进、高效的检测技术，作业质量将难以保证，对行车安全构成严重威胁。

3）传统列检作业方式质量控制难度大

传统列检作业是在露天环境下进行的，车辆检修质量直接受自然环境因素（如白天与夜间、晴天与雨雪天、高温与低温天气等）的影响，同时也受检车员身体状况、心理因素、精神状态、业务水平、责任心等主客观因素的影响，完全处于“人控”状态，因此易出现漏检、漏修情况，使列车检修质量在很大程度上处于不可控状态。

4）货车新技术、新结构的采用使得检车员检车难度增大

随着货车车辆技术的飞速发展，一些新车型、新技术不断投入使用，有些故障单靠人工检查难以达到要求，检车员无法检查到位，易留下安全隐患。

5）我国铁路跨越式发展对生产力布局调整有了新的要求

随着我国铁路跨越式发展的推进，对货车列检所布局和列检所作业方式都提出了全新的要求，货车列检所必须适应大运输格局的需求，必须满足高速、重载和货物列车长交路的运输组织新秩序，新的运输生产秩序带来列检所保证区段的不断延长，列检所安全责任更重，要求更高。要确保列车运输安全，就必须实现列检作业方式革命性的变革，实现由人检向机检、人机结合的方式转变。

6）传统列检方式使得故障责任难以明确

传统的列检作业方式，其作业质量难以得到充分保证，而且当列车行驶到下一个列检所前发生故障时，是中途发生车辆配件故障还是本列检所漏检、漏修导致的故障难以判明，当追究责任时，无法追溯原始作业情况，造成不能有效、准确地定责，难以追究责任方的责任。

7）传统列检作业方式投入的人力较大

按照有关文件的要求，到达、始发的直通货物列车的列检作业人员按每人单侧检查不超过 10 辆标准配置，以武昌南车辆段武南一场列检所为例，按每组 10 人配置，4 个检车工班 8 个作业组，需配置现场检车员 80 人，投入的人力较大。

虽然传统列检作业方式在我国过去的计划经济中发挥了重要作用，但随着我国铁路跨越式发展战略的实施，它越来越难以适应新形势发展的需要，在一定程度上制约着铁路的发展，因此，有必要对列检所进行变革，使其采用先进的科技装备和检测手段。

2. 研发列检新手段

进入 21 世纪以来，武昌南车辆段（武汉华目公司）、哈尔滨铁路局哈尔滨科研所、北京天威公司等国内厂家经过潜心研究，针对列检作业检查中出现的时间紧、任务重、职工劳动强度大等情况，开发研制出一种辅助列检所作业的在线图像监测系统，它以高速连续数字照相技术、大容量图像数据实时处理技术和精确定位技术为核心，充分利用智能化、网络化和信息化技术，对通过的车辆自动抓拍走行部、制动梁、悬吊件、枕簧、钩缓等部位的全部图像，并经过数字化处理，传送到室内信息终端计算机，通过人机结合的方式进行故障判别，并及时通知室外检车人员进行处理，可实现对车辆底架、转向架、车钩等关键部位的自动检测和监控，可代替检车人员对部分车辆部件的检查，降低了检车员的劳动强度，可防范制动梁脱落事故，防范摇枕、侧架、钩缓大部件裂损、折断，防范枕簧丢失和窜出等危及行车安全的隐患。

2001 年，货车运行故障动态图像检测系统（TFDS）首次在武昌南车辆段武南到达列检所安装试用，之后在全国范围内广泛推广使用，通过实际运用，TFDS 系统发现了大量典型的故障，有效地保证了货车运行安全，实现了列检作业从人控向机控、由室外向室内、由静态检测向动态检测的重大变革，降低了列检作业强度，提高了列检作业效率。

11.1.5 客车运行状态安全监测系统

TCDS 属于车载系统。TCDS 针对客车运行关键部件进行实时监测和诊断，通过无线、有线网络，将监控信息向地面传输、汇总，形成实时的客车安全监控运行图，使各级车辆管理部门及时掌控客车运行及安全情况，重点检测时速 160 km 及以上客车的轴温，制动系统和转向架安全指标，火灾报警，客车供电、电器及空调系统运行安全状况；防范客车热轴事故和火灾事故，防范走行部、制动部、供电、电器及空调出现故障。

从 2007 年 4 月 18 日零时起，我国铁路实施了第六次大面积提速，几大干线的部分地段线路设计时速已达 200 km，提速网络总里程达 16 500 km；同时，我国还首次开行“D”字头的几十对动车组，开行“Z”字头的几十对“点对点”直达特快旅客列车。列车提速，对铁路通信与运输安全提出了更高的要求。随着我国旅客列车提速的范围越来越大，运行速度越来越高，途中停靠站越来越少，确保旅客列车运行安全的任务变得十分艰巨。在运行中及时发现和防止故障的发生和扩大，并采用相应信息化的检修手段，成为目前保证旅客列车运行安全的重要问题。车辆运行中，基础制动装置的作用是否良好，车辆转向架性能是否恶化，车辆供电系统是否处于安全状态，防滑器工作状态是否正常，运行中有无车轮擦伤，空气弹簧工作状态如何，轴承温度是否超限，配电室等重点防火部位有无火灾险情等，这些涉及列车运行的安全问题都必须在运行状态下及时发现并采取相应对策，才能使旅客列车运行安全得到保证。因此，需要采用新技术、新装备，来提高客车车辆的智能化、网络化、信息化水平。利用设备联网通信功能，实现车对地的数据传输和地对车的实时监测，促进客车标准化、系列化、模块化、信息化的发展。

TCDS 对客车热轴事故，火灾事故，供电、车门、车下电源、空调故障，基础制动装置故障和车下走行部故障等危及旅客列车运行安全的主要因素进行实时监测、诊断、记录和存储，集中显示和报警，便于车上检车人员及时发现和排除故障；客车运行中，TCDS 通过无线通信装置与地面数据库专家系统双向通信，并和局域网联网，实现地面人员对车载设备的远程监控，自动实现车载过程数据下载，地面数据库专家系统自动将数据入库存储，并进行数据统计，分析车辆各系统性能，定位故障，指导维修，消除安全隐患，从而实现客车运用状态的信息化监控和运用状态的动态检修与管理，逐步实现车辆技术的整体优化与发展，提高铁路运输安全与管理水平。

2005 年，我国铁路部门率先在北京铁路局北京西段、上海铁路局合肥段、西安铁路局西安段安装 TCDS 系统进行试点，通过试点运行，客车配属段可以随时掌握客车的运行轨迹，及时发现客车运行中的实时故障，通过地面专家系统对客车运行过程中的数据进行分析，有效地指导故障维修，对保证客车运行安全起到了安全监控、保驾护航的作用。

■ 任务 11.2 5T 系统的网络信息系统建设

5T 系统中，THDS、TPDS、TADS 检测设备均安装在铁路正线上，TFDS 检测设备安装在列检所附近，TCDS 检测设备安装在提速客车上。只有通过联网，才能把车辆运行中出现的故障信息实时传递给列检所等基层的现场作业人员和调度指挥人员，以便快速反应、及时维修处理。同时，单点的检测信息难以对车辆状态做最终的判断，分散、孤立的安全监测设备提供网络支持才能充分发挥其作用，才能实现多点信息的综合判断与利用并减少误判或漏判，才能对路网上车辆的运行状态进行全面的实时监控与全程跟踪。此外，5T 系统监测数据还需要逐级上传给铁路局集团公司和国铁集团，实现远程集中监控，加强安全管理，这对 THDS、TPDS、TADS 来讲尤为重要。

因此，在安装车辆运行安全检测装备的同时，必须同步建设覆盖全路的货车运行安全监控网络，实现计算机技术、网络技术、通信技术、传感器技术、控制技术、数据处理技术以及专家系统、数据挖掘技术等高科技的集成，充分发挥信息网络的作用，实现地面安全检测设备对移动设备的动态检测，实现数据集中、联网运行、远程监控、信息共享，集监测控制、安全管理、维修支持、决策分析为一体，着力构筑防范措施直接有效、设备布局点线成网、数据共享上下交互、监控跟踪覆盖全程的全路车辆运行安全防范与预警系统，形成系统化、网络化、信息化程度较高的车辆运行安全保障体系，最终促进车辆运行安全防范手段由传统向现代跨进，由人控向机控、由粗放管理向集约管理跨越。

通过联网和开发管理信息系统，将最大限度地提高安全监控和列检作业的质量和效率，及时消除故障隐患，保障车辆的行车安全；能够全面提升车辆运行安全监测数据的综合利用价值，为车辆状态修提供信息支持，使各级部门共享信息成为可能。通过使用 5T 系统提供的电子化安全监控信息服务平台，各级管理人员能够及时获得车辆运行状态的动态监测信息，加强对车辆运行状态的监控和管理，跟踪不良车辆处理的全过程，提高对安全问题的响应速度，增强处理事故隐患的能力，更有效地行使安全监督管理职能。

11.2.1　5T 网络信息系统的基本数据传输与处理流程

5T 系统的各子系统的安全技术装备的检测对象和内容不同，各子系统的作用及工作流程也不同，但就其网络信息系统的总体数据传输处理流程来讲，有其共同之处，如图 11-1 所示。

一般情况下，各探测站设有测点设备和测点服务器。地面安全监测数据由测点设备采集后传给测点服务器处理，对于检测设备安装在列检所附近的 TFDS，测点服务器直接将分析评判结果提供给列检所复示；对于检测设备安装在正线的 THDS、TPDS、TADS，通过基层数据汇聚节点给前方列检所提供复示信息。列检所依据复示终端显示的预警信息，对故障车辆进行重点检查和处理。对于发现的故障车辆数据，将传输至基层数据汇聚节点以逐级上报；同时，也将一般通过信息，即每列车的车次、测点、通过时间、车号、车种车型、速度、天气等数据传输至基层数据汇聚节点。

各级中心接收下级系统上报的货车运行安全监测数据，建立管辖范围内的多测点货车监测数据库，对管辖范围内的货车进行实时监控和多测点综合评判、危险车辆自动报警，对检测到的危险车辆和各类故障车辆进行跟踪监控，提供监测信息查询和统计分析功能；同时将危险车辆重点监控名单和状态不良车辆评判值等信息逐级下达给下级中心，直至车辆段和列检所等有关部门具体执行。

5T 系统的每个子系统均需依靠信息网络和各级中心来实现对故障车辆的掌握，了解故障车辆在路网上的轨迹，监督故障车辆的处理，其中 THDS、TPDS、TADS 这 3 个系统对信息网络的依赖性较大，尤其是 TPDS、TADS 更需要在故障车辆数据库和分析模型的支持下，通过对多点监测数据的综合分析，来准确判断货车的运行状态和轴承故障，进行预警。例如，通过将 THDS 与 TADS 故障轴承监测信息与 TPDS 踏面擦伤监测信息关联，有助于提高红外线轴温报警兑现率。

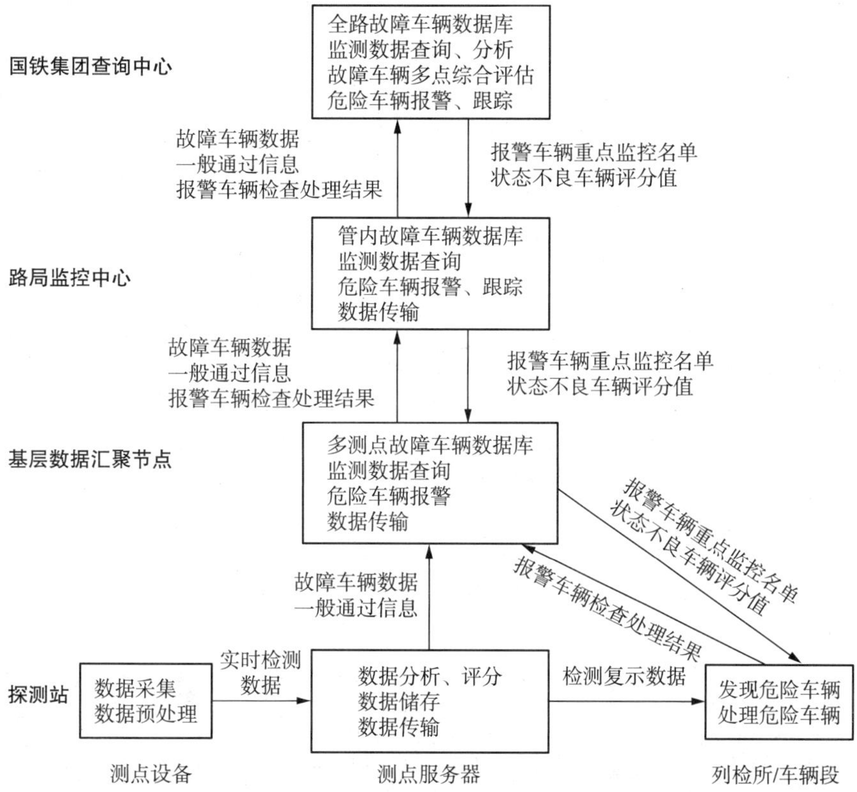

图 11-1　网络信息系统的总体数据传输处理流程

11.2.2　5T 系统的总体结构

5T 系统建设要充分体现“分散检测、集中报警、网络监控、信息共享”的基本要求，建成覆盖全路的车辆运行安全监测信息网络。5T 系统由轨边 THDS、TPDS、TFDS、TADS 探测站和 TCDS 车载安全监测诊断设备、基层数据汇聚节点、路局监控中心、国铁集团查询中心组成，并在列检所和车辆段设置监控复示终端。各级中心之间以及基层数据汇聚节点与探测站、列检所、车辆段之间通过接入铁路计算机网络相互连通，实现监测信息的自动收集、集中存储和管理，采用层次化的分布式数据存储和处理技术方案，构成三级联网、三级复示、三级管理信息系统。5T 系统的总体结构示意图如图 11-2 所示。

其中：

三级联网是：探测站或车载监测设备与基层数据汇聚节点联网，基层数据汇聚节点与路局监控中心联网，路局监控中心与国铁集团查询中心联网。

三级复示是：前方列检所复示，负责重点检查、处理问题车辆；车辆段复示，主要解决管理和设备维修问题；路局监控中心复示，主要对疑难问题给予技术支持，及时对问题车辆进行处理。

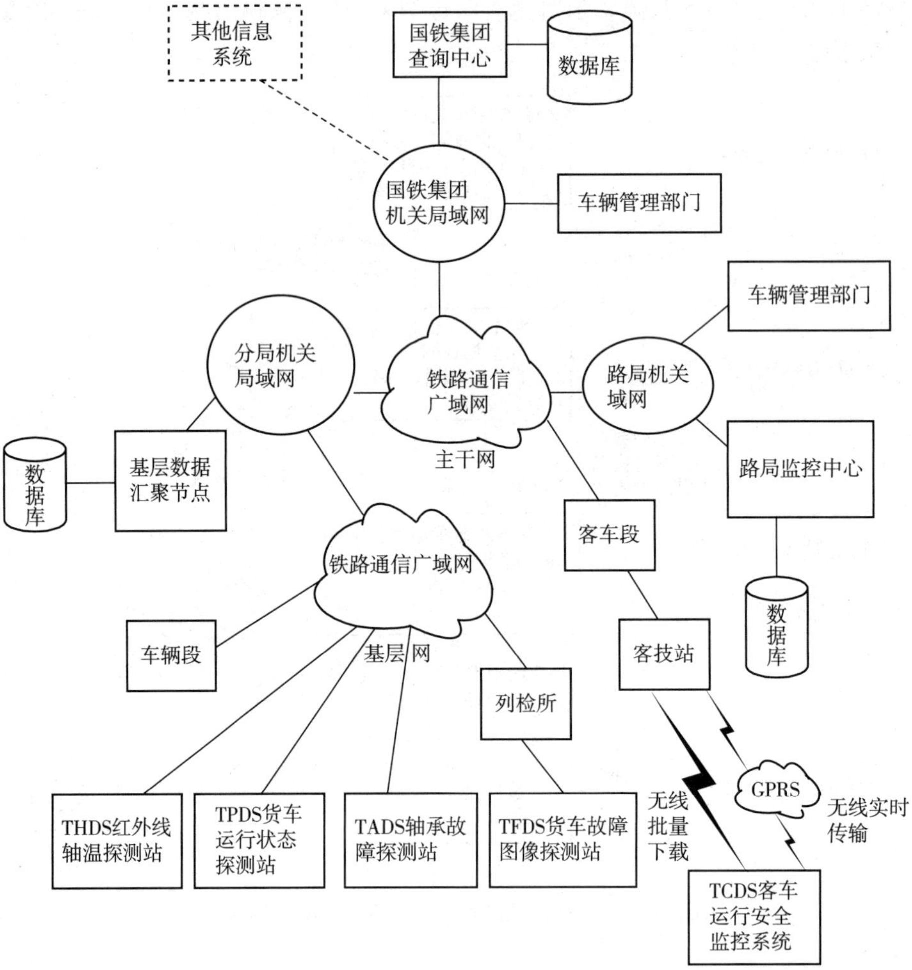

图 11-2　5T 系统总体结构示意图

三级管理信息系统是：国铁集团查询中心系统、路局监控中心系统以及铁路基层监控系统，各层系统建立不同粒度的监测信息集成存储数据库，实现与其他相关信息系统的数据交换和共享，提供面向不同用户需求的应用功能。

■　任务 11.3　车号自动识别系统的组成

1. 货车/机车电子标签

车辆电子标签（TAG）相当于每辆车的“身份证”，外形如图 11-3 所示。电子标签安装在机车、货车底部的中梁上，标签本身是无源的，它是靠地面识别设备发射的微波信号提供能量来工作的。电子标签设计简单，工作可靠，识别精度高，具有很长的使用寿命，并且不需要维护。

图 11-3 车辆电子标签

2. 地面识别系统

地面识别系统（AEI）由安装在轨道间的地面天线、车轮传感器及安装在探测机房的RF射频装置、读出计算机（工控机）等部分组成，对运行的列车及车辆进行准确的识别。

（1）地面天线。地面天线的作用是发射微波信号和接收标签反射回来的调制信号。

（2）车轮传感器。车轮传感器又称磁钢，实质上它是一种接近开关，安装在车辆进入和驶出识别区段的线路上，能检测线路是否有车辆通过，主要作用是采集车轮信号。磁钢分为无源磁钢和有源磁钢两种。无源磁钢的工作原理是：车轮等导磁体切割磁力线，产生感应电动势，缺点是低速车感应不灵敏，易造成延迟触发或丢失检测信号现象。有源磁钢能够感应磁场的变化，当导磁物体接近有源磁钢时，有源磁钢输出正脉冲，当导磁物体从接近位置远离有源磁钢时，有源磁钢输出电压为0 V，测速范围为0～150 km/h。

（3）RF射频装置。RF射频装置是微波发射、接收和解调的装置。

（4）读出计算机。读出计算机用于采集标签信息、测速、计轴、计辆、标签定位与车站CPS设备通信、自检。

3. 集中控制管理计算机系统及复示终端设备

集中控制管理计算机系统及复示终端设备由计算机、打印机、通信模块及软件构成，安装于编组站、交界口车站及列检所等场所，完成列车标签信息的显示功能，并提交有关部门使用。

4. 信息跟踪查询终端设备

信息跟踪查询终端设备设在分局、路局车辆调度中心，查询车辆跟踪管理信息及车辆的运行区间位置，查询车辆检修状况、交界口车流统计结果等。

5. 标签编程系统

在车辆标签安装前，利用标签编程系统将车辆信息写入标签内存储装置，可在车辆段或车辆工厂进行编程写入，操作数据对用户开放。

6. 国铁集团中央数据库管理系统

国铁集团中央数据库管理系统是全路标签编程站的总指挥部。把标签编程站申请的每批车号与中央车号数据库进行核对，对重号的重新分配新车号，再向标签编程站返回批复的车号信息。这个管理系统既是集中统一处理、分配和批复车号信息的中心，又是一个信息管理和查询的中心。

练习题

1. （　　）不属于货车动态监测系统。

A. TFDS　B. TADS　C. TPDS　D. TCDS

2. （　　）利用轨边红外探测头，对通过车辆的各轴承温度进行实时监测，并将监测信息实时上报到路局车辆安全检测中心，进行实时报警。

A. TADS　B. THDS　C. TEDS　D. TFDS

3. 在5T系统中，TFDS检测设备一般安装在（　　）。

A. 铁路正线　B. 道岔附近　C. 列检所附近　D. 车体上

4. TCDS系统属于车载系统，重点检测时速（　　）km及以上客车的轴温，制动系统和转向架安全指标，火灾报警，客车供电、电器及空调系统运行安全状况。

A. 90　B. 120　C. 140　D. 160

5. （　　）不属于地面识别系统（AEI）组成部分。

A. 地面天线　B. 终端设备　C. 读出计算机　D. 车轮传感器

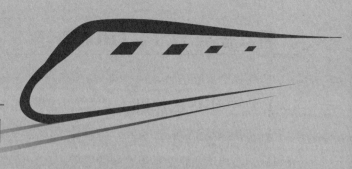

项目12 红外线轴温探测系统(THDS)

红外线轴温探测系统（THDS）是利用安装在轨边的温度探测装置，采用辐射测温技术，实时检测运行状态下的列车轴承温度，发现车辆轴承故障隐患，保证铁路运输安全的车辆安全防范系统。

【知识描述】

在本项目中，主要从THDS探测站的构成、工作原理、故障分析以及对设备的维护展开介绍。

【学习目标】

◉ **知识目标**

（1）掌握THDS的构成；

（2）掌握THDS的工作原理；

（3）掌握THDS在铁道车辆上的应用。

◉ **技能目标**

具备红外线轴温探测的工作原理分析能力。

◉ **素质目标**

培养学生严谨思考问题的态度。

任务 12.1 THDS 介绍

12.1.1 THDS 的作用

轴承是铁道车辆转向架的关键部件，其状态直接影响行车安全。轴承在运转过程中由于材料缺陷、加工或装配不当、润滑不良、水分和异物侵入、腐蚀剥落以及过载等原因都可能导致损坏。当然，即使在安装、润滑和使用维护都正常的情况下，经过一段时间的运转，轴承也会出现疲劳剥落和磨损等现象，影响轴承的正常工作。如果不及时对这些轴承故障发出警告、采取措施，最终会导致燃轴或切轴，从而发生严重的列车安全事故。铁路车辆轴承温度过高是车辆轴承出现故障的一个重要表征，而且轴承故障的严重程度与轴承温度的高低有着复杂而密切的关系。THDS 通过装设在轨道两侧的感温探头准确测量轴承温度，科学、合理地对异常轴温进行判别，并与其他车辆安全防范系统配合使用，可以更准确地发现轴承早中期故障。THDS 对轴承温度的监测是发现车辆轴承后期严重故障、防止热切轴的重要手段和最后关口。

12.1.2 THDS 的发展历程

THDS 先后经历了一代机、二代机、三代机和四代机 4 个阶段。20 世纪 70 年代我国开始研制一代机，采用热敏电阻测温、交流放大、不定量测温、描笔式记录仪输出、人工判断热轴的工作模式。在铁路内外有关科研人员的共同努力下，于 1973 年试制出了第 1 台样机。1977 年中国铁路完成对 HZT-1 型描笔式车辆轴温智能探测器的技术鉴定，1978 年全路推广运用。HZT-1 型描笔式车辆轴温智能探测器一般由安装在进站咽喉区外边的探头、探头附近的发送端机和列检所内的接收端机组成，由接收端机的描笔式记录仪根据轴温信号绘出轴温波形，值班员判别波形后通知列检人员处理。探测器不具备数据处理和储存记忆功能，以探测滑动轴承为主，适应的列车速度为 5 ～ 70 km/h。

1985 年后，研制了二代机早期产品，采用热敏电阻测温、直流放大、定量测温、计算机进行数据采集和处理、自动判别预报热轴的工作模式。20 世纪 90 年代，大面积推广使用二代机，探测站无人值守，实现分局中心、复示站、探测站的网络连接，主要代表机型有哈科所（威克）HTK-391、广汉厂（科峰）HTZ-2000、航天部 502 所（康拓）HBDS-Ⅰ、HBDS-Ⅱ型车辆轴温智能探测系统（简称二型机）是其代表机型之一，经历了单点就地复示和联网监测两个阶段，并最终形成了以模拟网为主干网的综合预报网络系统，1993 年通过了中国铁路技术评审。

1998 年以后，采用光子器件，研制推广适应高速列车的探测系统，主要代表机型有哈科所（威克）HTK-499、广汉厂（科峰）HTZ-2000+、航天部 502 所（康拓）HBDS-Ⅲ。HBDS-Ⅲ型车辆轴温智能探测系统（简称三型机）是为适应我国铁路逐步提速的形势，为探测快速列车、高速列车轴温的需要而开发的新型红外线轴温探测系统，可满足探测以 360 km/h 速度运行的列车轴温和热轴报警的需要，2000 年通过了中国铁路技术评审。

列车提速及铁路装备“跨越式发展”的部署和实施，对车辆轴温智能探测系统提出了新的要求。特别是随着车速的提高，用户对列车运行安全更加重视，铁路运营管理部门对探测站的测量精度、信息采集的广度、热轴预报兑现率、探测站设备维护的方便性、无故障运行时间、故障排除时间等指标提出了更高的要求。针对这些要求，必须开发新一代的热轴探测站设备，达到红外线轴温探测的智能化、网络化、信息化和标准化的要求。随着计算机技术和传感器技术的发展，为发展新一代车辆轴温智能探测系统提供了技术基础。新型探测站根据中国铁路制定的标准，命名为 THDS-A 型车辆轴温智能探测系统（简称四型机），并在 2006 年通过了中国铁路技术评审。

12.1.3　根据轴承温度判别轴承故障的原因

一是温度检测，具有简单、成熟、易于实现的特点，具备非接触性、灵敏度高、检测速度快的优点，能够满足我国铁路运输安全监控的需要。

二是通过准确测量轴承温度，科学、合理地对异常轴温进行判别，并与其他车辆安全防范系统综合利用，可以准确地发现轴承早中期故障。对轴承温度的监测，是及时发现车辆轴承后期严重故障、防止热切轴的重要手段和最后关口。

12.1.4　红外线测温的基础理论

1. 什么是红外线

红外线是一种不可见光，是位于可见光中红色光以外的光线，故称红外线。它的波长范围大致在 0.76～1 000 μm，红外线在电磁波谱中的位置如图 12-1 所示。工程上把红外线所占据的波段分为 4 个部分，即近红外、中红外、远红外和极远红外。红外光的本质与可见光或电磁波一样，也具有反射、折射、散射、干涉、吸收等特性，它在真空中也以光速传播，并具有明显的波粒二重性。近年来，红外线技术已经成为一门发展迅速的新兴学科，广泛应用于生产、科研、加工、军事、医疗等领域。

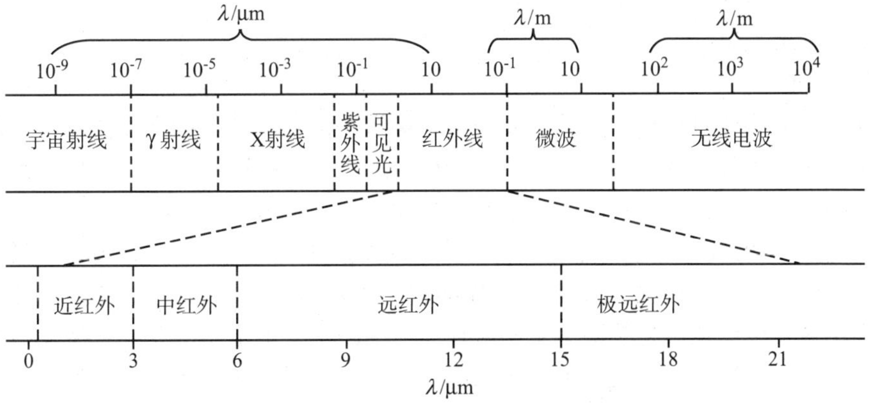

图 12-1　红外线在电磁波谱中的位置

2. 什么是红外线辐射

在自然界中，所有温度高于 0K（-273.15 ℃）的物体，由于自身分子的热运动，都在不停地向周围空间辐射包括红外波段在内的电磁波，而且通过一定的设备可以检测到这些不同波段的电磁波。不同波段的电磁波，它的能量也是不同的。物体的红外辐射能量大小和波长的分布与它表面的温度有着十分密切的关系，因此，通过对物体自身辐射的红外线能量的测量，就可以准确地测出物体表面的温度。这也就是我们所说的红外测温理论的依据。

3. 什么是红外线探测器

红外线是一种看不见的电磁波，它不像可见光那样容易被人们发现。为了能够探测红外线的存在而制成的探测装置便是红外线探测器。红外线探测器一般由光学系统、红外探测器、信号放大及处理电路等部件组成，某些探测器需要在低温条件下工作，因此有的红外线传感器还包括探测器的制冷装置。红外线探测器基本上是一个光学-电子系统，它将接收到的红外辐射转换为电信号，让人们间接地感知红外线的存在，并测出红外线的波长和强度，再通过后续处理和计算，达到测温的目的。

4. 红外线轴温探测基本原理

红外线轴温探测器是由升降装置和探头组成的，探头内的机械光栅，像人的眼睛一样，一开一闭就把轴箱的温度吸取到眼睛里。红外眼睛是一个半球形的锗透镜，内有锰钴镍的烧结物，锗透镜对 7 ～ 11 μm 波长的红外光有非常强的吸取能力，而轴箱发热的波长正是在这一范围之内，因此红外眼睛能把轴箱热量吸收进来，并转换成电信号，然后通过像神经一样的电缆传输到室内，经过中央处理机，再通过描笔记录仪记录下来。探头上有三个触角，触角是一个高灵敏度的磁传感器，当有车轮通过时，它就感应出电压。车速越高，感应出的电压越高。列车通过时，第一个触角感应出电压，供机器人开启电源；第二、第三个触角在车轮通过时，感应出的电压供红外眼睛的保护门开闭用。由于触角的作用，红外眼睛把轴温信号一个个地记录下来，经过加工——热电转换，送到中央处理机处理，把热轴脉冲记录在纸带上，供红外值班员分析判断，确认热轴后再通知检车员处理。

5. 红外线探测器分类

红外线探测器按其作用原理一般可以分为两大类：热探测器和光子探测器。按照放大电路的种类区分也可以分为两大类：直流探头，其放大电路为直流放大电路；调制探头，其放大电路为交流放大电路。

1）热探测器

当入射的红外线能量使得探测器温度升高，导致探测器的某些物理性质发生变化，并进而转化成可测量的信号，就可确定入射红外线能量的大小，据此制作的红外探测器为热探测器。热探测器主要有 4 类：热释电型、热敏电阻型、热电阻型和气体型。因 THDS 中主要应用热敏电阻型热探测器，我们重点介绍该类型。热敏电阻型探测器是利用某些金属或半导体材料的电阻率随温度有较大变化而制成的探测器。当热敏电阻吸收红外线辐射而温度变化时，其电阻率也发生变化。将热敏电阻串联在恒流电路中，电阻率的变化可转化为电压的变化，此时红外线辐射能量可转化为电压输出。由于热探测器温度变化后才会导致其物理性质变化，因此热探测器的响应速度较慢。热敏电阻的响应时间常数为毫秒级。采用该种探头的 THDS 适应车速较低，一般在 160 km/h 以内。

2）光子探测器

入射的红外线光子流与探测器材料（如蹄镉汞材料）中的电子直接相互作用，探测器内部的电子会被光子激发出来而形成电流，使得探测器的电子能量状态发生变化，从而导致各种电学现象，称为光电效应，利用光电效应制作的红外线探测器为光子探测器。由于光电效应中没有热探测器温度变化的过程，所以光子探测器的响应速度比热探测器快很多，响应时间常数为微秒级。采用该种探头的 THDS 适应车速较高，可以达到 360 km/h。

光子探测器的一个特性就是需要在低温条件下工作，以降低噪声，保证探测器的灵敏度。因此，采用碲镉汞器件制作的光子探头要对碲镉汞进行制冷，降低器件温度，确保获得比较高的响应率和信噪比。由于碲镉汞器件的响应率随器件温度变化，因此在实际应用中，既要使器件温度尽可能低，又要在一段时间内使器件温度保持稳定，因此要对器件进行控温，将碲镉汞的温度控制在设置温度上。当环境温度变化过大而使器件温度不能稳定在所设置温度时，应再重新设置器件温度。这样，使探测器件的响应率在一段时间内保持稳定不变。

12. 1. 5.　轴温波形

普通货车滚动轴承轴温波形是标准的 32 点梯形波，首先扫描车底架 5 ～ 6 个点，扫描轴承轴径 15 ～ 16 个点，接着扫描车底架 9 ～ 13 个点。

标准的货车滚动轴承轴温波形大致上左右对称，①～②前沿部分大约为 1 至 3 个点，⑤～⑥尾部大约为 3 至 5 个点，③～④为波形平顶，属轴承热区部分，内探探测角度扫描曲线为滚动轴承底部，两副保持架中心（中隔圈）位置波形顶部比较平直，如图 12-2 所示。

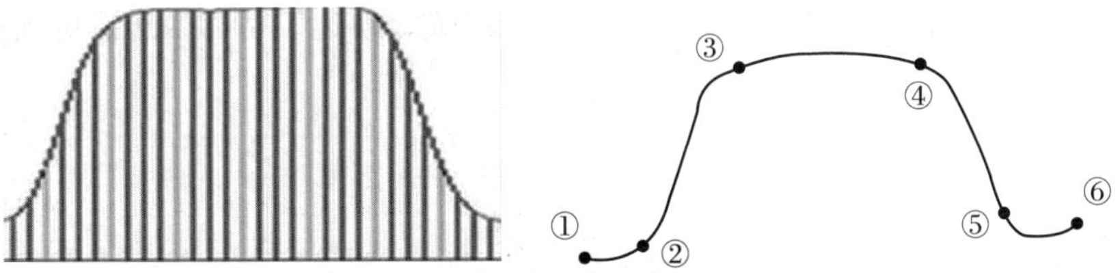

图 12-2　车辆轴温波形图

任务 12. 2　THDS 的构成

12. 2. 1　认识 THDS

THDS 由探测站、列检复示站及路局监控中心三部分构成。

1. 探测站

探测站是整个系统的基础，通过轨边装设的红外线探测器对通过车辆的每个轴承温度进行实时检测，并将检测信息实时上传，进行实时报警。通过配置故障智能跟踪装置，实现车次、车号跟踪和热轴货车车号的精确预报，对热轴车辆进行跟踪报警，重点防范热切轴事故。

2. 列检复示站

列检复示站可根据需要设置，一般设置在列检所或通信线路条件较差的区段。一个列检复示站管理若干个探测站，列检复示站的功能是：在日常状态下，负责各探测站与监测中心之间通信通道的汇集和分配，接收和处理所管辖的探测站传输来的数据，并具有打印和报警的功能；一旦远程话路通信中断，它自动承担起对探测站的控制任务，与探测站构成一个独立的子系统，使轴温监测工作不中断，待通信恢复后，又可以将其所缓存的数据重新发往路局监测中心。

列检复示站的设备包括计算机终端、打印机、红外线调度电话、不间断电源及电源防雷设备、红外线监测中心。计算机应设置两台，以保障系统能不间断地工作，其中一台计算机作为冷备份或热备份。

3. 路局监控中心

路局监控中心设于铁路局集团公司调度楼内，人员编制归调度所，业务工作归车辆处负责，负责管内 THDS 的管理和区间车辆热轴监测、预报、日常数据的统计分析和汇总、信息反馈，不间断掌握管内 THDS 的工作及运用情况，监控车号地面识别设备，及时向有关部门通报系统及有关设备故障。

下面以 THDS-A 探测站为例进行介绍。

12.2.2 THDS-A 探测站的构成

THDS-A 探测站由轨边设备和轨边机房内设备组成，轨边设备和轨边机房内设备通过电缆连接，如图 12-3 所示。

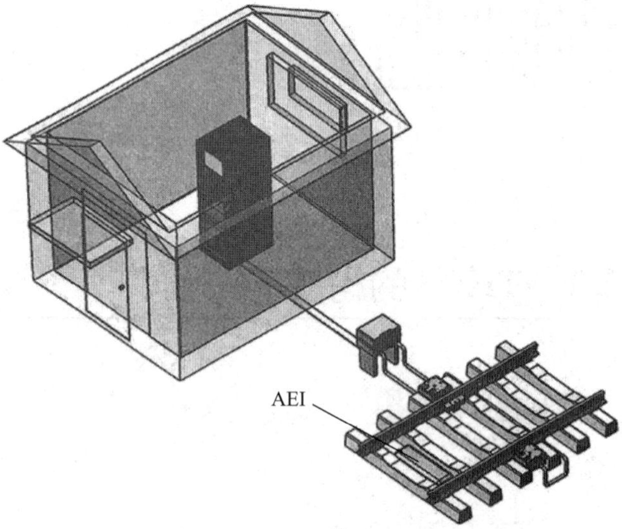

图 12-3 THDS-A 探测站设备示意图

12.2.3 探测站轨边设备

探测站轨边设备包括车轮传感器（又称磁钢）、卡轨器（卡具）、探头箱、车号天线等，如图 12-4 所示。

图 12-4 探测站轨边设备

1. 磁钢

磁钢的作用是将车轮通过磁钢位置时的信息传递给控制电路，使设备完成计轴计辆及测速等功能。磁钢如图 12-5 所示。

图 12-5 磁钢

THDS-A 设备每台安装 4 个磁钢，1#磁钢安装在距离下探测器（来车方向）前 50 m 以外，主要提供开机信号，使设备进入接车状态。2#、3#、4#磁钢用于计算车速和轴距，其中4#磁钢为冗余磁钢，2#、3#磁钢坏掉其中的一个，也不影响计轴和测速的计算。

1）开机信号

当车轮压上 1#磁钢时，探测站信息处理计算机首先判断是车轮信号还是干扰信号，当磁钢有效信号大于 3 次时，认为是来车信号，此时探测站信息处理计算机系统向上位机发送一次正在过车报文，然后进入中断子程序，即系统停止自检和对上位机通信联络，探测站系统准备接车，处理来车的各种信息，为轴温采集做好准备工作。

2）测速

当列车第一轮压上2#磁钢时，探测站计算机记下该时刻 t_1；该轮压上3#磁钢时，探测站计算机记下该时刻 t_2，所以同一轮从2#磁钢到3#磁钢时所需的时间为 $\Delta t = t_2 - t_1$。又由于2#磁钢到3#磁钢之间的距离已经设定为 $s = 270$ mm，因此，该轮通过2#磁钢、3#磁钢时的速度为 $v = \frac{s}{\Delta t} = \frac{270}{t_2 - t_1}$。这样就测出了该轮通过探测点时的速度，系统显示的是通过车的最低速度、最高速度，即全列轴中通过的最低速度和最高速度。

3）测距

测出列车速度以后，我们可以进一步来测轮与轮之间的距离。当下一轮压至2#磁钢时，记下该时刻 t_3，即可计算出轮与轮之间的距离 $L = v \times (t_3 - t_1) = \frac{270 \times (t_3 - t_1)}{t_2 - t_1}$，即轴距。

4）磁钢安装及维修的一般要求

（1）磁钢一般安装在靠近探测站机房一侧的钢轨上，在电气化区段必须装在非电网回路一侧的钢轨上。

（2）1#磁钢安装在距离下探测器（来车方向）前50 m以外，开机磁钢连线必须敷设地下铠装电缆或穿金属护管埋地引入室内。1#磁钢如图12-6所示。

（3）2#、3#磁钢间距为(270±2)mm，3#、4#磁钢间距为(400±2)mm。2#、3#、4#磁钢应型号一致，灵敏度一致。磁钢线应加防护管引入探头箱内，要求管内无接头、无硬弯。2#、3#磁钢如图12-7所示。

图12-6　1#磁钢

图12-7　2#、3#磁钢

（4）磁钢安装还应注意钢轨的型号。磁钢顶面与轨面距离为(37±2)mm。如磁钢顶面距钢轨面距离偏小，则导致磁钢输出信号偏低，引起丢轴、计轴计辆出错；如距离偏大，则导致车轮压伤磁钢，在雨天或其他情况引起短路或抗干扰性能下降，致使计轴计辆出错。

（5）磁钢外沿与钢轨内侧距离为(88±3)mm，磁钢安装时可用磁钢安装标准计量尺校对位置。

（6）磁钢线与进入室内的连接电缆连接前，应先判别磁钢极性，按极性对接，否则会引起计轴计辆故障。

2. 卡轨器

卡轨器分为探头箱卡轨器和磁钢卡轨器，如图12-8所示。卡轨器的安装要求如下：

（1）探头箱卡轨器是探头箱的安装承载平台，要求卡爪与钢轨之间可靠连接，并保证一定的安装精度和稳定度，同时要求为轴箱扫描器提供一级减振，以便保证轴箱扫描器具有较为一致和稳定的安装角度及位置，为探头瞄准提供稳定的平台，同时减缓钢轨振动对扫描器的冲击。在安装探头箱后，探头能够沿钢轨方向、垂直钢轨方向进行直线移动。

（a）探头箱卡轨器（钢轨外侧）

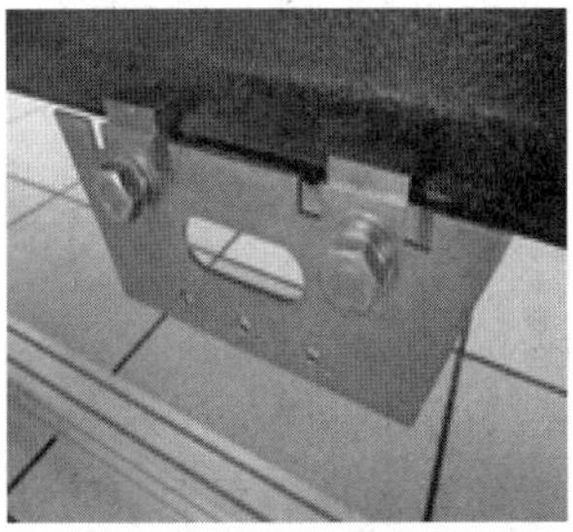
（b）探头箱卡轨器（钢轨内侧）

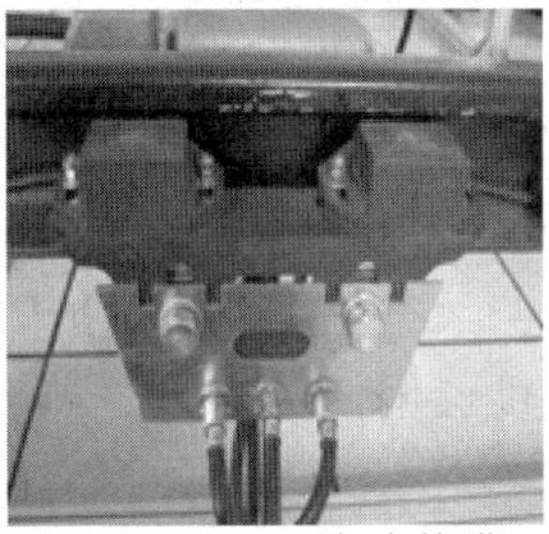
（c）2#、3# 磁钢卡轨器

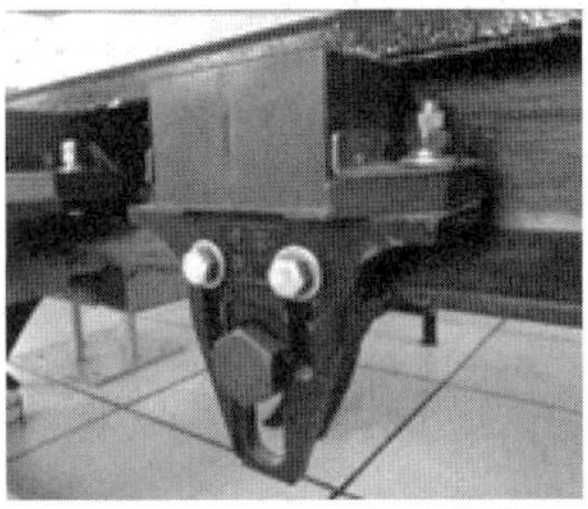
（d）1#、4# 磁钢卡轨器

图 12-8　探头箱卡轨器和磁钢卡轨器

（2）磁钢卡轨器为磁钢提供了安装基面，其中 1#磁钢和 4#磁钢卡轨器相同，可单独安装；2#磁钢和 3#磁钢共用一个卡轨器，并与探头箱卡轨器配合安装。

（3）卡轨器部件结构紧凑，安装时操作简单，拆卸方便，满足捣固清筛等轨边作业要求，并且能够满足在 50 kg/m 轨、60 kg/m 轨、75 kg/m 轨等不同轨型上安装的需要。

（4）安装卡轨器时，应先清除轨枕下的道砟，防止道砟挤压卡轨器。先安装带有 2#、3# 磁钢的卡轨器，然后以此侧为基准校对另一侧卡轨器的位置，左、右卡轨器中心应在与钢轨垂直的同一直线上。如果左、右探头箱卡轨器安装不对称，会造成两侧探头采集点起始位置不同，动态监测数据表现为左、右侧第一峰值不一致。

3. 探头箱

1）箱体结构及作用

探头箱是轴温探头的安装平台，具有绝缘、防尘、防雨雪、防阳光辐射等特点。箱体分为上箱体、下箱体两部分，如图 12-9 所示。

（a）外形

（b）上箱体内部

（c）下箱体内部

图 12-9　探头箱

下箱体由壳体、第二级减振器、探头安装架组成。上箱体由壳体、隔热保护罩、排风扇、热靶大门组件、大门电机、除雪装置（选配）组成。上箱体除了为轴温计算提供温度基准外，还要在列车到达前后将红外轴箱扫描器封闭，保持内部清洁，并避免某些外界因素损坏内部部件。

探头箱外形尺寸（长×宽×高）：436 mm×441 mm×263 mm。

2）探头箱内主要器件

（1）保护门总成。

保护门总成由转角电机、保护门及自锁机构等组成。其作用如下：

① 保护门在列车到达前后将红外轴箱扫描器封闭，保持内部清洁。

② 对探头进行保护，防止石子或其他硬物对探头镜片造成的伤害。

③ 在未过车时，探头以保护门为背景进行校零，抑制探头器件的漂移。

保护门由安装在上箱体内的转角电机带动完成开启和关闭的动作。当电路或机械部分发生故障时，会造成保护门不开或保护门不关故障。当保护门不开时，探头无法探测到轴温信号；当保护门长时间不关时，探头对天空校零，当天空温度低于保护门温度时，输出的轴温的绝对温度会偏高；否则，输出的轴温的绝对温度会偏低。

（2）热靶组件。

热靶组件主要由印刷电路板、加热膜、均热板、铂电阻等组成。热靶是光子探头系统中对探头进行标定的一种热标准，标定时光子探头读取热靶不断均匀上升的温度，使光子探头得到一条与热靶温度相对应的电压幅值曲线。热靶为探头提供校对曲线的基准温度，它的好坏直接影响到探测精度。热靶组件如图 12-10 所示。

（a）热靶正面　（b）热靶背面

图 12-10　热靶组件

热靶标定是保证轴温计算准确的条件之一。光子探头采用膝锅承器件作为探测器，膝锅承器件在不同温度下的输出特征不同，因此若探测器的工作温度发生变化，轴温计算所采用的温度-电压曲线也应随之改变，这一特点决定了以这种方式工作的光子探头难以采用固定的温度-电压曲线进行轴温计算。另外，四型机光子探头采用调制盘对光学信号进行调制，使得调制盘的温度（盘温）也影响探测器的输出。以探测温度不变的对象为例，探测器件的工作温度变化，会使探测器的响应特性发生变化，而调制盘温度的变化使测温对象和测温背景之间的温差发生变化，两者都会使探头的输出电压发生变化。因此，四型机采用热靶标定的自适应温度标定方法，实时获得轴温计算标准，使系统能够自动适应探头工作状态的变化，使轴温计算准确。热靶成像原理如图 12-11 所示。

热靶组件除为轴温计算提供温度基准外，还要在列车到达前后将探头箱封闭，保持箱内的清洁，并避免某些外界因素损坏内部部件。热靶组件由力矩转角电机驱动。热靶组件结构简单、可靠，易于维护，且在掉电状态下能够保持自锁状态，可有效避免人为破坏。

热靶组件的主要技术参数如下：

最高温度：120 ℃。

升温速率：1 ℃/（1.8～2）s。

测温元件：PT1000 铂电阻，B 级。

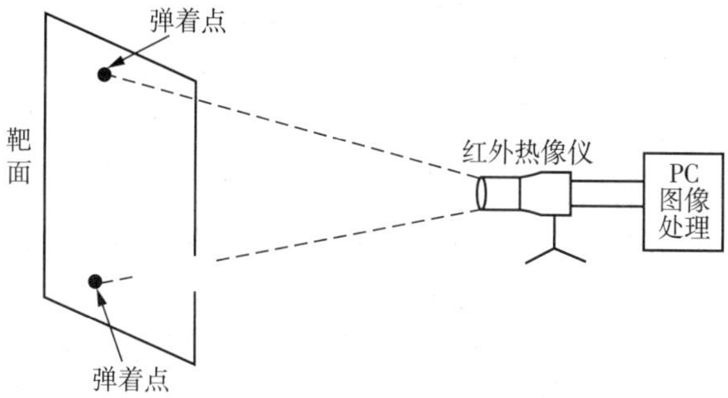

图 12-11　热靶成像原理

4. 轴温探头

1）探头的分类

轴温探头是轴温探测的核心部件，按测温元件不同探头分为：

热敏探头——敏感元件采用双浸没热敏电阻，如图 12-12 所示。

光子探头——敏感元件采用碲镉汞光子器件，如图 12-13 所示。

按工作方式可将探头划分为调制探头和直流探头两种。THDS-A 型轴温探测设备用的热敏探头和光子探头均为直流探头。探头安装如图 12-14 所示。

图 12-12　热敏探头

图 12-13　光子探头

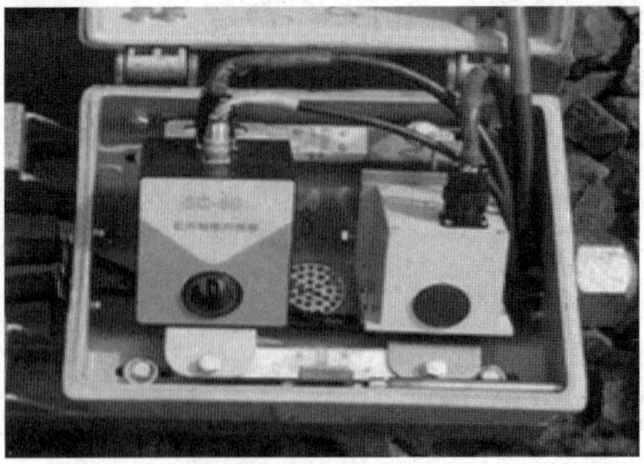

图 12-14　探头安装

（1）热敏探头。

热敏探头主要由光学系统、热敏电阻、直流放大器、跟踪电源和自稳零电路组成。当热敏元件接收到外界物体所释放的辐射能量时，其自身温度将发生变化，接着导致自身电阻的变化，而另外一个平衡电阻被遮盖，输出端失去平衡，产生电压信号输出。

（2）光子探头。

光子探头主要由光学系统、传感器、桥电路、桥电源、前置放大器、半导体制冷器的控温电路、电源电路等组成。探头工作时，经光学系统聚焦，车轴红外辐射能量被聚焦到探头的敏感元件上，从而引起 HgCdTe 元件的电阻变化。通过桥电路将电阻变化量转化成电压变化量，经放大后，输出一个与红外辐射能量成比例的电压信号，以达到测温目的。控制电路对于 HgCdTe 器件进行制冷控制，使其工作在稳定低温状态，以提高探测器的灵敏度、探测率和稳定性。

2）探测方位

探测方位的确定是探头箱设计的关键问题。经对多种车辆车型轴箱位置的分析和现场试验论证，结合各种车辆特点，最终确定了探头箱的最佳安装方位：采用“双下探”的探测方式。探头位于探头箱内，探头元件中心低于轨面 160 ～ 180 mm。内探元件中心距钢轨内侧（260±5）mm，仰角 45°，与钢轨水平夹角 0°；外探元件中心距钢轨内侧（415±5）mm，仰角 45°，与钢轨水平夹角 3°～ 6°，该角度既可以应用于 HTK-499 设备，也是 THDS-A 型红外线设备的标准探测角度，如图 12-15 所示。

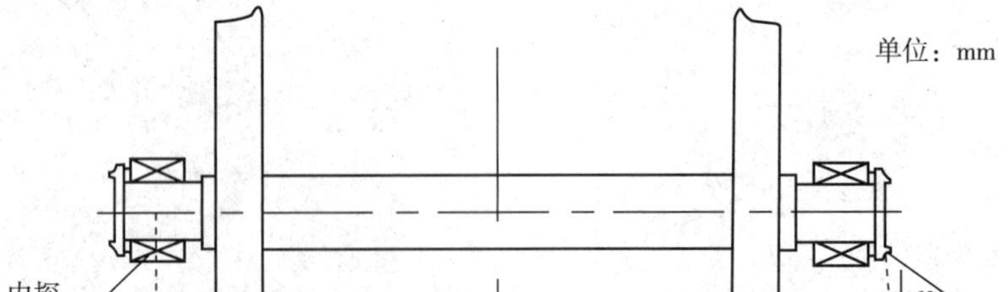

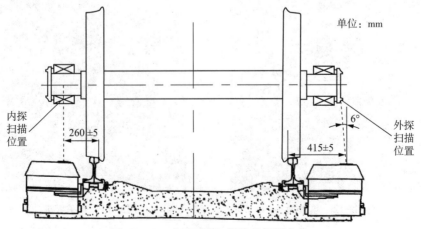

图 12-15　“双下探”探头的探测方位

（1）内探。

由于探头光学中心距钢轨内侧距离较近，探头光学路径主要扫描轴承中隔圈附近。内探的优点是探测位置为滚动轴承中间，中隔圈的位置距离轴承两排滚子比较近，平均温升略高，探测充分，不会受到列车运行中的摆动影响，因此内探对于轴承正常运转热的探测精度更为精确。内探的缺点是 X1K 型车和长大货车等带轴箱套的轴承由于被遮挡而导致无法直接探测到轴承表面，造成漏探。

（2）外探。

由于探头光学中心距钢轨内侧距离较远，探头光学路径主要扫描轴承端盖附近，距离滚子比较远，因此外探的轴温应比内探的轴温略低。外探的优点是兼容滚动轴承与滑动轴承，不受车种、车型的限制。存在的问题是对探头角度要求严格，由于货车晃动或探测角度偏差易产生漏探。同时，外探无法滤除由于轴承密封罩与密封座之间的摩擦热或密封罩脱出与其他配件摩擦而导致的假热轴而误报热轴。

提示：THDS-A 采用内探、外探相结合的双探形式，集合内、外探的优点，实际探测中以内探为主，外探为辅，能够更准确地探测轴承故障。

无论内探、外探还是双探，通常采用沿着列车运行方向探测，即探测位置是轴承的背风面，而非迎风面。这样做的主要原因是：轴承的背风面，温度比较稳定，受到车速风速的影响较小，温度较真实；受车上坠物的影响较小。当然，迎着列车运行方向探测，在技术上也是可以实现的，例如在青藏线有些探测站就是采用的单个探测站双向探测。

12. 2. 4　探测站机房内设备

探测站机房内设备包括探测站机柜、防雷箱、UPS 电源等。探测站机柜中配置有探测站主机、键盘、鼠标、显示器、控制箱、远程管理机、电源箱、防雷设备、车号智能跟踪装置、UPS 不间断电源等。

1. 机柜

机柜外形尺寸（宽×深×高）：600 mm×650 mm×1 800 mm；符合 19 英寸插箱的安装要求，如图 12-16 所示。

图 12-16　机柜

机柜具有以下功能：

(1) 加热。北方寒冷地区配置机柜加热装置。

(2) 散热。机柜顶部设有风机，强制通风散热。机柜底部设有通风孔。

2. 探测站主机

THDS-A 采用工控机作为探测站主机，主机标准配置为：CPU 为 P4 3.0 GHz 或 Core 2 双核 2.4 GHz；内存 1 GB，硬盘 160/250 GB，满足双向双探 8 个探头、两套智能跟踪装置的控制和实时采集同时工作的要求。工控机和键盘、鼠标如图 12-17 所示。

图 12-17　工控机和键盘、鼠标

3. 控制箱

控制箱接收轨边信号，包括探头信号、磁头信号和各种温度信号，在控制箱内处理后传输到探测站主机。控制箱还接收探测站主机传输过来的控制信号，控制轨边设备，控制探头箱大门开闭、调制盘电机运转、器件制冷、热靶加热、挡板开闭、校零，如图 12-18 所示。

图 12-18　控制箱

控制箱机箱采用 19 英寸 4U 机箱，总线式结构，从机箱前插拔电路板，采用信号、功率双总线结构。其特点是功能强大、结构简洁、可靠性高，便于生产调试和现场维修测试。

1）控制箱电路板

控制箱由机箱、母板、转接板、后面板、电子线路板组成。电子线路板包括磁头板（1块）、测温板（内探1块、外探1块）、模拟信号调理板（1块）、温控板（1块）、校零板（1块）和功放板（内探1块、外探1块）。每块线路板都有1个小面板，包括电源指示、工作状态、测试端子。

（1）*磁头板*。当列车车轴压过磁头时产生交流信号，其幅度与车速有关。磁头信号经电缆送到控制箱，经过磁头板的处理送到探测站主机，进行车速、轴距、车辆数等计算。磁头板完成一个方向4路磁头信号的滤波、整形。其面板上有门槛电压测试端、门槛电压调整电位计、磁头信号指示灯。

（2）*测温板*。测温板处理温度传感器输出的信号，处理后送至探测站主机。温度传感器包括盘温（板温）传感器、热靶温度传感器、制冷器件温度传感器、环温传感器、柜温传感器。电路板上的调零和调增益电位计出厂时已调好，不要随意调整。

（3）*模拟信号调理板*。实现4路轴温信号的滤波、4路调制信号的整形，以及电网电压信号、稳压电压信号的调理。其面板上有轴温信号、调制信号、挡板信号测试端子，包括内探左轴温信号、内探右轴温信号、外探左轴温信号、外探右轴温信号、内探左调制信号、内探右调制信号、外探左挡板信号、外探右挡板信号。

（4）*温控板*。这是控制碲镉汞光子器件温度的电路板，实现对左右两个光子探头的制冷温度控制，具有自动恒温控制、恒流控制两种模式。其面板设置有状态指示灯和测试端子。

（5）*校零板*。实现对两个直流热敏探头的校零。其面板设置有+15 V、−15 V、校零、保持指示灯。+15 V、−15 V电源指示灯常亮；在探头进行校零时，校零指示灯亮；过车时保持灯亮。电路板上的有5组跳线，插在内探上时，选择内探；插在外探上时，选择外探。

（6）*功放板*。工控机通过功放板实现对大门电机、挡板电机、调制盘电机、热靶、除雪装置等部件的电源控制。功放板包括内探和外探两种，前面板设有手动控制按钮和控制状态指示灯。

2）控制箱后面板

控制箱后面板装有与轨边设备连接的电缆插座，以及与工控机连接的电缆插座和与电源箱连接的电缆插座，分别是扫描器控制插座、扫描器信号插座、辅助信号插座、电源插座、探头信号插座，通信模拟信号和数字信号等插座，如图12−19所示。

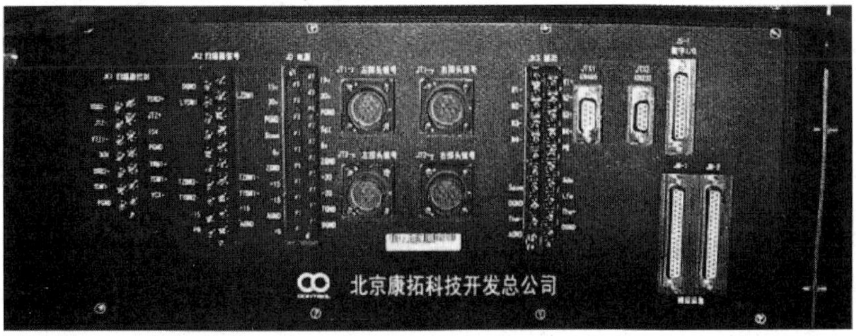

图12−19　控制箱后面板

4. 远程管理机

远程管理机是探测站主机的辅助设备，通过监测探测站主机的运行状态和探测站的电源供电情况，自主对探测站主机进行复位、断电、重新通电操作。它能自主排除探测站主机软件或操作系统死机等故障，同时也具备远程通信能力。

远程管理机具有以下功能：

（1）记录探测站通信、电源状态的历史数据；监测探测站主机的运行状态，当探测站主机软件运行发生故障时复位探测站主机。

（2）内置后备充电电池，工作时间在 2 h 以上。

（3）具备远程通信能力。通过音频拨号网与远端连接，执行远端操作命令，实现探测站主机的远程启动、复位、关停等操作。

5. 电源箱

电源箱为一个 19 英寸 4U 机箱，为上下行控制箱和轨边设备提供电源。电源箱由前面板、后面板、箱体、电源组成，如图 12-20 所示。

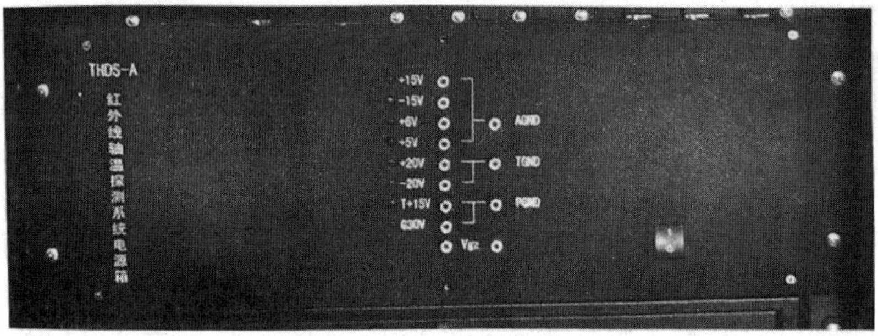

图 12-20　电源箱

电源箱中包括以下电源：

逻辑电源：5 V，1.2 A，纹波<200 mV。

制冷电源：6.5 V：5 A，纹波<60 mV。

信号电源：15 V，1.5 A，纹波<30 mV；

-15 V，1.0 A，纹波<30 mV。

探头电源：±20V，1 A，纹波<50 mV。

调制电源：15 V，1.2 A，纹波<200 mV。

功率电源：30V，8A，纹波<200 mV。

6. 防雷设备

1）防雷设备的作用

防雷设备分为电源防雷和信号防雷，它是 THDS 设备雷电综合防护设施的一部分，其作用是当探测站设备遭受雷击时将雷电的大电流接地，避免设备被大电流损坏。信号电涌保护箱如图 12-21 所示。

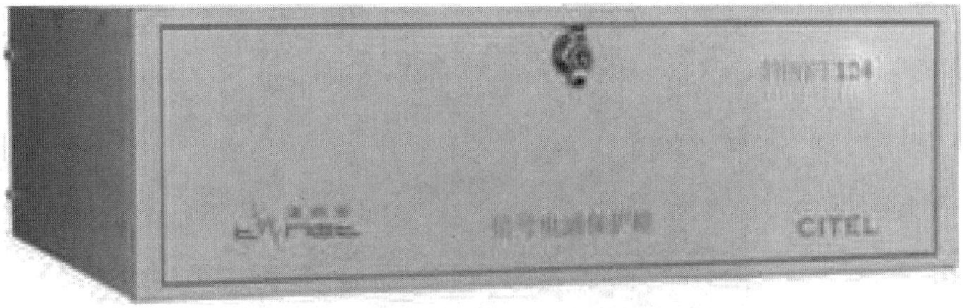

图 12-21 信号电涌保护箱

2）THDS 地线和防雷要求

（1）THDS 设备应配备雷电综合防护设施，设置共用接地系统并设地线标志桩。接地电阻不大于 4 Ω；在土壤电阻率大于 500 Ω · m 时，接地电阻值应不大于 10 Ω。THDS 接地系统 20 m 范围内如有其他接地系统，应与其进行等电位连接。

（2）室内防雷和防电涌保护箱应尽量靠近被保护设备和接地排安装，配线应符合标准。设备所有连接线在室内未屏蔽的裸露部分须穿金属线槽，线槽要与等电位连接箱进行可靠电气连接。

（3）钢轨边的金属设备接线盒应与等电位连接箱进行等电位连接，磁钢信号须安装与其耐压等级相适应的浪涌保护器（SPD）。

（4）THDS 配车辆智能跟踪装置的同轴信号须安装与其耐压等级相适应的高频同轴浪涌保护器。

7. 车号智能跟踪装置

THDS 配置智能跟踪装置一套，采用经过中国铁路评审认可的产品，输出数据格式应符合《车辆轴温智能探测系统智能跟踪装置接口规范》的要求。

车号智能跟踪装置前面板有 5 组灯，分别是正常、发送、错码、接收和发射。平时在侦听的时候，“正常”灯常亮，“发送”灯微微闪烁；接车的时候或者通过 IPC 软件单击了车号控制按钮。这时，“发射”灯常亮，表示有微波信号发出；无标签时，“错码”灯亮，“接收”灯灭；有标签时，“错码”灯灭，“接收”灯亮。所以过车时，“错码”灯和“接收”灯是交替闪烁的。

8. UPS 电源

1）UPS 电源的作用

探测站须配备在线式 UPS 不间断应急电源，具备二路电源的探测站配备 2 h 在线式 UPS 不间断应急电源，单路电源的探测站须配备 8 h 在线式 UPS 不间断应急电源。在线式 UPS 不间断电源是市电输入 UPS 电源后经过稳压再给电器用，并在突然掉电时有效地保护计算机的工作现场不被破坏，防止数据和程序丢失。UPS 不间断电源如图 12-22 所示。

2）UPS 电源使用注意事项

（1）开关机顺序。为了避免负载在启动瞬间产生的冲击电流对 UPS 电源造成损坏，在使用时应首先给 UPS 电源供电，使其处于旁路工作状态，然后再逐个打开负载。关机顺序可以看作是开机顺序的逆过程，首先逐个关闭负载，再将 UPS 电源关闭。

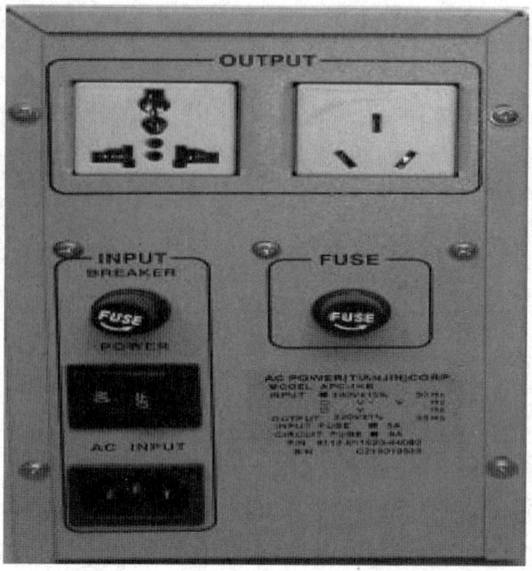

图 12-22　UPS 不间断电源

（2）开机之前。首先需要确认输入市电连线的极性是否正确，以确保人身安全。注意负载总功率不能大于 UPS 电源的额定功率。应避免 UPS 电源工作在过载状态下，以保证 UPS 电源能够正常工作。

（3）关机之后。在市电中断，UPS 电源由电池组供电并自动关机后，不要再利用 UPS 电池组供电开机，以避免电池因过量放电而损坏。当市电发生异常而转为 UPS 电池组供电时，应及时关闭负载并关机，待市电恢复正常再开机使用。

（4）使用环境。要求清洁、少尘、干燥，通常在 0～40 ℃都能正常工作。不应把强磁性物体放在 UPS 电源上，否则会导致 UPS 电源工作不正常或损坏机器。

（5）电池维护。UPS 电池组需要定期充放电，一般 2～3 个月进行一次。如果发现电池组有鼓胀、变形、漏液甚至破裂等现象，应立即更换电池组。

（6）注意安全。UPS 电池组电压很高，在装卸导电连接条和输出线时应采取安全措施，采用的工具应绝缘，特别是输出接点更应该有防止触电的设置。

（7）放电深度。使用时应避免电池的深度放电。如果 UPS 电源处于轻载放电或空载放电状态，会让电池深度放电，从而影响电池组的使用寿命。

（8）负载大小。如果负载只是 UPS 电源额定值的 30% 甚至更少，会造成 UPS 电源过度放电，一般负载为 UPS 电源额定值的 50%～70% 为最佳。

12.2.5　THDS-A 探测站的功能

（1）探测站采用光子探头与热敏探头相结合的双下探方式，自动探测客货车辆的热轴故障。系统测温精度：静态标定在温升 40 ℃时，误差不大于 2 ℃；温升 70 ℃时，误差不大于±3 ℃。

（2）自动识别机车、客车、货车及动车组。

（3）自动识别滑动轴承和滚动轴承。

（4）自动测速。

（5）自动判别列车运行方向。

（6）自动计轴、计辆。

（7）具有双向同时接车的功能，可探测最大编组为400辆的列车。

（8）数据自动存储：探测站主机应能保存不少于30 d的原始列车数据，不少于30 d的设备自检故障信息。

（9）配备车辆智能跟踪装置，能自动采集车号信息，准确跟踪列车，对热轴进行智能跟踪和预报。

（10）具有系统自检功能。

任务12.3 THDS运用与管理

12.3.1 THDS系统的运用标准

1. 预报标准

热轴预报标准规范为微热、强热、激热3档，预报标准如下：

（1）预报微热时跟踪，微热设置为多级系统，即当车辆通过第一个探测站并预报某一轴位轴承微热时，由系统自动跟踪，如若该车辆通过第二个探测站时仍预报微热但未有热升级时，各路局的处理措施不同，一部分路局要求按照强热对待，前方站拦停车辆，现场检查；另一部分路局规定继续眼踪，如果没有热升级则不做处理。但如果该车辆通过第二个探测站时发生热升级，则各路局的处理措施相同，均按照强热对待。

（2）预报强热时，要求前方站停车，并进行车辆轴温检测处理。

（3）预报激热时，立即拦停列车，并进行检查处理。

具体预报标准由路局和红外线设备生产单位共同确定。红外线值班员要依据探测站所处地点预报标准对照热轴报文、波形后，按热轴等级和规定的预报内容进行热轴预报。

2. 热轴预报及处置程序

1）强热、激热预报程序

对强热、激热报警信息，路局红外线调度员须立即进行分析和确认，经确认的强热、激热信息使用录音电话按标准用语通知列车调度员，明确处置要求，同时列车调度员应在行调复示终端上单击确认，并按处置要求及时进行相应的行车调度指挥。

路局红外线调度员电话通知列车调度员后，应填写“铁路货车安全防范系统拦停通知卡”，由列车调度员签字确认。同时，还应及时将热轴报警后的处置情况通知路局车辆调度员。路局车辆调度员及时安排车辆段按规定处理热轴铁路货车。

报警信息中列车车次和铁路货车车号不清的，由路局红外线调度员联系列车调度员确认车次和车号等信息。

2）强热处置程序

对路局红外线调度员预报的强热报警的列车，路局列车调度员要立即安排列车在前方站侧线停车，并通知机车乘务员，机车乘务员采用常用制动停车。列车到达前方站后，由车站安排将该车从列车中摘下，停车车站有列检作业场的，由列检人员检查处理；无列检作业场的，按规定通知车辆部门派员前往检查处理。

3）激热处置程序

对路局红外线调度员预报的激热报警的列车，路局列车调度员要立即呼叫机车乘务员就地停车；机车乘务员接到列车调度员的口头停车命令后，采用常用制动停车。

（1）列车在区间停车时。由车辆乘务员负责检查、判断和处置，无车辆乘务员的由机车乘务员负责判断、处置，并确认能否继续安全运行。机车乘务员按规定对激热报警信息进行确认，确定微热铁路货车编组位置和激热的轴位，并对轴承进行外观检查。当检查确认轴承外观无异状，可以继续运行时，应及时报告车站值班员并转报列车调度员，由列车调度员发布调度命令，限速不超过 25 km/h 就近运行到前方车站或限速不超过 15 km/h 退行至后方车站。当检查发现轴承变色（变蓝或变红）、冒烟、外圈破损或变形、前盖丢失或变形、外圈存在新圆周磨痕、密封罩脱出等异状时，及时报告车站值班员并转报列车调度员，启动区间激热拦停应急处理预案。区间拦停应急处理预案由铁路局集团公司制定。

（2）列车在站内停车时。由车站安排将该车从列车中摘下，停车车站有列检作业场的，由列检人员检查处理；无列检作业场的，按规定通知车辆部门派员前往检查处理。

4）强热、激热故障信息反馈

对无列检作业场的车站摘下的热轴铁路货车，列检人员应及时到达甩车车站进行热轴故障检查和图像采集，并将检查结果报车辆段调度员，车辆段调度员分别向路局红外线调度员、车辆调度员报告；路局红外线调度员须在发生时刻 24 h 内将检查处理结果录入 THDS。

对有列检作业场的车站摘下的热轴铁路货车，列检作业场应及时进行热轴故障检查和图像采集，并将检查结果报告车辆段调度员，车辆段调度员分别向路局红外线调度员、车辆调度员报告。路局红外线调度员须在发生时刻 6 h 内将检查结果报录入 THDS。

5）换轮处理要求

列检人员对车站摘下的 THDS 预报热轴铁路货车，须进行更换轮轴处理；对不具备更换轮轴条件的车站，车辆段须在确保安全的前提下制定铁路货车限速运行方案，运行到就近地点进行更换。

6）热轴轴承分解及分析

热轴铁路货车更换轮轴后，须在规定的时间内将热轴轮轴送车辆段检修车间进行轴承退卸、分解，形成 THDS 热轴轴承故障诊断分析报告，并妥善保存轴承故障损品。有关退卸和分析结果、故障数码照片自系统预警之日起 10 日内录入 THDS。THDS 热轴轴承故障诊断分析报告的格式、内容由铁路局集团公司制定。

7）轴温检查规定

人工轴温检查须使用具备数据存储功能的便携式红外线测温仪。检查部位：无轴箱滚动轴承为轴承外圈底部、前后排滚子所处外圈相应部位的运行方向后侧；有轴箱滚动轴承为轴箱前盖里侧轴箱体上部。发现轴温异常或外观异状时，应转动检查。

8）设备故障轴温检查规定

THDS 值班员（动态检车员）遇以下非正常情况时：

（1）THDS 发生临时故障时。

（2）THDS 受到干扰出现异常时。

（3）列车在 THDS 探测站调速或停车影响探测时。

（4）因停电、维修、线路施工及其他因素等造成 THDS 无法探测时。

须立即通知列检值班员，由列检值班员安排现场检车员对未正常探测的铁路货车进行人工轴温检查。

12.3.2 THDS 动态检测作业程序

1. 接车作业

THDS 动态值班员实时监控 THDS 系统，通过探测站状态视窗观察系统接车状态。当列车通过探测站时，探测站状态视窗显示绿色图标。

2. 信息预报

（1）列车通过后，双击过车信息，系统弹出“数据分析”界面，选择“波形表”，显示车辆轴温波形图。

（2）对照热轴报文，确认波形和数据后，对微热车辆进行预报。

（3）对采取人工检查或人机分工检查方式进行列检作业的到达、中转列车，THDS 预报微热时，THDS 动态值班员要将列车车次、行别、编组辆数、热轴车位数、轴位等微热预警信息立即通知列检值班员，由列检值班员通知检车员进行处理。

3. 现场确认处理反馈

微热预警车辆处理完毕后，列检值班员应将处理情况向 THDS 动态值班员反馈。

4. 填写记录

对扣修换轮的微热故障信息，THDS 动态值班员须在“THDS 铁路货车热轴故障信息记录簿”中做好记录，并粘贴热轴轴温波形的打印记录。

5. THDS 报警处置要求

（1）对到达列车中微热预警车辆，须扣修处理。

（2）对中转列车中微热预警车辆，现场检车员应对微热报警的轴承进行轴温测量和起轴转动检查，对温升超过规定或转动检查有问题的铁路货车须扣修。

6. 设备异常处置

（1）当列检作业场入口 THDS 出现因故障、检修等原因造成无法正常探测或上传报文时，THDS 动态值班员须按照《铁路货车运行安全监控系统非正常状态下作业管理办法》规定处置。

（2）设备发生故障及异常情况影响正常探测时，THDS 动态值班员应通知段工作站监测值班员（动态监测车间值班员）处理，并在“铁路货车运行安全监控系统故障报修记录簿”中做好记录；同时在“列检、动态检查作业场班组交接班记录簿”的“铁路货车运行安全监控系统设备故障报修情况”栏内做好记录。

7. 作业完毕

THDS 动态值班员作业完毕后将系统返回接车界面，等待接车。

任务 12.4 THDS 设备检修

1. 上线前准备及作业要求

（1）维修人员携带检修作业包（内含：防护服、对讲机、手机、防护喇叭等）检修所需配件、仪器仪表。

（2）作业前，必须逐人检查上线作业人员个人防护服装及安全防护用具的穿着使用情况，发现异常立即停止其作业资格，同时将维修人员手机统一存放管理。

（3）上线作业必须按规定设置驻站联络员和现场防护员，驻站联络员提前达到车站值班室登记，确认作业命令。

（4）现场防护员在得到驻站联络员可以开始作业的通知后，通知动态车间复示值班员设定检修标记，1 min 后再次确认检修标记是否设定。

（5）现场防护员、驻站联络员、现场负责人做好沟通与联控，及时准确地向复示值班员传递现场作业信息，动态车间复示值班员提示上线人员作业安全注意事项，检查安全防护用具是否齐全、完好。

（6）严格执行“双通知，双确认，三方控”及现场安全作业制度，接到驻站联络员通知可以上道命令后，现场作业人员统一回答“命令已下，可以上道，天窗时间××时××分”。

（7）横越线路时严格执行“一站、二看、三确认、四通过”制度，同时执行肢体语言动作，听从现场负责人指挥。

（8）作业过程中，将所测量数据填记到“THDS 探测站设备维护检修记录簿”中。

2. 磁钢检修

（1）检查清理外观：用毛刷清洁磁钢及磁钢支架，保证外观无锈蚀、无损坏。

（2）紧固连接件：

① 使用扳手紧固磁钢及卡具上的螺栓，保证其无松动。

② 直观检查磁钢及磁钢支架上的紧固螺栓，保证其均有弹簧垫圈。

（3）电缆及护管检查：检查电缆，确保其有护管保护，无损伤、断裂。

（4）磁钢尺寸测量：

① 磁钢间距测量：用计量尺测量1#磁钢与2#磁钢、2#磁钢与3#磁钢、3#磁钢与4#磁钢中心距，保证磁钢安装距离符合要求：1#磁钢与2#磁钢距离在 80 m 以上；2#磁钢与3#磁钢中心距为(250±2)mm；3#磁钢与4#磁钢中心距为(400±100)mm，如图 12-23 所示。

② 单个磁钢尺寸参数测量：用计量尺测量磁钢顶面与轨平面距离、磁钢外沿与钢轨内侧距离，确保其符合规定：

磁钢顶面与轨平面距离：(37±2)mm；

磁钢外沿与轨头内侧距离：88_{-3}^{+2} mm。

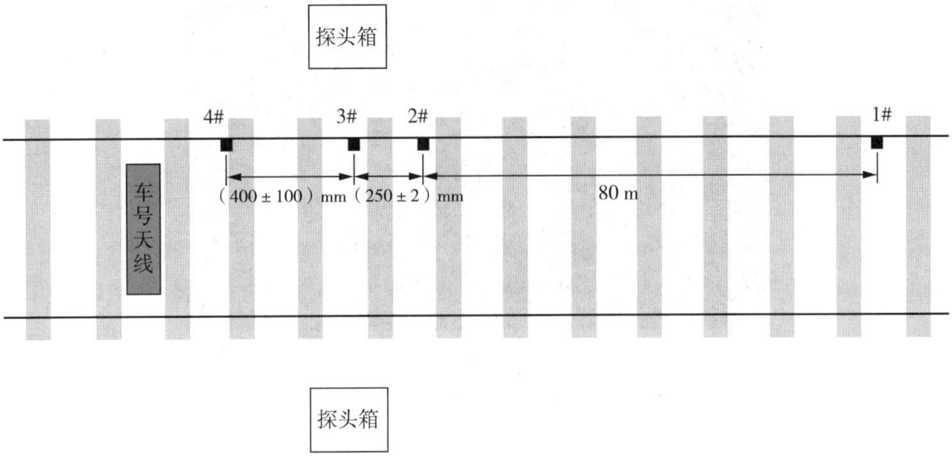

图 12-23　磁钢尺寸要求

3. 卡轨器检修

（1）用毛刷、清洗剂清洁卡轨器，保证其清洁、无锈蚀。

注意：重点检查卡轨器拐角处状态（裂纹、变形）。

（2）用扳手紧固卡轨器，确保螺钉紧固，无松动，无锈蚀，螺母均有弹垫，如图 12-24 所示。

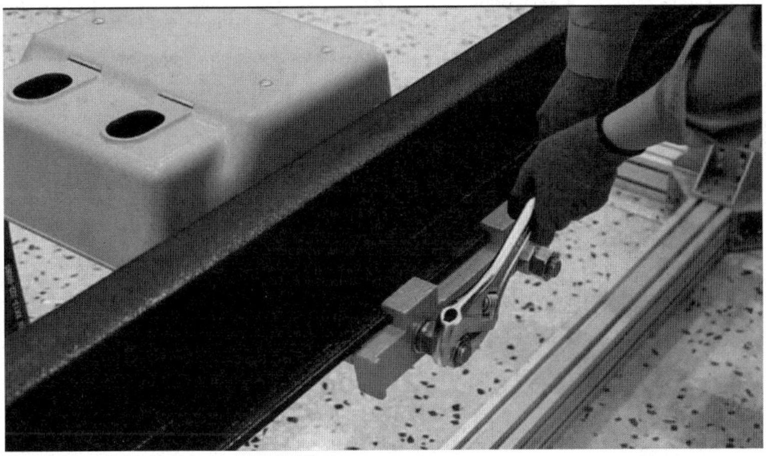

图 12-24　卡轨器检修作业图

4. 探头箱检修

（1）检查清理外观。用毛刷清扫探头箱表面和内部，保证箱体清洁。用抹布擦拭探头箱顶面和窗口四周，保证顶面和窗口四周清洁、无杂物，不挡探头视场。用镜头纸擦拭镜头，保证镜头清洁、无裂痕。

（2）紧固连接件。紧固箱体螺栓，保证螺栓无松动，如图 12-25 所示。

图 12-25　紧固连接件

（3）电缆及护管检查。目测检查电缆及护管，保证电缆及护管没有老化、损伤。

（4）探头箱防护大门试验。检查大门开关状态。在主机界面控制开关大门开启、关闭，应能够完全打开、完全关闭，开关过程无阻滞，无异物遮挡探头视场。

（5）输出电压检查。用 IPC 软件读取探头保持状态下的输出电压。静态电压为(1±1)V，超标换修。

（6）测量 5 min 漂移。进入系统维护状态，用 IPC 软件测量 5 min 漂移。5 min 漂移应小于 150 mV，超标换修。

5. 探头检修

（1）探头角度校准。用激光瞄准器和校准架校准内外探头方位。将激光瞄准器和校准架放置在相应位置，观察激光瞄准器，光点应从校准架前靶中心穿过，打在后靶中心竖线处。若光点偏离中心点，则需调整探头安装架上的螺栓进行调整，直至符合要求，如图 12-26 所示。

图 12-26　探头角度校准

（2）热靶标定。从主界面进行热靶标定。用探测站软件校曲线功能手动生成一条曲线，检查是否报错。

（3）探头精度校验。用黑体对探头精度进行校验，将黑体温度设置为比环境温度高 40 ℃（如环境温度为 24 ℃，则需要设置黑体温度为 64 ℃）。用探头对黑体测温，用测得温度与黑体设定温度对比，看两者差值，即测温误差，测温误差应不超过±2 ℃，如不符合要求应对探头进行换修。

6. 车号天线检修

（1）检查清理外观。对车号天线进行清扫、除锈，保证外观无破损、无锈蚀；检查天线防护箱有无破损、变形。

（2）紧固连接件。使用工具紧固连接件，保证其无松动。

（3）检查电缆。直观检查同轴电缆接头有无松动、死弯。

（4）测试天线读取距离。用测试标签测试天线读取距离，观察车号智能跟踪装置指示灯状态。读取距离应符合规定：在天线上方不小于1 m，天线每侧不小于1.2 m，超标更换。

7. 环温箱检修

（1）环温箱外观及环温头检查。检查确认环温箱箱体清洁、无破损，环温头不受日光照射和雨淋，绝缘良好，各线连接牢固。

（2）环温头测温准确性检查。用点温枪测量温度，对比环温输出值，环温误差绝对值应小于2 ℃，超标换修，如图12-27所示。

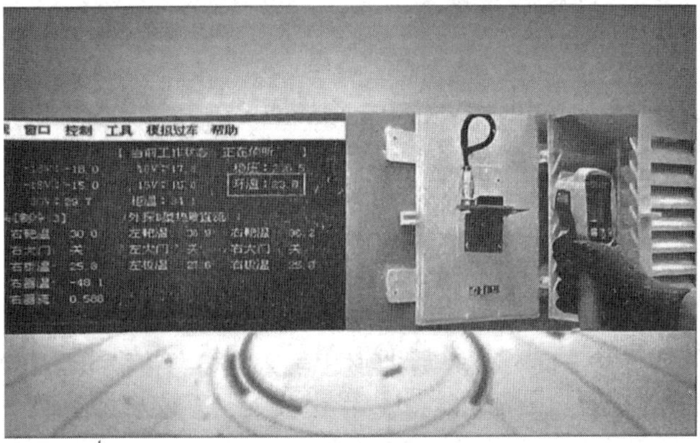

图12-27　环温箱检修

8. 电源箱检修

（1）外观检查。用毛刷、吹尘器清洁电源箱，检查各电源板外观有无损伤、氧化。

（2）电缆及接插件检查。总线及接插件接触是否良好紧固，如图12-28所示。

（3）输出电压测量。用万用表测量电压，做好记录，检测输出电压、电源参数状态是否正常。

图12-28　电源箱检修

9. 控制箱检查

(1) 外观检查。用毛刷清洁控制箱，直观检查各面板外观有无损坏。

(2) 电缆及接插件检查。检查控制箱后面板各电缆总线接插是否接触良好。

(3) 控制箱大门灯试验。手动划试1#、2#、3#磁钢，观察控制箱上对应的大门灯是否亮，如图 12-29 所示。

图 12-29　控制箱大门灯试验

10. 车号智能跟踪装置检修

(1) 外观检查。用毛刷清洁车号智能跟踪装置，保证其表面无灰尘。

(2) 电缆及接插件检查。直观检查后面板端子、插头及配线是否接触良好。

(3) 前面板指示灯试验。用测试标签在车号天线上方读取距离内晃动，观察车号智能跟踪装置前面板指示灯是否亮，如图 12-30 所示。

图 12-30　车号智能跟踪装置检修

11. 工控机检修

(1) 外观检查。用毛刷、吹尘器清洁工控机。直观检查机箱风扇运转是否良好，清扫风扇滤网；检查机箱内面板外观有无损坏。

(2) 电缆及接插件检查。检查工控机后面板各电缆总线接插是否接触良好。

12. 地线检查

直观检查地线是否连接牢固、接触良好。

13. 实时数据检查

在主界面单击相应功能按钮，观察环温、柜温、电网电压、盘温、靶温、器件温度等各项数据显示是否正常，是否有报警。

14. 列车报文分析

在工控机上调出全列报表、静态数据、轴距表、速度表、轴温波形，分析是否正常。

15. 通信检查

（1）检查网卡插座。观察工控机后部网卡 RJ45 插座收发指示灯显示是否正常。

（2）检查数据上传情况。在工控机显示器 Netrans 软件界面上检查自检和列车数据能否正常上传。

16. 状态检测

在主机界面单击上电控制按钮后，依次单击大门、热靶、挡板按钮并确认状态正常。

17. 填写“设备维护检修记录簿”

检修作业完毕后，确认设备运行状态，填写“设备维护检修记录簿”，报告设备检修结束。

练习题

1. 红外线是一种电磁波，其波长在（　　）μm 到（　　）μm。

A. 0.76、1 000　　B. 0.76、770　　C. 0.77、760　　D. 0.77、1 000

2. 普通货车滚动轴承波形特点是标准的（　　）点梯形波。

A. 16　　B. 64　　C. 32　　D. 128

3. 下列不属于车辆轴温探测系统的构成的是（　　）。

A. 列检复示站　　B. 路局监控中心

C. 探测站　　D. 车站指挥中心

4. THDS 重点探测车辆的（　　）。

A. 车钩缓冲装置　　B. 轴承温度

C. 车轮踏面擦伤　　D. 轴承内外圈滚道、滚子

5. 探测站轨边设备包括探头箱（内装探头）、卡轨器、车轮传感器。车轮传感器又称为（　　）。

A. 磁钢　　B. 磁极　　C. 磁头　　D. 磁端

6. THDS-A 采用（　　）形式，集合内外探的优点，实际探测中以内探为主、外探为辅，能够更准确地探测轴承故障。

A. 内探形式　　B. 外探形式

C. 侧探形式　　D. 内探、外探相结合的双探

7. 探头位于探头箱内，探头元件中心低于轨面（　　）mm。

A. 160～180　　B. 150～170　　C. 160～190　　D. 150～190

8. 热敏电阻的响应时间常数为毫秒级。采用该种探头的车辆轴温智能探测系统适应车速较低，一般在（　　）km/h 以内。

A. 120　　B. 140　　C. 160　　D. 220

9. 下列不属于热轴预告标准规范的是（　　）。

A. 微热　　B. 激热　　C. 强热　　D. 过热

项目13

车辆滚动轴承早期故障轨边声学诊断系统(TADS)

车辆滚动轴承早期故障轨边声学诊断系统（TADS）采用声学技术和计算机技术，对运行列车滚动轴承的内圈、外圈及滚子等关键部件进行在线监测，进行早期故障预报。采用远程检测、数据集中、联网运行、信息共享的运行模式，将所有轨边设备联网运行。系统网络结构为4个层面，即一个信息采集级和3个应用级（部、局、站段）。信息采集级轨边设备是TADS诊断系统的核心，具有数据采集、故障判断等功能。

【知识描述】

货车滚动轴承早期故障轨边声学诊断系统（TADS）作为5T系统的组成之一，通过对运行中的铁路货车车辆轴承噪声信号进行采集和分析，识别轴承的工作状态，判断和预报轴承的早期故障。

【学习目标】

◉ 知识目标

(1) 了解TADS的研制背景；

(2) 掌握TADS的组成结构；

(3) 掌握TADS探测站工作原理。

◉ 技能目标

具备分析TADS探测站工作原理的能力。

◉ 素质目标

培养学生严谨认真的学习态度。

任务 13.1 TADS 简介

13.1.1 TADS 研制背景

随着信号分析技术和计算机技术的进步，20 世纪 60 年代以来机械故障诊断技术得到了迅速的发展，目前滚动轴承早期故障的诊断主要采用振动或声学的方法。声学诊断方法具有早期发现故障、非接触测量等优点，特别适用于通过式在线监测和诊断，因此很快受到铁路部门的重视。20 世纪 80 年代，以美国（TTCI）研究院为代表的几家国外公司，开始研究利用声学诊断原理检测运行中车辆的滚动轴承故障。美国 BNSF 铁路应用了轨边检测设备。20 世纪 90 年代，TTCI 对传感器进行了改进，设计了多个传感器的声学阵列，2000 年以后才达到了实用程度。TTCI 首先把这一产品在美国、澳大利亚、南非 3 个国家进行了推广使用，如图 13-1～图 13～3 所示。澳大利亚 VIPAC 公司（Vipac Engineers & Scientists Ltd）自 1991 年起开始研究铁道车辆轴承声学诊断技术，推出了声学监测系统——RailBAM（Railway Bearing Acoustic Monitoring)，该系统采用声音传感器阵列提取轴承和车轮故障的声音特征，可早期发现轴承和车轮故障，提高列车安全性。此后，VIPAC 公司对该系统的性能和处理速度等又进行了改进，集成了车号识别功能，从 2001 年起新系统在澳大利亚铁路投入现场使用，取得了很高的故障诊断准确率。目前，该系统主要在澳大利亚的南部铁路网上安装使用，效果良好。

图 13-1　美国 BNSF 铁路轨边检测设备

图 13-2　澳大利亚昆士兰州铁路轨边检测设备

图 13-3　南非铁路轨边检测设备

哈尔滨铁路科研所在20世纪80年代末，根据国外的资料，也开始研究声学滚动轴承诊断系统，当时与哈尔滨船舶工程学院水声工程系合作，首先在理论上进行了研究，计算出轴承内圈、外圈、滚子故障的基本频率，然后设计出了方向性能好的声呐传感器，并利用计算机进行了信号采集、滤波、分析处理。但由于采集信号时间短，故障判断的可靠性不高，一直进展不大。2003年，哈尔滨铁路科研所与TTCI合作，引进了他们的产品，并安装在大秦线进行试验。在试验过程中，对TTCI产品的硬件进行了全面的消化吸收，对软件进行了分析，对系统的组网方式进行了改进，经过1年的运用，取得了良好效果，为保证大秦线行车安全起到了很大作用，后在全国推广。

13.1.2　我国建立TADS的重要意义

1. TADS为我国铁路货车检修修制改革提供了技术手段

我国传统的铁路车辆检修方式有两种：一种是列车到达有列检所作业的车站停车，由列检作业人员对车辆各部件进行检查修理，称为列检作业；另一种是定期将车辆送厂、段进行辅修、段修、厂修等，称为定期修。

列检作业采用“七字检查法”，即采用敲、听、看、摸、捻、闻、转等方法对车辆各部件进行检查。由于人员素质存在差异，检查的结果也不尽相同，存在漏掉故障隐患的可能。列检作业需要停车检查，必然对运输效率有一定影响，增加了列车的停车次数和停车时间，作业人员钻、爬车下劳动强度大，工作环境十分危险。

定期修就是车辆运行达到一定时间周期后，进厂、段对其进行全面整修。有些部件本身没有故障，仍对其进行拆卸检查，必然会造成大量的人力、物力、财力的浪费。由于各个厂、段维修车辆的技术水平、维修质量不同，很难保证维修后的车辆性能处于最佳工作状态，存在一定的安全隐患，特别是有些车辆在一个检修周期内使用率并不高或闲置，到期后仍然对其检修，明显是不科学、不合理的。

为了解决这一问题，中国铁路提出铁路车辆检修体制由定期修向状态修、走行公里修转变。滚动轴承早期故障轨边声学系统可为车轴检修部门提供车辆轴承的运行状态、故障数据，为车轴检修由定期修到状态修、走行公里修提供可靠的技术手段。

2. TADS为我国铁路生产力布局调整提供了帮助

为了适应我国铁路现代化建设的需要，完成铁路生产力布局的合理调整，我们采用先进的检测检修装备——TADS，打破传统机车车辆界限，逐步整合铁路机车车辆运用和检修布局，实行长交路、轮乘制，逐步取消列检所，可大幅度减少机构设置和人员占用，提高设备的检修水平和运用质量，为生产力布局调整提供基础条件。

3. TADS可综合评价各类轴承性能，对货车轴承发展决策提供科学依据

在全路建立滚动轴承早期故障轨边声学系统，形成网络化管理，设立全路车辆轴承运用状态动态数据库。一方面，可对轴承故障进行早期预报、早期处理；另一方面，通过建立轴承运用状态档案，对各类轴承运用性能进行统计，综合评价各类轴承的使用寿命及运用性能的可靠性，可为今后轴承的发展提供科学、合理、可靠的决策依据。

综上所述，建立滚动轴承早期故障轨边声学诊断系统，实现网络化管理，不仅对防止列

车脱线、切轴事故的发生起着非常重要的作用，而且通过现代化的技术装备对列车轴承进行在线检测，对铁路车辆检测修配改革由定期修到状态修、走行公里修及生产力布局调整提供了可靠的技术保障。经过多年的发展，TADS 已经由只能检测货车滚动轴承故障的单一系统演化成了既能检测货车轴承故障，又能检测客车、动车组滚动轴承故障的多功能复合系统，为我国的铁路安全运行提供保障。

任务 13.2　TADS 的组成

TADS 主要由地面探测站、节点服务器、铁路局服务器、国铁集团服务器、复示终端组成。

1. 地面探测站

TADS 地面探测站分为室外、室内两大部分。室外部分主要由 TADS 轨边设备和 AEI 设备组成，该部分的主要作用是采集通过的列车轴承声音信号，并进行计轴、计辆、采集车辆信息。室内部分主要由机柜和 UPS 电源组成。机柜里有防雷箱、AEI 主机、远近端放大器、KVM 箱、HUB 箱、远程电源控制箱、SIPS 箱、三台工控机。

地面探测站设备的整体布局如图 13-4 所示。

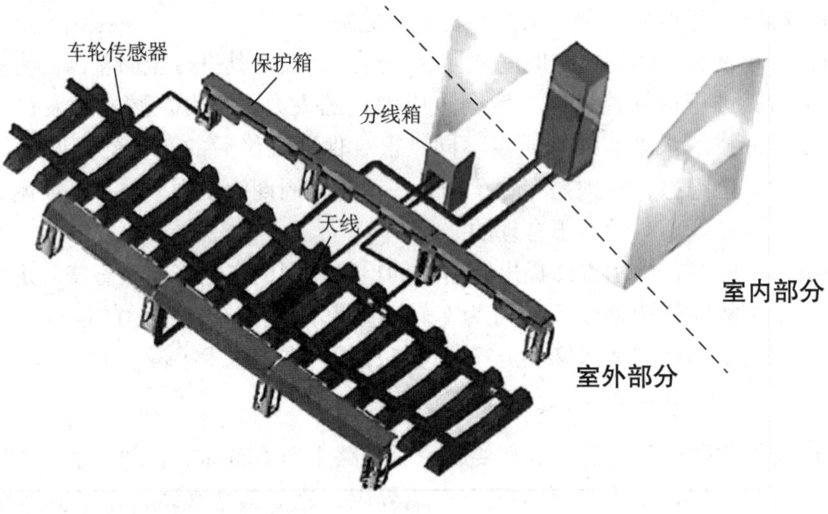

图 13-4　地面探测站设备的整体布局

1）室外设备

TADS 探测站的室外设备主要包括声音采集阵列、车轮传感器和 AEI 等设备，如图 13-5 所示。

图 13-5　室外设备

（1）声音采集阵列。

声音采集阵列保护箱安装在钢轨的两侧，每侧有 3 个，每个保护箱内有两个声学传感器，共 6 个声学传感器，用于采集车辆轴承运转产生的声音信号。声学传感器采用指向性设计，具有很好的声学波瓣图，直接朝向轴承，能够减少噪声影响，如图 13-6 所示。

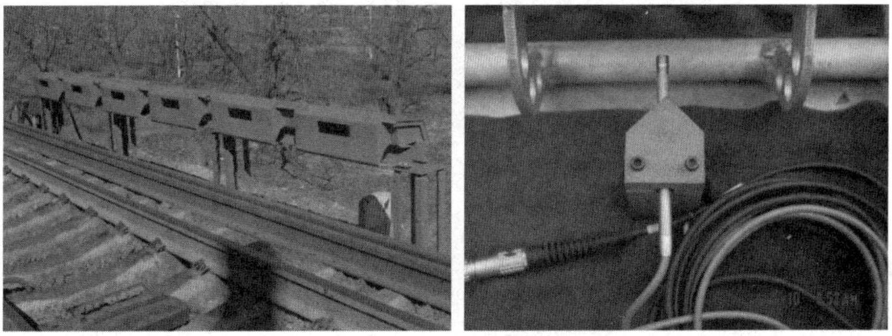

图 13-6　声学传感器

（2）车轮传感器。

车轮传感器用磁钢卡具固定在钢轨上。当列车接近时，自动启动 TADS，用于轴承的定位、计轴和测速等，如图 13-7 所示。

图 13-7　车轮传感器

（3）AEI 设备。

AEI 设备包括 AEI 车轮传感器、分线箱和天线，主要用于对通过的列车进行车次、车号、车速等车辆信息采集，给声学设备提供所需要的车辆信息。

AEI 车轮传感器包括开机车轮传感器和开关门车轮传感器（测速、计轴判辆）。开机车轮传感器一般距离天线中心线 50 m，具体视车速而定。开关门车轮传感器一般安装在距天线 1 000 ～ 1 500 mm 的地方。AEI 车轮传感器的主要作用是列车接近时自动启动 AEI 系统的采集程序，打开 AEI 设备天线，进行 AEI 系统的计轴计辆、车轮定位等。AEI 车轮传感器用卡具固定在钢轨上，用高压胶管引入 AEI 分线箱内，与其他信号一起引入轨边机房内。AEI 地面天线用卡具固定在轨枕上，用高压胶管引入 AEI 分线箱内，与已经引入 AEI 分线箱的车轮传感器信号一起引入轨边机房内。AEI 天线如图 13-8 所示。

图 13-8　AEI 天线

2）室内设备

TADS 室内设备包括 UPS 电源和设备机柜。设备机柜为各个工控机和设备提供安放位置和配线走线槽，使设备合理安放，达到设备排列有序、美观的效果。室内设备如图 13-9 所示。

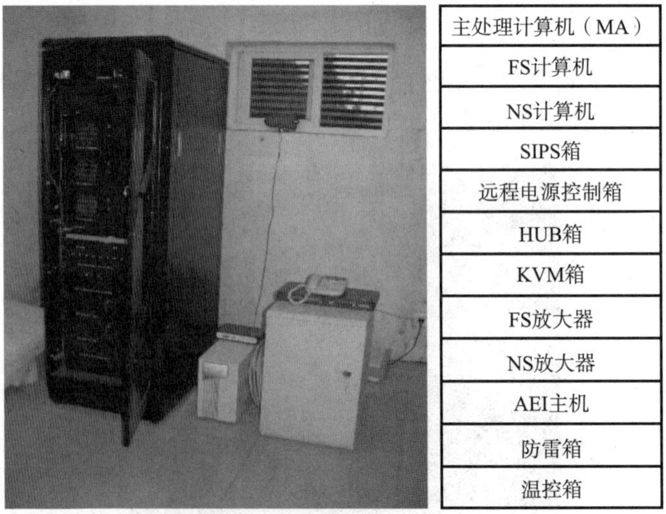

图 13-9　室内设备

（1）UPS 电源。

UPS 电源为在线式，当正常的供电电源停电时，UPS 电源将为设备临时供电，使设备在停电期间能够继续工作，保证了设备的正常运行。当来电后自动切换到电源供电方式，设备使用正常的供电方式。

（2）主处理计算机（MA）。

主处理计算机与远、近端信号采集处理工业控制机协同同步工作，接收远、近端信号采集处理工业控制机采集的数据，接收 AEI 数据，并对轴承故障数据进行综合判断分析，通过与 AEI 数据的结合，确定故障轴承的位置并存储数据，通过网络向上一级服务器发送采集到的过车数据。主处理计算机采用研华工控机，如图 13-10 所示。

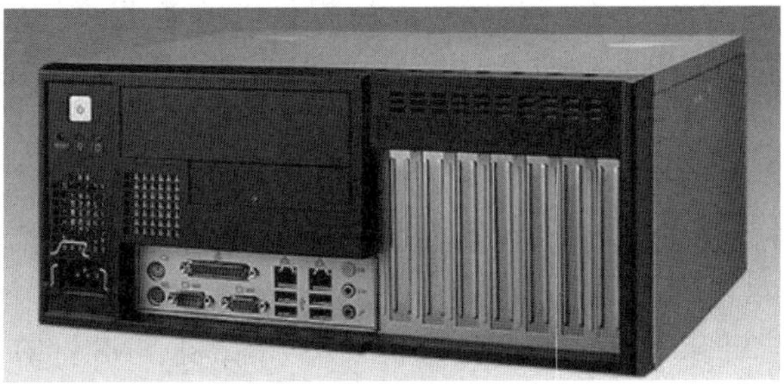

图 13-10　主处理计算机

（3）远、近端信号采集处理工业控制机（FS、NS 计算机）。

远、近端信号采集处理工业控制机是采集声音信号，并对采集上来的信号进行判断处理的计算机系统，是 TADS 中重要的组成部分，如图 13-11 所示。远、近端信号采集处理工业控制机接收到室外设备采集到的轴承噪声信号后，通过安装在其上的软件进行处理，完成轴承的故障诊断判别工作，并把处理后的数据传送给主处理计算机。远、近端信号采集处理工业控制机还可以对室外的声学传感器和声学磁钢进行检测，通过检测可以判断室外的声学传感器和声学磁钢的工作状况。远、近端信号采集处理工业控制机采用研华工控机，在远、近端信号采集处理工业控制机里分别装有两个 PCI 卡，一个是 I/O 卡，另一个是 A/D 卡。I/O 卡控制保护门的开启和关闭，A/D 卡处理室外设备采集的声音信号和磁钢控制信号，A/D 卡除了具有数据采集的功能之外，还拥有专用的数据处理系统，包括两个 DSP 处理器和一个具有专用的 32 位板上操作系统的计算机系统，根据要求可完成声音信号的抗混叠滤波、声音处理等高级功能。

图 13-11　远、近端信号采集处理工业控制机

（4）SIPS 箱。

SIPS 箱即电源信号分配箱，是对各种信号提供接口电路的机箱。通过 SIPS 箱可对室外设备进行控制信号分配，并且控制声学传感器阵列箱保护门开启或关闭，以及室外风扇的开关。

SIPS 箱内部包括开关电源、单片机系统、线性电源。开关电源为保护门电机/风扇提供 12 V 直流电源，单片机系统实现磁钢信号的放大滤波及保护门开关的控制逻辑，并与数据采集计算机进行通信。线性电源为单片机系统和继电器提供工作电源。

（5）远程电源控制箱。

远程电源控制箱的作用是向车号地面 AEI 主机、探测站主计算机、NS/FS 数据采集计算机、SIPS 箱、HUB 箱、NS/FS 放大器箱等设备提供电源输出。它通过电话线与室内电话直接连接，可以在其他地方通过拨打电话方式远程控制各个机器设备的电源开或关。

（6）HUB 箱。

HUB 箱将 3 台计算机联网，构成网络化连接，提高轨边设备的综合数据处理能力及数据的高速交换能力，并且提供向上传输数据的通道，同时为 KVM 转换器提供电源。

（7）KVM 箱。

KVM 箱是提供 3 台计算机（主处理计算机、FS 计算机、NS 计算机）的显示界面和控制操作的显示器，通过它可以方便地操作任意一台计算机，可以提供快捷方便的显示操作工作，3 台计算机和 KVM 箱通过 HUB 组成轨边设备的局域网系统。

（8）放大器箱。

放大器箱包括远、近端放大器（FS 放大器、NS 放大器）组。每组 6 个通道，接收声学传感器阵列信号，并对室外声学传感器阵列信号进行滤波和高保真放大处理，它是采集轴承声音的重要组成部分。放大器的主要技术指标如下：

① 供电：110～200 V/50 Hz。

② 最大允许输入电压：21.6 V 峰值。

③ 工作频率范围：0.3～1 MHz。

④ 输出接口：Q9 插头。

⑤ 放大倍数：-20～60 dB。

⑥ 输入阻抗：1 MΩ/300 pF。

⑦ 输出阻抗：50 Ω/500 pF。

（9）AEI 主机。

AEI 主机的作用主要是自动识别列车的车次、车号信息，计轴、计辆、测速，并将有关信息数据提供给 TADS 设备，完成对预报的故障轴承车号和轴位的自动定位。

（10）防雷箱。

防雷箱是对除声学传感器外的各种传感器信号、通信信号、控制电源信号进行抗雷电冲击及抗浪涌保护的装置，是保证设备安全的必要设备，可以对防止设备遭受雷击起到很好的作用。轨边设备的防雷如图 13-12 所示。

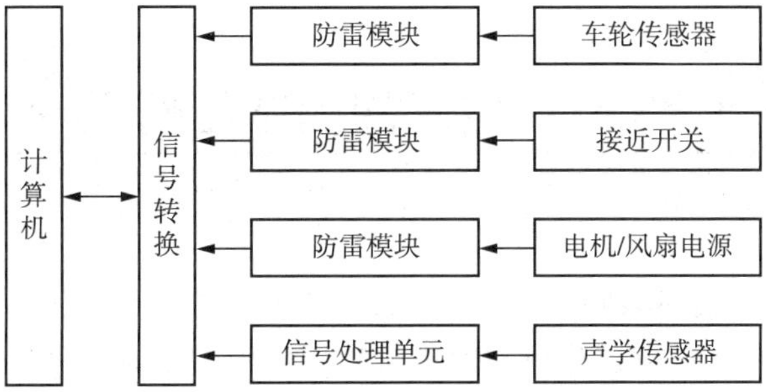

图 13-12　轨边设备的防雷

2. 节点服务器

节点服务器完成基本的数据处理及接口报文形成等功能，并上传数据报文给铁路局服务器，对系统数据传输进行实时监控。节点服务器也可以不设置，而是将数据直接传送给铁路局服务器。

3. 铁路局服务器

铁路局服务器是TADS网络的关键部分。服务器采用具有NT内核的Windows 2000操作系统，采用Oracle 8i大型数据库，负责接收节点服务器发来的接口报文（包括数据、声音和自检信息等），创建数据库和监控管理网站，并对轴承状况进行跟踪评判，对故障轴承进行报警。

铁路局服务器实现的主要功能如下：

（1）实时显示、接收并处理TADS探测站的数据报文，建立数据库，将地面探测站数据进行入库，对故障轴承进行跟踪对比、预报。

（2）将处理结果上传国铁集团服务器。

（3）查询、统计、打印通过列车的轴承声学检测信息。

（4）追踪故障轴承的发展过程。

4. 国铁集团服务器

国铁集团服务器是数据库的中心，它建立全路车辆滚动轴承运行状态数据库和各种轴承故障档案数据库，通过收集大量的数据，建立滚动轴承早期故障诊断系统，自动调整系统判别模型，综合评价各种轴承运行状态和质量，为铁路车辆制造和检修提供科学、合理依据。

5. 复示终端

复示终端包括红外中心复示终端、车辆段复示终端、列检所复示终端和其他复示终端，各复示终端通过访问各级服务器管理网站，实现对TADS探测数据的实时监控，对故障轴承进行报警，并可以对历史探测数据进行查询和统计。其主要功能如下：

（1）实时复示相关TADS处理过的过车报文和轴承故障报警信息，并进行处理、显示、打印、存储、汇总、统计分析。

（2）实时对TADS设备状况进行监视，打印显示地面设备故障等信息。

（3）准确监测地面TADS设备预报的轴承故障情况，实现故障轴承的报警、跟踪。

（4）各复示终端通过TADS轴承声音图谱播放软件还可以在线收听故障轴承和正常轴承的声音并观看声音图谱（正常轴承和故障轴承声音的三维图谱）。

■ 任务 13.3 TADS 地面探测站工作原理

TADS 就是利用声学传感器阵列，采用现代声学诊断技术，对运行列车的车辆滚动轴承所发出的故障信号（声学噪声）进行实时的拾取、滤波、采集，并经过后台分析处理，从而达到对故障轴承进行预报的目的。TADS 采用了声学传感器阵列技术和多传感器信号合成及定位技术，保证了系统对故障轴承诊断的可靠性和准确性。利用故障轴承信号拾取技术、系统降噪技术及频谱分析和小波形分析技术，使得系统对故障轴承缺陷程度具有极高预报精度。TADS 与车号自动识别系统结合，可实现故障轴承的车号和轴位的自动定位，TADS 地面探测站的组成如图 13-13 所示。

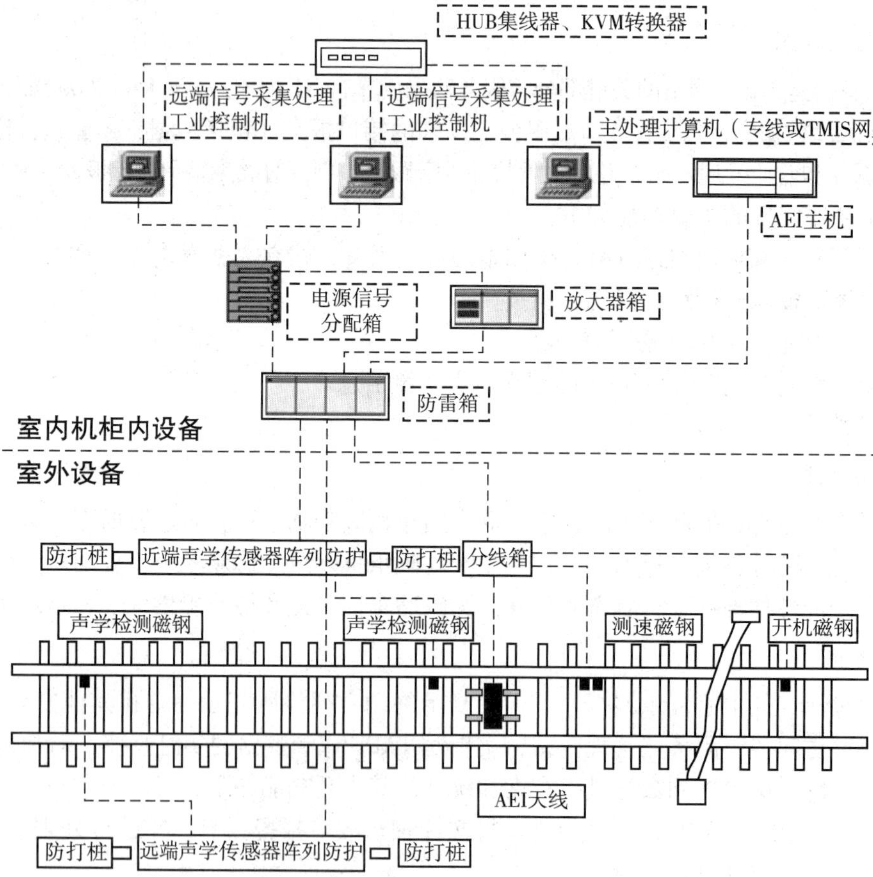

图 13-13　TADS 地面探测站的组成

13.3.1　滚动轴承的振动与噪声分析

滚动轴承主要由内圈、外圈及滚动体组成，如图 13-14 所示。

图 13-14　铁路货车滚动轴承

滚动轴承在旋转时必然会发生振动，这种振动是由几种振动合成的，主要与轴承转动体的固有振动和轴的振动等有关。当轴承无故障时，轴承在旋转时表现出来的振动主要是由转动面的光洁度和波纹度引起的；当轴承发生故障时，转动面劣化，转动体通过损伤部分时由于冲击现象而发生极快速的冲击振动。我们通过检测这样的振动声音信号，便可对故障的滚动轴承进行早期诊断。一般来说，轴承产生振动和噪声的原因是多方面的，主要与外部激励、轴承的结构特点、轴承的制造和装配误差、轴承的内部缺陷或故障 4 种因素有关。

1. 外部激励引起的振动和噪声

与轴承接触的其他振源（如传动轴、壳体等）对轴承产生激振力，引起轴承的振动和噪声。这种振动和噪声以低频周期成分为主，一般在轴承总的振动能量中所占比例不大。

2. 轴承的结构特点引起的振动和噪声

滚动轴承承载时，由于滚动体的公转，使轴承负荷区的滚动体数目不断变化，滚动体在不同位置时受力的大小也不一样，使承载刚度发生变化，引起轴心的起伏波动，产生振动和噪声。在一定的转速下，这一振动或噪声具有确定的性质，频率较低。

3. 轴承的制造和装配误差引起的振动和噪声

正常状态下，这部分因素造成的轴承振动和噪声占主导地位。制造方面包括轴承零件加工面（内、外圈滚道面和滚动体工作面）的波纹度、形位公差、滚动体直径误差等，装配方面包括轴承偏心、转子不平衡、轴弯曲等，都将引起轴承的振动和噪声。这些因轴承制造和装配因素造成的激振力大都具有周期性，但由于实际情况下各因素之间的关系十分复杂，所以总的激振力随机性较强，频率成分较多，从而使正常轴承在这些激振力的联合作用下所产生的振动和噪声也呈现出较强的随机性，含有多种频率成分。

4. 轴承的内部缺陷或故障引起的振动和噪声

当轴承零件的滚动工作面上出现故障（如剥离、碎裂、点蚀、塑性变形等）时，在轴承运转中滚动体碾压到故障部位，就会产生冲击振动，这种冲击振动与正常情况下的振动有所不同，具有很宽的频率范围，常能激起轴承零件的共振，引发异常声响。这种信号的特点是每个冲击的作用时间很短，时域能量不大，但频谱丰富，且冲击具有周期性。

综上所述，正常状态的轴承在运转中也有十分复杂的振动和噪声，其信号总体上表现出随机特性，虽含有周期成分，但频率较低，能量较弱。一旦轴承出现局部损伤，则振动和噪声信号的结构将发生变化，出现周期性的冲击脉冲，引起轴承系统的高频共振响应，示例如图 13-15 ～图 13-16 所示。

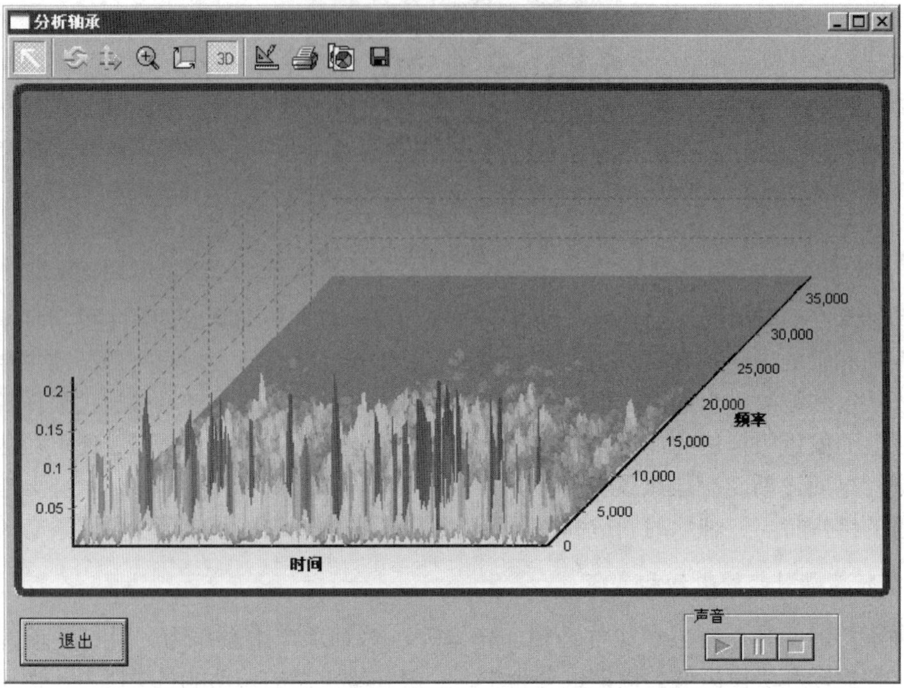

图 13-15　故障轴承（外圈故障）声音图谱

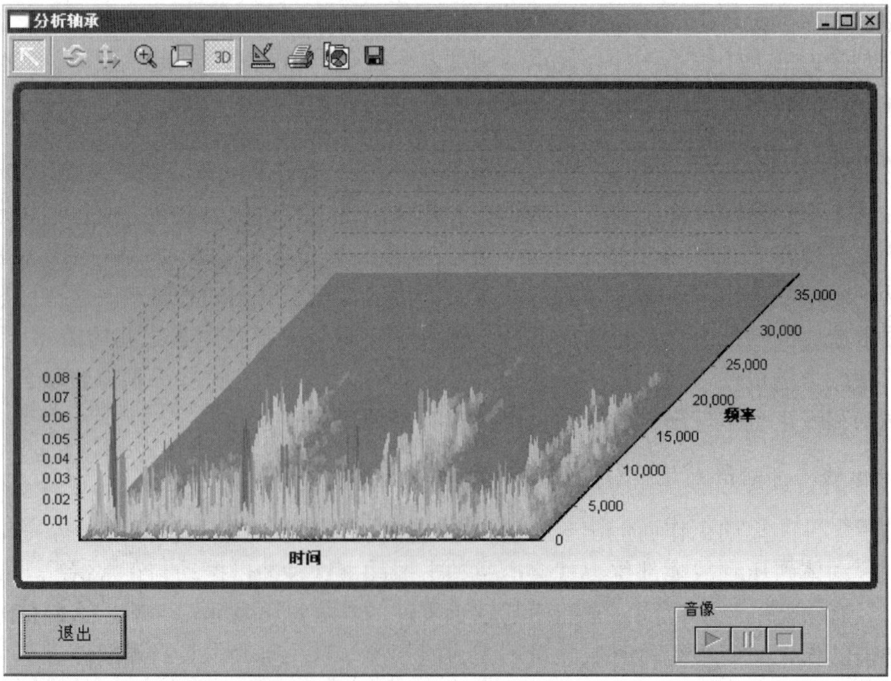

图 13-16　故障轴承（内圈故障）声音图谱

13.3.2　滚动轴承声学诊断

利用声学传感器拾取轴承的声音信号，采用特定的信号分析技术，可以从时域、频域或幅域提取出轴承的故障特征，再应用各种模式识别方法，就能够实现滚动轴承的故障诊断。幅域特征可以反映故障的严重程度；频域特征可以反映故障的部位，因为故障部位不同，其产生的重复冲击频率是不一样的。根据轴承运动学原理，如果已知轴承的几何参数和转速，就可以计算出各个轴承零件产生故障时的特征频率。对实测信号进行分析，查找特征频率成分，即可判别故障所在。滚动轴承声学诊断的关键技术如下。

1. 声学信号的采集与合成

根据铁路车辆轴承的运行机理及轴承的尺寸，铁路车辆具有车轮旋转两周、轴承滚动体旋转一周的特点。当轴承内部任何部位发生故障、产生缺陷时，都要用声学传感器全面、准确地拾取故障轴承所产生的振动声音。声学传感器的指向区域大约为6.5 m。若采用单独的声学传感器在这么大的指向区域内保持接收信号灵敏度的一致性是不可能的，也难以对轴承故障进行准确判断。为此，TADS采用单侧6个声学传感器阵列，每个声学传感器指向性设计的有效区域约为1.1 m，并相互交叉，保证了同一个轴承在探测区域内传感器接收的轴承振动信号是连续的，如图13-17所示。由于采用6个声学传感器，就要求6个声学传感器接收信号的灵敏度一致，因此系统在每个传感器与放大器之间采用了自适应校准技术，保证了6个声学传感器接收信号灵敏度的一致性。由于采用6个声学传感器，对于同一个轴承来说，需要将6个声学传感器接收的信号进行合成，这种信号合成技术也是此系统的关键技术。对于相邻轴承同时进入声学传感器阵列探测区的情况，该系统采用测速、测距等技术来区分不同轴承信号。由于采用了传感器阵列技术，使得系统对轴承信号拾取更加全面和准确，保证了系统对故障轴承诊断的可靠性和准确性。

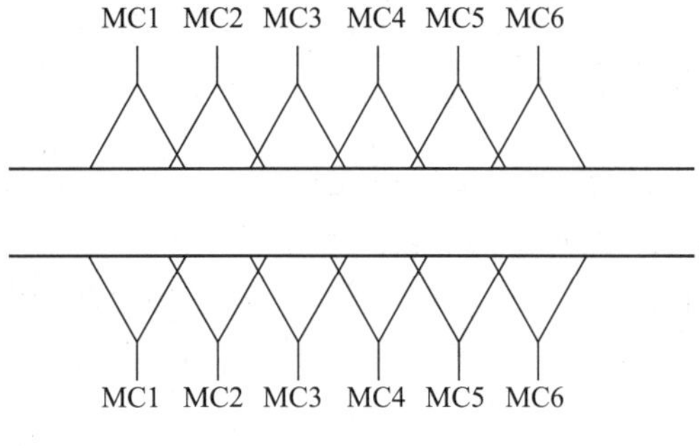

图13-17　声学传感器阵列布置

2. 滚动轴承状态识别

滚动轴承状态识别是根据轴承的运行信息对其状态进行分类。由于运行过程与环境的复杂性，一般来说所采集的信号与状态之间并不存在一一对应的关系，这就需要应用各种模式识别方法来进行诊断。常用的方法主要有简单对比分析法、逻辑判别法、贝叶斯分类法、信息距离判别法、模糊诊断法、灰色系统、专家系统、神经网络，以及上述几种方法的相互结合。

13.3.3 TADS 车辆方位和轴位的定义

1. 按照运行方向定义

按照运行方向，列车运行方向的左侧依次定义为左 1 ～左 4，列车运行方向的右侧依次定义为右 1 ～右 4。

2. 按照标签位置定义

将车辆距离标签安装位置近的一侧定义为 A 端，另一侧为 B 端，这需要与列车运行方向区别开。从 B 端看向 A 端，距离 A 端较近的第 1 个车轴的右侧定义为 A1 轴承，另一端即左端定义为 A2，第 2 个车轴的右侧定义为 A3 轴承，另一端为 A4，以此类推，如图 13-18 所示。

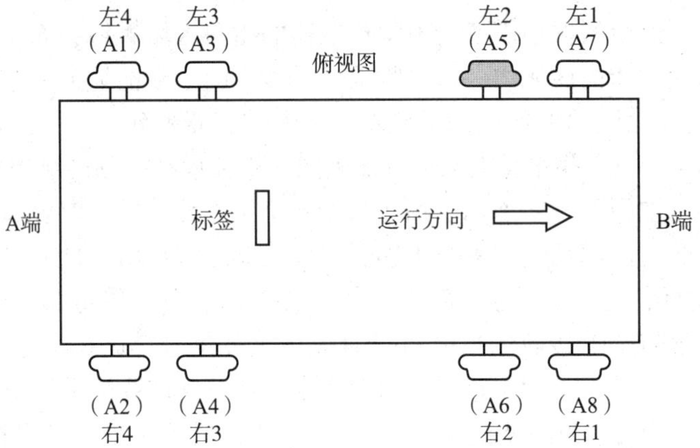

图 13-18　TADS 车辆轴位定义图

13.3.4 TADS 地面探测站的运行

参见图 13-13，列车从右侧驶入 TADS 探测站，车轮经过开机磁钢，使车号自动识别系统开机运行。车轮经过测速磁钢时，通过公式 $v = s/(t_1 - t_2)$、$L = v(t_n - t_1)$ 便可计算列车的运行速度和轴距、定距等信息. 其中，t_1 为车辆一位轮对压过测速磁钢 1 的时间、t_2 为车辆一位轮对压过测速磁钢 2 的时间、t_n 为车辆 n 位轮对压过测速磁钢 1 的时间、s 为测速磁钢 1 和测速磁钢 2 的距离。

当车辆通过地面 AEI 天线时，室内 AEI 主机通过车辆标签读取车辆信息，用于对轴承噪声信号采集时进行车号和轴位的匹配。当车轮通过声学检测磁钢时，TADS 的室外探测设备的保护箱打开，进行轴承噪声信号采集。列车通过后，TADS 系统关闭，车号自动识别系统关闭。轴承噪声信号通过防雷箱、放大器箱、远/近端信号采集处理工业控制机传入主计算机进行轴承故障的判断，并结合车辆信息，对故障轴承进行预报。

13.3.5 目前 TADS 地面探测站存在的主要问题

（1）由于列车运行的环境噪声来自多种声源，如轮轨噪声、空气动力噪声等，各种噪声对测量结果均有较大影响。加上背景异常复杂，且受空气的温度、湿度、污染和风、雨的影响，信噪比很低。因此，声学诊断技术应用于车辆轴承时需要解决的最关键技术就是设法提高信噪比，开发具有优良指向特性和低噪声级的传声器。

（2）在复杂的背景噪声条件下提取轴承的状态特征，需要有效的信号分析方法。

（3）系统的实用性应满足不同车速和载荷的运行条件，因为在工况不一致的前提下识别轴承的故障是困难的，所以需采用先进的模式识别方法，并用大量的实测数据进行调整和训练。

（4）传感器及其他附属设施需要在野外环境下全天候工作，因此装置的环境适应性及工作可靠性都将面临挑战。

任务 13.4　TADS 的运用与管理

13.4.1　工作标准

TADS 交班人员应认真填写“货车安全防范系统动态检车组交接班记录簿”。接班人员应确认设备状态良好，向交班人员了解设备使用情况及探测网络运行情况，检查记录台账，交接班人员共同在交接班记录簿上签字。

TADS 动态检车组长负责监测 TADS 系统运行状态，并负责传输通道故障的监测，要将 TADS 故障情况及时上报车辆段进行处理。当 TADS 客户端计算机无法正常工作时，要立即向列检值班员报告，由列检值班员通知该班现场检车工长，由现场检车员按技检标准对列车进行人工检查。

13.4.2　预报标准

1. 故障类型

货车滚动轴承早期故障主要分为外圈故障、内圈故障、滚子故障和未知故障 4 类。

2. 单次预报标准

故障预报等级分为一级报警（严重，红色）、二级报警（一般，橙色）和三级报警（用 5T 系统追踪，黄色）。

3. 扣车预报标准

TADS 在单次报警的基础上，实行全路联网综合评判，综合评判报警标准如下：

（1）轴承连续经过 3 次探测，3 次一级报警的。

（2）轴承连续经过 5 次探测，其中有 3 次一级报警的。

（3）轴承连续经过 6 次探测，其中有 3 次二级及以上报警的。

（4）轴承连续经过 8 次探测，其中有 5 次三级及以上报警的。

达到上述标准之一时，铁路局监测站的监测终端和列检复示站的复示终端自动显示扣车信息。

13.4.3 处置标准

1. TADS 预报及处置

TADS 单次一级报警或综合评判报警时，TADS 动检值班员须通知列检值班员，由列检值班员通知现场检车员对报警轴位进行轴承转动检查。对无故障的轴承，工长须进行复核，现场检车员将确认信息和处理结果报告列检值班员，由列检值班员复核后反馈 TADS 动检值班员，录入 TADS 系统。对有故障的轴承，工长须进行确认，确认后在轴承外圈的正下方粘贴不干胶标志，注明“TADS 故障”字样，并将有关信息报告列检值班员。列检值班员复核后办理扣车，并将现场确认和处理信息反馈给 TADS 动态值班员，并将故障信息录入 TADS 系统。

故障车辆送站修作业场更换轮轴后，须及时将故障轮轴送至车辆段，由车辆段主管安全副段长组织有关车间主任、轮轴专职、安全专职、5T 运用专职等相关人员对故障轴承进行退卸，分析判断轴承故障，形成 TADS 报警轴承故障诊断分析报告，妥善保存轴承故障损品，并将退卸和分析结果、故障数码照片反馈至 TADS 列检复示站，由 TADS 动态值班员自系统报警之日起 15 日内录入 TADS 系统。

2. 直通列车 TADS 预报及处置

有 TADS 复示站的列检作业场，因列车通过或停车时间不能满足检查要求等运输组织原因，对 TADS 单次一级报警和综合评判报警车辆无法进行检查处理的，须预报给前方站或列车到达站的列检作业场，由其按相关规定进行检查处理，具体预报和检查处理办法由各铁路局集团公司制定。

13.4.4 责任界定

（1）TADS 未对轴承故障进行一级预报及扣车预报的轴位，现场检车人员只进行轴承外观检查。

（2）TADS 值班员未及时将系统预报故障信息向列检值班员报告，未做系统预报记录，未将处理结果及时录入系统，销毁、涂改和丢失记录，违章操作造成人为设备故障，在计算机上使用无关软件发生病毒感染，因系统故障未及时通知维修人员，由动态检车员负责。

（3）列检值班员未及时将 TADS 值班员的报告信息通知现场检车组及通知信息错误的，由列检值班员负责；车辆运行安全监测站值班员（调度员）未按规定程序办理拦停手续、迟办或错办的，由值班员（调度员）负责。

（4）每班列检作业组均包含现场检车组和动态检车组，二者共同组成一个质量责任主体，由现场检车组工长统一管理。接到列检值班员的故障通知后，未做确认处理，未做现场处理情况记录和未向动态检车组反馈处理情况，销毁、涂改和丢失记录的，预报的车号或故障与现场不符而没有向列检值班员核实的，由现场检车人员负责。

（5）当铁路货车安全防范系统预报重大故障，需要对货物列车进行拦停、甩车处理的，不列行车事故；未按预报信息进行检查确认和扣车处理，排到邻局后被邻局做扣车处理的，由该铁路局集团公司负责。

（6）发生热轴拦停甩车、经分解轴承存在故障时，经查 TADS 对该位轴承进行过一级预报或扣车预报、检查确认局无反馈确认记录或有反馈确认记录但无 HMIS 更换车轮记录的（直通车除外），追究该铁路局集团公司责任。

（7）发生热轴拦停甩车、经分解轴承存在故障时，经查 500 km 区段内，该铁路货车途经的 TADS 未对该位轴承进行过一级预报或扣车预报（不包括轴承保持架故障），经分析，属于 TADS 系统存在漏报的，根据修程，由 TADS 系统供应商或系统检修、维护单位负责。

（8）未经国铁集团批准，车辆处、车辆段不得允许任何单位及个人随意修改 TADS 系统软件，凡发生上述情况的，追究车辆处或车辆段管理责任。

练习题

1. 下列设备中可对通过的列车进行声音采集工作的是（　　）。

A. 远近端放大器　　B. 防雷箱　　C. 声学传感器　　D. AEI 设备

2. 下列设备中具有对车辆信息进行采集作用的是（　　）。

A. 车轮传感器　　B. 工控机　　C. 电源信号分配箱　　D. AEI 设备

3. 下列设备中可对轴承故障数据进行综合判断分析的是（　　）。

A. 主处理计算机　　B. 车轮传感器　　C. 电源信号分配箱　　D. 防雷箱

4. 下列设备中可提供临时供电的是（　　）。

A. 防雷箱　　B. 复示终端　　C. AEI 设备　　D. UPS 电源

5. 下列设备中可以对防止设备遭受雷击起到很好保护作用的是（　　）。

A. 复示终端　　B. 防雷箱　　C. 声学传感器　　D. AEI 设备

6. 下列服务器中能上传数据报文给铁路局服务器的是（　　）。

A. 节点服务器　　B. 铁路局服务器　　C. 国铁集团服务器　　D. 复示终端

7. 以下不属于货车滚动轴承组成部分的是（　　）。

A. 外圈　　B. 内圈　　C. 油脂　　D. 滚动体

8. 货车单次预报标准一级报警为（　　）。

A. 蓝色　　B. 红色　　C. 橙色　　D. 黄色

9. 货车单次预报标准三级报警为（　　）。

A. 红色　　B. 蓝色　　C. 黄色　　D. 橙色

10. 货车单次预报标准二级报警为（　　）。

A. 蓝色　　B. 红色　　C. 橙色　　D. 黄色

项目14 货车运行故障动态图像检测系统(TFDS)

货车运行故障动态图像检测系统（TFDS）是一套集高速数字图像采集、大容量图像数据实时处理精确定位技术，模式识别技术，智能化、网络化和信息化技术，自动控制技术于一体的智能系统，能对货车隐蔽和常见故障进行动态检测。该系统通过布置于钢轨之间的高速相机阵列，拍摄通过列车的整车车底、侧下部图像，存储于计算机。通过分析与处理，计算出通过列车的一系列相关信息，包括：过车信息、车辆位置信息、车辆轴距信息、车号信息、图像信息。阵列相机拍摄的整车车底和侧下部的所有可视信息，经数字化处理后显示于监视器上，可以实现对整车车底和侧下部的检测。

【知识描述】

货车运行故障动态图像检测系统是一套集高速数字图像采集、大容量图像数据实时处理和精确定位模式识别技术于一体的智能系统，可实现车辆运用技术检查由“人检人修”方式向“机检人修”方式的过渡。

【学习目标】

◉ 知识目标

(1) 掌握 TFDS 的组成部分；

(2) 掌握 TFDS 的工作原理；

(3) 掌握 TFDS 的功能。

◉ 技能目标

具备分析 TFDS 具体工作流程的能力。

◉ 素质目标

培养学生勤于思考的学习态度。

任务 14.1　TFDS 介绍

TFDS 是一套集高速数字图像采集、大容量图像数据实时处理和精确定位模式识别技术于一体的智能系统，可实现车辆运用技术检查由“人检人修”方式向“机检人修”方式的过渡，列车运行质量由“人控”向“机控”的转变，减轻了检车员的劳动强度，为提高运输效率、确保运输安全创造了条件。

14.1.1　TFDS 的功能

TFDS 是一套通过高速摄像机阵列实时动态拍摄货车车底和侧下部的全部可视信息，实现过车信息、故障及其图像、检修处理信息和车辆部件图像等数据的精确采集和信息管理的系统，具有以下功能：

（1）自动拍摄和筛选出车辆转向架、基础制动装置、车钩缓冲装置等车辆关键部位的图像。

（2）通过人机结合的方式，对抓拍后的图像进行分析，判别出有关故障。

（3）自动判别车号、车种、车型和计轴、计辆。

（4）自动测试出列车速度。

（5）可直接读取 AEI 系统中的车号信息。

（6）可自动生成列检所常用报表。

（7）可对部分故障进行智能识别。

（8）可实现分散检测、集中报警、联网监测、信息共享。

14.1.2　TFDS 的工作原理

TFDS 采用高速摄像机对运行的列车进行图像采集，通过计算机进行分析与处理，计算出列车运行速度，判别出列车车种、车型，取出系统所需要的车辆关键部位图像进行存储，以一车一档的方式在窗口计算机中显示，并能按要求进行打印和传输。通过人机结合的方式判别出车辆转向架、制动装置、车钩缓冲装置等部件及零配件有无缺损、断裂，丢失等故障，从而达到动态检测车辆质量的目的。TFDS 的工作原理如图 14-1 所示。

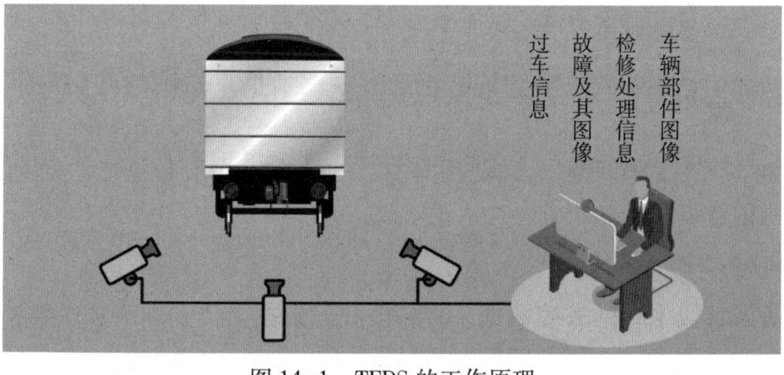

图 14-1　TFDS 的工作原理

14.1.3 TFDS 三级联网系统工作流程

TFDS 由列检所、段数据中心、路局数据中心、国铁集团数据中心组成。三级数据中心之间以及段数据中心与列检所之间通过铁路通信网络相连。列检所安装列检管理系统，实时监测列检所运营状况、列车故障。各级数据中心收集所辖下级系统的上报数据，执行监测、查询、管理、分析等功能。

数据上报是由下至上、逐层上报的。先由各列检所收集列车及故障信息，上报到段数据中心，段数据中心再上报到路局数据中心，最后汇总到国铁集团数据中心。TFDS 三级联网系统工作流程如图 14-2 所示。

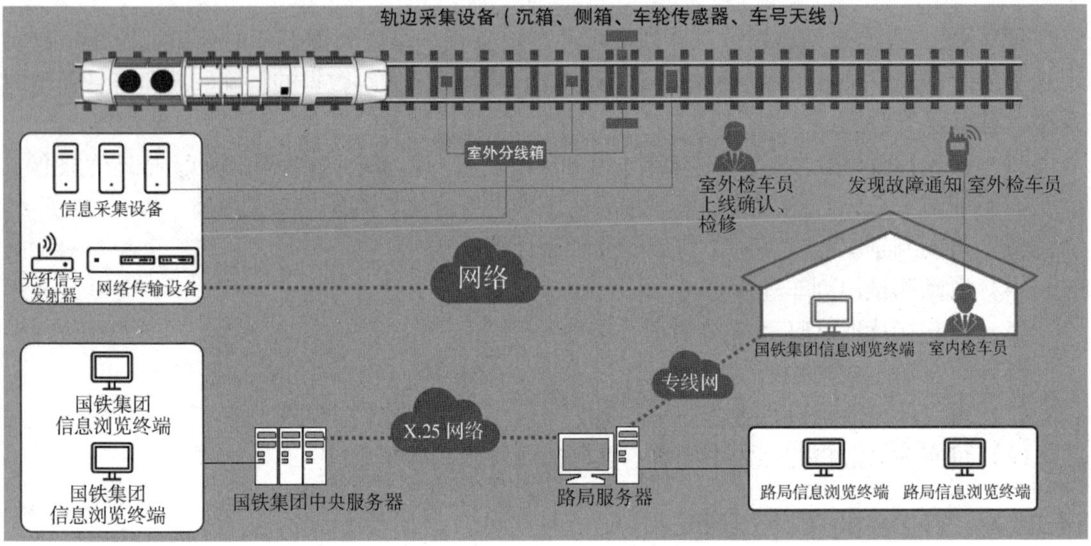

图 14-2 TFDS 三级联网系统工作流程

1. 段数据中心的功能

每天接收所属各列检所的上传故障数据，将各列检所故障数据上传到路局数据中心。具体数据流程为：

（1）数据流入。各段存储该段所管辖的各列检所数据信息，即包含各列检所记录列车的信息。

（2）数据流出。段数据中心收到的数据通过铁路通信广域网的基层网上报到路局数据中心。

（3）数据加工。对列检所输入给段数据中心的数据，在段数据中心对列检所的数据进行对比，检查所传数据是否相符。

2. 路局数据中心的功能

每周接收所属各段上传的故障数据，将各段故障数据上传到国铁集团数据中心。具体数据流程为：

（1）数据流入。存储管辖各段及各列检所数据信息。

（2）数据流出。将段数据中心的数据通过铁路通信广域网的主干网汇总到国铁集团数据中心。

（3）数据加工。对段数据中心输入给路局数据中心的数据，在路局数据中心对段数据中心数据进行对比，检查所传数据是否相符。

3. 国铁集团数据中心的功能

每月接收一次各分局上传的故障数据；对故障数据进行查阅、统计；根据数据统计结果对下属机构进行规划，做出相应管理。

国铁集团数据中心各级管理路径如下：

下属单位数据汇总可以通过国铁集团—局—段—所的层次，汇总国铁集团（以其下属路局为单位汇总）本地数据。或者选择连接到指定路局或者车辆段数据库，汇总该路局（以其下属车辆段为单位汇总）或者车辆段（以其下属列检所为单位汇总）本地数据。

汇总指标有：列车总列数、列车总辆数、故障总数、大件修总数、典型故障总数、两期车总数、关门车总数、擦伤车总数。

具体数据流程为：

（1）数据流入。国铁集团数据中心存储所有列检所、各段、各路局数据信息。

（2）数据加工。进行报表统计、报表汇总等，并对各路局所传数据进行参照，看是否与所传数据相符。

任务 14.2　TFDS 的构成

TFDS 由检测信息采集设备、信息处理传输设备、列检所检测中心和其他复示终端构成。

14.2.1　检测信息采集设备

检测信息采集设备即轨边探测设备，图 14-3 为 TFDS-3 型设备。检测信息采集设备主要由沉箱、侧箱、AEI 地面天线、车轮传感器等组成，主要完成过车检测、光源补偿和图像采集任务。

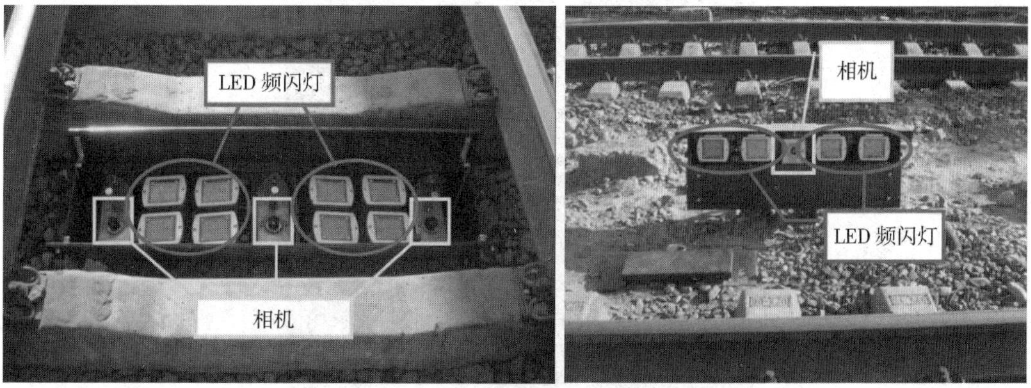

图 14-3　TFDS-3 型设备

1. 沉箱和侧箱

沉箱和侧箱主要负责完成货车图像的采集任务，其设备主要包括相机、补偿光源、除尘风机、电机等。

相机是拍摄运行车辆底部、两侧图像的装置，根据拍摄的需要布置在线路的中间和两侧。沉箱中安装有3台相机，侧箱中安装有两台相机。沉箱和侧箱具有抗振、防水和防尘功能，用来对相机和补偿光源进行防护。

2. AEI 地面天线

AEI 地面天线（如图 14-4 所示）是车号采集设备的一部分，其功能主要是采集货车底部标签，并通过同轴电缆传输至车号主机，从而达到采集列车的车次及车号信息等功能。

图 14-4　AEI 地面天线

3. 车轮传感器

车轮传感器又称磁钢，如图 14-5 所示。车轮传感器分为两种，一种是无源车轮传感器，另一种是有源车轮传感器，二者的作用是相同的，都是用来检测列车的到达和通过的，同时还采集列车的车速、轴距等信息。

图 14-5　车轮传感器

1）无源车轮传感器

当车辆轮缘通过传感器时，车轮传感器线圈产生相应的磁感应电动势，以正弦信号的形式输出给系统设备，以供系统计轴、计辆、测速等。

2）有源车轮传感器

有源车轮传感器传输的磁钢信号为电平信号，电平信号与正弦信号的区别是它可以直接被计算机所识别，免去了智能磁钢板处理的过程。

TFDS 系统包含 4 对（1#～8#）车轮传感器，目前应用的 TFDS 系统均采用 1#、2#、3#、4# 两对车轮传感器，1#、2# 负责计轴判辆，为 TFDS 系统是否开机提供依据；3#、4# 负责计算车速，为相机拍照速度和频率提供依据。

14.2.2　信息处理传输设备

信息处理传输设备即探测站机房内设备，如图 14-6 所示，主要由图像采集计算机、车辆信息采集计算机、控制箱、KVM 切换器、AEI 车号设备、UPS 设备等组成，主要负责对过车信息进行处理并控制室外设备的正常工作；将采集到的图像进行处理，并将处理后的图像数据传输到列检所检测中心。

1. 图像采集计算机

图像采集计算机主要用来准确获取高速运行过程中的列车部件图像，并通过网络设备传输至列检所检测中心服务器。图像采集计算机共 4 台，均为高性能工业控制计算机。

2. 车辆信息采集计算机

车辆信息采集计算机主要用于接收车轮传感器的信号，计轴、计辆、测速，控制补偿光源和保护门的开启及关闭。车辆信息采集计算机由一台高性能工业控制计算机配备一块多功能数据采集卡构成，完成图像信息的采集控制、计轴、计辆、测速等功能。

图 14-6　信息处理传输设备

3. 控制箱

控制箱的作用主要是为轨边设备提供稳定电源输出，接收磁钢信号，控制室外防护设备、探测设备的开关动作，以及阵列相机的频率输出。

4. KVM 切换器

KVM 是 keyboard（键盘）、video（显示器）、mouse（鼠标）的缩写。KVM 切换器的正式名称为多计算机切换器，其作用是让系统管理员通过一组键盘、显示器和鼠标控制多台服务器或计算机的外围设备。

5. AEI 车号设备

AEI 车号设备是车号采集设备的另一部分，其功能主要是读取 AEI 地面天线采集的列车车次及车号信息，完成运行中的货车底部车号标签信息的采集。

6. UPS 设备

UPS 设备是一种含有储能装置，以整流器、逆变器为主要组成部分的稳压稳频的交流电源。它的主要作用是利用电池等储能装置在停电时给浏览器/服务器、存储设备、网络设备、计算机、通信网络系统等提供不间断的电力供应。当市电输入正常时，UPS 设备将市电稳压后供应给负载使用，此时的 UPS 设备就是一台交流式电稳压器，同时它还向储能装置如电池组充电；当市电中断（事故停电）时，UPS 设备立即将储能装置的电能通过逆变转换的方法向负载继续供应交流电，使负载维持正常工作，并保护负载软硬件不受损坏。UPS 设备通常对电压过大和电压过低都提供保护。

14.2.3 列检所检测中心

列检所检测中心（如图 14-7 所示）配备有服务器和检测中心室内设备。其中，服务器主要完成车辆和图像信息的接收、存储和管理工作；检测中心室内设备主要完成图像信息的显示、故障信息的收集以及工作信息的记录工作。

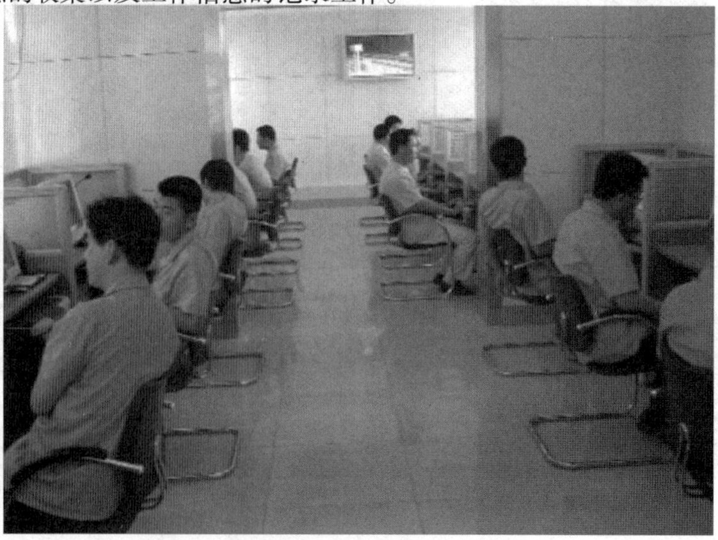

图 14-7　列检所检测中心

任务 14.3　TFDS 的运用与管理

14.3.1　TFDS 检查范围及质量标准

TFDS 检查范围及质量标准以 C_{70} 型货车为例进行讲解。

1. 侧架工位

侧架工位如图 14-8 所示。

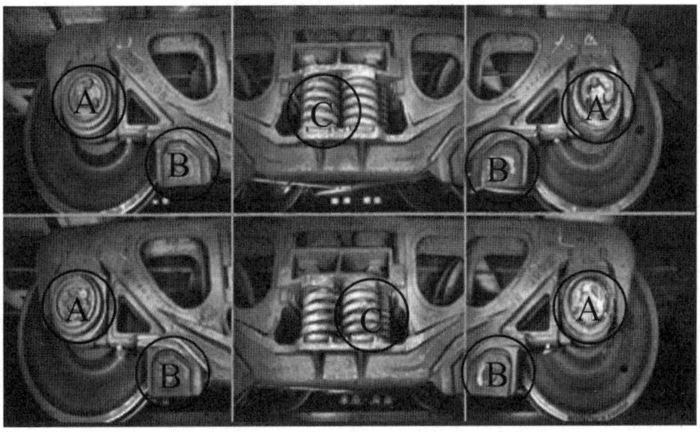

图 14-8　侧架工位

侧架工位采用“凹”字检查法对图像进行浏览，重点检查 A、B、C 部位的易发故障，其中方框部分图片需要放大后做重点检查。

A 部位：以轴承、承载鞍为中心的区域。
易发故障为轴承甩油，轴端螺栓折断、丢失，承载鞍错位等。

B 部位：以交叉杆端部紧固螺栓为中心的区域。
易发故障为端部紧固螺栓松动、丢失，锁紧板变形；闸瓦折断、丢失、脱落等。

C 部位：以摇枕弹簧为中心的区域。
易发故障为摇枕弹簧折断、丢失、窜出，侧架立柱磨耗板折断、丢失、窜出等。

侧架工位检查作业轨迹如图 14-9 所示，各图中的检测流程如下：

（1）图 a：地板 1—侧架 1—承载鞍 1—轴承 1—挡键 1—车轮 1—闸瓦 1。

（2）图 b：地板 2—枕梁翼板 1—侧架立柱磨耗板 1—摇枕—摇枕弹簧 1—弹簧托板 1—摇枕弹簧 2—侧架立柱磨耗板 2—枕梁翼板 2。

（3）图 c：地板 3—横跨梁—闸瓦 2—车轮 2—挡键 2—轴承 2—承载鞍 2—侧架 2—地板 4。

（4）图 d～图 f 同上。

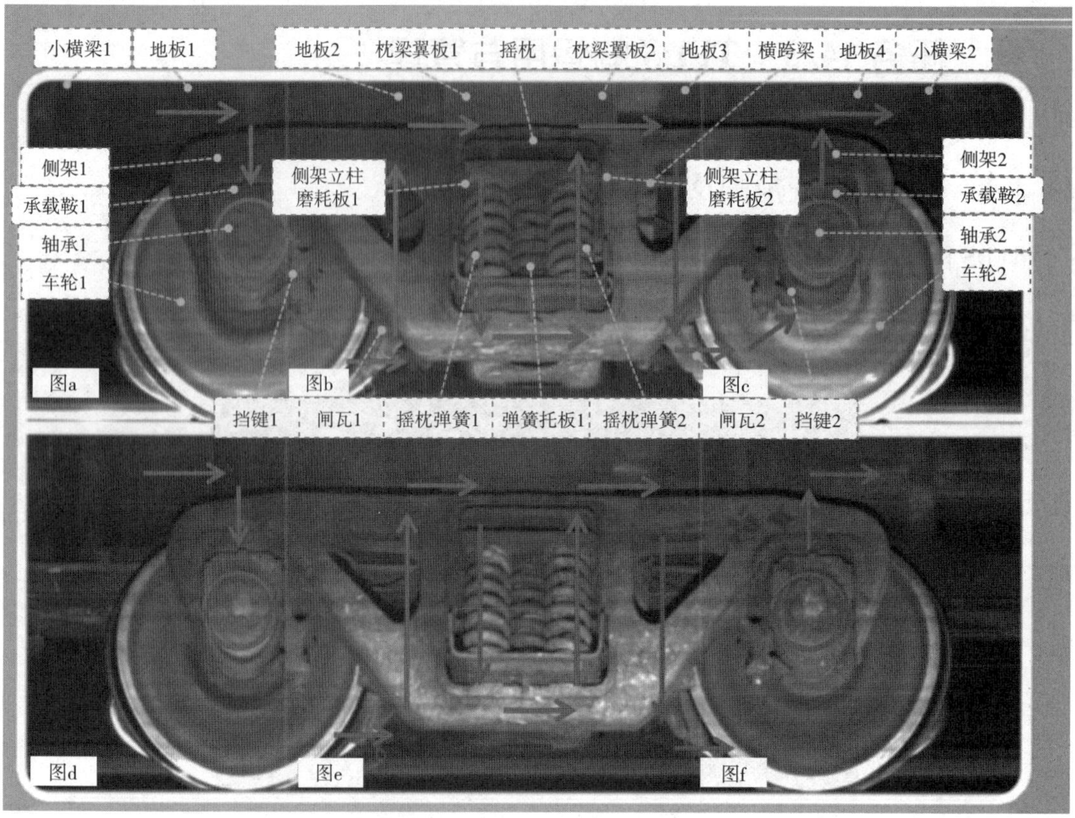

图 14-9　侧架工位检查作业轨迹

2. 转向架底部工位

转向架底部工位如图 14-10 所示。

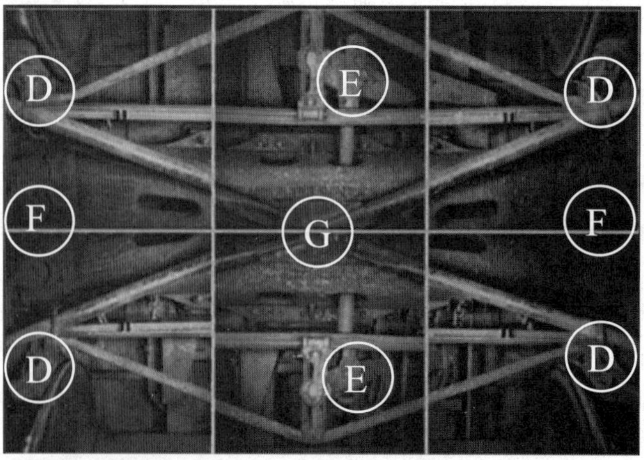

图 14-10　转向架底部工位

1）重点检查区域

采用“8”“Z”字检查法对整幅图片进行浏览，重点检查 D、E、F、G 部位的易发故障。其中方框部位需要放大重点检查。

D 部位：以闸瓦托为中心的区域。

易发生的故障为制动梁端部梁架折断，闸瓦及闸瓦插销故障，脱轨自动制动装置拉环丢失、变形等。

E 部位：以固定杠杆和移动杠杆为中心的区域。

易发生的故障为上拉杆、中拉杆、下拉杆、固定杠杆支点、固定杠杆支点座、制动梁支柱圆销及开口销折断、丢失，心盘螺栓丢失等。

F 部位：以摇枕弹簧为中心的区域。

易发生的故障为摇枕弹簧窜出、丢失等。

G 部位：以两交叉杆的交叉点为中心的区域。

易发生的故障为交叉杆折断、夹板螺栓丢失、交叉杆盖板裂损、交叉杆弯曲变形等。

2）转向架底部“8”字检查法的作业流程

转向架底部“8”字检查法的作业轨迹如图 14-11 所示。

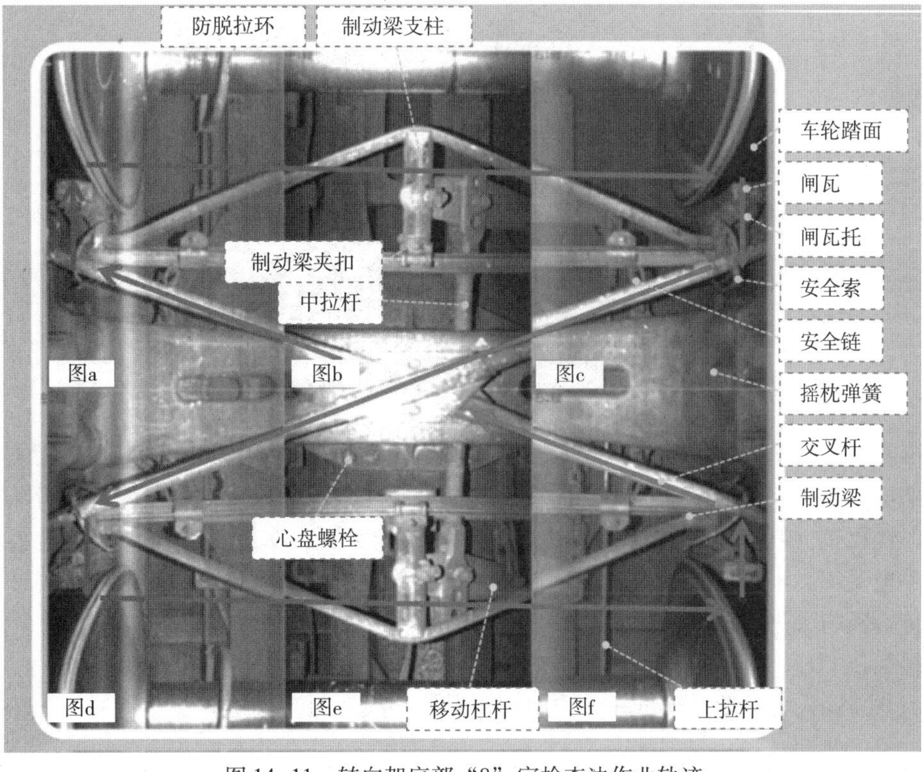

图 14-11　转向架底部“8”字检查法作业轨迹

各图中的检查流程如下：

（1）图 a：摇枕—交叉杆—摇枕弹簧—制动梁安全链—安全索—制动梁端轴—闸瓦托—闸瓦—车轮踏面—脱轨自动制动装置拉环—制动梁安全链—制动梁梁体。

（2）图 b：制动梁支柱及圆销、开口销—制动梁夹扣—心盘螺栓—移动杠杆—中拉杆及圆销、开口销—上拉杆及圆销、开口销—制动梁梁体。

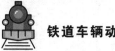

（3）图 c：制动梁安全链—车轮踏面—闸瓦—闸瓦托—制动梁端轴—安全索—摇枕弹簧—交叉杆—交叉杆夹板。

（4）图 d：交叉杆—摇枕弹簧—安全索—制动梁端轴—闸瓦托—闸瓦—车轮踏面—制动梁安全链—脱轨自动制动装置拉环—制动梁梁体。

（5）图 e：制动梁支柱及圆销、开口销—制动梁夹扣—心盘螺栓—移动杠杆—中拉杆及圆销、开口销—固定支点圆销、开口销—制动梁梁体。

（6）图 f：制动梁安全链—车轮踏面—闸瓦—闸瓦托—制动梁端轴—安全索—摇枕弹簧—交叉杆。

3. 钩缓工位

根据 TFDS 系统拍摄角度不同，钩缓工位分为钩缓工位和互钩差工位。

1）钩缓工位

钩缓工位采用“e”字检查法对整幅图像进行浏览，重点检查 H 部位的易发故障。方框部分须放大检查。钩缓工位如图 14-12 所示。

图 14-12　钩缓工位

H 部位是以中间三幅图像为中心的区域。易发生的故障为钩尾框折断，从板折断，缓冲器破损，钩尾销（托板）螺栓丢失，钩尾框托板螺栓丢失，车钩托梁裂损及螺栓丢失，折角塞门手把关闭、不正位及丢失，钩舌推铁丢失，钩锁折断，防跳插销脱落、丢失，人力制动机轴链折断、丢失，滑轮丢失等。

钩缓工位“e”字形检查法作业轨迹如图 14-13 所示。各图中的检查流程如下：

（1）图 a：人力制动机轴链—人力制动机滑轮—人力制动机拉杆—车地板—车轮—防脱拉环。

（2）图 b：折角塞门—钩提杆—复位弹簧—端梁。

（3）图 c：车轮—车地板—端梁。

（4）图 d：钩尾框托板—缓冲器—钩尾框—钩尾框托板—牵引梁—从板—安全托板—钩托梁。

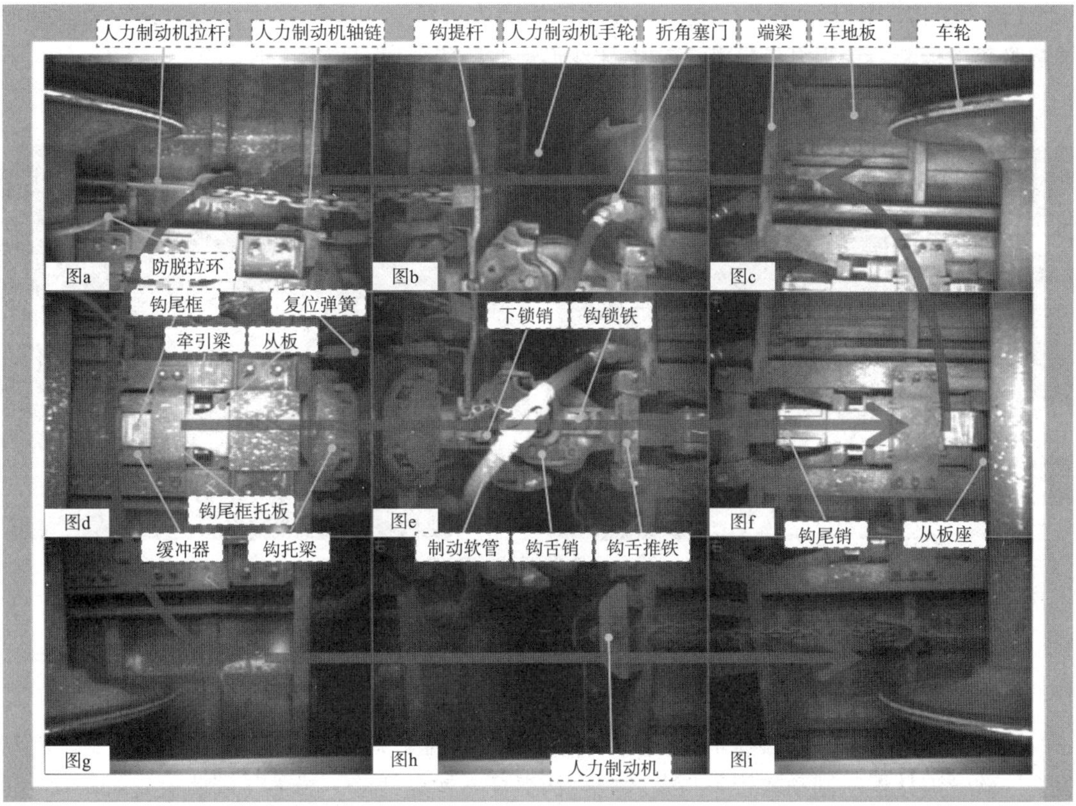

图 14-13　钩缓工位“e”字形检查法作业轨迹

（5）图 e：17 型车钩—下锁销—钩舌销—制动软管—13 型车钩—钩舌销—钩锁铁。

（6）图 f：钩托梁—钩尾销—从板—牵引梁—钩尾框托板—钩尾框—缓冲器—从板座。

（7）图 g：车轮—车地板—端梁。

（8）图 h：折角塞门—钩提杆—人力制动机轴链。

（9）图 i：端梁—人力制动机轴链—人力制动机拉杆—车地板—车轮。

2）互钩差工位

互钩差工位采用“V”字检查法对整幅图像进行浏览，重点检查 I 部位的易发故障。互钩差工位如图 14-14 所示。

图 14-14　互钩差工位

I 部位是以车钩为中心的区域。易发生的故障为折角塞门手把关闭、丢失，人力制动机轴链脱落、折断，钩提杆链折断，钩提杆变形、脱落等。

互钩差工位检查作业轨迹如图 14-15 所示。

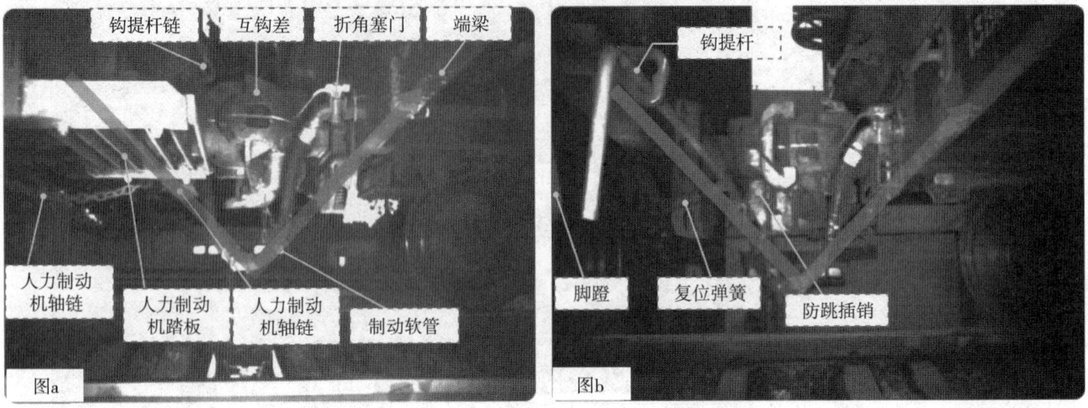

图 14-15　互钩差工位检查作业轨迹

各图中检查流程如下：

（1）图 a：端梁（端墙板）—钩提杆—钩提杆链—人力制动机踏板—人力制动机轴链—制动软管—软管连接器—制动软管—折角塞门—制动软管—端梁（端墙板）。

（2）图 b：端梁（端墙板）—脚蹬—钩提杆—钩提杆座—复位弹簧—防跳插销—制动软管—软管连接器—制动软管—折角塞门—钩提杆—钩提杆链—端梁（端墙板）。

4. 中间部工位

中间部工位采用“三”字检查法对整幅图像进行浏览，重点检查 J、K、L 部位的易发故障。中间部工位如图 14-16 所示。

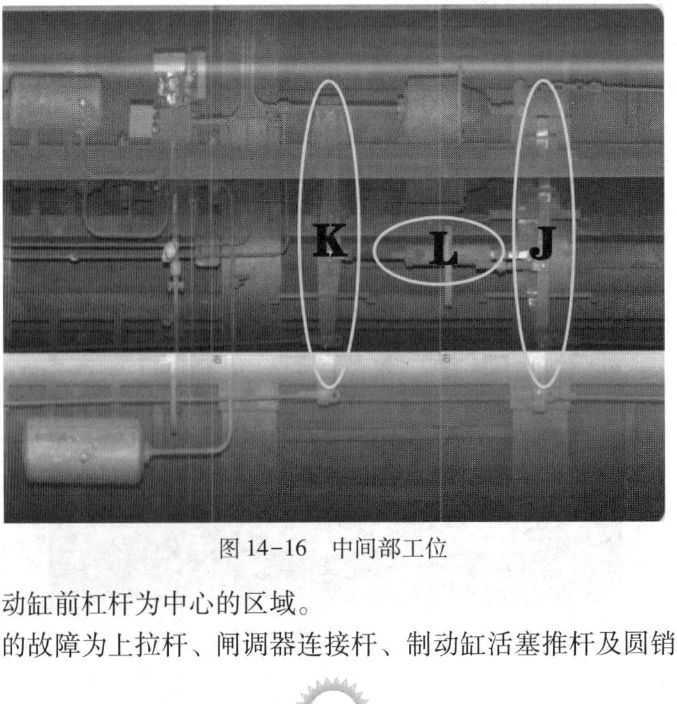

图 14-16　中间部工位

J 部位：以制动缸前杠杆为中心的区域。

易发的故障为上拉杆、闸调器连接杆、制动缸活塞推杆及圆销开口销丢失等。

K 部位：以制动缸后杠杆为中心的区域。

易发的故障为上拉杆、闸调器连接杆圆销、开口销丢失等。

L 部位：以制动缸闸调器为中心的区域。

易发的故障为闸调器控制杠杆圆销、闸调器连接杆折断、破损，制动缸吊架及螺母丢失等。

J、K、L 部位需放大检查。中间部Ⅰ作业流程检查轨迹如图 14-17 所示。

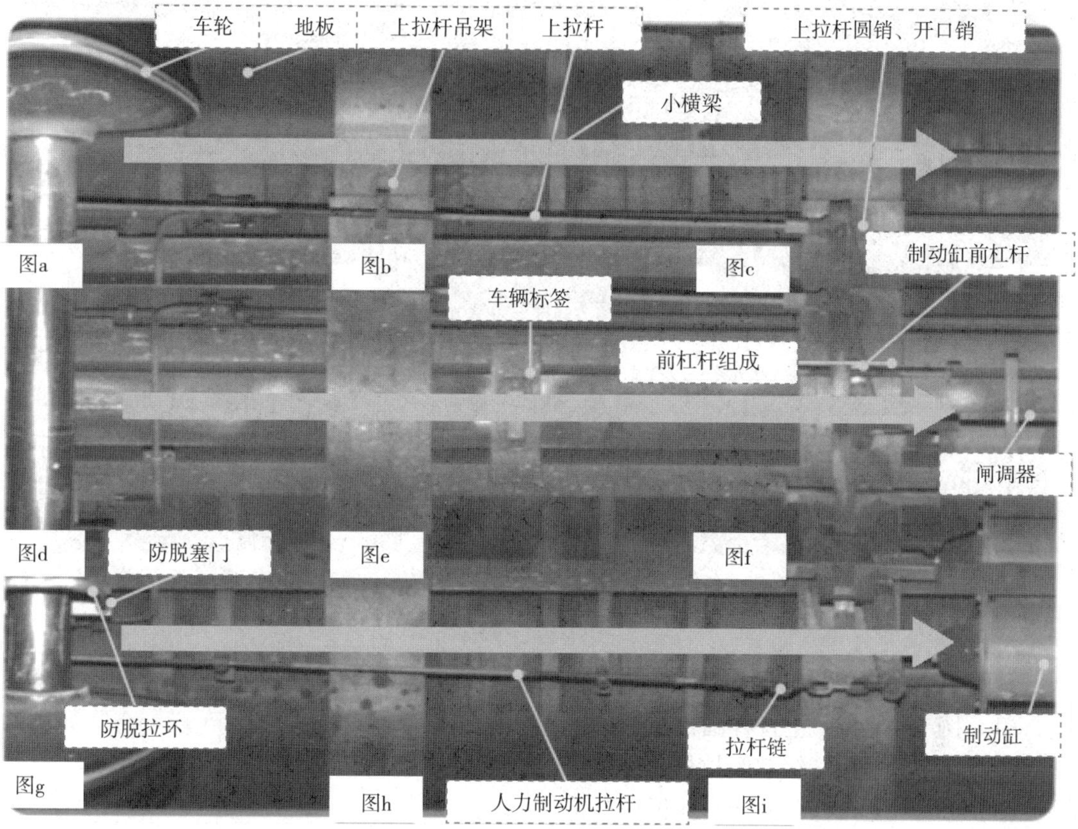

图 14-17　中间部Ⅰ作业流程检查轨迹

各图中检查流程如下：

（1）图 a：车轮—地板。

（2）图 b：上拉杆吊架—上拉杆—地板—小横梁。

（3）图 c：上拉杆圆销及开口销—地板。

（4）图 d：地板。

（5）图 e：车辆标签。

（6）图 f：制动缸前杠杆组成—闸调器。

（7）图 g：防脱拉环—车轮—地板—人力制动机拉杆及吊架。

（8）图 h：地板—人力制动机拉杆及吊架。

（9）图 i：人力制动机拉杆及链—制动缸活塞推杆—制动缸。

中间部Ⅱ作业流程检查轨迹如图 14-18 所示。

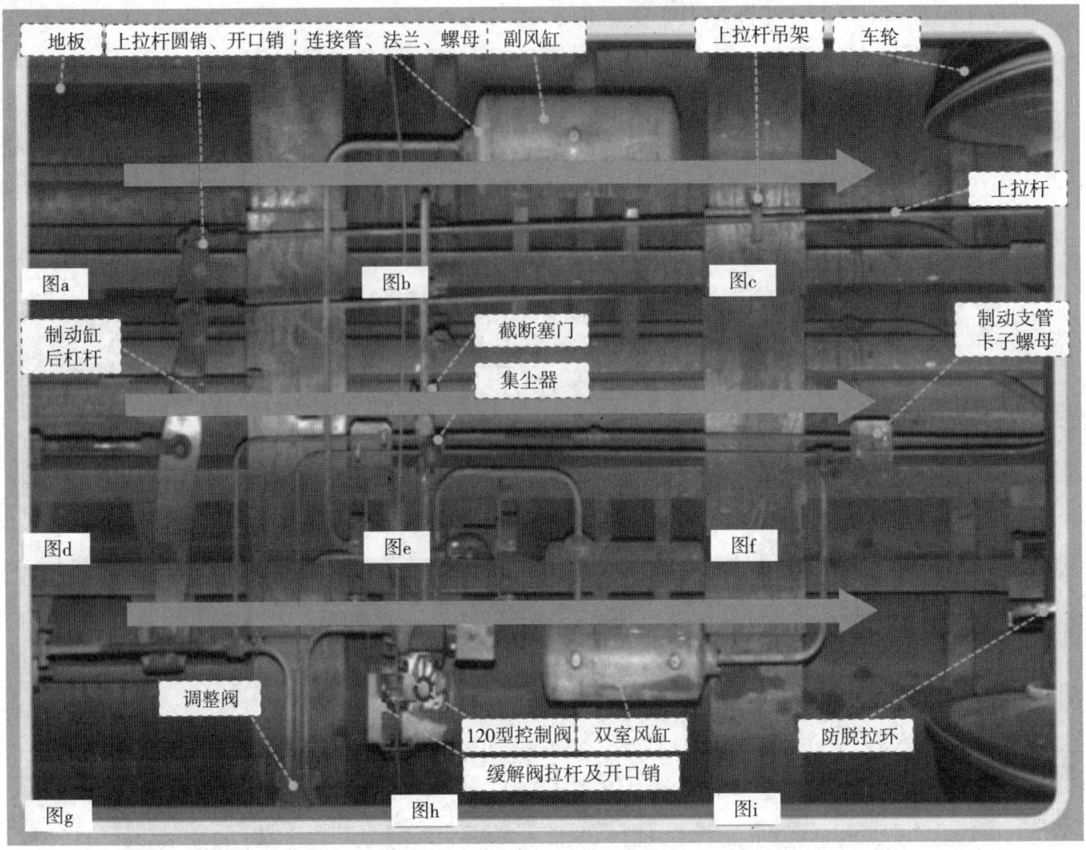

图 14-18　中间部Ⅱ作业流程检查轨迹

各图中检查流程如下：

（1）图 a：地板—上拉杆圆销及开口销。

（2）图 b：地板—缓解阀拉杆—连接管、法兰、螺母—副风缸。

（3）图 c：上拉杆及吊架—地板—车轮。

（4）图 d：闸调器连接杆圆销及开口销—制动缸后杠杆组成。

（5）图 e：制动主管支管连接管—截断塞门—组合式集尘器。

（6）图 f：制动支管卡子螺母。

（7）图 g：地板—调整阀。

（8）图 h：120 型控制阀—缓解阀拉杆及开口销—防盗罩—双室风缸—风缸吊架。

（9）图 i：地板—车轮—防脱拉环。

14.3.2　TFDS 动态检查一列作业标准

1. 过车提示

（1）TFDS 动态检车组长实时查询列车运行图监控软件，及时准确掌握作业列车开行计划。

（2）TFDS 动态检车组长根据列车运行图实时监控软件显示的列车运行情况，在 TFDS

集中作业平台“TF 工长管理”菜单下的“列车信息”栏，确定作业列车，双击后可修改“车次”“编组类型”信息。

（3）TFDS 动态检车组长在 TFDS 集中作业平台“TF 工长管理”菜单下的“智能分车”栏选定作业列车，并划分作业组别。

2. 开始作业

（1）TFDS 动态检车组长下达“×组×行××次，编组××辆，准备作业”口令，并提示各工位核对列车车次和编组辆数。

（2）各工位检车员等待接车，接到组长发布的准备作业口令后，打开“过车详细信息”界面，核对列车车次和编组辆数，如图 14-19 所示，确认准确无误后，依次回答“×号准备完毕”。

（3）待各工位核对完毕并回复完毕后，TFDS 动态检车组长下达“××（探测站），××次，开始作业”指令，根据作业列车的来车方向、编组及装载等情况，对易发车辆故障进行重点提示，并将作业状态显示屏操作至“作业中”显示位置。

（4）各工位接到动态检车组长发布的开始作业口令后，使用鼠标左键单击“过车详细信息”界面下方“确定”按钮进入作业界面，执行同步开始作业要求，全组作业开始时间相差不得超过 1 min。每列车技术作业时间原则上为 50 辆/10 min。

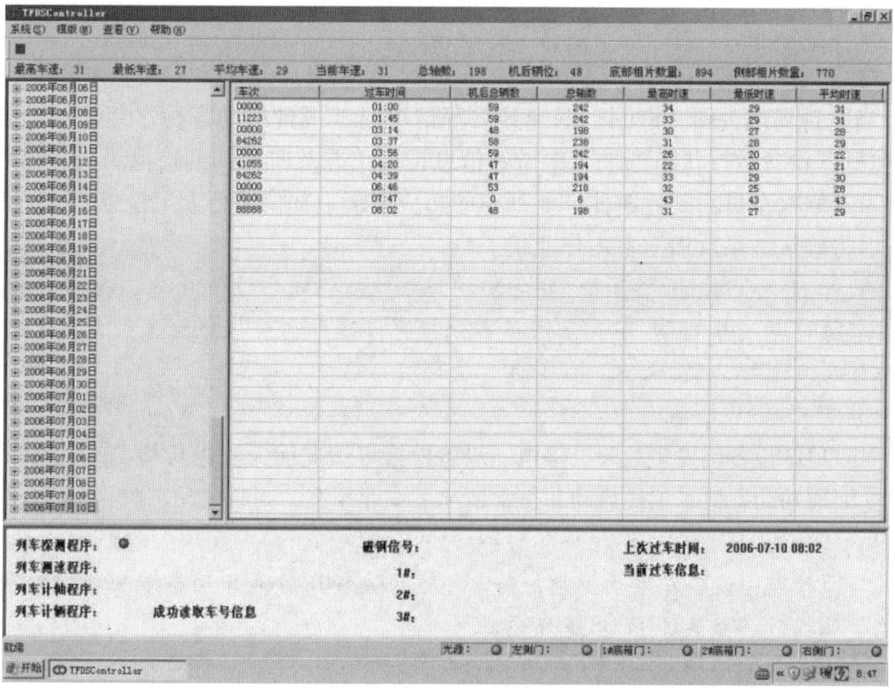

图 14-19　智能分车与等待接车界面

3. 浏览图片

（1）TFDS 动态检车员确认显示图片清晰、拼接完整无异常后，单击“后一幅”按钮逐辆进行分析。

（2）在浏览图片的过程中，发现图片不清晰影响分析时，单击客户端主界面左边的图像调整工具栏，调整图片的亮度、对比度，如图 14-20 所示。

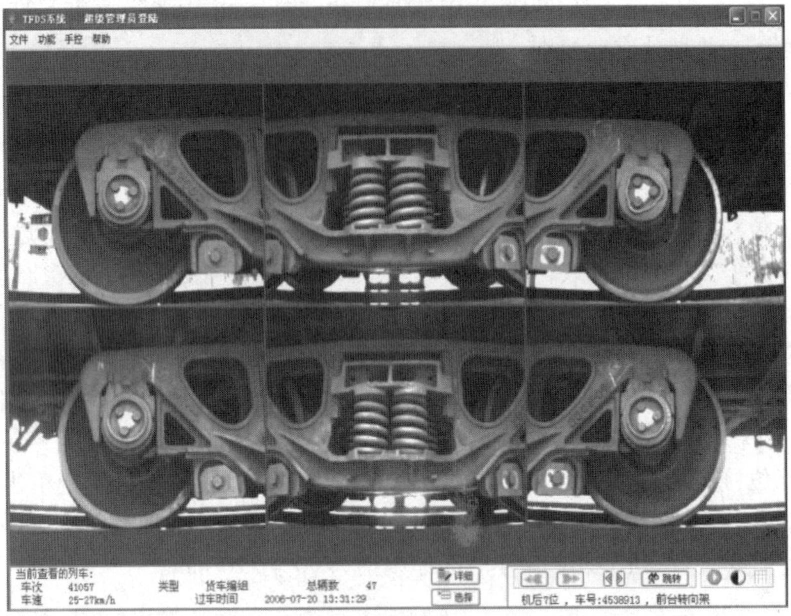

图 14-20　图像调整工具栏

（3）当发现局部丢图、窜图、曝光异常等情况时，报告给动态检车组长，动态检车组长应在“TFDS 设备运行状态记录”中做好信息记录，并及时通知列检值班员，由列检值班员通知故障专修检车员对到达解体作业列车的相应车辆、部位进行人工检查，故障专修检车员在检查后将确认结果反馈至室内作业组。

安全风险点：当 TFDS 图片无法正常分析时，通知列检值班检车员，要求现场检车员进行人工检查。

（4）当 TFDS 设备因发生故障、停电、设备检修等情况而无法进行检测时，TFDS 动态检车组长应立即通知动态检车工长启动非正常情况下作业预案，同时向动态监测车间反馈报修。

安全风险点：设备发生故障时，若未按报修流程及时通知动态检测车间维修人员进行故障处理，将会延误 TFDS 正常作业。

4. 分析图片

按照动态检查一列作业程序及标准进行分析。

5. 故障加载

（1）TFDS 动态检车员接车作业在浏览图片过程中发现车辆故障时，双击该图片，放大图片进行分析，确认故障后压住鼠标左键拖动，在故障部位画上红框，如图 14-21 所示。

（2）TFDS 动态检车员在故障图片上右击鼠标，弹出“提交故障”对话框，如图 14-22 所示。

图 14-21　故障加载

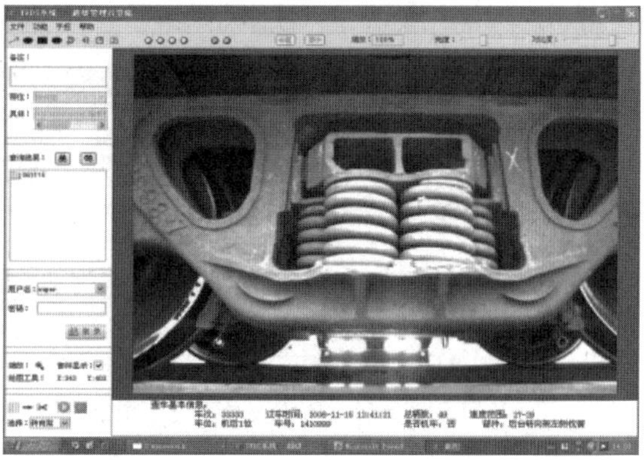

图 14-22　提交故障

（3）TFDS 动态检车员在“提交故障”对话框中选择故障部位、故障名称、故障严重程度，有需要时调节右上角“亮度”和“对比度”按钮，使图片清晰，单击“提交”按钮，将故障信息保存到系统故障数据库中。

（4）TFDS 动态检车员发现系统故障库中无故障名称的故障时，应按段、车间制订的《TFDS 动态检查预报范围及质量标准细化措施》中的故障加载规则加载故障。

（5）分析作业中，TFDS 动态检车员发现符合 TFDS 重点预报及拦停范围内的故障时，立即口头通知 TFDS 动态检车组长“车次、机次位数、车号、故障部位及名称”，然后加载故障；TFDS 动态检车组长接到故障信息后快速判断，确认后立即启动 TFDS 拦停故障应急处置预案。

安全风险点：TFDS 动态检车员在作业过程中，对于拦停故障，若未执行“先报告后提交”的规定，易造成事故。

（6）TFDS 动态检查中若发现进入国铁运行的非提速货车，TFDS 动态检车员要及时向 TFDS 动态检车组长汇报，TFDS 动态检车组长要核实该非提速货车进入国铁运行是否经过批准，未批准的按以下要求办理：

① 对停车且有人工技术检查作业的列车，TFDS 动态检车组长及时通知列检值班员。

② 对不停车或无人工技术检查作业的列车，TFDS 动态检车组长要立即使用直通电话将非提速货车所在列车的车次、非提速货车编挂位置和车种、车型、车号等信息通知路局监测站红外线调度员。

6. 故障确认

（1）TFDS 动态检车组长单击作业平台“TF 组长管理”菜单下的“故障确认上传”命令，选定作业列车，可实时查看 TFDS 动态检车员提报的车辆故障信息，如图 14-23 所示。

（2）TFDS 动态检车组长发现各工位误上报故障后，在故障确认上传界面中单击“删除”按钮完成对误报故障的删除。

7. 图像分析完毕

TFDS 动态检车员图像分析完毕后，使用标准用语依次汇报作业完毕，等待动态检车组长指示。标准用语为“×号作业完毕”。

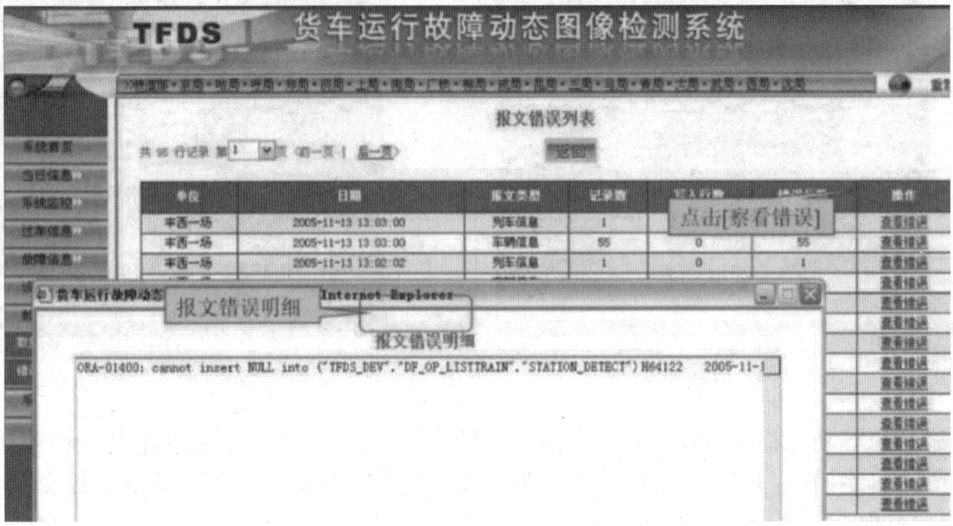

图 14-23　故障确认上传

8. 列车信息填报

待全组各工位对本列车作业完毕后，动态检车组长应在“5T 技术作业管理系统”中的“TFDS 作业信息管理系统”的“TFDS 通过列车信息”页面中录入相关的作业列车信息。

9. 故障信息预报

① 对于实行室外故障专修组故障确认作业方式的列车，组长应将检查范围内的故障全数下发。在 TFDS 集中作业平台“TF 组长管理”菜单下的“故障确认上传”栏选定作业列车，勾选全部应下发故障，单击“下发故障”按钮。

② 故障下发完毕后，电话通知列检值班员“××次故障已下发”。

10. 故障信息检查确认处理反馈

当 TFDS 预报故障下发后，列检值班员向现场检车员做出提示，由现场检车员负责对 TFDS 预报故障的车辆进行确认及处理，并在作业完毕后及时反馈相应信息。

11. 故障信息收集上传

现场检车员对 TFDS 预报故障反馈完毕后，通知列检值班员进行复核，并由列检值班员负责通知 TFDS 动态检车组长，由动态检车组长勾选符合上传要求的全部故障，单击“确认上报”按钮，将故障上传至三级联网。

12. 作业完毕

待本组各工位 TFDS 动态检车员报告作业完毕后，TFDS 动态检车组长应将作业状态显示屏操作至“待检中”显示位置；监视作业列车预报情况，组织动态检车员进行质量互检、班中待检等活动。

14.3.3　TFDS 工作人员标准

1. 交接班工作标准

TFDS 动态检车员在交接班时，交班人员应认真填写“货车安全防范系统动态检车组交接班记录簿”。接班人员应确认设备状态是否良好，并向交班人员了解设备使用情况及探测网络运行情况，检查记录台账。交接班人员需要共同在交接班记录簿上签字。

2. 动态检车组长工作标准

（1）TFDS 动态检车组长负责监测 TFDS 系统运行状态，并负责传输通道故障的监测，要将 TFDS 故障情况及时上报车辆段进行处理。

（2）当 TFDS 客户端计算机无法正常工作时，或 TFDS 由于光线干扰及其他因素造成图像不清晰、动态检车员无法判断时，要立即向列检值班员报告，由列检值班员通知该班现场检车工长，由现场检车员按技检标准对列车进行人工检查。

（3）TFDS 动态检车组长在接车完成后，要对通过列车的编组情况和每辆车的图像进行浏览检查，消除不正常现象，确保图像清晰、正确，满足动态检车员检车要求，并发布作业口令。对动态检车员发现的货车故障，要认真进行判定，确保准确无误。

3. 动态检车员工作标准

TFDS 动态检车员接到动态检车组长的准备接车口令后，要立即做好接车准备工作。动态检车员要按照职责分工和检查的范围进行作业，在收到列车图像后 6 min 内完成对显示图像的分析和故障判断工作，发现故障后，须立即通知动态检车组长进行确认，并详细做好记录。检查完毕后，要向动态检车组长汇报检查完毕。

14.3.4　预报反馈

TFDS 动态检车人员负责将系统预报故障向列检值班员报告，列检值班员负责将系统所有预报故障以辆为单位向现场检车人员进行预报，现场检车人员负责对系统预报故障进行全面检查确认，并将检查确认结果向列检值班员报告，向动态检车组进行反馈，由动态检车员将检查确认结果录入各系统中。TFDS 动态检车员发现货车故障并由动态检车组长确认后，由动态检车组长将车次、车号、辆序、故障方位、部位、名称等情况向列检值班员报告，由列检值班员通知现场检车员，由现场检车员对预报故障进行检查确认，并将检查确认情况向动态检车组长进行反馈，由动态检车员录入 TFDS。

14.3.5　拦停程序

TFDS 动态检车员发现货车摇枕、侧架裂损，轴承冒烟，制动梁、下拉杆脱落，车钩托板裂损及直接危及行车安全的其他车辆故障，并经动态检车组长确认后，由动态检车组长将车次、车号、辆序、故障情况通过录音电话通知车辆运行安全检测站 TFDS 值班员，由 TFDS 值班员通过录音电话通知行车调度员和车辆调度员，并填写“货车安全防范系统拦停甩车通知卡”送至行车调度员处，双方签字确认，由行车调度员安排立即拦停，由车辆调度通知车辆段启动车辆故障调查程序，派人前往处理，并安排专人将处理情况在 24 h 内录入 TFDS 系统。

14.3.6 日常维修和定期检修

TFDS 的检修分为日常检修和定期检修。设备检修工作必须坚持日常维修和定期检修相结合的原则，提高定期检修质量，搞好日常维修工作，保证设备正常使用。

1. 日常维修

日常维修包括：日检、周检、临时故障处理。

1）日检

日检的重点是检查外部设备设施的紧固、清洁等情况，对设备的使用、运行状态进行确认，对摄像机镜头进行校验，并向列检室内检车员了解设备及网络的工作状态。

2）周检

周检的重点是检查外部设备设施的紧固情况，以及对各项技术指标的测试、校验、调整。

3）临时故障处理

临时故障处理是指当设备出现临时性的故障、遭到人为破坏或其他破坏时，对设备的各项指标进行检测，通知维修人员进行紧急抢修。如果无法排除故障，应通知厂家进行维修。

2. 定期检修

定期检修分为小修、中修、大修三级修程，各级修程的周期如表 14-1 所示。

表 14-1 各修程的定期检修周期

修程	小修	中修	大修
周期	1 年	3 年	6 年

1）设备检修

当多种修程重叠时，以高级修程为主。各级修程可以提前或错后进行，提前或错后时间为：小修 15 天，中修一个月，大修两个月。

2）定期检修工作应遵循的原则

小修以全面检测为主；中修以保持状态为主；大修以恢复为主，第二个大修以更新为主。

■ 任务 14.4 TFDS 设备检修

TFDS 设备检修作业过程如下：

1. 班前预想

（1）值班主任或工长负责组织预想会，班组人员按照劳动保护规定着装，参加班组预想会。按规定穿好个人防护服装、防护马甲，戴好工作帽，证件、臂章、防护用具携带齐全，防护用具状态一一确认。

（2）由值班主任或工长负责传达当日文件、电报精神和车间工作安排，并抽查有关规章、命令、电报、活动、安全风险卡及技术业务掌握情况，记载在班组日志内。

（3）工长布置当班工作及安全作业注意事项，按照设备状态对作业做出有针对性的检修计划安排，要求职工严格执行“双通知，双确认，三方控”及现场安全作业制度的落实情况，严格按照批复的施工（维修）计划内容组织实施（包括天窗点外维修计划）。

（4）组织分析当日天气，大风、雨、雪、霾、大雾或其他特殊天气情况下，道路湿滑，视野不清，容易发生交通事故，要根据实际情况严格按照相关文件规定申请调整作业时间，减少特殊天气外出作业。

（5）工长负责对作业人员进行作业前的安全卡控教育，对作业人员精神状态进行检查、确认，指定作业组组长、现场防护员、驻站防护员，施工等较大作业时车间须设现场监控人。

2. 检修前的准备

（1）维修人员携带检修作业包（内含防护服、对讲机、手机、防护喇叭等）、检修所需配件、仪器仪表。

（2）汽车出发前，由车间主任、车间副主任或值班主任、工长、作业负责人会同司机对汽车运用保养状态进行检查、确认，杜绝带病出车。同时对司机行车关键点进行研判，结合当日作业地点、路线制定控制措施。

（3）乘坐汽车时，副驾驶位监控人负责监控汽车司机驾驶状态，有权制止司机违章驾驶行为。

（4）乘坐火车时，执行同出同归制度，严格遵守站车秩序，杜绝违章、违纪及破坏路风事件。

3. 上线前准备及作业要求

（1）作业前，必须逐人检查上线作业人员个人保护服装及安全防护用具的穿着使用情况，发现异常立即停止其作业资格。另外，将维修人员手机统一存放管理。

（2）上线作业必须按规定设置驻站联络员和现场防护员，驻站联络员提前达到车站值班室登记、确认作业命令。

（3）现场防护员在得到驻站联络员可以开始作业的通知后，通知动态车间复示值班员设定检修标记，1 min 后再次确认检修标记是否设定。

（4）现场防护员、驻站联络员、现场负责人做好沟通与联控，及时准确地向复示值班员传递现场作业信息，动态车间复示值班员提示上线人员作业安全注意事项，检查安全防护用具是否齐全、完好。

（5）严格执行“双通知，双确认，三方控”及现场安全作业制度，接到驻站联络员通知“可以上道”命令后，现场作业人员统一回答“命令已下，可以上道，天窗时间××时××分”。

（6）横越线路严格执行“一站、二看、三确认、四通过”制度，同时执行肢体语言动作，听从现场负责人指挥。

4. 沉箱检修

（1）用棉纱、镜头纸擦拭摄像机镜头防护玻璃及补偿光源防护玻璃。

（2）直观观察箱体有无破损、异物及保护门工作状态。

（3）检查各连接、转动部工作状态，如果动作不灵活，须加注润滑油；摩擦联轴器须除油垢后再加注适量润滑油。

5. 侧箱检修

（1）用棉纱、镜头纸擦拭摄像机镜头防护玻璃及补偿光源防护玻璃。

（2）直观观察箱体有无破损、异物及保护门工作状态。

（3）检查各连接、转动部工作状态，如果动作不灵活，须加注润滑油；摩擦联轴器须除油垢后再加注适量润滑油。

6. 地面天线检修

（1）清洁天线。

（2）检查天线固定是否良好。

（3）检查天线外壳有无裂损。

7. 磁钢及卡具检修

（1）清洁磁钢及卡具。

（2）直接观察磁钢及卡具有无松动、破损。

（3）用安装标准计量尺测量磁钢安装尺寸，做好记录。

8. 分线箱检修

（1）清洁分线箱。

（2）直观检查各接线端子有无松动。

（3）检查激光发射器工作是否正常。

（4）检查风机运行是否正常。

9. 监控摄像机检修

直观检查、测试监控摄像机功能是否正常。

10. 设备外观检查

用毛刷、除尘器清洁设备外观。

11. 工业控制机检修

（1）检查工业控制机软硬件运行状态是否正常，拍照程序是否正常启动。

（2）检查相机拍照图像是否正常。

（3）检查网络是否畅通。

12. KVM 检修

手动检查 KVM 显示及操作功能是否正常，转换是否正常。

13. 车辆、图像信息采集设备检修

使用专用防病毒软件查杀。

14. 控制箱检修

过车观察，确认控制保护门、补偿光源工作正常。

15. 列检服务器检修

（1）对主、备服务器进行清洁。

（2）检查主、备服务器系统运行是否正常。

16. 压缩服务器检修

（1）对压缩服务器进行清洁。

（2）检查服务器系统运行是否正常。

17. 电源检修

（1）直接观察UPS电源运行是否正常。

（2）每月手动转换测量双路切换电源箱有无异常。

（3）用万用表测量输入、输出电压，做好记录。

18. 检查系统网络

（1）直观检查光纤收发器、交换机指示灯显示是否正常。

（2）用“ping”命令测试网络是否畅通。

19. 各接口电路插件、显示器检修

（1）直观检查各接口接插件有无脱落、松动。

（2）检查显示器显示是否正常。

20. 设备防雷检修

用防雷模块测试仪检测模块工作状态（每月一次）。

21. 车号信息采集设备检修

（1）直观检查指示灯工作是否正常。

（2）用已知标签检测车次、车号读取是否正确。

22. 检修完毕

（1）现场防护员报告“人员、机具已下道，现场作业完毕”。驻站联络员回复“人员、机具已下道，现场作业完毕，驻站联络员明白”。

（2）作业完毕后，包机人、作业组长与车间复示中心值班员三方共同确认探测站设备及其运行状态正常。清点作业现场工具，确认无遗漏后，打扫卫生，消点。

（3）关闭机房照明及冬季取暖设备，锁闭机房门、栅栏门，各部状态由作业组长负责检查确认，发现损毁时及时向车间反馈，并到当地公安机关报案，应及时修复。

（4）维修人员全部撤离至栅栏网外后，现场防护员立即通知驻站联络员“作业人员已全部撤离栅栏网”，驻站联络员回复“作业人员已全部撤离栅栏网，驻站防护员明白”，然后共同返回班组。

23. 完工分析

（1）由工长和作业组长负责组织作业人员召开完工分析会，认真分析本次检修作业完成情况，对检修中发现的问题进行针对性分析，查摆存在的问题，制定措施，对作业人员分别点评。

（2）包机人和作业组长到车间复示终端或通过远程调取所检修设备探测数据，对比分析检修前后的设备状态。异地班组可通过远程操作进行调取分析，确认设备探测状态良好。

（3）检修用领取的线性光源、相机等器件，须由领取人向车间调度和工长汇报使用情况，携带的工具、材料、防护用具放回原处，对讲机、防护手机电量低于60%时及时充电，保证下次安全使用。

（4）对检修更换下来的配件分类，利用待业时间修旧利废，搞好班组竞赛评比工作，及时填记班组工作日志。

（5）技术总结，工长和作业组长对工作进行点评，对违章违纪人员提出批评或考核。

练习题

1. TFDS系统采用高速摄像机对运行的列车进行图像采集，通过人机结合的方式判别出车辆转向架、制动装置、(　　) 等部件及零配件有无缺损、断裂、丢失等故障。

A. 悬吊装置　　B. 车钩缓冲装置　　C. 减振装置　　D. 车端连接装置

2. 根据TFDS系统拍摄角度不同，钩缓工位分为钩缓工位和互钩差工位。钩缓工位采用 (　　) 字检查法对整幅图像进行浏览。

A. “凹”　　B. “凸”　　C. “三”　　D. “e”

3. TFDS系统包含4对（1#～8#）车轮传感器，目前应用的TFDS系统均采用1#、2#、3#、4#两对车轮传感器，1#、2#负责 (　　)，为TFDS系统是否开机提供依据。

A. 测速　　B. 计轴计辆　　C. 识别车号　　D. 采集故障

4. 下列不属于TFDS系统构成的是 (　　)。

A. 检测信息采集设备　　B. 信息处理传输设备

C. 路局检测中心　　D. 列检所检测中心

5. 车辆转向架底部工位采用 (　　)“Z”字检查法对整幅图片进行浏览。

A. “8”　　B. “e”　　C. “凹”　　D. “凸”

6. 图像采集计算机主要用来准确获取高速运行过程中列车部件图像，并通过网络设备传输至 (　　) 服务器。

A. 列检复示中心　　B. 列检检测中心

C. 路局检测中心　　D. 路局复示中心

7. 沉箱和侧箱主要负责完成货车图像的采集任务。其设备主要包括相机、补偿光源、除尘风机、(　　) 等。

A. 箱体　　B. 电机　　C. 摄像头　　D. 除尘滤网

8. 货车运行故障动态图像检测系统的英文简写是 (　　)。

A. TPDS　　B. THDS　　C. TFDS　　D. TCDS

9. 侧架工位采用 (　　) 字检查法对图像浏览。

A. “凹”　　B. “凸”　　C. “三”　　D. “e”

10. TFDS的检修分为日常检修和 (　　)。

A. 短期检修　　B. 临时检修　　C. 定期检修　　D. 辅助检修

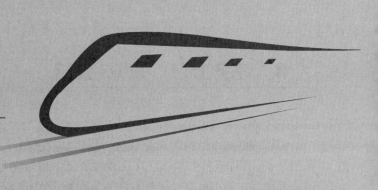

项目15 车辆运行品质动态监测系统(TPDS)

车辆运行品质动态监测系统（TPDS）是利用轨道测试平台对车辆安全指标进行动态检测的系统，重点检测货车运行安全指标，包括脱轨系数、轮重减载率，并检测车轮踏面擦伤、剥离以及货物超载、偏载等危及行车安全的情况。重点防范货车脱轨事故，防范车轮踏面擦伤、剥离，防范货物超载、偏载等安全隐患，加大货车运行安全监控力度，实现货车运行安全质量互控。

【知识描述】

在本项目中，重点学习 TPDS 的结构、工作原理及工作流程。

【学习目标】

◉ 知识目标

（1）掌握 TPDS 的组成；

（2）掌握 TPDS 的功能；

（3）掌握 TPDS 地面探测站的工作原理。

◉ 技能目标

具备分析 TPDS 地面探测站工作原理的能力。

◉ 素质目标

培养学生严谨思考的学习态度。

■ 任务 15.1 TPDS 介绍

随着铁路的不断提速，空载货车脱轨事故频频发生，尤其是在提速初期，由于我国货车采用转 8A 三件式转向架、空车抗菱刚度低、回转阻尼矩不足、加上踏面磨耗等原因，车辆的临界速度在 70 km/h，状态不良的车辆甚至在 60 km/h 左右，货车超过临界速度运行就会出现以下蛇行失稳特征：轮轨间横向相互作用明显增大、左右轮有明显的增减载现象、车体横向加速度大增。蛇行失稳增加了直线脱轨的可能性，加剧了车辆零部件的磨耗，加剧了对轨道结构的磨损。

由于车辆自身运行状态仅凭人工和车辆静检难以得到准确判断，货车装载情况在各种称量设备未完全投入运用的条件下还不能得到有效控制。因此，迫切需要研制开发一种能将货车超偏载、车辆运行状态检测、车号自动识别及信息传输集成在一起的车辆运行状态安全检测装置。基于上述原因，中国铁道科学研究院历经近十年的探索与试验，研制出多功能全自动、实时的车辆运行品质轨边动态监测系统（truck performance detection system，TPDS）。

TPDS 利用设在轨道上的检测平台，实时在线监测运行中货车轮轨间的动力学参数，并对其运行状态进行分级评判，在此基础上各 TPDS 探测站联网识别运行状态不良车辆。通过对运行状态不良车辆进行预警、追踪、处理，TPDS 可以减少货车提速后空车脱轨事故的发生。同时，TPDS 兼有货车超偏载报警和踏面损伤报警功能。TPDS 户外检测装置如图 15-1 所示。

图 15-1　TPDS 户外检测装置

15.1.1 TPDS 研制背景

近年来，世界各国都在研制各种检测装置以期对车辆超偏载、车轮踏面擦伤、车辆运行状态进行监控，但迄今还没有一种功能完备、能在较高行车速度条件下稳定、可靠、准确地进行检测的系统，其根本原因在于：

（1）在设置测量区的普通轨道上，难以消除轨道维修规范允许存在的轨道高低、水平等不平顺，这些不平顺势必引起被测车辆产生浮沉、点头、侧滚等振动，使轮载、轴载、转向架载荷本身都偏离静载值而增减变化，产生附加动荷增量。行车速度越高，引起的附加动荷增量就越大，附加动荷增量造成的误差也随之增大。当速度为 20～80 km/h 时，普通轨道上养护维修标准允许存在的轨道不平顺引起的“附加动载荷”可达静轮载的 5%～40%，因此，即使测量传感器和二次仪表等的误差为零，也不可能测出准确的静轮载数值。

（2）设置测区的普通轨道难以构成真正的支撑平面，不可避免地存在维修规范允许的轨道扭曲，即使当速度为零时，也会使转向架的 4 个车轮不在同一个轨道平面内而产生“轮重转移”，造成测得的轮载较实际静轮载有较大差异，可达 3%～10%，使测量精度大幅度降低。由于以上原因，设置在普通轨道上的传统检测装置由于有效检测长度短（300 mm 左右），只能检测出瞬时动载荷，因而测不出准确的静轮重，也不可能测得精度满足要求的偏载、减载率、平均轴重、通过总重，检测得到的超载值也必然含有很大的动载荷成分。

为提高检测精度，通常采用增加有效检测区长度来实现，增加有效测区长度的方法一般有两种：一是增大轨枕间距来增长测区，这种方法在日本、美国和德国得到较普遍的应用，但轨枕间距不可能大幅度增加，因而测区长度也不可能大幅度延长，并且枕距增大后，人为地造成轨道不平顺，会直接影响检测结果的准确度（精度）和列车通过测试区的运行状态，该方法对车轮踏面擦伤的捕获率仍然较低。第二种改进方法是在多跨轨枕间距内设置多个测区，以增加检测区的数量，但检测区只可能断续设置，因而无法获得连续的车辆动态运行状态参数。

20 世纪 90 年代初，中国铁道科学研究院找到了国外超偏载检测装置在较高行车速度条件下精度不能满足要求的根本原因和解决问题的技术关键，开发研制了“轨道负荷、车辆状态安全监测系统”，克服了国外已有检测装置的不足，大幅度提高了检测精度，并实现了集车辆超偏载、车轮踏面擦伤和轮重减载检测等功能于一体的新系统。但这一检测装置在识别车辆运行状态方面还存在欠缺，主要表现为无法获得车辆在走行过程中各车轮作用于轨道的横向力，不能评价车辆横向运动性能。

15.1.2 TPDS 研制意义

基于对保障铁路行车安全的需要，铁道科学研究院在已完成的“轨道负荷、车辆状态安全监测系统”的基础上，不断扩充监测功能，并经过多年探索与试验，研制了新一代的实时多功能全自动车辆运行品质轨边动态监测系统 TPDS。该监测系统主要用于监测直线段货车运动稳定性，兼有车轮踏面擦伤和车辆超偏载监测功能，通过对轮轨垂直力和横向力的连续测量获得轮轨相互作用的变化特征，结合美国 FRA 关于车辆安全评定的动力学指标，基于网络综合评判来识别运动状态不良的车辆。车轮踏面擦伤识别是基于踏面擦伤车轮在轮轨间产生的冲击载荷大小，并修正不同行车速度和轴重所产生的影响。车辆超偏载测量是基于移动垂直力测量的新方法。采用高平顺性整体框架式测试平台，在测试平台上安装二维板式压力传感器，在钢轨轨腰处安装剪力传感器，组合成一个长度为4.8 m的轮轨垂直力和横向力的连续综合测区，从而获得通过车辆各车轮在钢轨上产生的连续的轮轨力及其变化特征。监测系统集成铁路车号识别系统 AEI 的车号信息，输出结果中的各种数据与车号完全匹配。对车辆运行状态的评判采用多点综合、网络评判策略，所有探测站检测信息通过网络传至基层、路局和中国铁路信息管理服务器，服务器专用软件完成统计分析、综合评判、结果查询和显示、列车跟踪、信息报警等工作。

任务 15.2　TPDS 的构成

TPDS 主要由地面探测站、列检复示系统、铁路局/分局监控中心、中国铁路查询中心组成。下面分别介绍各个组成部分。下面以 GCU-100Bb 型 TPDS 为例进行介绍，如图 15-2 所示。

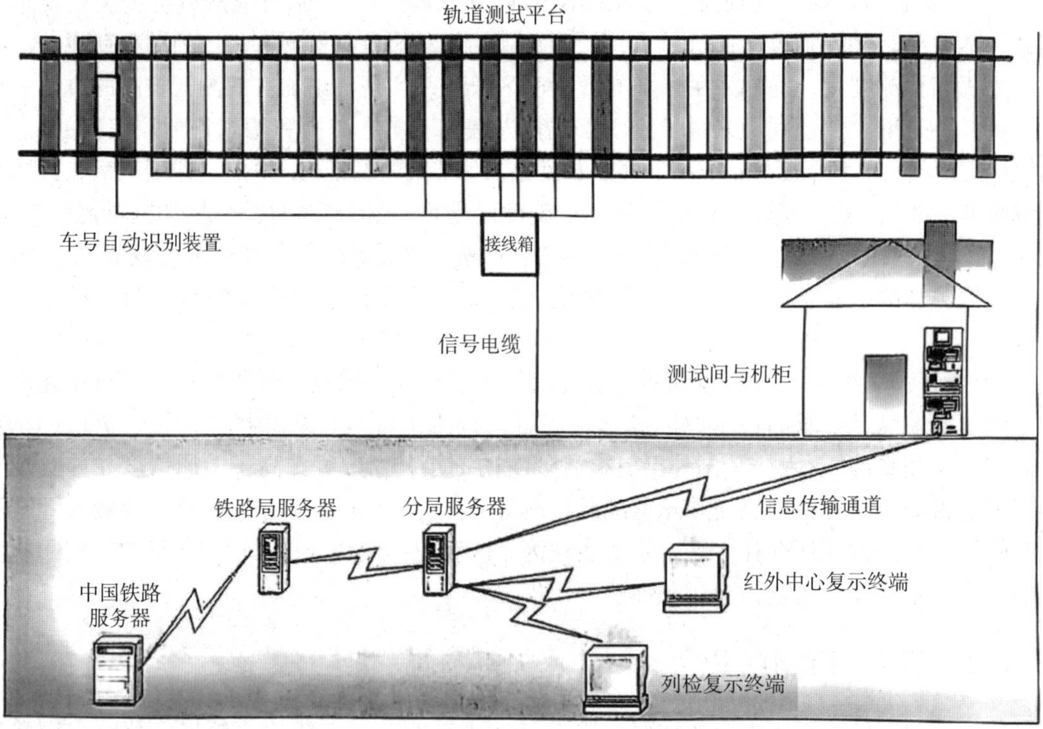

图 15-2　GCU-100Bb 型 TPDS 系统构成示意图

15.2.1　地面探测站

地面探测站是车辆运行状态的地面安全检测装置，实时检测通过车辆的运行状态。地面探测站设备主要包括轨道测试平台与传感器、车号自动识别装置、测试间、监测工控机、测点服务器、不间断电源、网络设备、雨量计。其中，轨道测试平台与传感器、车号自动识别装置为室外设备，监测工控机、测点服务器、不间断电源、网络设备、雨量计为室内设备。

1. 轨道测试平台

为了实现 TPDS 的检测功能，尤其是能够识别车辆自身运行状态的功能，要求测试区轨道结构能大大提高轨道的平顺性（即轨道长期保持高平顺性），才能确保测量数据准确、装置稳定可靠；同时，在识别车辆运行状态时，应消除轨道方面的影响因素，才能保证测试结果真正反映车辆自身的动力学特征。为此，TPDS 采用了带有 3 条纵向梁的框架式测试平台，框架主体为轨枕，轨枕间相互连接，如图 15-3 所示。

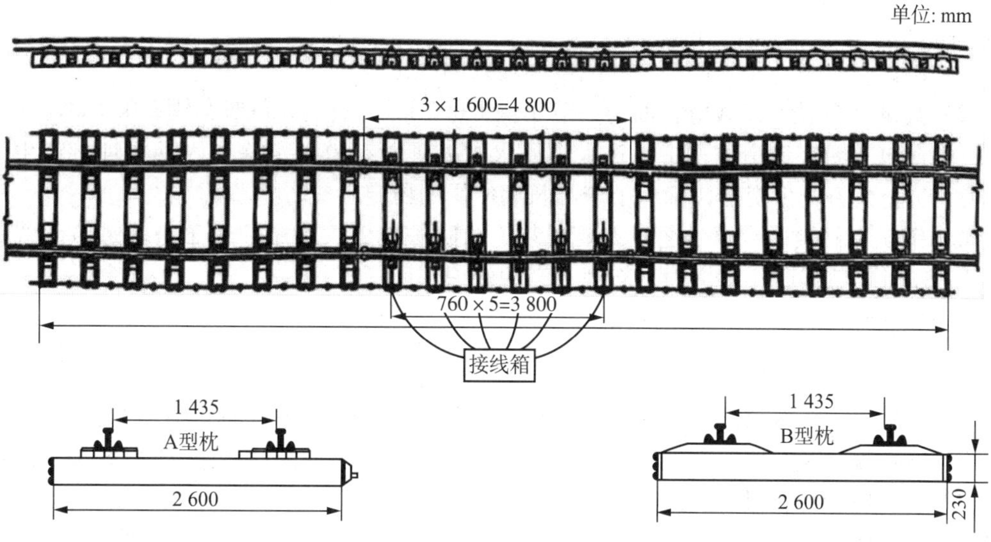

图 15-3　框架式测试平台总图

框架式测试平台包含 22 根轨枕，其中 A 型轨枕 6 根、B 型轨枕 16 根。轨枕间距为 760 mm，台面总长为 16. 72 m，轨枕长度为 2. 6 m。框架式测试平台纵向连接如图 15-4 所示。

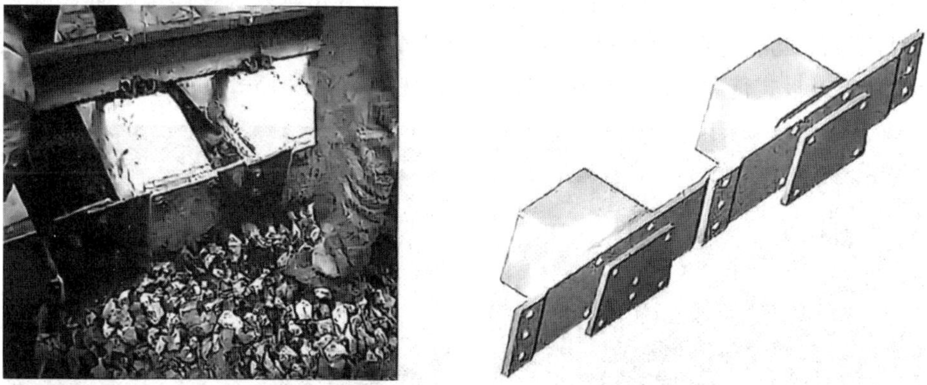

图 15-4　框架式测试平台纵向连接

从测试区轨道结构可以看出，纵向除了轨枕以外还有 3 条纵向梁，使结构的整体性和抗扭曲的性能都大大提高。当测试区内某一轨枕出现吊板时，相邻的轨枕通过纵向梁承担部分吊板轨枕的载荷，使吊板引起的线路不平顺减小到最低水平。这样的整体结构可以保证测试区内轨道的高平顺性和长期稳定性，从而可以保证检测系统的可靠性。同时，框架式测试平台安装在普通碎石道床上，具有安装方便、养护维修方便灵活的优点。

采用框架式测试平台还可以使连续有效检测区的长度根据需要设置（目前标准设置长度为4 800 mm），既能大幅度提高检测精度，又能大幅度加长连续测量区，从而可捕获车辆蛇行失稳波长的信息（测区长度还可根据需要加长或分区）。从试验效果来看，采用这一轨道测试平台可保证在60 km/h速度条件下超偏载检测精度满足中国铁路有关规程的要求，在40 km/h速度条件下称重计量可达到低速动态轨道衡的精度要求，同时显著提高车轮踏面擦伤的捕获率，在识别车辆运行状态方面可捕获车辆走行性能的主要特征。

测试平台的主要技术指标如下：

（1）测试平台具有足够的强度、刚度和良好的稳定性。

（2）测试平台设计荷载单台面为每节车辆1 000 kN，最大为每节车辆2 000 kN。

（3）测试平台在制造过程中经过大型回火炉处理，有效地消除了因钢板焊接产生的内部应力，防止设备产生变形，确保了产品长期使用的稳定性。

（4）钢轨和机械平台部分之间需要安装绝缘防护装置，除了适用于有轨道电路线路的功能外，还对传感器防止雷击损害起到一定的保护作用。

2. 传感器

1）二维板式传感器

检测方法要求在有效测试区内安装若干个同时测量轮轨作用垂向和横向载荷的传感器，且传感器还必须是一个轨道部件，以保证对钢轨几何形位的控制和约束。TPDS采用二维板式传感器来实现测力和保持轨道的几何形位。

二维板式传感器是一种上部与钢轨紧固、下部与轨枕紧固、上下都有约束的新型传感器，它可同时测量轮轨相互作用的垂向和横向载荷，且具有对钢轨的扣压力。二维板式传感器在保持轨道几何形位方面与普通轨道部件的作用相同，从而实现了对钢轨小翻、上浮及轨距扩大的控制，不用安装轨距拉杆和限位装置。

二维板式传感器本身就是极好的限位装置。二维板式传感器的这些特点使监测系统能安装在行车密度高、运行速度快的铁路正线，并能长期保持结构的稳定性和行车安全。测试平台具有12只二维板式传感器，分布在6根A型轨枕上，如图15-5所示。

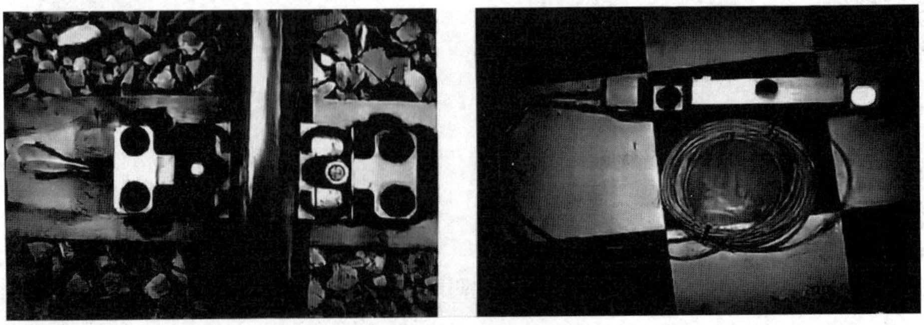

图15-5　二维板式传感器

2）不打孔式剪力传感器

测试平台具有 8 只剪力传感器，每股钢轨 4 只，不打孔式剪力传感器如图 15-6 所示。

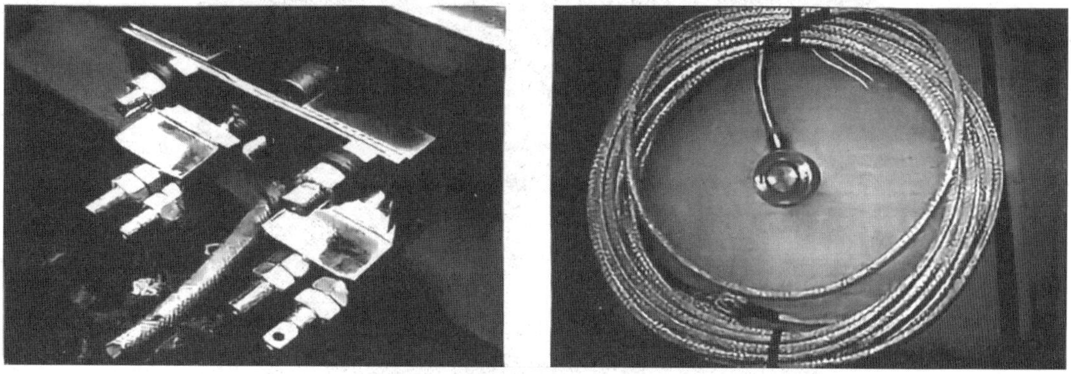

图 15-6　不打孔式剪力传感器

3）传感器编号

如图 15-7 所示，以行车方向为准，左轨上的传感器以两位数表示，右轨上的传感器以 3 位数表示。编号的首位数字代表传感器的类型：0—水平力；1—剪力；2—压力。编号的尾数代表列车通过传感器的顺序。因此，一个测试平台具有 32 个测试通道。

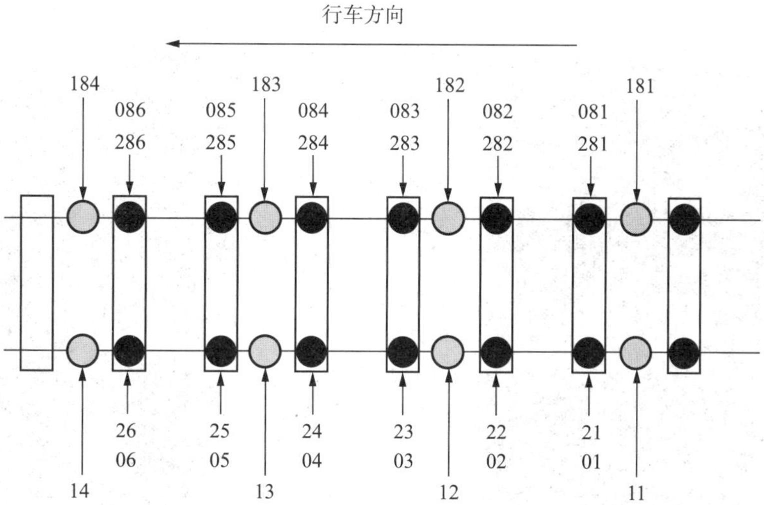

图 15-7　传感器编号

3. 车号自动识别装置

车号自动识别装置主要包括 AEI 设备天线、开关磁钢、计轴测速磁钢、电缆等。AEI 设备天线和计轴测速磁钢如图 15-8 所示。

图 15-8　AEI 设备天线和计轴测速磁钢

4. 探测站控制机柜

探测站控制机柜内设备主要有 KVM 显示器、测点服务器、监测工控机、键盘、鼠标、数据采集仪、数据远传单元、雨量计主机、车号识别主机、不间断电源等，如图 15-9 所示。

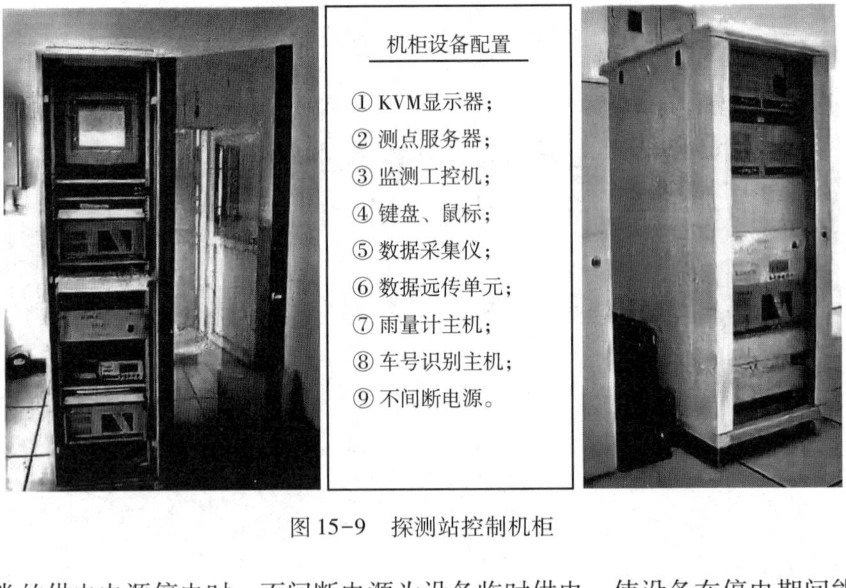

图 15-9　探测站控制机柜

当正常的供电电源停电时，不间断电源为设备临时供电，使设备在停电期间能够继续工作，保证了设备的正常运行。车号识别主机的作用主要是自动识别列车的车次、车号信息，计轴、计辆、测速，并将有关信息提供给 TPDS 设备，完成对预报的故障轴承车号和轴位的自动定位。数据采集仪用于采集室外传感器的信号数据。监测工控机用于对采集的信号数据进行处理。测点服务器的主要功能是将测点数据加入数据库、根据评分标准进行评分、问题车辆数据上传（实时生成标准接口并自动传输）、一般通过信息上传（车次、测点、通过时间、车号、车型、速度、天气）。

探测站控制机柜内设备的连接情况如下：

（1）测点服务器通过串口电缆与雨量计主机连接。

（2）测点服务器通过网线经交换机或 Hub 将监测结果传至节点服务器或路局服务器。

（3）测试工控机通过网线经交换机或 Hub 与测点服务器连接。

（4）测试工控机通过串口电缆与车号识别主机（Com1）连接。

（5）测试工控机通过专用串口电缆与 UPS 电源连接（Com3）。

（6）数据采集仪与测试工控机通过专用并口电缆连接。

TPDS 电源连接示意图如图 15-10 所示。

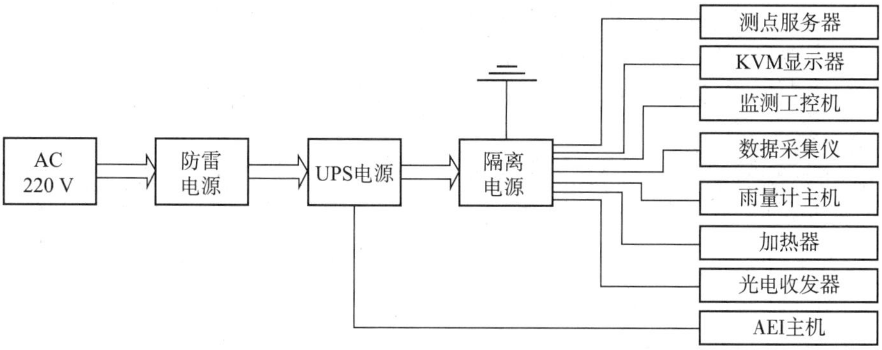

图 15-10　TPDS 电源连接示意图

15.2.2　列检复示系统

列检复示系统作用如下：

（1）对相关探测站检测的车辆运行状态信息进行实时监控，掌握状态不良车辆信息，对危险车辆自动报警，负责对危险车辆重点检查并将检查结果上报分局监测中心。

（2）提供监测数据查询，可根据时间、地点、车次、车号、不良车辆状态类别或等级等进行分类查询或组合查询。

（3）提供日常统计报表。

15.2.3　铁路局监控中心

铁路局监控中心作用如下：

（1）接收探测站上报的车辆运行安全监测数据，建立铁路局多测点状态不良车辆数据库。

（2）对铁路局管内车辆运行状态进行实时监控，对危险车辆自动报警（声音、短信息、动态画面等），显示报警类别、等级、来源和发生时间，负责对管内监控名单上的危险车辆进行监控。

（3）提供监测数据查询。

（4）实现统计报表的自动汇总。

（5）将状态不良车辆的有关数据以及一般通过信息传输至上级监控中心。

（6）分局监测中心负责对探测站设备工作状态进行远程监视，并组织人员对设备进行维修。

（7）接收 TMIS 确报、HMIS 车辆定检等信息，与监测信息进行匹配，获得车辆装载货物情况、车辆运用与维修记录。

15.2.4　中国铁路查询中心

中国铁路查询中心作用如下：

（1）接收铁路局监控中心上报的车辆运行监测数据，建立全路状态不良车辆数据库。

（2）对全路车辆运行状态进行实时监控，显示状态不良车辆信息，并对危险车辆自动报警，负责对全路各类状态不良车辆的跟踪监控。

（3）根据全路 TPDS 监测数据，对状态不良车辆进行多点综合评判，根据评判结果，自动生成危险车辆名单并逐级下发。

（4）提供监测数据查询，可根据时间、地点、车次、车号进行多角度的分类查询或组合查询。

（5）实现统计和报表自动化和智能化。

（6）利用地理信息系统技术，实现监控数据显示的直观可视化。

（7）接收 TMIS 确报、HMIS 车辆定检等信息，与监测数据进行匹配，获得车辆装载货物情况和车辆运用记录。

任务 15.3　TPDS 地面探测站工作原理

TPDS 是利用设在轨道结构中的测试系统对过往车辆进行轮轨力检测，根据检测结果判定车辆的运行状态及超偏载、车轮擦伤状况等。传统轮轨力测试方法——钢轨剪力法，一般有效检测区长度只有 300～400 mm，行车速度较高时，轮轨间垂直力和横向力的检测精度、车轮踏面擦伤的检测率都很低。TPDS 采用移动垂直力测试、板式传感器等新技术，实现了轮轨垂直力和横向力的连续测试，再加上高平顺测试平台、状态不良车辆识别技术、车号自动识别技术等，不但大幅度提高了较高速度条件下垂直力的检测精度，增加了测量区长度，还可对车轮全周长范围内的踏面擦伤进行检测，提高踏面擦伤的检测率；最重要的是，增加了车辆横向性能测试功能。该装置安装在直线段，可准确地识别货车是否蛇行失稳及失稳的严重程度。

15.3.1　车辆运行安全性

车辆运行安全性只有在轮轨处于正常接触状态时才能得到保证。车辆在线路上运行时会受到各种力的作用，在最不利的情况下，可能会破坏车辆正常运行的条件，使轮轨分离，从而造成车辆脱轨或倾覆事故，这就称为车辆失去运行安全性。

1. 车轮脱轨过程

通常情况下，当车辆在直线上运行时，车轮的踏面和钢轨顶面相接触。当车辆通过曲线时，轮对将承受着车体传来的侧向力，它是由离心力、侧向风力及横向振动惯性力等引起的。在侧向力作用下，前轮对的外侧车轮轮缘紧靠钢轨，并在导向力的作用下引导前轮对连同整个转向架沿着曲线方向运行。这时，前轮对的外侧车轮在侧向力 Q_1 作用下，可能形成轮缘根部的圆弧与轨头侧面的圆弧部分接触，出现爬轨趋势，如图 15-11(a) 所示。如果侧向力 Q_1 大到一定程度，使作用于车轮上的垂直力 P_1（简称轮重）不足以阻止车轮上爬时，踏面逐渐抬起，爬轨趋势越来越大，此时轮缘将沿着钢轨侧面滚动。如果轮缘与轨头接触点达到轮缘圆弧面上拐点，即轮缘根部圆弧与顶部圆弧半径方向改变的那点时，就出现了临界状态，如图 15-11(b) 所示。如果此时轮重较大，则随着车轮的转动，轮对仍有可能下滑而恢复稳定状态。如果此时轮重还不够大，则在侧向力 Q_1 作用下，车轮在转动的同时继续往上爬，超过临界状态后，轮缘顶部的圆弧部分和轨头顶面接触，直至车轮完全爬上钢轨，如图 15-11(c) 所示，并使车轮落出轨外，形成轮缘在轨枕上滚切的脱轨现象。

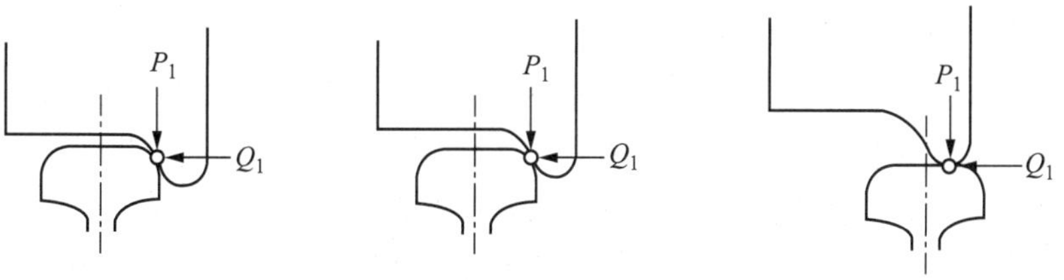

(a) 出现爬轨趋势　(b) 到达临界状态　(c) 车轮完全爬上钢轨

图 15-11　车轮脱轨过程

上述那种随着车轮的转动使轮缘逐渐爬上轨头而引起的脱轨，称为爬上钢轨。当车轮承受过大的冲击载荷时，还有可能使车轮跳离钢轨而引起脱轨，这种脱轨称为跳上钢轨。爬上钢轨多数发生于低速通过小半径曲线时，跳上钢轨则多数发生于高速运行时。

车辆在线路上运行时，如果它对钢轨的侧向力过大，还有一种可能是使钢轨横向移动，引起轨距扩大，从而使车轮掉入轨道内侧，造成车辆脱轨事故。特别是车辆在不良线路上高速运行和长大货物车通过曲线时，会有这种情况发生。

2. 评定脱轨指标

为了鉴别车辆脱轨的安全性，就要分析车辆脱轨时的受力情况，并找出其临界条件。评定脱轨的指标很多，目前我国车辆部门主要采用脱轨系数和轮重减载率两项指标。

1）脱轨系数

脱轨系数是轮轨间横向水平力 Q 与垂直力 P 的比值，是要求车辆在任何速度任何状态（直线线路、桥梁或曲线线路）下都不超过规定值。脱轨系数临界值越大，说明脱轨的危险性越大。脱轨系数计算公式为

$$\frac{Q}{P}=\frac{\tan\delta-\mu}{1+\mu\tan\delta} \tag{15-1}$$

式中，μ 为轮轨间的摩擦系数；δ 为轮轨接触角。

国际铁路联盟 UIC 规定 $Q/P\leqslant 1.2$。德国 ICE 高速列车在进行高速试验中采用 $Q/P\leqslant$

0.8。日本新干线提速时也将判别标准定为 $Q/P<0.8$。我国标准：优良时脱轨系数为0.6；良好时脱轨系数为0.8；合格时脱轨系数为0.9。

2）轮重减载率

对于车轮脱轨安全性来讲，只研究脱轨系数还不够。因为有时轮重 P 较小，如果这时横向力 Q 也小，受到横向力测量误差的影响就大，此时求得的脱轨系数就不能很好地反映车轮脱轨的安全性。另外，当一侧车轮减载而剩余轮重变小时，由于产生与其成比例的较小横向力，导致脱轨系数很容易达到脱轨限界值。同时，当一侧车轮轮重减载时，另一侧的车轮轮重将增大，有可能在很小的冲角变化下产生很大的横向力，增大脱轨的危险性。因此，必须对轮重的减载量加以限制。轮重减载率定义为轮对垂向减载量与垂向力之比。建议采用轮重减载率安全指标允许限度为轮重减载率不大于0.6，危险限度为轮重减载率等于0.65。

15.3.2 TPDS 地面探测站的功能

1. 识别运行状态不良车辆

近年来，在我国铁路干线列车的全面提速中，发现有为数不少的货运车辆在空载状态、运行速度达70 km/h左右时出现蛇行失稳现象，并导致多次列车脱轨事故，车辆蛇行失稳已成为我国干线提速危及行车安全的严重隐患。TPDS采用了较长的高平顺性测试平台和连续测量轮轨垂直、横向载荷技术，从测试的轮轨力波形、量值大小可捕获蛇行失稳车辆的主要动力学特征，如蛇行失稳导致车轮侧摆、车辆侧滚引起轮载交替增减载变化、车辆侧摆引起的横向力增大等，可为监视和控制蛇行失稳车辆提供重要信息。由于本系统已把轨道不平顺对车辆振动的激扰作用降到最低水平，测试结果能较真实地反映车辆自身的动力学特性，使检测结果的可靠性大大提高。通过对测试数据的处理分析，对动力学指标超限的车辆进行报警，有关部门可采取扣车修整处理等措施制止超标车辆在线路上运行或限速运行，确保铁路行车安全。此外，车辆零部件的磨耗程度与车辆的动力学性能有很强的相关性，通过地面安全监测装置可以监测到磨耗严重的车辆。

2. 监测车辆总重、前后转向架重、轴重、轮重和车辆超偏载

货车偏载是造成列车在曲线圆缓点区等轨道扭曲较大的部位脱轨的重要原因。货车超载、偏载会加剧轨道结构和车辆损坏，降低轨道部件和车辆的使用寿命，严重时将危及行车安全。为保障行车安全，必须对货车的装载情况进行监测管理，识别偏载、超载车辆，纠正严重偏载、超载状态。在列车运行过程中实时获得车辆总重、前后架重、轴重和车辆超偏载情况，并将监测信息及时传递给铁路货运管理部门，控制严重的装载超偏载，减少对车辆、线路、桥梁等基础设施的破坏。

3. 识别车轮踏面擦伤

监测系统由于采用了长测量区，可对车轮全周长范围内的踏面擦伤进行检测，踏面擦伤捕获率较已有检测设备高。又由于是直接测量踏面擦伤引起的轮轨冲击力，而非一般测加速度，通过数据处理可以采用当量概念来量化车轮踏面擦伤的严重程度，当量值的大小可作为对有严重踏面擦伤车辆报警的依据。建立车轮踏面擦伤的数据库，可得到车辆现状分析和铁路安全管理的重要信息。

4. 统计轨道负荷当量通过总重

监测系统可对具体线路通过的列车数量、列车总重等基础数据进行统计，并将车轮踏面擦伤冲击力换算为当量通过重力，从而为铁路部门获得准确的通过总重、当量通过总重、平均轴重等重要信息提供手段，为线路的科学管理、养护维修投入、工务计费收费等提供必要的技术依据。

15.3.3 TPDS地面探测站安全监测实现方法与测试原理

1. 安全监测实现方法

（1）车辆运行状态识别，通过检测轮重减载系数、轴横向力/垂直力比值、轴横向力大小及变化特征实现。

（2）车轮踏面擦伤识别，通过检测踏面擦伤车轮引起的冲击载荷大小识别。

（3）超偏载检测，通过检测车辆各轮轮载、轴载、转向架载荷大小与分布实现。

（4）当量累计通过总重、通过列车总重与累计通过列车总重累加得到。

2. 测试原理

1）垂直力测试原理

为了满足检测要求，克服目前国内外检测装置的缺点，TPDS采用了在较高速度条件下提高检测精度的技术措施和一种全新的“移动垂直力综合检测”的新方法，如图15-12所示。

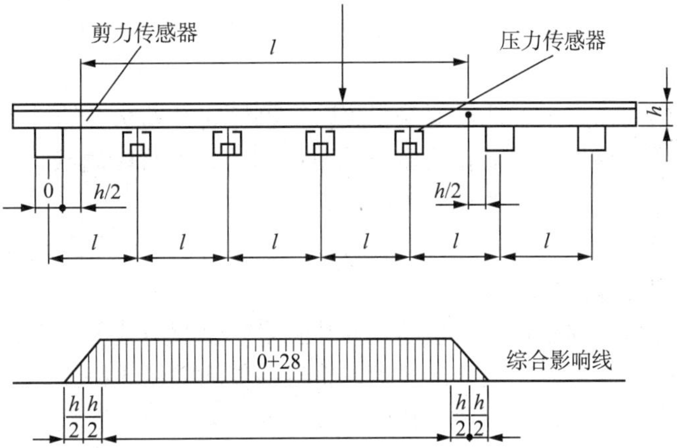

图15-12　移动垂直力综合检测方法

技术措施　大幅度加长连续测量区，用长测量区内轮载波动变化曲线的平均值代替瞬时值；大幅度降低附加动载荷误差的影响，从而大大提高检测精度，并提高识别车轮踏面擦伤的准确性。用整体性和抗轨道扭曲能力更强、平顺性和稳定性更好的特殊框架式轨道结构取代测试区的普通轨道结构，进一步减小、控制测量台体内轨道扭曲、高低和水平不平顺，尽可能消除造成动载荷增量误差的根源，提高测试区和测区前后50～100 m范围内轨道的平顺性；用花岗岩等硬质道砟更换石灰岩道砟，尽可能振动压实道床后再铺轨枕，提高轨道的铺设精度，更严格地控制轨道不平顺，减小车辆的振动，降低附加动荷增量。

移动垂直力综合检测方法的特点 在不增大轨枕间距、不恶化轨道平顺性的条件下即可大幅度增加有效检测区长度。其基本原理为：在两剪力传感器之间设置若干个轨下垂直压力传感器，组成一个综合检测区，两种传感器采集的数据通过计算机合成处理，得到测试区内的垂直力之和，由于有较长的连续检测区，便能测得一段较长时间内车轮垂直力增减变化，以及变化过程中的数据平均值，而不是波动过程的某个瞬时值。这不仅提高了检测精度，还大大提高了检测装置适用的速度范围，同时，这一新方法还彻底打破了常规检测装置的检测功能单一性，使得同时测量车辆超载、偏载、平均轴重、通过总重、车轮踏面擦伤成为可能。

2）横向力测试原理

横向力测试是TPDS实现车辆自身横向运动状态评判的重要方面，具有代表性的传统测试轮轨横向载荷的方法是剪力法和轨腰弯矩差法，这两种方法都是通过在钢轨上粘贴应变片来实现的，其共同特点是在钢轨上测量，且需在钢轨上粘贴应变片。这样，钢轨的轨型、磨耗情况必然会对测量结果带来影响。同时，其使用寿命也远远达不到检测系统长期稳定可靠工作的要求。因为钢轨上粘贴应变片测量轮轨横向载荷难以解决连续、高精度测量的问题，同时钢轨上粘贴的应变片也难以保证测试的长期稳定性（或寿命）。在保持系统稳定的灵敏度方面，由于无法保证系统不受外界电磁场、温度、湿度等方面的影响，导致整个系统的稳定性无法保证。此外，剪力法是在两轨枕之间的钢轨上一个长度范围内测量横向力，属于有效长度很短的间断测量；轨腰弯矩差法虽然被认为是横向力连续测量法，但实际上仍是间断测量，只是采用了多点横向力测量的组合，近似连续测量。即便如此，这种测量方法横向力标定困难，数据处理烦琐，测试精度远远达不到检测系统的精度要求，且占用数据采集通道多，不利于较长测试区段连续测量横向力，更不适合在要求长期稳定可靠工作的TPDS中应用。

由于识别车辆横向动力学性能需要获得反映车辆横向运动状态的横向轮轨作用力的主要特征，即需要检测到足够长时间的轮轨横向载荷。因此，实现轮轨横向力连续测量是TPDS完成车辆自身横向运动状态评判的技术关键。

TPDS采用了在较高速度条件下检测精度高、适应长期稳定可靠工作要求的可实现横向力连续检测的技术措施和测试原理。

技术措施 摒弃传统的在钢轨上粘贴应变片测量轮轨横向载荷的方法，充分利用框架式测试平台的结构特点，并考虑轮轨横向载荷在轨道部件间的传递特性，借用测试轮轨垂向载荷方法的基本思想，将钢轨视为传递轮轨横向载荷的载体，而在钢轨的支承点上测量钢轨受车辆作用施加在框架结构中轨枕上的作用力大小。测量钢轨支承点处横向载荷与测量垂向载荷的位置相同，采用能同时测量垂向载荷和横向载荷的传感器，从而保证横向载荷的测试具有与垂向载荷测量相同的相位和长期稳定性。

测试方法 根据轮轨作用横向载荷在钢轨上的受力影响线，通过标定获得钢轨支承点处实际承受横向载荷的比例，再依据车轮在测试区的位置，由钢轨支承点处承受横向载荷的组合而得到车轮在整个测试区的连续横向载荷及变化情况。

任务 15.4 TPDS 的运用与管理

15.4.1 TPDS 运用与管理标准

1. 工作标准

（1）TPDS 值班员交班时应认真填写“货车安全防范系统动态检车组交接班记录簿”。

（2）接班人员应确认设备状态良好，向交班人员了解设备使用情况及系统网络运行情况，检查记录台账，交接班人员共同在交接班记录簿上签字。

（3）TPDS 值班员负责监测 TPDS 系统运行状态，并负责传输通道故障的监测，要将 TPDS 故障情况及时上报车辆段进行处理。

（4）当 TPDS 客户端计算机无法正常工作时，要立即向列检值班员报告，由列检值班员通知该班现场检车工长，由现场检车员按技检标准对列车进行人工检查。

2. 预报标准

TPDS 报警标准由车轮踏面损伤报警标准、超偏载报警标准和运行品质不良联网报警标准组成。报警等级使用颜色：一级为红色，二级为橙色，三级为黄色。

1）车轮踏面损伤报警标准

根据车轮踏面损伤的当量值确定报警等级，按 3 个等级报警，由高到低分别为一级、二级、三级。车轮踏面损伤当量等于或大于 23 为一级报警，等于 21 或 22 为二级报警，等于 19 或 20 为三级报警。

2）超偏载报警标准

根据超载吨数、偏载尺寸、偏重吨数确定报警等级，按 3 个等级报警，由高到低分别为一级、二级、三级。

3）运行品质不良联网报警标准

在探测站单次运行品质评分的基础上，实行运行品质不良联网综合评判。

（1）探测站单次运行品质评分标准。

根据货车横向晃动或减载情况确定运行品质评分等级，分为 1～6 级，1 级代表货车横向晃动或减载严重，2～5 级依次变化，6 级代表货车未见明显横向晃动或减载。

运行品质状态积分根据运行品质评分等级进行换算，1 级 30 分，2 级 15 分，3 级 10 分，4 级 5 分，5 级及以下 0 分。

（2）全路联网综合评判报警标准。

TPDS 从 HMIS 中取得货车最近的厂、段修日期。从货车最近的厂、段修日期开始，将货车在空车状态下以 50 km/h 以上的速度通过 TPDS 探测站定为有效通过，累计最近 7 次有效通过的单次运行品质评分，当累计评分大于或等于 110 分时，评判为运行品质不良。具体报警标准如表 15-1 所示。

表 15-1　TPDS 报警标准

<table>
<tr><td rowspan="8">TPDS 报警标准</td><td rowspan="2" colspan="2">预报项目</td><td rowspan="2">预报根据</td><td rowspan="2">判断依据</td><td colspan="3">预报标准</td></tr>
<tr><td>一级报警</td><td>二级报警</td><td>三级报警</td></tr>
<tr><td colspan="2">车轮踏面损伤</td><td>根据车轮踏面损伤的当量值确定报警等级</td><td>当量</td><td>23 及以上</td><td>=21 或 22</td><td>=19 或 20</td></tr>
<tr><td rowspan="3">超偏载</td><td>超载</td><td rowspan="3">根据超载吨数、偏载尺寸、偏重吨数确定报警等级</td><td>货车容许载重量</td><td>10 t 及以上</td><td>5～<10 t</td><td>2～<5 t</td></tr>
<tr><td>偏载</td><td>货车（包括货物）总重心投影与车辆纵向中心线距离</td><td>150 mm 及以上</td><td>100～<150 mm</td><td>75～<100 mm</td></tr>
<tr><td>偏重</td><td>货车前后转向架架重之差</td><td>15 t 及以上</td><td>10～<15 t</td><td>8～<10 t</td></tr>
<tr><td colspan="2">运行品质不良</td><td colspan="2">探测站单次运行品质评分标准</td><td colspan="3">全路联网综合评判报警标准</td></tr>
</table>

3. 处置标准

1）超偏载一级预报、处置程序

（1）对一级超载、偏载、偏重报警的货车，铁路局监测站 TPDS 调度员须立即将探测站名称、列车通过时间、车次、运行方向、编组辆数、编挂位置、车种车型车号、超载或偏载或偏重报警、报警等级等，用录音电话通知列车调度员和车辆调度员，并填写“超偏载货车通知卡”送列车调度员签字。

（2）列车调度员通知列车运行前方车站值班员将报警货车摘下，由车站值班员安排对报警货车装载情况进行检查、确认和处理；车辆调度员通知车辆段派员对报警货车的车体、枕簧、旁承等技术状态进行重点检查后，将检查结果报车站值班员。

（3）车站值班员将检查和处理情况电话通知列车调度员，并书面通知路局 TPDS 调度员，TPDS 调度员将检查处理情况录入 TPDS。

2）超偏载二级、三级预报、处置程序

（1）对二级超载、偏载、偏重报警的货车，铁路局监测站 TPDS 调度员须立即将探测站名称、列车通过时间、车次、运行方向、编组辆数、编挂位置、车种车型车号、超载或偏载或偏重报警、报警等级等，用录音电话通知列车调度员。

（2）列车调度员通知列车运行前方车站值班员，车站应记录二级超偏载报警货车的车种车型车号、发到站、货物品名、发收货人等，并及时通知发、到站，电报通知下一区段站或编组站按有关规定处理，通知卸车站值班员，同时在 24 h 内将信息报路局货运主管部门，并反馈到路局计量部门、路局监测站。

注意： 三级超载、偏载、偏重报警货车的处理办法由铁路局集团公司制定。

3）TPDS 车轮踏面损伤预报、处置程序

（1）对车轮踏面损伤报警货车，列检作业场 TPDS 动态值班员须立即将探测站名称、列车通过时间、车次、运行方向、编组辆数、编挂位置、车种车型车号、运行方向左/右侧、轮位、车轮踏面损伤当量及报警等级等，通知列检值班员。

（2）由列检值班员通知现场检车员对报警货车的车轮踏面损伤情况进行检查确认，车轮踏面损伤达到或超过运用限度的，应扣车处理。

（3）工长要对未扣车处理的一级、二级报警的车轮踏面进行复核检查确认。

（4）现场检车员将检查、处理情况报列检值班员，列检值班员复核后通知 TPDS 动态值班员将一级、二级报警货车的检查和处理结果录入 TPDS。

注意：三级车轮踏面损伤报警货车的处理办法由铁路局集团公司制定。

4）TPDS 运行品质不良预报、处置程序

（1）对运行品质不良联网报警货车，列检作业场 TPDS 动态值班员应立即将探测站名称、列车通过时间、车次、运行方向、编组辆数、编挂位置、车种车型车号、累计运行品质评分值、报警等级等，通知列检值班员。

（2）由列检值班员通知现场检车员对报警货车进行检查确认，重点检查轮对、侧架导框、侧架立柱磨耗板、斜楔及主摩擦板、摇枕斜楔摩擦面磨耗板、常接触式旁承或间隙旁承、承载鞍及与承载鞍接触的有关零部件、枕簧和心盘螺栓等技术状态，确认有故障或异状时扣车入车辆段处理。

（3）现场检车员须将检查、处理情况报列检值班员，列检值班员复核后通知 TPDS 动态值班员将检查和处理结果录入 TPDS。

运行品质不良车辆扣车入段后，车辆段主管安全副段长组织有关车间主任、检修专职、安全专职、5T 运用专职等相关人员进行技术鉴定、综合分析，提出运行品质不良诊断综合分析报告，车辆段自车辆摘下之日起，10 日内将分析报告报路局车辆处。具体“运行品质不良诊断综合分析报告”格式、内容由铁路局集团公司制定。

4. 责任界定

（1）TPDS 未对车轮踏面损伤进行一、二、三级预报的轮位，现场作业人员可以不对其进行技术检查。

（2）TPDS 值班员未及时将系统预报故障信息向列检值班员报告，未做系统预报记录及现场处理情况记录，未将处理结果及时录入系统，销毁、涂改和丢失记录，违章操作造成人为设备故障，在计算机上使用无关软件导致发生病毒感染，因系统故障未及时通知维修人员，因系统无法接车或图像不清晰而未向列检值班员报告的，列为 TPDS 值班员责任。

（3）动态检车组长未及时将拦停信息通过录音电话通知车辆运行安全监测站值班员的，列为动态检车组长责任。

（4）列检值班员未及时将 TPDS 值班员的报告信息通知现场检车组及通知信息错误的，列为列检值班员责任，车辆运行安全监测站值班员（调度员）未按规定程序办理拦停手续、迟办或错办的，列为值班员（调度员）责任。

（5）每班列检作业组均包含现场检车组和动态检车组，二者共同组成一个质量责任主体，由现场检车组工长统一管理。接到列检值班员的故障通知后，未做确认处理、未做现场处理情况记录或未向动态检车组反馈处理情况，销毁、涂改和丢失记录的，预报的车号或故障与现场不符而没有向列检值班员核实的，列为现场检车人员责任。

（6）当 TPDS 预报重大故障，需要对货物列车进行拦停、甩车处理的，不列为行车事

故；未按预报信息进行检查、确认和扣车处理，排到邻局后被邻局做扣车处理的，列为铁路局责任。

（7）发生热轴拦停甩车、经分解轴承存在故障时，经查该轮踏面损伤超限，TPDS 对该位车轮进行过三级及以上预报、检查确认局无反馈确认记录或有反馈确认记录但无 HMIS 更换车轮记录的（直通车除外），追究该路局责任。

（8）发生热轴拦停甩车、经分解轴承存在故障时，经查该轮踏面损伤超限，但 500 km 区段内，该铁路货车途经的 TPDS 未对该位车轮进行过三级及以上预报，经分析，属于 TPDS 存在漏报的，根据修程，加列为 TPDS 系统供应商或系统检修、维护单位责任。

（9）未经中国铁路批准，车辆处、车辆段不得允许任何单位及个人随意修改 TPDS 系统软件。凡发生上述情况的，追究车辆处或车辆段管理责任。

15.4.2 TPDS 联网应用系统的使用

从整体上讲，TPDS 联网应用系统的功能包括了相关基础数据的维护与管理（局/原分局/站名、车种车型及相关铁路货运规章等）、监测信息的实时监控及处理、设备运行状态的监测及维修管理、监测信息的综合查询及安全监测统计分析等信息服务，以及应用系统运行参数、权限、数据传输监控等管理和一系列后台支撑软件管理。针对不同用户和各级应用，其功能组成和侧重点将有所不同。TPDS 应用系统功能框架示意图如图 15-13 所示。

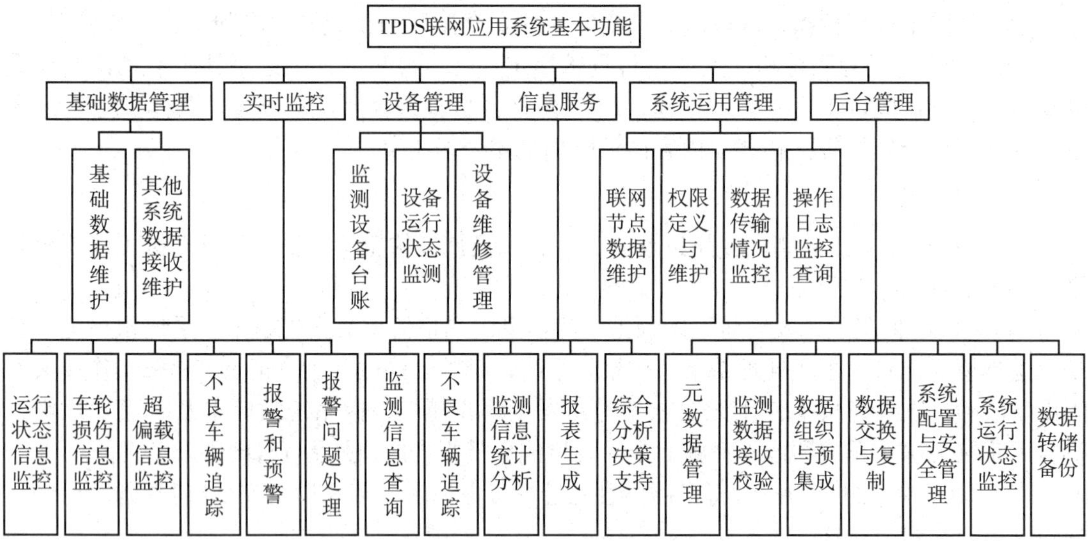

图 15-13　TPDS 应用系统功能框架示意图

1. 用户登录

在系统登录窗口，输入用户名、密码，单击“确认”按钮，进入系统初始界面的测点布局页面。左侧 5 个菜单项，分别是“当日信息浏览”“报警车查询”“分类查询”“近期追踪信息”“过车查询”“统计报表”。

2. 实时监控

中国铁路实时监控系统主要功能如下：

1）实时过车（所有用户）

以列车为单位，按照通过时间逆序显示当日 TPDS 探测站检测到的通过列车概要信息，在最高报警级别单元格里用颜色对各级别报警加以显示。

（1）实时报警（列检用户）。如果实时检测到报警车，系统自动弹出报警提示框。

（2）辆数超链接页面（列检用户）。链接到相应类型车辆数的检测信息页面，可以查看相关车次的通过时间、路局、级别、探测站、方向、速度、总辆数、报警辆数、最高报警级别，以及该车车辆详细信息。

（3）踏面反馈（列检用户）。在过车监控页面，单击“反馈”列的超链接，进入踏面损伤车辆信息反馈页面。将列检踏面检查的反馈信息，按复核情况如实回填在相应的区域。

2）报警车辆

在报警车辆实时监控页面中，通过报警单元格的颜色了解报警等级。如果为红色，表示本次列车有严重报警信息；如果为橙色，则表示本次列车有一般报警信息；否则，表示本次列车无报警信息。

3）系统状态

系统状态实时监控页面展示了系统设备各组件的具体状态，对出现问题的设备组件进行动画闪烁显示，并对其发生异常的具体时间列表显示。

4）监测网络

在监控网络页面中，分视窗显示登录用户所管辖的探测站信息、探测站过车信息、综合网络图。

3. 查询信息

1）车次查询

在车次查询条件选择页上，按照路局、探测站、方向、查询类型、报警类型、起始时间、结束时间进行查询。查询结果以表报形式显示。

2）车辆查询

在车辆查询条件选择页上，按照路局、探测站、方向、车辆信息、查询方式、报警类型、起始时间、结束时间进行查询。查询结果以表报形式显示。

3）设备故障查询

在设备故障查询条件选择页上，按照路局、探测站、故障类型、起始时间、结束时间进行查询。查询结果以表报形式显示。

4）踏面反馈查询

在踏面反馈查询条件选择页上，查询类型、车号、处理情况、到达情况、起始时间、结束时间进行查询。查询结果以表报形式显示。

4. 追踪信息

1）车辆追踪

按照车号、追踪范围、起始时间、结束时间对车辆探测信息进行追踪。

2）轮位追踪

按照车号、轮位、追踪范围、起始时间、结束时间对车辆探测信息进行追踪。

5. 统计报表

1）统计分布

在统计分布页面，按照统计方式、路局、探测站、报警类型、报表类型和日期范围进行报表统计，结果以表报形式显示。

2）时段汇总

在时段汇总页面，按照统计范围、统计分类、报表类型、起始时间和终止时间进行报表统计，结果以表报形式显示。

3）每日简报

在每日简报页面，按照路局、车辆段、列检所、起始时间和终止时间进行报表统计，结果以表报形式显示。

4）设备故障

在设备故障页面，按照路局、探测站、报表类型和日期范围进行报表统计，结果以表报形式显示。

5）踏面5率辆次

在踏面5率辆次页面，按报表类型和日期范围进行报表统计，结果以表报形式显示。

6. 台账信息

1）过车台账

在过车台账页面，按路局、车辆段、列检所、起始时间、结束时间进行查询，结果以表报形式显示。

2）反馈台账

在反馈台账页面，按路局、车辆段、列检所、起始时间、结束时间进行查询，结果以表报形式显示。

15.4.3 TPDS值班员动态检测作业

1. 监测过车信息

（1）TPDS动态值班员实时监控TPDS系统，注意监控TPDS系统复示终端（见图15-14）。

（2）当列车通过探测站，监控“TPDS过车实时监控”页面的实时过车刷新数据，TPDS动态值班员认真观察系统探测及预警情况。

（3）TPDS动态值班员将系统探测列车预警车辆相关信息录入作业管理系统的“TPDS通过列车信息表单”中。

2. 预警信息预报

（1）列车通过探测站后，若系统自动弹出“报警提示框”窗口，并出现报警声音，TPDS动态值班员单击“确认”按钮确认，检查系统预警车辆情况。

（2）采用人机分工检查或人工检查方式进行列检作业的到达、中转列车，TPDS动态值班员须将踏面损伤一级、二级、三级预警及运行品质预警列车的车次、故障车顺位、车号、轮位、预报等级、冲击当量等信息通知列检值班员，由列检值班员通知检车员进行处理。

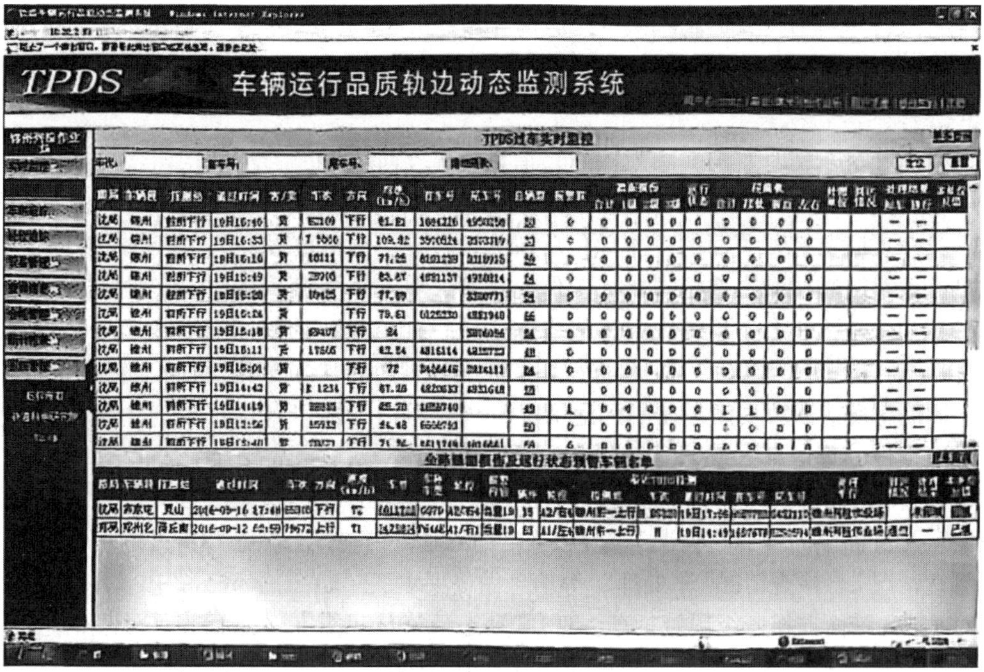

图 15-14　TPDS 系统复示终端

3. 报警信息检查确认处理反馈

（1）TPDS 动态值班员接到列检值班员反馈信息后，将预警铁路货车的检查和处理结果录入 ST 技术作业管理系统（如图 15-15 所示）。

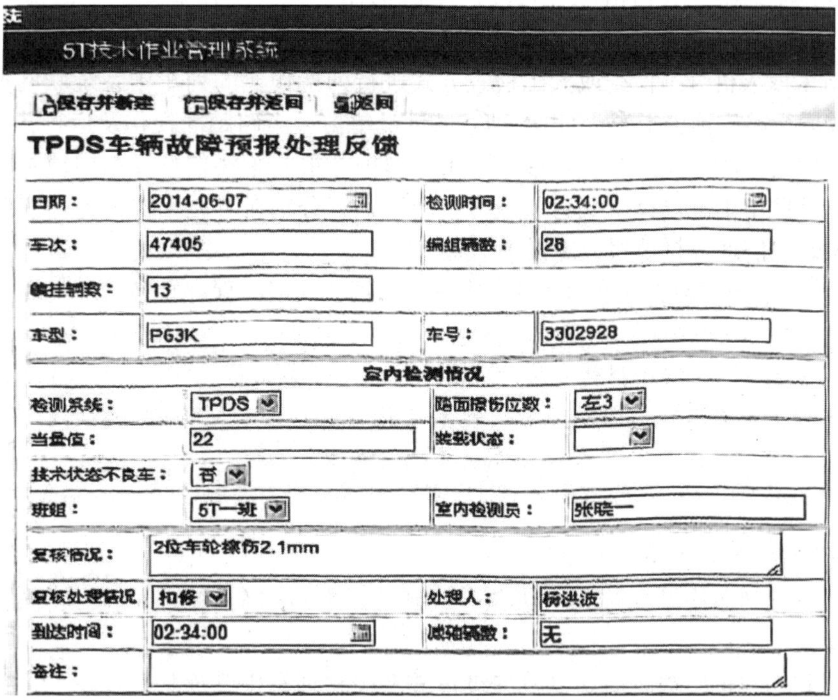

图 15-15　ST 技术作业管理系统

（2）对交接班前报警信息现场未反馈检查处理情况的，TPDS 动态值班员要在交接班时进行交接。

4. 信息收集、回填

1）TPDS 过车实时监控（本地探测）信息收集、回填

（1）对通过列车中系统预报踏面损伤或运行品质预警货车，TPDS 动态值班员单击“TPDS 过车实时监控”页面的“本单位反馈”链接，弹出本地报警车辆信息反馈回填页面，在“到达情况”项中单击选择“未人工作业”后，单击“保存”按钮，完成数据回填。

（2）对采取人机分工检查或人工检查方式进行列检作业的踏面损伤或运行品质预警货车，TPDS 动态值班员单击“TPDS 过车实时监控”页面的“本单位反馈”链接，弹出本地报警车辆信息反馈回填页面，在“到达情况”项中单击选择“到达”或“中转”后，分别在“踏面损伤处理信息”或“运行状态预警处理信息”栏填报故障详细信息。

对 TPDS 踏面损伤一级、二级或运行品质预警货车，TPDS 动态值班员应对“踏面损伤处理信息”页面中的“到达情况”“复核人”“处理”或“运行状态预警处理信息”页面中的“到达情况”“检查情况”“处理”等信息做好回填。

对 TPDS 踏面损伤三级预警货车，TPDS 动态值班员只需在“踏面损伤处理信息”页面中“是否过限”和“处理”栏回填反馈信息，不需回填具体擦伤或剥离数值。

（3）TPDS 动态值班员应在过车 10 h 内完成回填，否则“保存”按钮不可用。

2）TPDS 过车实时监控（联网推送）信息收集、回填

（1）对通过列车中系统联网推送预报的踏面损伤或运行品质预警货车，TPDS 动态值班员单击“全路踏面损伤及运行状态预警车辆名单”中的“本单位反馈”链接，弹出联网报警处理回填界面，在“到达情况”选项区单击选择“未人工作业”后，单击“保存”按钮，完成数据回填。

（2）对采取人机分工检查或人工检查方式进行列检作业的列车中系统联网推送预报的踏面损伤或运行品质预警货车，TPDS 动态值班员单击“全路踏面损伤及运行状态预警车辆名单”页面中的“本单位反馈”链接，弹出联网推送报警车辆信息反馈回填页面，在“到达情况”选项区中单击选择“到达”或“中转”后，分别在“踏面损伤处理信息”或“运行状态预警处理信息”栏填报故障详细信息。

（3）TPDS 动态值班员应在过车 4 h 内完成回填，反则“保存”按钮不可用。

提示：对 TPDS 踏面损伤一级预警及运行品质预警信息，TPDS 动态值班员还需要查询列车终到站是否为运用车间管内技术交接作业场（点），如果是，则 TPDS 动态值班员在反馈信息中填写“未人工作业”。

5. TPDS 报警处置要求

（1）对到达列车中踏面损伤一级预警或到达、中转列车中运行品质预警的铁路货车，须立即扣车。

（2）对到达列车中踏面损伤二、三级报警及中转列车中踏面损伤一、二、三级报警的铁路货车，须加强对货车车轮的检查，发现车轮踏面擦伤、剥离、局部凹下、缺损超限，或

车轮辐板、轮辋裂损，车轮踏面碾堆的，须扣车处理。

6. 设备异常处置

设备运行异常影响正常探测时，TPDS 动态值班员应立即通知列检值班员，同时通知段工作站监测值班员（动态监测车间值班员）处理，并在“铁路货车运行安全监控系统故障报修记录簿”中做好记录，同时在“列检、动态检查作业场班组交接班记录簿”的“铁路货车运行安全监控系统设备故障报修情况”栏内做好记录。

7. 作业完毕

作业完毕后 TPDS 动态值班员将系统返回接车界面，等待接车。

练习题

1. TPDS 不能测出的是（　　）。

A. 车轮踏面擦伤　　B. 轴承外圈剥离　　C. 车辆偏载　　D. 车辆超载

2. TPDS 测试平台上的监测系统共使用（　　）个二维板式压力传感器和（　　）个剪力传感器分别测试垂直力和横向力。

A. 6、12　　B. 8、12　　C. 12、8　　D. 12、6

3. TPDS 二级报警使用（　　）色。

A. 红　　B. 蓝　　C. 橙　　D. 黄

4. TPDS 系统中，踏面损伤冲击当量（　　）时，为二级报警。

A. 小于等于 18　　B. 等于 19 或 20

C. 等于 21 或 22　　D. 大于等于 23

5. TPDS 系统中（　　）级报警最为严重。

A. 一　　B. 二　　C. 三　　D. 四

6. TPDS 系统超载报警时，大于或等于货车容许载重（　　）t，属于一级超载报警。

A. 5　　B. 10　　C. 15

7. TPDS 系统偏重报警时，前后两转向架架重之差等于或大于（　　）t 时，属于一级报警。

A. 5　　B. 10　　C. 15

8. TPDS 系统偏载报警时，货车（包括货物）总重心投影与车辆纵向中心线距离等于或大于（　　）mm 时，属于一级报警。

A. 100　　B. 150　　C. 200

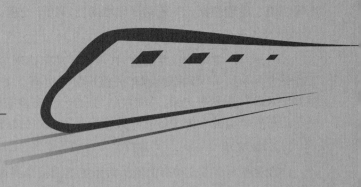

项目16 客车及动车组动态监测系统

动车组运行故障动态图像检测系统（TEDS）是我国铁路针对动车组结构、管理模式及运行组织特点研发的在客运专线及高速铁路上安装使用的动态图像检测设备。TEDS 设备可以安装在高铁线路上，也可以在动车段（所）入口处安装。客车运行状态安全监测系统（TCDS）的主要作用是对客车运行中的供电、车下电源、空调、轴温报警器、防滑器、制动系统、转向架动力学性能等进行实时监控，实现对客车的全程监控。

【知识描述】

在本项目中，主要介绍 TEDS 和 TCDS 的构成、工作原理、基本功能及维修。

【学习目标】

◉ **知识目标**

（1）掌握 TEDS、TCDS 的工作原理；

（2）掌握 TEDS、TCDS 的构成；

（3）掌握 TEDS、TCDS 的基本功能；

（4）了解 TEDS、TCDS 的设备维修。

◉ **技能目标**

具备 TEDS、TCDS 设备的应用与检修能力。

◉ **素质目标**

培养学生勤于思考、善于动脑的学习习惯。

任务 16.1　动车组运行故障动态图像检测系统(TEDS)

16.1.1　TEDS 介绍

1. TEDS 的工作原理

动车组运行故障动态图像检测系统（TEDS）利用轨边安装的高速面阵相机和高速线阵相机，采集动车组车体底部、车体两侧裙板、车辆连接装置、转向架等可视部位图像，采用图像自动识别技术识别车辆故障，实现故障的分级报警，同时将车辆信息、图像信息通过网络实时传输至室内监测终端，由人工对异常报警进行确认和故障提交，以提高动车所作业质量和作业效率，加强动车检修运用中隐性故障的发现能力，并提高故障基础信息的收集、分析和管理功能。

2. TEDS 的基本功能

（1）图像检测功能。图像检测范围包括：底部可视部件（车体底部及转向架制动装置、传动装置、牵引装置、轮轴、车钩装置、电务车载设备车底部件及车底部其他可视部位）、侧部可视部件（侧部裙板、转向架及轴箱、车端连接部等可视部位）。

（2）图像识别自动报警功能。系统能够自动对采集到的动车组图像进行分析和故障识别，对图像中异常的部位进行分级报警提示，对重复报警进行跟踪辨识。

（3）车号识别索引功能。系统能够自动识别动车组车组号，实现车组号与动车组车次自动索引、车辆部件图像与车辆号及位置的对应关系。

（4）外部数据交互功能。能够根据需要与其他信息系统进行信息交互。

（5）数据集中、统计分析功能。能够实现国铁集团、铁路局集团公司、动车段各级管理部门对系统采集的数据进行查询、分析和统计。能够实现多台设备集中复示功能。

（6）自检功能。定时对轨边设备和专用通道进行自检，记录自检信息并及时进行故障报警。

（7）抗雾雨雪、沙尘及阳光干扰功能。在雾雨雪、沙尘及强烈阳光条件下，系统能正常进行图像采集。

（8）报警终端软件界面标准。TEDS 系统终端软件界面包含报警图像信息、部件图像信息、车号信息、用户管理信息、统计报表。

（9）输出报表功能。TEDS 设备自动统计输出通过车信息报表、车辆信息报表、故障信息报表、车辆故障报告、车辆运行班志报表、系统发现故障排名报表、检修日志报表、车辆运行故障日报表和故障按部件统计报表等，对 TEDS 系统的运行情况进行统计分析。

3. TEDS 的主要设备

（1）探测站。对通过的动车组进行探测，能够自动计轴计辆、测速，自动屏蔽客车，自动采集车号、车次信息，自动拍摄动车组底部及侧下部的部件图像，采集的动车组车辆、车号及图像信息通过光纤通道传输至检测站服务器。

（2）检测站。存储探测站所采集的动车组、车号及图像信息，并显示在部件信息浏览终端。值班人员通过对动车组分级报警图像异常部位进行分析和故障识别，判断动车组故障，故障信息能够自动存储到服务器并上传到基层节点、路局节点、国铁集团双机集群服务器，系统能够自动生成、存储、打印相关台账报表。

（3）路局车辆处运行安全监测站。实时接收并存储全局 TEDS 探测设备探测的动车组车辆信息、车号信息及车辆故障信息，以网页形式实时显示，能够对存储的信息进行查询、统计、分析，实时监控全局 TEDS 探测设备运行状态，能够反查 TEDS 探测设备存储的动车组图像信息。

（4）国铁集团查询中心设备。实时接收并存储全路 TEDS 探测设备探测的动车组信息、车号信息及动车组故障信息，以网页形式实时显示，能够对存储的信息进行查询、统计、分析，实时监控全路 TEDS 探测设备运行状态，能够反查 TEDS 探测设备存储的动车组图像信息。

16.1.2 TEDS 设备构成

TEDS 系统主要由探测站设备和动态检车中心设备两部分组成，由光纤通道相连接。下面主要介绍探测站设备。

探测站设备有轨边设备和轨边机房设备两部分。主要由图像采集计算机、车辆信息采集计算机、控制箱、高速图像采集设备、车轮传感器（磁钢组）、光源补偿设备、轨边设备防护装置和网络传输设备组成，铁路现场如图 16-1 所示。

图 16-1　TEDS 探测站铁路现场

1. 轨边设备

轨边设备主要包括轨边设备防护箱体、分线箱、高速图像采集设备、光源补偿设备、车轮传感器、除尘风机、轨边配套电缆等。

1）轨边设备防护箱体

轨边设备防护设备由一个沉箱、两个侧箱构成，包括保护门、风机除尘装置、相机保护盒等，对相机和补偿光源起防护作用，只有在列车通过时才打开，防护设备具有抗震性，具有防水和防尘功能，适应铁路轨边环境。

2）分线箱

TEDS设备的分线箱主要用于摆放激光器、穿接光纤及轨边配套电缆。分线箱分为上、下两层，下层为4个DC 15 V的直流开关电源和2个DC 7.5 V的直流开关电源，上层为11个激光器和2个散热风扇，如图16-2所示。

图16-2　分线箱

3）高速图像采集设备

高速图像采集设备由线阵相机及面阵相机组成。

（1）线阵相机。

线阵相机由工业线阵相机、镜头及光源镜头三部分组成，其中工业线阵相机主要完成对运行中的列车扫描拍摄，光源镜头配合红外线性激光光源为线阵相机提供稳定的拍摄所需光源。

（2）面阵相机。

面阵相机由3D相机、镜头及补偿光源三部分组成，其中3D相机与补偿光源采用结构光扫描拍摄的方式，将运行中的列车侧部、底部形成3D图像，可供图像自动识别使用。

高速图像采集设备主要采集以下部位的图像信息：

① TEDS设备在动车组侧部可识别的部位：过分相感应接收器排障挡丢失、停放制动拉手脱挂扎带、注水口盖板未关闭、裙板脱落、跨接电缆连接线断裂和抗蛇行减震器螺栓脱落等。

② TEDS设备在动车组底部可识别的部位：辅助变流器M30风扇底板脱落、牵引拉杆挂异物、闸片丢失、齿轮箱漏油、轴身脱漆和齿轮箱排油堵丢失等。

③ TEDS设备在动车组轨外部可识别的部位：闸片丢失、轴箱漏油、跨接电缆连接线断裂、过分相感应接收器连接线断裂、注油管部件脱落、抗蛇行减震器螺栓丢失和停放制动拉手脱挂扎带等。

4）光源补偿设备

线阵相机补偿光源，采用红外线性激光光源，其发出光线与线阵相机每线拍摄区域重合的一条直线，对线阵相机进行光源补偿。

光源补偿设备的工作原理　由于线阵相机只有一行感光元件，每次只拍摄一条线，因此采用红外线性激光光源将更好地提高光利用率，补偿光源发出的光为一条与线阵相机的每线扫描区域（1 mm左右）重合的直线，其照射宽度略大于线阵相机的每线扫描区域，采用这种线性光源可实现光源能量的最大利用率。另外，由于红外线性激光光源方向性强，发射光束扩散角很小，发出光能量高度集中，光能量衰减很小，当拍摄远处物体时，仍能够提供与近处位置同样的光照度，这样可保证拍摄图片在近处与远处亮度基本一致，在降低功耗的同时可提高补偿光源利用率。

5）车轮传感器

车轮传感器即磁钢，是系统实现接车、测速、计轴计辆、图像定位等功能的基本设备，每套 TEDS 系统共有 4 个磁钢，分为 2 组，远端功能等同于开机磁钢，近端功能为定位拍摄，每组磁钢的间距为 270 mm。每个来车方向均有两组磁钢工作，分别为近端磁钢和远端磁钢。其中，远端磁钢距离采集系统约 80 m，用于列车探测，当列车经过远端磁钢时，系统进行接车准备，进入接车状态，进行车型匹配，匹配成功后，系统开门；近端磁钢距离采集系统约 5 000 mm，系统根据近端磁钢信号对列车进行测速、计轴计辆、车辆信息采集、补偿光源控制、相机拍摄时机及扫描速率控制。

6）除尘风机

除尘风机主要用于清理相机盒玻璃上遗留的异物，如灰尘、雨雪等；保证相机可以在恶劣的室外环境中正常工作。

7）轨边配套电缆

轨边配套电缆主要包括电机电缆、风机盒电缆、相机电源及触发线电缆，根据箱体在轨边的不同位置，其长度是不同的。

2. 轨边机房设备

轨边机房设备包含图像采集计算机、车辆信息采集计算机、KVM 切换器、控制箱、网络设备、信号防雷设备、服务器，安装在 A、B 两个机柜内。下面对前 4 种设备进行简单介绍。TE-3D 机柜布局图如图 16-3 所示。

1）图像采集计算机

TEDS 系统共有 7 台图像采集计算机，每个采集计算机配备了多个千兆网口，每台计算机的一个网口用来连接交换机组网，其余千兆网口每个连接 1 台相机。图像采集计算机操作系统选用 Windows XP，计算机内安装有图像采集软件和相机驱动程序，用来完成接收高速相机采集的图像信息、相机拍摄的参数设置、图像信息的处理和传输等工作。

2）车辆信息采集计算机

车辆信息采集计算机主要用于接收车轮传感器的信号，计轴计辆、测速，控制补偿光源和保护门的开启和关闭。它由一台高性能工业控制计算机及三块 NI 采集控制板卡组成，完成图像信息的采集控制、计轴计辆、测速等功能。

3）KVM 切换器

KVM 切换器的正式名称为多计算机切换器，它的作用是让系统管理员通过一组键盘、显示器和鼠标，控制多台服务器或计算机主机的外围设备。

4）控制箱

控制箱内装控制机，其的作用主要是控制室外防护设备、探测设备的各种动作，配合采集设备完成图像和车号信息的采集，控制面板上的手动控制按钮可以单独控制相应设备的动作。

TE-3D 机柜布局图 单位：1U				
2 200 mm × 600 mm × 1 000 mm（47U） 2015/10/14				
A柜 13台			B柜 13台	
间隔	1		间隔	2/3
面阵采集机1	2		线阵采集机1	4
间隔	1		间隔	2/3
面阵采集机2	2		线阵采集机2	4
间隔	1		间隔	2/3
面阵采集机3	2		线阵采集机3	4
间隔	2/3		间隔	2/3
识别服务器1（托盘）	$2\frac{1}{3}$		8盘服务器	2
间隔	2/3		间隔	2/3
识别服务器2	2		8盘服务器（托盘）	$2\frac{1}{3}$
间隔	2/3		间隔	1/3
识别服务器3	2		AEI主机	3
间隔	2/3		间隔	1/3
车号采集机	4		24口交换机	1
间隔	2/3		间隔	1/3
24口交换机	1		控制机	4
间隔	1		间隔	1/3
KVM（托盘）	$1\frac{1}{3}$		10箱	3
间隔	2/3		间隔	1/3
电源箱	4		信号防雷箱（托盘）	$3\frac{1}{3}$
间隔	1		间隔	1/3
运程PDU	1		远程PDU	1
间隔	1		间隔	2/3
5kW UPS主机	3		5kW UPS主机	3
间隔	2/3		间隔	1/3
5kW UPS电池	3		5kW UPS电池	3
使用	$40\frac{1}{3}$		使用	44
穿线预留	$6\frac{1}{3}$		穿线预留	3
总计	47U		总计	47U
说明：A柜13台设备，使用托盘2个，L型导轨11对；B柜13台设备，使用托盘2个，L型导轨11对。共计使用托盘4个，L型导轨22对。				

图 16-3 TE-3D 机柜布局图

16.1.3 TEDS图像采集与智能识别

1. 图像采集

图像采集主要分为2个部分：车辆底部图像和车辆侧部图像，图像采集部位示意图如图16-4所示。

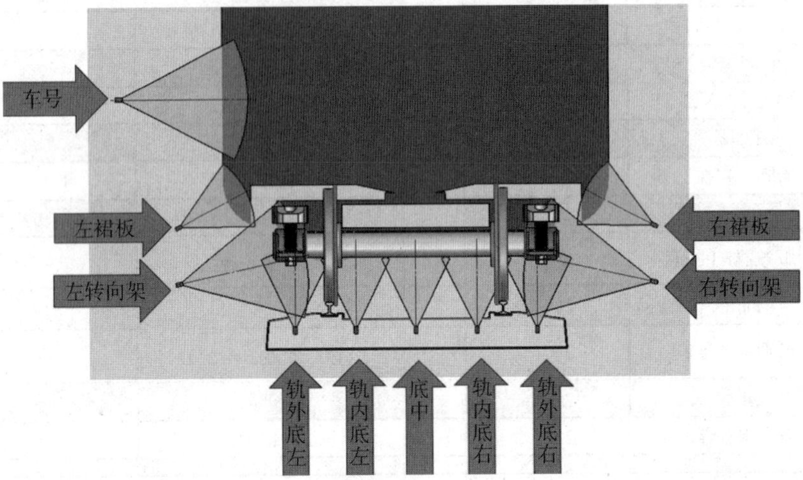

图16-4 图像采集部位示意图

1）车辆底部图像

（1）轮轴。轮轴外观状态是否良好，轴身是否有打痕、碰伤、擦伤；制动盘外观状态是否良好，轴盘、轮盘安装螺栓有无丢失。

（2）制动装置。闸片托外观状态是否良好；夹钳装置是否配件齐全、状态良好；悬吊螺栓有无丢失。

（3）驱动装置。齿轮箱有无漏油；悬吊部件配件是否齐全；防松钢丝安装是否良好；主电动机外观是否良好。

（4）牵引装置。牵引杆外观及安装状态是否良好，螺栓有无丢失；牵引座有无裂损；牵引杆橡胶节点有无破损。

（5）转向架装置。转向架构架有无裂损；转向架各安装管线、横向和垂向油压减振器外观状态是否良好，有无漏油，螺栓有无丢失；空气弹簧有无破损。

2）车辆侧部图像

（1）车体侧裙板。检查盖板有无变形、损坏，锁闭作用是否良好；设备通风装置格栅有无变形、破损。

（2）制动夹钳及闸片。闸片托外观状态是否良好，制动夹钳装置配件是否齐全；悬吊部件是否齐全，安装螺栓有无丢失。

（3）轴箱及转臂定位装置。轴箱油压减振器有无漏油，外观状态是否良好；轮对提吊及螺栓有无丢失。轴箱体外观状态是否良好。

（4）转向架。侧架有无裂损；安装管线线卡有无丢失。

（5）空气弹簧装置。空气弹簧胶囊有无鼓泡；高度调整阀有无丢失；高度调整杆有无变形，配件有无缺失。

2. 图像智能识别

TEDS 设备采集到的图片通过与标准图片的对比，智能查找出故障后自动报警，再由人工复核报警图片。车辆故障报警包括检查门异常、裙板螺栓丢失、裙板三角锁位置异常、底板螺栓丢失等故障，通过对图片的对比来发现列车的安全隐患。其算法流程图如图 16-5 所示。

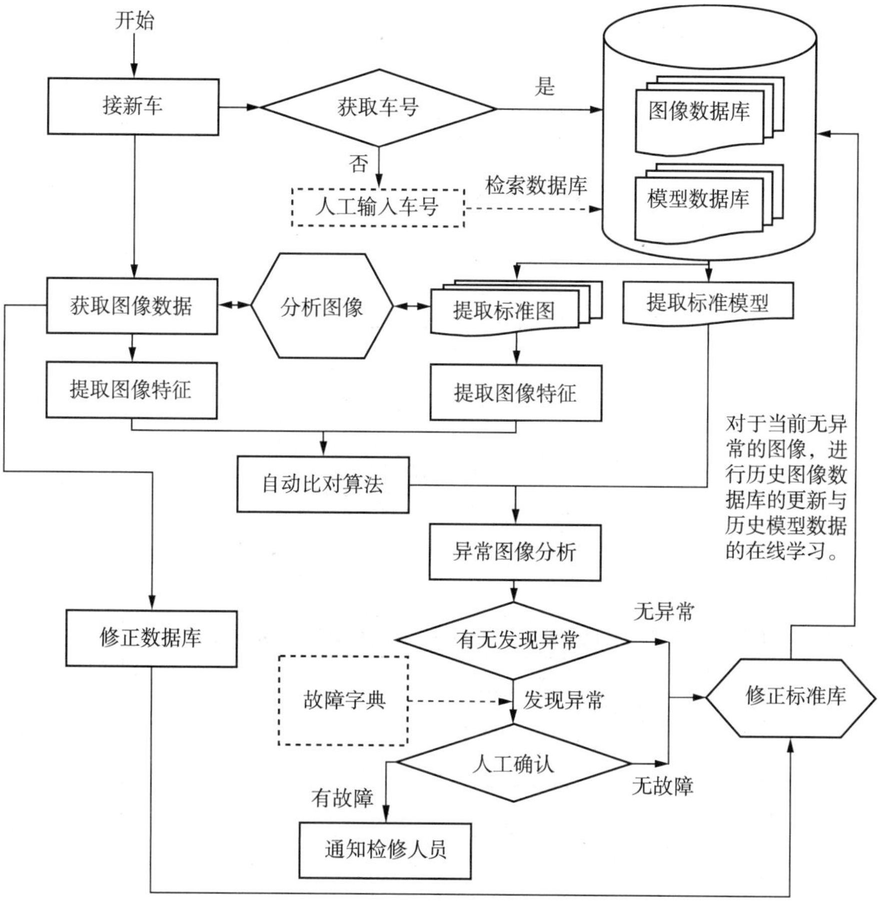

图 16-5　智能识别算法流程图

16.1.4 TEDS 工作过程

TEDS 工作过程如图 16-6 所示。

（1）设备开机，进入等待接车状态。

（2）列车经过时，收到远端磁钢信号，设备开始计轴计辆并判断车型，车型匹配成功后，开始接车。

（3）打开鼓风机、保护门、除尘风机、补偿光源。

（4）列车经过近端磁钢，车辆采集软件计算轴距及车速。根据车速确定线阵相机扫描频率，同时根据车型及拍摄部位确定变频时机，控制相机扫描拍摄。

（5）图像采集计算机采集图片，进行压缩并传送至服务器。

（6）车辆信息采集计算机同时上传车辆信息至服务器。

（7）服务器根据图片来源将各部件图片进行转换拼接，并将车辆基本信息入库，自动识别车号信息。

（8）浏览终端显示车辆信息以及图像信息。

（9）车辆通过近端磁钢后超过延时时间，系统认定过车完毕，停止拍摄，关闭补偿光源、除尘风机、保护门等设备。

（10）重新进入等待接车状态。

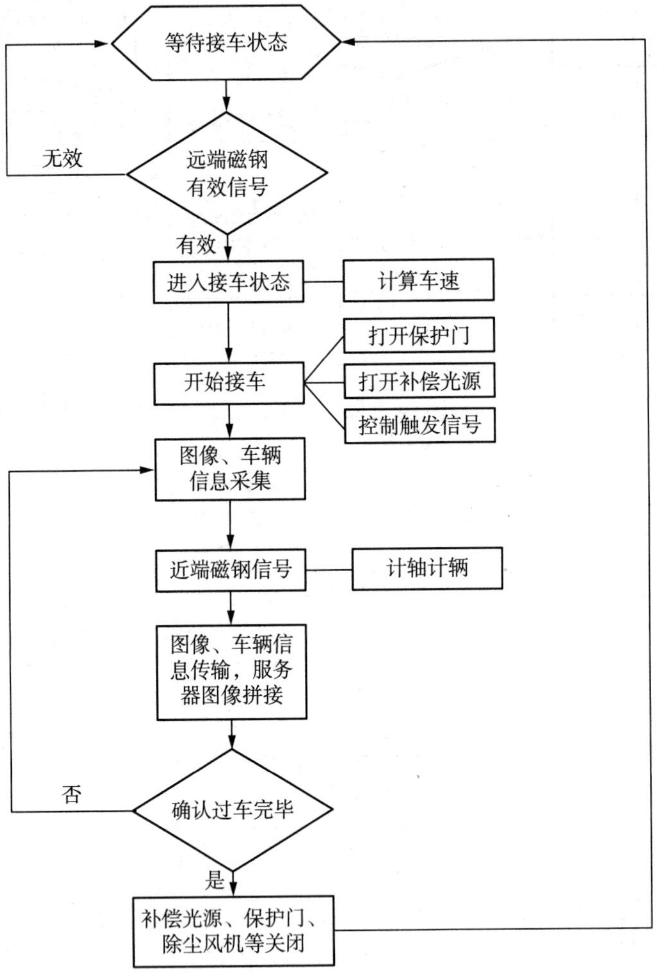

图 16-6　TEDS 工作过程

16.1.5　TEDS 设备维护

TEDS 设备在正常使用过程中需有人进行定期检修，检修作业主要包括以下各项内容：

1. 检修人员及安全防护

TEDS 探测站轨边设备检修应多人作业，穿防护服（黄马夹，电气化区段必须穿绝缘鞋），设专人负责安全防护，站在便于瞭望上下行列车的安全地点。

2. 室外部分检修

1）沉箱、侧箱

（1）清洁相机盒防护玻璃及箱体表面。

（2）检查沉箱、侧箱有无破损，保护门开关是否正常，各转动部件转动是否灵活。

（3）检查各连接电极有无损坏，插头有无氧化，是否牢固。

（4）检查箱体内部各个部件是否牢固。

2）磁钢及夹具

（1）清洁磁钢及磁钢架，用布擦拭干净，无铁屑。

（2）检查磁钢外观，应无缺损、无裂纹，磁钢输出线根部无裂纹、无老化；卡轨器、磁钢托架受力均匀，无裂纹、无损伤；磁钢线的防护蛇皮管或高压胶管良好，无损坏。

（3）各螺栓紧固、无松动，磁钢的顶丝有备母。

（4）核查安装尺寸，距钢中心板(270±2)mm。

3）分线箱

（1）清洁分线箱。

（2）检查分线箱内接线端子是否松动。

（3）检查分线箱内温度有无异常，检查散热风扇与加热器工作是否正常。

（4）检查光纤与激光器连接是否紧固。

（5）检查激光器表面温度有无异常。

3. 室内部分检修

1）设备外观

清洁设备，检查机柜及各部件外观有无破损。

2）工控机

检查工控机系统工作是否正常，控制软件及图像采集软件运行是否正常。

3）控制箱

（1）检查控制箱各航空插头、电源连接是否牢靠。

（2）通过在控制计算机上手动检查或过车检查控制保护门、补偿光源、风机工作是否正常。

4）系统网络

（1）检查光纤收发器、交换机指示灯显示是否正常。

（2）用“ping”命令测试网络传输是否畅通。

5）接口插件、显示器

（1）检查各接口插件有无脱落、松动。

（2）检查显示器工作是否正常。

6）信号防雷箱

（1）检查外观，应箱体牢固、配线端子接触良好。

（2）检查防雷器件，应安装牢固，外观无损坏、氧化。

4. 检修后测试

（1）所有检修结束后，检查设备状态。

（2）查看过车设备状态，确认通信是否良好。

（3）填写检修记录，应字迹清晰、格式正确，检修人员签字确认。

（4）锁好门锁，维修人员方可离开。

5. 检查软件版本

（1）检查图像采集软件版本。

（2）检查车辆信息采集软件版本。

任务 16.2　客车运行状态安全监测系统（TCDS）

16.2.1　TCDS 工作原理

TCDS 对列车运行中危及行车安全的主要设备（供电系统、空调系统、车下电源、车门、烟火报警器、轴温报警器、防滑器、制动系统、车体、转向架动力学性能、轮对等）的工作状态进行监控。通过 GPRS 通信设备实现远程监控；通过车上的 GPS 装置实时向地面报告列车运行位置信息；车辆到站后通过 WLAN 与地面联网，自动下载数据，并通过地面专家系统进行数据统计，分析车辆各设备的性能，定位故障，指导维修，消除安全隐患；通过 Web 终端查询系统形成车辆段、铁路局集团公司、国铁集团三级监控中心，实现车辆安全运用、维修、管理和监督。

16.2.2　TCDS 设备构成

TCDS 设备主要包括车载安全监控系统、车载无线发射装置、客列检 WLAN 联网设备，以及客车整备所、车辆段、铁路局集团公司、国铁集团 TCDS 设备。

（1）车载安全监控系统。车载安全监控系统对车辆主要设备进行实时监控和集中报警。包括供电系统、空调系统、车下电源、车门、烟火报警器、轴温报警器、防滑器、制动系统、车体、转向架动力学性能、轮对等。系统硬件包括各类力学、温度、电流等传感器、列车通信网络、集中存储报警器、人机交互显示屏等。

（2）车载无线发射装置。包括车内无线设备、车顶天线与馈线。

① 车内无线设备。包括 GPRS 通信功能模块、GPS 接收设备、WLAN 联网模块、数据处理与存储模块。

② 车顶天线与馈线。提供 GPRS、GPS、WLAN 天线信号。

（3）客列检 WLAN 联网设备。包括两个 WLAN（无线局域网）覆盖设备、两个 WLAN 网桥、一个网络管理设备盒、一台客列检数据下载工控机、UPS 电源及相关避雷设备。

(4) 客车整备所 TCDS 设备及应用级。双机群集系统（包括双机热备服务器、存储设备，提供 TCDS 数据的存储、管理、分析处理功能）、操作终端，TCDS 客车整备所级应用。

(5) 车辆段 TCDS 设备及应用级。双机群集系统、操作终端，TCDS 车辆段级应用。

(6) 铁路局集团公司 TCDS 设备及应用级。5T 共用双机群集系统、操作终端，TCDS 路局级应用。

(7) 国铁集团 TCDS 设备及应用。5T 共用双机群集系统、操作终端，TCDS 国铁集团级应用。

16.2.3　TCDS 监控范围

1. 车门

车门监测主要是检测车门是否关闭或关闭到位，防范列车在运行过程中由于车门未关闭或未关闭到位引起的安全问题。车门系统的报警包括：5 km/h 速度信号故障、左门未关闭到位、右门未关闭到位、左门98%开关故障、右门98%开关故障、左门锁闭机构故障、右门锁闭机构故障、左门开门故障、右门开门故障、左门供气压力<450 kPa、右门供气压力<450 kPa、左门防挤压压力开关故障、右门防挤压压力开关故障、左门外操作开关故障、右门外操作开关故障、左门内紧急锁被操作、右门内紧急锁被操作、左门内操作开关未复位、右门内操作开关未复位、集控开门信号故障、集控关门信号故障、左门隔离锁故障、右门隔离锁故障。

2. 空调

空调系统的报警包括：制冷Ⅰ-1 故障、制冷Ⅰ-2 故障、制冷Ⅱ-1 故障、制冷Ⅱ-2 故障、制暖Ⅰ-1 故障、制暖Ⅰ-2 故障、制暖Ⅱ-1 故障、制暖Ⅱ-2 故障、冷凝风机Ⅰ故障、冷凝风机Ⅱ故障、强风机故障、弱风机故障。

3. 供电

供电系统的报警包括：Ⅰ路供电故障、Ⅱ路供电故障、漏电故障、600 V 过压、运行过程中 DC 600 V 电压等于零的时间持续 5 min 以上。

4. 车下电源

车下电源的报警包括：输入过压、输入欠压、输出过压、输出欠压、输出过流、输出过载、IGBT 故障、散热器超温、限流充电失效、温度补偿、传感器故障、预充电故障、内部故障、输入输出接触器故障。

5. 火灾探测

烟火报警器的报警包括：火警、传感器故障，重点防范火灾事故。

练习题

1. 在 TEDS 图像采集与智能识别中，下列不属于图像采集设备所采集到的车辆底部的图像的是（　　）。

A. 制动装置　　B. 牵引装置　　C. 驱动装置　　D. 轴箱定位装置

2. 动车组运行故障动态图像检测系统的简写为（　　）。

A. TEDS　　B. TFDS　　C. THDS　　D. TPDS

3. 高速图像采集设备由两部分组成，包括（　　）部分及面阵相机部分。

A. 3D 相机　　B. 线阵相机　　C. 侧部相机　　D. 底部相机

4. TEDS 图像采集主要分为 2 个部分，车辆底部图像和（　　）。

A. 车辆侧部图像　　B. 车辆端部图像

C. 车辆内部图像　　D. 车辆顶部图像

5. 下列不属于 TEDS 轨边机房设备的是（　　）。

A. 图像采集计算机　　B. 控制箱

C. KVM 切换器　　D. 车轮传感器

项目17 发展展望

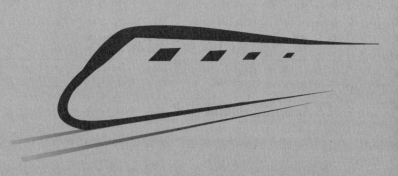

随着高速动车组的大量开行、铁路客货车辆的提速达速以及智能运维的需求，车辆运行安全保障面临全新的挑战，有必要利用大数据、物联网、人工智能等新技术开展科技创新，持续推进车辆动态检测技术及装备向着功能更完善、高可靠性、免维护性及智能化的方向发展，推动铁路高质量发展。本项目中简要展望相关动态检测技术的发展趋势。

【知识描述】

介绍了几种重要的检测技术，并对车辆检测技术进行了详细的说明与展望。

【学习目标】

◉ **知识目标**

(1) 掌握几种重要的检测技术；

(2) 了解车辆检测技术的综合应用。

◉ **技能目标**

能够掌握检测技术在铁道车辆方面的重要应用。

◉ **素质目标**

培养学生勤于思考的学习态度。

任务 17.1 检测技术

17.1.1 红外测温技术

为适应高速重载列车、动车组和特殊地理复杂环境新建铁路线的探测需要，车辆运行安全保障面临全新的挑战，对红外测温探测部位的可扩展性、设备安装的方便性、维护管理的便捷性和设备的高可靠性提出了更高的要求。与动态检测技术相关的传感器、集成电路、大数据、网络通信等技术的飞速发展，为研制基于小型化、模块化、智能化、强冗余、免维护的 THDS 系统提供了基础。

1. 探测器设计

探测器红外元件由单元传感器朝着多元线阵传感器、面阵红外热成像技术方向发展，其测温区域覆盖广、数据可靠性高，能满足对多部位、大范围目标的探测需要，探测器输出由模拟信号转为数字信号，可提高测温精度，解决 THDS 探测与轴报器检测温度误差大且与热轴预报模型不一致的问题。

2. 一体化的数字探测站设计

探测站设备采用小型化、模块化、数字化、高冗余的设计思路，减少模块数量，强化模块功能，硬件的强冗余化设计适应各种复杂环境，轨边探测机房简化为控制机柜，可实现设备安装方便、性能可靠、养护快捷的目标。

3. 多目标探测

在原有设备的基础上增加探测器数量，实现热轮故障的探测。在高速铁路线路上安装 THDS 设备，满足动车组轴温及其他关键部件的探测需要。利用多元线阵、面阵红外热成像等温度传感器技术，可实现对动车组牵引电机、变速箱温度、万向轴十字连轴节和转向架关键部件损伤等的探测。

4. 大数据监测运维中心

采用分布式的架构技术及微服务的设计模式，建立大中心、小探测站的集中监测数据服务器监控协同工作模式，实现对探测站的集中管用、集中监控；监测中心依托群集式高性能数据服务器，建立基于大数据基础的智能化的热轴预报模型，利用人工智能模式识别技术，实现对预报热轴的智能识别，有效提高数据高热轴预报的准确率；依托数据中心和大数据应用技术，实时监控设备状态和发展趋势，远程智能维护，推动设备检修维护从定检到状态修的转化，实现对设备的全生命周期智能化管理。

17.1.2 声学检测技术

目前，TADS 系统只针对车辆轴承进行早期故障诊断，考虑运用维护的实际需求，结合现代传感器技术、信号处理技术和人工智能技术的发展，TADS 系统可在提高现有产品性能和扩展现有产品功能等方向进行发展。

1. 提高现有产品性能

1）器件国产化

TADS采用的硬件设备大部分是国外生产，具有采购周期长、维护保障受制约等不利因素。随着国产电子器件性能的提升，系统将推进器件国产化进程，提升维护效率，减少维护成本。

2）软件预报精准化

TADS安装运行以来，每年监控客货、动车数十万辆，除对故障轴承进行预报外，还积累了大量不同运行状态下的轴承数据，利用这些数据，探索故障演化和发生规律，可以进一步提高预报准确程度。

3）设备小型化、安装简易化

利用新型材料和结构方案，研制便于安装的轻小型传感器保护装置，采用新型无机房、小型化设计，简化安装流程，降低探测站设备安装的难度。

2. 扩展现有产品功能

1）增加频率探测范围

对TADS采集数据的跟踪和分析发现，除正常运行噪声和轴承故障噪声以外还存在其他的异常声音。这些异常声音信号主要由轴承附近部件产生，如车轮踏面发生剥离、擦伤或者车轮发生轮辋裂纹，它们都各自具有不同的频率特征。因此，通过扩大频率探测范围，可实现对车辆轴承外其他异音进行探测和报警。

2）实现全方位检测

现有TADS传感器阵列安装位置保证设备可以采集到车轮及附近位置的声学信号，但是很难采集到车辆顶部和车辆正下方的声学信号。可以在车辆周围不同区域和位置，合理设计和布置声学传感器阵列，实现对通过车辆全方位的声学信号的故障监测。

3）适应更高速探测区间

现有TADS适应的车速区间上限为140 km/h，为了拓展设备的技术条件，可以研究故障轴承在高速状态下的运行状态和故障特征，适应更高速走行区间，更全面地对车辆轴承状态进行监测。

17.1.3 力学检测技术

TPDS采用连续轮轨力动态监测及车辆状态定量评价技术，在控制车轮局部踏面损伤、车辆运行状态不良、货车超偏载以及货车辋裂故障防止等方面发挥了重要作用。为货车提速达速、机辆装备行车安全保障以及修程修制改革实施提供了强有力的技术支撑。

展望未来，TPDS系统拟重点在以下两个大的方面着力推进开展创新。

1. 提升设备的智能化水平

（1）研制新型数字化传感器，强化边缘计算能力，提高设备智能化水平。

（2）进一步优化和完善设备既有安装方案，提高自适应、强冗余设计水平。

（3）利用物联网、5G等新技术，拓展设备的数据传输方案。

（4）基于大数据等技术进一步完善设备状态自感知程度，持续深化系统整机与关键部件状态自诊断模型。

2. 强化设备的深化应用

（1）进一步优化机车车辆运行状态评价模型，完善其监测对象自适应水平，提高设备在行车安全保障方面的质量。

（2）进一步拓展设备监测功能，并扩展其对于客车、机车及动车组的功能应用。

（3）深化设备预报预警结果的精确定位和智能追踪，并进一步优化设备探测结果与基础履历信息或其他设备信息之间的接口，为开展机辆装备故障综合诊断和 PHM 提供科学的数据支撑，同时有力指导装备的正向设计和研制。

17.1.4 图像检测技术

针对图像检测技术的未来发展方向，从应用模式看，主要分析高速和低速两种类别。具体将涉及设备硬件、软件及应用模式等多个层面。

1. 正线高速图像检测技术

运用需求的变化对图像检测设备安装的简易性、维护管理的便捷性、设备的高可靠性、设备运用的智能化等都提出了更高要求，主要表现在以下 5 个方面：

（1）针对无砟轨道上设备安装条件的局限性问题，要与工务专业充分协调，期望从正向设计层面考虑无砟轨道结构对于图像类检测设备预留安装接口的方案。

（2）图像检测设备未来将采用小型化、模块化、防雨雪等标准化设计，设备安装简易化，减少故障发生节点，提高系统的整体容错性与适应性，尤其在极端气候下（雨雪等）图像检测设备应完全适应。同时，也将利用物联网技术实现对设备运行状态的全面掌握，进而实现设备故障的提前诊断预报与设备运维智能化管理。

（3）基于大数据的深度学习技术已经在图像检测领域得到应用。动车组、客车运行常发生的故障将实现图像智能检测全覆盖。智能检测水平进一步向人工监测水平靠近。针对通过货车，其运行故障将实现图像检测范围全覆盖；对于货车常发生故障的智能检测，将靠近人工监测水平；通过一定时间的迭代优化，配以相应作业运用管理制度，实现从“人检”到“机检”的转变。

（4）随着图像智能检测的不断深入，检测范围也将持续扩大至机车车辆的多个关键部件，如转向架、车体、受电弓等。

（5）图像检测数据极为庞大，为了提高资源效能，未来将建立中心，集中运算识别，结合探测站边缘辅助计算的智能识别框架，适应大规模图像检测应用需要。

2. 入库动态图像检测技术

目前入库低速图像检测技术已经在机车车辆关键部件异常检测方面得到应用，通过人机交检、人机协同的方式，提高了列车日常检测效率。但是随着我国铁路高速和重载运输需求的变化，对运行安全图像检测提出了新的需求，如机车车辆的车顶、车侧、车底及关键运动部件的松脱、漏油、疲劳断裂等方面的检测，需通过有效深化动态图像检测技术及智能识别技术，进一步拓展检测范围，提高列车日常检测效率及检修能力。随着传感器技术、人工智能技术和大数据分析技术的发展，未来主要着力于以下 4 个方面：

（1）进一步构建多视角、高动态、高分辨率的成像系统，提高列车关键、核心部件的成像质量和核心顶点覆盖率。

（2）视觉检测系统逐渐从以2D图像检测为主过渡到3D图像检测，可获取列车关键部件更为丰富的三维物理空间信息，从而可以有效地解决水渍、光照、视角差异等带来的干扰，提升缺陷检出率和报警正确率。

（3）基于人工智能技术的快速发展，将会朝着小样本，甚至是无需负样本的方向发展，从而解决工业及轨道交通场景下故障样本难以收集的困境，提高算法落地效率。

（4）进一步完善人机协同运用模式，基于大数据分析、云计算等技术，实现检测数据的管理分析、智能诊断、派工确认复核及处理，使得机器视觉检测系统更好地融入作业规程，使作业能力及作业效率得到提升。同时，可从多维度智能诊断评估列车健康状态，为科学合理制定状态检修方案及智能化检修提供技术保障，满足机车车辆的高质量安全检测需求。

■ 任务17.2 综合应用

要进一步提升铁道车辆行车故障在线诊断的精确性及行车安全保障能力，在车辆动态检测技术创新发展的基础上，还将涉及监控体系的科学化、监测检测数据的综合应用以及监控设备检修维护体系的完善等应用层面的问题，下面予以简要展望。

17.2.1 完善监控体系

建立科学有效的铁道车辆运行安全监控体系，并不断加强和完善，将是提升行车安全保障能力、落实风险管理要求中最基础的环节、最有效的措施。

（1）随着铁路运输形势的不断变化和行车安全要求的更新，需要从顶层规划开始，以系统工程论作为正向指导原则，结合现代化检测技术和大数据、物联网、人工智能等新技术，从设备布局规划合理化、设备技术功能完善化、设备标准规范统一化、设备应用管理规范化等诸多层面入手，建立起覆盖全路的多层级监控体系，制定更为科学合理的车辆运行安全监控系统规划。

（2）通过专业归口管理来规范各类监测检测设备的技术标准、数据接口、传输流程、应用模式，并建立联网应用系统，以“分散检测、集中监控”的模式实现车辆检测智能追踪、故障智能分析和预警。

17.2.2 构建综合探测站

随着我国铁路的快速发展，各类车辆动态检测设备日益增多，且此类设备现行的布局是基于《铁路车辆运行安全监控系统设计规范》（TB 10057—2021）及设备技术条件等标准文件，从各自系统本身的技术和功能角度出发，以确保不同的安全保障距离为原则进行相对独立的探测站布局和设置。运用实践实验表明，这种各自为政存在一定的局限性，主要表现为设备检修维护便捷性相对较差、通信电力等基建设施的重复建设所引起的经济性相对较差等。为使得设备的布局更合理，有效整合各型监控设备的业务功能，实现硬件资源、数据资源及维护能力的共享，减少施工作业次数和时间，提升设备运用维修便捷性，便于统一的综合联网和故障综合预报，有必要建立多功能、模块化的综合探测站，实现对车辆装备多维度的监控。

在高速铁路支线，基于设备的工作特点、性能成熟度和实际应用需求，原则上要求 A 类探测站布点间距不小于 1 000 km，B 类综合探测站布点间距为 300 ～ 500 km。

17. 2. 3 推进故障综合报警及智能运维支持

运用实践表明，机辆装备系统或部件的技术状态不良或故障存在渐变过程，单一维度的监控技术手段对于精确揭示系统或部件性能劣化、故障演变及诊断会存在一定的局限性。既有的行车安全监控系统受限于数据传输等客观原因和数据综合利用的驱动力不足的主观原因等，更多的是在单一专业维度发挥其作用，且数据挖掘不充分，未来可向以下几方面发展：

（1）*状态智能感知的必要性*。高速铁路等复杂运行环境决定了其状态感知和安全保障的重要性，十分有必要在优化监控设备布局的基础上，通过优化设备功能、开展多源数据融合条件下的机辆装备运行状态综合评估。

（2）*优化设备布局、支撑综合报警*。近年来，对货车热轴综合报警开展了初步探索，但仍显不足。同时，既有设备布局及数据交叉应用方面反映出功能和布局不够完善的短板。因此在行车安全监控设备的整体布局规划方面，需要以多元信息融合和应用为导向，兼顾适应外部环境的特点，优先考虑设备一体化集成基础上的布局，通过优化设备可靠性和功能性来提高运维效果和效率，开展多元信息输入条件下的行车设备数字化的故障综合报警应用体系研究。

（3）*方法和技术支撑*。随着大数据等新技术的发展，特别 PHM 理念的应用，在传感器设计及布局、状态数据采集和处理、故障诊断和预警、健康评估及维修决策支持等方面出现了方法的转变，维护策略和观念上的改变，可以更及时、精确和智能地评估系统或部件的故障及健康状态。

综上，通过优化布局、改善方法等途径，进一步开展故障综合报警，可有效提高故障诊断的精确性、健康评估的合理性，最终支撑机辆装备的主动安全保障和数字化精准维修，提升装备全寿命周期内的安全性和经济性。

17. 2. 4 完善检修维护体系

如何管好、用好各类监测设备成为保障监控质量的关键问题之一。运用部门通过积极摸索，积累了一些效果较好的经验。为了进一步提升设备运用质量，提高行车安全保障能力，在检修维护体系方面，有如下两个方面的基本思路：

（1）*合理设置生产机构和维护模式*：各铁路局集团公司应充分发挥好设备运用维护主体的责任，根据设备保有量及运用实际情况，合理设置生产机构，统一归口管理监测设备的建设、检修、维护工作；通过建立维护作业实训基地等方式，加快队伍建设和能力提升，并结合设备特点构建“差异化”的维护模式，并逐步提高设备自主检修能力，提升设备检修效率和质量。

（2）*加强维护质量保障机制建设*：规范标准化作业流程，健全规章制度，加强设备维护管理设施建设，完善应急处置设施，配备维护工装设备，建立标准化探测站和维护班组。

17.2.5 提升车载数据传输技术

对于车载安全监控系统，其运用质量优劣主要受制于检测技术本身（包括但不限于传感器等）以及数据（实时数据和非实时数据）传输技术，特别是依托于地面专家系统或故障预测与健康管理系统开展的系统（部件）的智能运维需求，对车载实时数据的传输提出了更高的要求，可在以下 4 个层面开展深化研究及应用：

（1）对于车载实时数据，将既有的通过 GPRS 等方式的传输优化为通过 5G 等更高速率和可靠性的无线方式的传输。

（2）对于车载非实时数据，考虑采用 Wi-Fi 4、Wi-Fi 6、毫米波等技术传输至段（所）的相关数据服务器。

（3）在车辆领域，利用 5G 等通信技术，逐步实现实时数据与非实时数据的融合传输。

（4）针对动力集中动车组等运用工况，充分考虑既有机车 6A 系统和客车 TCDS 之间的深度融合，形成机辆一体化综合安全监测平台。

参考文献

[1] 王婷，赵柏阳，翟士述．车辆检测技术[M]．成都：西南交通大学出版社，2017.

[2] 王婷，赵柏阳．铁道车辆动态检测技术[M]．成都：西南交通大学出版社，2021.

[3] 高艳艳，王玉辉，李志平．铁路车辆运行安全监控系统“5T”的应用研究[J]．科技资讯，2016，14（28）：54，56.

[4] 潘明辉．铁路5T安全监控系统智能化开发研究[J]．智慧轨道交通，2021，58（6）：15-18.

[5] 熊小青，张维．车辆检测技术[M]．北京：中国铁道出版社，2011.

[6] 梁森，欧阳三泰，王侃夫．自动检测技术及应用[M].3 版．北京：机械工业出版社，2018.